DICTIONNAIRE

ÉLÉMENTAIRE

DE BOTANIQUE.

DICTIONNAIRE
ÉLÉMENTAIRE
DE BOTANIQUE,

OU

EXPOSITION PAR ORDRE ALPHABÉTIQUE,

Des Préceptes de la Botanique, et de tous les Termes, tant françois que latins, consacrés à l'étude de cette Science;

PAR M. BULLIARD.

NOUVELLE ÉDITION, revue et corrigée avec le plus grand soin d'après les indications de l'Auteur et autres célèbres Botanistes.

LES Figures dont cet Ouvrage est enrichi, ont été dessinées par M. BULLIARD, et gravées et imprimées en couleurs à l'imitation du pinceau, dans le même genre que les plantes qui composent l'HERBIER DE LA FRANCE.

DE L'IMPRIMERIE DE CRAPELET.

A PARIS,

CHEZ DESRAY, LIBRAIRE, RUE HAUTE-FEUILLE, N°. 36.

AN VI = 1797.

DISCOURS PRÉLIMINAIRE.

J'annonçai en 1780, que, desirant concourir à rendre familière l'étude de la Botanique, j'allois donner successivement, sous le titre général d'Herbier de la France, les plantes du royaume coloriées au *moyen de l'impression*, et accompagnées des détails caractéristiques par lesquels nous pouvons le plus sûrement les distinguer à l'aide des méthodes. J'ajoutai que j'y joindrois leurs noms françois et latins, avec citation des ouvrages le plus avantageusement connus, et une courte description sur l'anatomie de chaque plante, sur ses propriétés en médecine et dans les arts, sur le temps de sa floraison, les lieux qu'elle habite, son odeur, sa saveur, etc.

Tout le monde s'occupe des moyens d'étendre l'empire de la Botanique; moi, c'est ce dont je m'occupe le moins: je n'envisage cette science que du côté de son utilité; mon objet est de mettre sur la voie des découvertes importantes qu'il reste à faire dans cette partie de l'Histoire naturelle, plusieurs classes de citoyens utiles, qui n'ont pas plus de temps qu'il leur en faut pour s'acquitter convenablement des devoirs de leur état. Je n'emploie pour cela ni le choix des mots, ni le tour des phrases: mon crayon me suffit pour remplir la tâche que je me suis imposée.

J'aurois pu donner, à l'exemple de tant d'autres, un systême nouveau ou quelque méthode rajeunie, qui, promettant les plus grands avantages, auroit été avidement saisi de tout le monde; mais, de bonne foi, à quoi cela eût-il servi? n'existe-t-il pas déjà assez de méthodes botaniques, sans chercher encore à en créer de nouvelles? Je pense qu'il vaut mieux s'occuper à perfectionner et à simplifier celles qui sont reçues: il en est plusieurs qui sont susceptibles de la dernière perfection, et qui deviendront infaillibles, si-tôt que l'on aura pris le parti de joindre à chaque description, une image exacte de chaque plante.

En vain l'on s'efforceroit de prouver que sur de simples descriptions, celui qui fait les premiers pas dans la carrière de la Botanique, peut apprendre à connoître les plantes : sans le secours des figures, l'ouvrage le plus méthodique n'est pour lui qu'une étincelle électrique, dont l'éclat aussi vif que peu durable, vient échauffer pour un moment son imagination, mais ne la satisfait point.

J'ai divisé l'Herbier de la France en plusieurs parties, lesquelles feront, au besoin, autant d'ouvrages particuliers, afin que celui qui se trouve forcé de mesurer ses desirs à ses facultés, soit libre de ne prendre de cette collection, que ce qui lui sera nécessaire.

La première partie de l'HERBIER DE LA FRANCE (l'*histoire des plantes vénéneuses du royaume*), est finie; le discours qui doit la précéder, ainsi que sa table et son titre, vont être mis incessamment sous presse. La seconde partie de cet Ouvrage (l'*histoire des plantes médicinales du royaume*), sera faite sur le même plan. On verra paroître successivement la troisième partie (l'*histoire des champignons*), avec une petite méthode pour cette partie de la Botanique seulement. La quatrième (la *collection des plantes grasses*), c'est-à-dire, la collection des plantes qu'on ne peut conserver en herbier, parce qu'elles ne sont pas susceptibles de dessiccation. La cinquième (la *collection des frumentacées et des plantes qui peuvent faire les meilleurs fourrages*), et ainsi de suite.

Ce plan de division ne nuira en rien aux personnes qui auront la collection entière. Comme chaque épreuve porte sur la même feuille, et l'image de la plante, et sa description, il est facile à chaque personne de distribuer ces plantes à mesure qu'elle les reçoit, selon sa volonté, sa méthode particulière, ou suivant les principes d'une des deux méthodes dont elle trouvera l'exposition dans cette Introduction élémentaire, comme elle pourroit faire des plantes mêmes qu'elle recueilleroit à la campagne, dans l'intention de s'en faire un Herbier, suivant les principes de telle ou telle méthode botanique.

Dès les premiers temps que l'Herbier parut, le plus grand nombre des personnes qui se le procurèrent, me firent part du desir qu'elles avoient qu'il y eût en tête de cet Ouvrage une Introduction élémentaire qui pût familiariser avec le langage de la Botanique, rendre plus facile l'étude des principes de cette science, tracer un plan méthodique à celui qui desire la cultiver, et remplir à-peu-près le même objet que des démonstrations, en employant pour cela un certain nombre de figures, destinées à faciliter l'intelligence de chaque précepte, et à aider le commençant à en faire de lui-même une juste application.

Si j'ai si long-temps différé de satisfaire à leur desir, ce n'étoit pas que je n'eusse, avant même de commencer l'Herbier de la France, recueilli suffisamment de matériaux pour faire l'exposition la plus complète de tout ce qu'on peut regarder comme notions élémentaires de Botanique. Mon goût pour cette belle partie de l'Histoire naturelle, et le desir d'y acquérir quelques connoissances, m'ont fait rechercher de tout temps avec le plus grand empressement, ce qui pouvoit servir à mon instruction; mais la nécessité d'ajouter de bonnes figures à un Ouvrage de cette espèce, et la grande difficulté de les faire exécuter au moyen de l'impression, avec toute l'exactitude, toute la précision qu'exigent des détails de cette nature, voilà ce qui en avoit retardé jusqu'ici la publication.

On se rappellera sans doute que, lorsque j'annonçai que mon intention étoit de faire servir à l'exécution de l'Herbier de la France, l'art de la gravure, et celui de l'impression en couleur, pour suppléer à l'usage du pinceau, on regarda ce projet comme un excès de démence : on avoit raison, c'en étoit un en effet : un simple particulier qui fait à ses frais une telle entreprise, est un véritable fou; mais nous vivons dans un siècle où le desir de concourir à l'avancement des sciences et aux progrès des arts, excite parmi nous une noble émulation; nous tenterions l'impossible, n'obtiendrions-nous qu'une lueur de succès, rien n'égale notre satisfaction, et dès cet instant-là, nous ne songeons plus à ce qu'il nous en a coûté de peines et de dépenses.

J'ai cru devoir adopter de préférence l'ordre de Dictionnaire dans l'exposition des notions élémentaires de la Botanique, parce que cet ordre m'a paru celui qui rempliroit le mieux mon objet. Un dictionnaire, lorsqu'il est bien fait, peut faire germer le talent dans les esprits susceptibles de culture, et suppléer en même temps à la privation du talent : il épargne des recherches toujours arides et souvent infructueuses, et nous rappelle ce que le laps de temps a effacé de notre souvenir; d'ailleurs, le seul moyen, à mon avis, de se familiariser avec les termes consacrés à l'étude de la Botanique, c'est de profiter de l'occasion où un terme, dont on ignore la signification, se présente pour apprendre dans quel cas on doit employer ce terme, et quelle est au juste l'acception selon laquelle il est le plus généralement reçu; quelque attention qu'on apportât à une étude méthodique de ce langage barbare, on ne l'auroit pas plutôt appris qu'il seroit oublié; c'est l'usage seul qui a le droit de nous le rendre familier.

Comme il étoit cependant essentiel pour ceux qui desirent se faire un plan d'étude, de trouver ces notions élémentaires dans leur progression naturelle, et tout ce qui a un rapport immédiat à la Botanique lié à l'exposition des faits et au développement des préceptes, j'ai fait en sorte que cet ouvrage pût procurer en même temps, et les avantages d'un Dictionnaire, et ceux que l'on doit attendre d'un discours suivi.

A l'article VÉGÉTAL, on trouvera un tableau détaillé, où j'ai rappelé par ordre progressif, tout ce qui constitue essentiellement la partie élémentaire de la Botanique, en montrant les développemens successifs d'une plante, depuis le premier instant de son existence jusqu'au dernier.

A l'article PRINCIPES, on pourra voir de quelle manière il faut s'y prendre pour s'engager avec succès dans la carrière de la Botanique, soit que l'on se trouve à même de profiter des secours d'un jardin botanique, d'un herbier naturel ou artificiel, ou soit qu'absolument éloigné du commerce des lettres, on n'ait aucunes de ces ressources à sa disposition.

A l'article MÉTHODE, j'ai fait voir qu'une méthode botanique, pour être bonne, ne doit être qu'un transparent, au travers duquel on puisse reconnoître aisément tous les objets: j'ai fait voir qu'une méthode est d'une nécessité indispensable; que c'est un fil qui nous guide, nous ramène au but lorsque nous nous égarons; mais j'ai montré en même temps l'abus que l'on ne fait que trop souvent des méthodes, et combien, en changeant tous les jours la surface de la Botanique, elles s'opposent à ce qu'on puisse diriger cette science vers l'utilité publique.

On trouvera aussi dans cet article l'exposition des principes généraux de la Méthode de Tournefort, et du Système sexuel de Linnæus, avec une figure prise au hasard parmi celles qui composent l'Herbier de la France, afin que le commençant puisse apprendre de lui-même à mettre ces méthodes en pratique.

Pour ne rien omettre de ce qui pouvoit rendre cet Ouvrage plus complet, j'y ai ajouté la traduction du *Termini Botanici* de Linnæus, et des meilleurs Ouvrages latins que nous ayons sur cette partie de l'Histoire naturelle, afin que celui qui voudra étudier sur des Ouvrages écrits en langue latine, puisse trouver la signification d'un grand nombre de termes techniques, qu'il chercheroit en vain dans les Dictionnaires classiques.

Il n'y a pas encore eu jusqu'ici d'Ouvrage élémentaire sur cette science, où l'on ait autant multiplié les exemples et les figures, que dans celui-ci; mais, sans le secours des exemples, toute traduction de cette espèce devient inutile; sans le secours d'une figure, un terme que l'on n'entend pas, se trouveroit traduit par un autre terme que l'on n'entendroit pas mieux; c'est pourquoi je me suis principalement attaché à donner un exemple pris sur la nature, pour tout ce qui m'a paru en avoir besoin.

Trop heureux si je puis me flatter d'avoir fait en faveur des commençans, ce que j'aurois desiré que l'on eût fait pour moi lorsque je m'engageai dans les routes tortueuses de la Botanique! La supériorité de la nature sur l'art, la multiplicité des objets, la difficulté d'accorder sur un grand nombre de points les différens Auteurs qui ont écrit sur la Botanique, et souvent même un Auteur avec lui-même, sont des obstacles qu'il n'a pas toujours été en mon pouvoir de vaincre; cependant j'espère que les soins que j'ai pris, rendront cet Ouvrage élémentaire aussi utile que je le desire.

DICTIONNAIRE
ÉLÉMENTAIRE
DE BOTANIQUE.

A

ABRI des plantes, *plantarum suffugium.* Il y a des abris naturels pour les plantes, et il y a aussi des abris artificiels. Dans les uns, elles trouvent réuni tout ce qui doit favoriser leur accroissement, et c'est de la nature seule qu'elles reçoivent les secours qu'elles attendroient en vain des soins du plus vigilant jardinier. Dans les autres, c'est à l'art qu'elles doivent leur asyle; c'est lui qui les défend contre les injures du temps, la rigueur des saisons, et de lui seul dépend presque toute leur existence. On peut regarder aussi les CALICES, les BOURGEONS, et les CAYEUX, comme des abris particuliers.

ACCOLER, terme d'agriculture, qui signifie attacher une plante à un corps quelconque. Il y a des plantes, telles que la vigne, le houblon, qui s'accolent d'elles-mêmes à d'autres plantes pour étayer la foiblesse de leurs tiges, soit en s'y entrelaçant, soit en s'y accrochant au moyen de leurs VRILLES. *Voyez* ce mot.

ACCROISSEMENT des plantes, *plantarum incrementum;* c'est le développement successif des parties du végétal, depuis l'instant de sa germination, jusqu'à la première époque de son dépérissement.

On donne à l'accroissement des plantes le nom d'accroissement par *intus-susception,* parce qu'il se fait à l'aide des sucs nourriciers qui ont été préparés intérieurement par des organes, et charriés par des vaisseaux destinés à cet usage.

Le premier degré du développement d'une plante s'annonce par un gonflement sensible de sa graine; sa tunique propre A, B, C, *fig.* 5, 7, 8, *pl. V,* se déchire; la radicule D, *fig.* 9, s'enfonce dans la terre; les lobes E, *fig.* 9, *et* H, *fig.* 10, s'écartent, livrent passage à la plumule F, *fig.* 9, L, *fig.* 11, et la jeune tige continue de s'accroître jusqu'au moment où les fluides cessant d'être en juste proportion avec les solides, la plante décroît, pour ainsi dire, au lieu de croître. *Voyez* AGE.

ACOTYLEDONE, *voyez* EMBRYON.

ADHÉRENT, *voyez* PÉTIOLE.

AGE des plantes, *ætas plantarum.* Il y a des plantes qui ne vivent que quelques heures; d'autres qui naissent et meurent dans l'espace d'un jour; d'autres qui durent un, deux ou trois ans; d'autres enfin qui vivent un grand nombre d'années, même pendant plusieurs siècles. *Voyez* PLANTES ÉPHÉMÈRES, PLANTES ANNUELLES, BISANNUELLES, TRISANNUELLES, VIVACES.

Les plantes varient nécessairement par l'âge; il y en a même qu'on a de la peine à reconnoître d'un âge à l'autre; mais la grande habitude d'observer, apprend à l'homme à déterminer, à la simple inspection, l'âge des plantes: les couches concentriques du bois indiquent celui des arbres.

On distingue trois âges dans les plantes; 1°. celui pendant lequel la plante croît; 2°. celui pendant lequel elle ne croît plus; et 3°. celui pendant lequel, après avoir cessé de croître, elle dépérit et meurt.

AGRAFFES, *hami;* on donne ce nom à des poils durs plus ou moins longs, et recourbés en hameçon: on les nomme aussi poils crochus, *pili hamosi.*

AGRÉGATION, assemblage, amas de plusieurs parties qui n'ont point entre elles de liaison naturelle.

AGRÉGÉES, *voyez* FLEURS AGRÉGÉES.

AGRESTES, *voyez* PLANTES.

AGRICULTEUR, *Agricultor;* celui qui, par état, par goût ou par économie, s'occupe de l'agriculture ou de la culture des terres (des *champs*). Le laboureur, le vigneron sont des agriculteurs ou des cultivateurs; mais le pépiniériste, le jardinier, le fleuriste, sont des cultivateurs et non pas des agriculteurs: agriculteur et cultivateur ne sont donc pas toujours synonymes.

AGRICULTURE, *agricultura,* l'art de cultiver la terre ou les champs. C'est le plus ancien et le plus précieux des arts; il multiplie les plantes qui servent continuellement aux besoins des hommes, et les force, pour ainsi dire, de produire les grains et les fruits dont ils attendent presque toute leur existence.

AIGRETTE, *pappus;* c'est un assemblage de soies, de poils ou de filets, qu'on rencontre sur les graines d'un très-grand nombre de plantes; elles sont destinées, à n'en pas douter, à faciliter la dispersion des semences des plantes à qui elles appartiennent: la nature, inépuisable dans ses ressources, semble avoir fait un effort de plus en faveur de ces plantes pour que rien ne pût s'opposer à ce qu'elles fussent semées sur certains points de la terre, où d'autres graines n'arrivent jamais par des moyens naturels. *Voyez* SEMENCE aigrettée.

On appelle aigrette pédiculée, *pappus stipitatus, fig. 14, 16, pl. V,* celle qui est portée par un pédicule; aigrette sessile, *pappus sessilis, fig. 13, pl. V,* celle qui n'a point de pédicule; aigrette simple, *pappus simplex, fig. 13 A, 14 B, pl. V,* celle qui n'est composée que d'un seul faisceau de poils; et aigrette plumeuse, *pappus plumosus, fig. 16 A, pl. V,* celle dont chaque poil en porte plusieurs autres disposés en barbes de plume.

AIGRETTÉE, *voyez* SEMENCE aigrettée.

AIGUËS, *voyez* FEUILLES.

AIGUILLONS, *aculei, fig. 22 et 23, A, B, C, D, E, F, pl. X.* Ce sont des productions dures et pointues comme les épines, mais qui ne sont que contiguës avec les tiges, avec les rameaux, les feuilles, les fruits, &c. de la superficie desquels on les détache sans déchirement sensible, et sans éprouver beaucoup de résistance. Les aiguillons diffèrent des épines, en ce que celles-ci sont continues, et font corps avec les tiges et les rameaux, dont on ne peut les séparer sans les casser: les piquans du *rubus idæus,* du *rosa centifolia*, sont des aiguillons; les piquans de l'*ononis spinosa,* du *rhamnus catharticus,* de l'*ilex aquifolium*, du *datura stramonium*, du *carduus stellatus,* de l'*onopordum acanthium,* &c. sont des épines.

Quelques Botanistes regardent les aiguillons et les épines, comme les armes des plantes; ils comparent les épines aux cornes des animaux, et les aiguillons aux griffes.

AIGUILLONS courbés en dehors, *aculei recurvi, fig. 23 D, E, F, pl. X;* ceux qui ont leur pointe recourbée du côté de la racine, au lieu de l'avoir tournée du côté du sommet de la tige. On appelle simplement ceux dont la pointe est tournée du côté du sommet, aiguillons crochus, *aculei incurvi, fig. 22 A, B, C, pl. X.*

AIGUILLONS droits, *aculei recti;* ceux qui diminuent insensiblement de la base à la pointe, et qui n'ont aucune courbure.

AILÉ, ÉE, *voyez* PÉTIOLE, SEMENCE, TIGE.

AILÉES avec interruption, avec impaire, sans impaire, *voyez* FEUILLES ailées avec, et FEUILLES ailées sans.

AILES, *alæ, fig. 70 A, et 71, pl. IV.* On donne ce nom aux deux pétales latéraux des fleurs légumineuses ou papilionacées, parce qu'on les compare à des ailes de mouches avec lesquelles ils ont quelque ressemblance.

AISSELLE des feuilles, des branches et des rameaux; c'est l'angle supérieur que forme une feuille, une branche, ou un rameau, à l'endroit de son insertion sur la tige; tout ce qui est implanté dans l'angle de l'aisselle, est axillaire. *Voyez* FEUILLES, FLEURS, PÉDICULES, PÉDUNCULES, RAMEAUX.

ALÈNE, *voyez* FILET en, STYLE en.

ALIMENTAIRES, *voyez* PLANTES.

ALTERNES, *voyez* FEUILLES, FLEURS, FRUITS, PÉDICULES, PÉTIOLES, RAMEAUX.

ALVÉOLÉ, *voyez* RÉCEPTACLE.

AMENTACÉS, *voyez* ARBRES.

AMINCI, *voyez* PÉDUNCULE.

AMPLEXICAULE, *voyez* PÉTIOLE.

AMPLEXICAULES, *voyez* FEUILLES.

ANALOGIE, rapport, proportion, convenance, qu'une chose a ou paroît avoir avec une autre chose. Il y a des plantes, telles que le polype, qui paroissent avoir autant d'analogie avec le règne animal qu'avec le règne végétal; et d'autres dont quelques-unes de leurs parties seulement, telles que les racines, les noyaux, paroissent avoir de l'analogie avec le règne minéral.

ANALYSE des plantes, *plantarum analysis;* en Botanique, analyser une plante, c'est, à proprement parler, l'anatomiser; c'est travailler à connoître le nombre, la forme, la situation, et les différens usages des parties qui la composent. L'analyse chimique au contraire n'est, pour ainsi dire, que la balance des propriétés des plantes; c'est une décomposition, une séparation de leurs parties constituantes, une opération enfin par laquelle on apprend à connoître, d'après les principes constitutifs des plantes, de quelle utilité elles peuvent être.

ANATOMIE végétale ou anatomie des plantes; c'est, si l'on peut s'exprimer ainsi, une espèce de dissection, au moyen de laquelle nous nous assurons de l'existence, de la forme, de la situation, et de la nature des différentes parties qui composent les plantes, et du rapport médiat ou immédiat que ces différentes parties ont entre elles. L'anatomie végétale nous enseigne combien il y a de sortes de vaisseaux; quels sont les fluides qui y circulent; ce que c'est que la racine, le tronc ou la tige; ce que c'est que boutons, fleurs, fruits, et nous démontre les fonctions respectives de ces différentes parties.

ANDROGYNES, *voyez* PLANTES.

ANGULEUX, SE, SES, *voyez* PÉTIOLE, *voyez* CAPSULE, TIGE, *voyez* FEUILLES.

ANNEAU, *voyez* COLLET.

ANNULLÉ, qui a un anneau, *voyez* PÉDICULE.

ANNUELLES, qui durent un an, *voyez* PLANTES.

ANOMALES, *voyez* FLEURS.

ANTHÈRE, *anthera;* c'est le sommet ou la partie supérieure de l'étamine : les anthères sont regardées, dans le végétal, comme les testicules le sont dans l'animal; elles font à-peu-près les mêmes fonctions. Si-tôt que l'anthère est parvenue au degré de maturité nécessaire, la petite outre dont elle a presque toujours la forme, s'ouvre spontanément; il s'en échappe, souvent même avec une petite explosion, une poussière pour l'ordinaire jaune ou rougeâtre, qu'on nomme poussière fécondante, poussière prolifique, *pollen*, *pl. IV*, *fig. 7* A, B. Cette poussière tombe sur les parties supérieures des pistils, qu'on nomme stygmates; et, soit qu'un simple contact suffise, soit qu'il faille qu'elle soit portée jusqu'à l'ovaire, c'est d'elle que dépend la fécondation.

Les anthères ne sont pas toujours distinctes, toujours constantes dans leur nombre, dans leur proportion et leur disposition; cependant elles fournissent à l'observateur des caractères qui lui deviennent d'un grand secours. Le système sexuel de Linnæus, fondé sur la considération des étamines, est avec raison regardé comme un chef-d'œuvre; mais nous sommes bien loin d'en tirer tous les avantages qu'il semble nous offrir; tantôt l'extrême finesse des parties qui servent de base à ce système, les dérobe à nos yeux; tantôt un léger accident, un rien en a dérangé l'économie, et nous voilà égarés.

On considère dans les anthères la forme, le nombre, la proportion, la disposition, l'insertion et la manière dont elles s'ouvrent. 1°. La *forme*. Les anthères sont arrondies ou globuleuses, *antheræ globosæ* vel *subrotundæ*, *fig. 5*, *pl. IV;* alongées, *elongatæ*, *fig. 3;* alongées comme un fil ou filiformes, *filiformes*, *fig. 4;* anguleuses, *angulatæ*, *fig. 17;* trigones, *trigonæ;* tétragones, *tetragonæ;* cordiformes, *cordatæ*, *fig. 8;* en fer de flèche, *sagittatæ*, *fig. 20;* en forme de rein, *reniformes*, *fig. 9;* cornues, *cornutæ*, vel *bicornes*, *bifurcatæ*, *fig. 18*, *19;* en zig-zag, *flexuosæ*, *fig. 23*, *24*, *25*, *26;* continues, *continuæ*, *fig. 3* et *4:* (dans ce dernier cas, on seroit embarrassé de déterminer avec justesse où commence précisément l'anthère). 2°. Le *nombre*. Quand chaque filet ne porte qu'une anthère, les anthères sont appelées solitaires, *antheræ solitariæ*, *fig. 5*, *6*, *7*, *8*, *9*, *10;* dans ce cas, ou elles sont simples, *solitariæ simplices*, ou didymes, *solitariæ didymæ;* quand chaque filet porte deux anthères, on appelle les anthères binées, *antheræ binæ, fig. 11, 12, 13, 16:* on les nomme trinées, *antheræ trinæ, fig. 15*, quand chaque filet en porte trois. 3°. Leur *proportion;* si elles sont à-peu-près toutes de la même longueur, on dit qu'elles sont égales entre elles, *antheræ æquales;* si elles sont de longueur très-disproportionnée entre elles, *antheræ inæquales;* si c'est à la longueur du filet ou à celle du style, que l'on compare celle des anthères, on dit *antheræ filamento* vel *stylo longiores*, quand elles sont plus longues; *breviores*, quand elles sont plus courtes. 4°. Leur *disposition;* si elles sont réunies deux à deux ou trois à trois sur le même filet, on les nomme *antheræ binæ, trinæ, fig. 16, 15;* si elles sont réunies en gaine ou connées, *coalitæ, connatæ, fig. 57, 58;* si elles sont simplement conniventes, *conniventes, fig. 42;* souvent elles sont très-écartées et distinctes, *separatæ, distinctæ, fig. 35, 36;* vacillantes, *versaliter incumbentes, fig. 12, 14;* latérales, *laterales, fig. 11*, &c. 5°. Leur *insertion:* quand elles sont insérées sur le filet qui leur sert de pédicule, on dit *antheræ stypitatæ, antheræ filamento adnatæ, fig. 5, 6, 7, 8, 9, 10, 20;* quand elles sont sur la corolle, *corollæ adnatæ, fig. 21;* sur le style ou sur le germe, *stylo* vel *germini affixæ;* sur le style à la base du stygmate, *stylo ad basin stygmatis*, &c. 6°. La *manière dont elles s'ouvrent:* on observe que les anthères s'ouvrent de cinq manières; par leur extrémité supérieure, par leur extrémité inférieure, par les côtés, en travers, et longitudinalement.

ANTHÈRES connées, *voyez* ANTHÈRES réunies.

ANTHÈRES conniventes ou rapprochées, *antheræ conniventes* vel *approximatæ*, vel *contingentes, fig. 42, pl. IV;* celles qui, au lieu d'être réunies et de ne former qu'un corps, sont seulement rapprochées les unes des autres, se touchent, mais ne se tiennent point; il faut prendre garde de les confondre avec les anthères réunies. *Voyez* ce mot. Les anthères du pain de pourceau sont conniventes: celles des morelles le sont aussi.

ANTHÈRES distinctes, *antheræ distinctæ, fig. 34, 36, pl. IV;* celles qui ne sont pas réunies, qui ne se touchent même pas, et qui paroissent bien sensiblement séparées les unes des autres, sans qu'on soit obligé de s'en convaincre à l'aide de la loupe et du stylet: telles sont les anthères du pavot, celles des jusquiames, &c.

ANTHÈRES filiformes, *antheræ filiformes, fig. 4, pl. IV;* celles qui ne paroissent être qu'une continuation de leur filet, et dont le diamètre est presque égal d'une extrémité à l'autre.

ANTHÈRES latérales, *antheræ laterales, fig. 11; pl. IV;* celles qui sont insérées sur le côté du filet, et non à son extrémité supérieure: telles sont les anthères de la parisette à quatre feuilles.

ANTHÈRES mobiles, vacillantes, *antheræ versaliter incumbentes*, *fig.* 12, 14, *pl. IV;* celles qui ont toujours un mouvement et une oscillation qui dépend de la manière dont le filet a son point d'insertion sur elles : les anthères des graminées, des plantains, sont mobiles et presque toujours vacillantes.

ANTHERES réunies ou connées, *antheræ connatæ* vel *coalitæ*, *fig.* 28, 57, 58, *pl. IV*, *cl. XIX*, *pl. II;* celles qui, par leur réunion, ne forment qu'un corps : dans les fleurs composées, les anthères sont réunies, et forment un anneau ou une gaine plus ou moins alongée que traverse le pistil.

Quelquefois les anthères paroissent réunies, *fig.* 42, *pl. IV*, comme dans les *morelles* où elles ne sont que rapprochées ; c'est ce dont il faut nécessairement s'assurer.

APATHIQUE, qui ne donne aucun signe de sensibilité. Les étamines de l'épine-vinette sont sensitives ou mimeuses, et ses pétales sont apathiques.

APÉTALES, *voyez* FLEURS.

APPENDICE d'une feuille, *fig.* 26 A, B ; et 67 L, M, *pl. VIII ;* c'est le nom que l'on donne à une espèce de prolongement qui accompagne le pétiole presque jusqu'à son insertion sur la tige ou sur les rameaux.

APPENDICULÉ, *voyez* PÉTIOLE.

APPLIQUÉES, *voyez* FEUILLES.

APPROCHE, *voyez* GREFFE par.

APPUYÉES, *voyez* FEUILLES.

APRE, *voyez* TIGE.

AQUATIQUES, *voyez* PLANTES.

AQUEUSE, *voyez* CHAIR, SUBSTANCE.

ARBORÉE, *voyez* TIGE.

ARBRES, *arbores*. Les arbres sont des plantes d'une consistance ligneuse plus ou moins solide : ils portent des bourgeons, s'élèvent à une grande hauteur, et vivent long-temps ; quelques-uns même plusieurs siècles.

On appelle arbre à plein vent, l'arbre fruitier à qui l'on a laissé toutes ses branches ; et arbres nains, ceux à l'élévation desquels on s'est opposé par différens procédés connus des Cultivateurs.

Quand, à la suite d'une description botanique, on trouve la fig. h, *cela tient lieu des mots* arbre, arbrisseau, arbuste.

ARBRES amentacés, ou arbres à chatons, *arbores amentacei ;* ceux dont les fleurs sont disposées sur des chatons : ils composent la classe XIX de la méthode de Tournefort, *voyez pl. I*, et les classes XXI et XXII du systême sexuel de Linnæus, *voyez pl. II.*

ARBRES ou arbrisseaux toujours verts, *arbores* vel *frutices semper virentes ;* ceux dont les feuilles résistent à la rigueur des saisons, et qui conservent toujours leur couleur verte.

ARBRES nains, *arbores nani* vel *pumili ;* ceux qui ne s'élèvent que très-peu, soit que l'art se soit opposé à leur élévation, soit qu'ils soient de nature à ne pas s'élever davantage.

ARBRISSEAUX, *frutices.* Les arbrisseaux ne diffèrent des arbres que par leur élévation : ils sont composés de même, portent des bourgeons comme eux, mais produisent plus souvent qu'eux plusieurs tiges de la même racine. Il est des cas où il seroit difficile de dire d'une plante, si c'est un arbre ou un arbrisseau : l'un dira que c'est un petit arbre ; l'autre que c'est un grand arbrisseau.

ARBUSTES ou sous-arbrisseaux, *arbusculæ* vel *suffrutices.* Les arbustes diffèrent des arbres et des arbrisseaux, non-seulement par leur élévation, mais encore par le défaut de bourgeons ; ce ne sont, pour ainsi dire, que des herbes, dont les tiges ligneuses persistent pendant plusieurs hivers.

ARGOT, terme de jardinage qui signifie l'extrémité d'une branche morte ou un chicot de bois mort. Argoter un arbre, c'est en retrancher tous les chicots : on ne doit pas confondre l'ARGOT avec l'ERGOT, *voyez* ce mot.

ARRONDIES, *voyez* ANTHÈRES, FEUILLES.

ARTICULATION, *articulatio ;* c'est le lieu de la réunion de deux pièces mises bout à bout : on donne aussi le nom d'articuations à des gonflemens et des étranglemens qu'on rencontre alternativement sur plusieurs parties des plantes.

ARTICULÉ, ÉE, ÉES, *voyez* PÉDUNCULE, *voyez* BULBE, RACINE, SILIQUE, *voyez* FEUILLES.

AUBIER, *alburnum, pl. IV, fig. 68 A ;* c'est le nouveau bois qui se forme chaque année sur le corps ligneux ; il se trouve sous l'écorce ; est ordinairement blanc, plus ou moins épais, d'une consistance beaucoup moins dure que le reste du bois, parce qu'il est composé des membranes réticulaires du livret, qui ne sont pas encore converties en un bois parfait. *Voyez* BOIS.

AUTUMNALES, *voyez* FLEURS.

AVORTEMENT. Lorsque l'embryon ou le germe n'a pu être fécondé par la poussière séminale des anthères, soit par le défaut de réunion des deux sexes, soit par quelque accident, tel que la gelée, une pluie trop abondante, &c. les semences avortent, *voyez* POUSSIÈRE SÉMINALE.

AXE. On donne ce nom à une partie de la plante quelconque, autour de laquelle d'autres parties sont placées, comme les rayons sur le moyeu d'une roue.

AXILLAIRE. On appelle axillaire tout ce qui naît dans l'angle formé par la réunion d'une branche avec la tige, ou d'un pétiole avec un rameau; cependant on appelle aussi axillaires les feuilles qui, au lieu d'être insérées dans l'angle, *voyez pl. X. fig. 17* EE, sont insérées sous l'angle, *fig.* BB, de manière que ce sont les rameaux qui, dans ce cas, sont axillaires, et non pas les feuilles: il me semble qu'il seroit plus à propos de les nommer *sous-axillaires*, parce qu'il se rencontre des plantes qui ont des feuilles axillaires EE, *fig. 17*, et en même temps des feuilles sous-axillaires GG. *Voyez* ÉPINES, FEUILLES, FLEURS, PÉDICULE, PÉDUNCULE, VRILLES.

B

BACCIFÈRE, *voyez* PLANTE baccifère.

BAIE, *bacca*, *fig. 38, 39, 40* A, BB, C, D, *pl. V*; c'est la septième espèce de péricarpe; elle renferme des semences éparses dans une pulpe succulente, lorsque le fruit est parvenu à son degré de maturité; si l'on y rencontre des loges, elles ne sont pas formées, comme dans les fruits à pepin, par des membranes coriaces; et si elles sont ombiliquées, on n'y retrouve pas les débris d'un calice persistant, comme celui qui forme l'ombilic des pommes, des poires, &c.

On donne assez communément le nom de grains à de petites baies: on dit grains de raisin, grains de groseille, grains de sureau, au lieu de dire baies de raisin, baies de groseille, &c.

La baie monosperme, *bacca monosperma*, est celle qui ne contient qu'une semence; elle est disperme, *disperma*, quand elle en contient deux; trisperme, *trisperma*, quand elle en contient trois; tétrasperme, *tetrasperma*, quand elle en contient quatre; et polysperme, *polysperma*, *fig. 38* A, et *fig. 40* D, *pl. V*, lorsqu'elle en contient un nombre indéterminé, ou lorsqu'elles sont si fines ou en si grand nombre, qu'on ne peut les compter.

On appelle baie ombiliquée, celle qui porte encore le signe de l'existence du style; c'est quelquefois une petite protubérance, quelquefois une petite cavité, quelquefois ce n'est qu'un point.

BALE, *gluma, fig.* A, *classe III, pl. II;* c'est la corolle des graminées; elle est composée d'écailles ou de valves disposées sur les côtés d'un péduncule commun, *fig.* L, M, N, *classe XV, pl. I,* et qui ne sont point, comme les corolles des autres plantes, insérées autour d'un axe formé par l'extrémité du péduncule qui les porte. *Voyez* VALVES.

On ne regarde plus aujourd'hui les graminées comme des plantes à fleurs apétales, c'est-à-dire, sans pétales : on est convenu, pour éviter toute équivoque, d'appeler pétale ou corolle, toute partie qui environneroit immédiatement les organes de la fructification, voyez COROLLE.

BARBE, *arista;* c'est le nom qu'on donne à cette espèce de filet grêle, barbu, plus ou moins long, qui surmonte les valves de la bale, *fig.* B, *classe III, pl. II, voyez* VALVES.

BARBUES, *voyez* FEUILLES.

BASE, *basis.* On prend ce mot en Botanique sous différentes acceptions; tantôt il signifie le lieu d'une partie sur lequel est ajustée ou sur lequel repose une autre partie; tantôt il signifie l'extrémité inférieure d'une partie quelconque : on dit, par exemple, qu'une feuille est échancrée, arrondie à sa base, c'est-à-dire, à sa partie inférieure. La base du style est cette espèce de gonflement qu'on remarque à sa partie inférieure; c'est souvent le germe ou l'embryon même, *pl. IV, fig. 51* A.

BASSIN, fleurs en bassin, *voyez* COROLLE campaniforme.

BATARDES, *voyez* PLANTES.

BATTANS, *voyez* VALVULES.

BERCEAU de la semence. Les lobes ou cotyledons sont regardés comme les mamelles destinées à allaiter la jeune plante, et c'est leur enveloppe propre que l'on regarde comme son berceau.

BICAPSULAIRE, *voyez* PÉRICARPE.

BICOTYLEDONE, semence qui a deux cotyledons ou deux lobes, *voyez* SEMENCE.

BIENNE, synonyme de bisannuelle.

BIFIDE, ES, fendu en deux; *voyez* STYLE, *voyez* FEUILLES.

BIFLORE, qui porte deux fleurs, *voyez* PÉDUNCULE.

BIFURCATION, *bifurcatio;* c'est le lieu où une tige, une branche, une racine, &c. se divise en deux et fait la fourche. On dit d'un stygmate qu'il est bifurqué, quand il est tel que la *fig. 45* A, et *49* H, *pl. IV,* le représente.

BIGÉMINÉES, *voyez* FEUILLES.

BIJUGUÉES, *voyez* FEUILLES.

BILOBE, synonyme de bicotyledone, *voyez* SEMENCE.

BILOCULAIRE, qui a deux loges, *voyez* CAPSULE.

BINÉES, *voyez* FEUILLES.

BIPINNÉES, *voyez* FEUILLES.

BISANNUELLE ou bienne, qui dure deux ans, *voyez* PLANTE, RACINE.

BITERNÉES, *voyez* FEUILLES.

BIVALVE, qui a deux valves ou battans, *voyez* CAPSULE.

BLANC, maladie qui attaque les plantes; les Cultivateurs en distinguent deux espèces.

BLANC DE CHAMPIGNON. Les bornes que je me suis prescrites dans cet ouvrage élémentaire, ne me permettent pas d'entrer dans les détails où m'entraîneroit nécessairement cet article important: je dirai seulement que le champignon de couche vulgaire, *agaricus campestris*, Lin. l'AGARIC comestible de l'HERBIER DE LA FRANCE, vient spontanément par-tout; qu'il faut conséquemment bien moins de circonstances réunies pour favoriser le développement de ses graines, qu'il en faudroit pour d'autres espèces de champignon que l'on desireroit cultiver, mais qui ne viennent précisément que dans tel terrain et qu'à tel degré de chaleur de l'atmosphère; que cette poussière que l'on trouve entre les feuillets de ce champignon, lorsqu'il a acquis un certain développement, n'est autre chose que sa graine, qui, vue au microscope, ressemble assez à des graines de pavot. J'ajouterai que ces graines, semées avec profusion par-tout, sont en si grand nombre, que celles d'un seul individu de cette espèce, suffiroient, à en juger par leur extrême finesse, pour couvrir de champignons des terrains immenses; mais que malgré qu'il faille peu de circonstances réunies pour favoriser leur développement, il en faut encore auxquelles l'art a souvent moins de part que le hasard, et que c'est par cette raison que ces graines ne lèvent pas par-tout où elles sont semées. J'ajouterai encore que, semées naturellement sur des terrains convenables, elles produisent ce qu'on appelle *blanc de champignon*, c'est-à-dire, de petits plants enracinés, que les Maraîchers trouvent tout formé sur du fumier ou sur d'anciennes couches, et qu'ils sèment sur de nouvelles couches préparées pour cet effet; que ces mêmes couches, sans qu'on y eût mis du *blanc*, auroient pu produire à la longue des champignons de cette espèce, mais que le Cultivateur fait en bien moins de temps, avec ces plants enracinés, ce que la nature auroit fait avec les graines.

BOIS. Ce mot dans notre langue a plusieurs significations très-étendues. On appelle bois, *silva,* un lieu planté d'arbres, et l'on dit bois de haute-futaie, bois taillis, bois touffu, &c. On appelle aussi bois de charpente, bois de charronnage, bois de chauffage, bois médicinaux, bois de couleur, bois de teinture, &c. différentes espèces de bois employés à divers usages dans les arts et métiers.

La seule espèce de bois, dont il soit question ici, est le *lignum* des Botanistes, cette substance dure et compacte, qui compose le tronc et les branches des arbres et des arbrisseaux. Au centre du bois, on trouve la moëlle, *fig. 68, pl. IV.* Chaque couche circulaire qui la recouvre, est formée de fibres ligneuses, de vaisseaux lymphatiques, de vaisseaux propres, de trachées et du tissu cellulaire. Les couches ligneuses sont d'autant plus dures, qu'elles sont plus près de la moëlle; et, par la même raison, celles qui en sont plus éloignées, les dernières couches concentriques qui forment l'aubier, ont d'autant moins de densité, qu'elles sont plus près du liber.

BOIS blanc. Il y a plusieurs espèces de bois, qu'on nomme vulgairement bois blancs ou *blancs bois :* ils n'acquièrent jamais plus de solidité que l'aubier, couche ligneuse imparfaite qui recouvre le vrai bois.

BORD d'une corolle, d'un champignon, d'une feuille, d'une fleur, &c. *margo :* on dit le bord ou les bords. On n'entend parler sous cette dénomination, que de la lisière ou de la bordure des différentes parties des plantes; et l'on dit d'une corolle, qu'elle est ciliée à son bord; d'un champignon, qu'il est frisé à son ou ses bords; d'un pétale, qu'il est denté, échancré, velu, &c. à son bord.

Les bords ou la bordure d'une feuille, d'une fleur, du chapeau d'un champignon, fournissent au Botaniste des caractères assez constans, mais qui ne sont pas toujours faciles à saisir; ils pourroient induire en erreur, si l'on n'avoit pas l'attention de comparer dans tous les états de développement l'individu qu'on observe. Les bords d'un champignon sont souvent réguliers, ciliés, unis, &c. dans l'état de jeunesse; mais, si on l'observe dans un âge plus avancé, on les retrouve souvent irréguliers, nus, rayés, frangés, ondulés, frisés, &c.

BORDS amincis ou minces, *margo tenuis ;* en parlant d'un champignon, l'on dira que son bord est aminci, quand son épaisseur sera très-disproportionnée à celle du reste du chapeau : dans l'*agaricus stercorarius,* par exemple, les bords du chapeau, quoique d'une minceur étonnante, ne pourront pas être appelés bords amincis, parce que tout le reste du chapeau n'a guère plus d'épaisseur; mais on donnera ce nom aux bords de l'*agaricus aurantiacus,* parce que leur épaisseur est très-disproportionnée avec celle du reste du chapeau.

BORDS colorés, *margo colorata:* on dit que les bords du chapeau d'un champignon sont colorés, quand toute la superficie du chapeau n'est pas colorée, et que ses bords seulement le sont: si les bords étoient d'une autre couleur, ou que leur couleur eût plus d'intensité que celle de tout le reste du chapeau, on spécifieroit la couleur ou les degrés d'intensité de la couleur, et l'on diroit bords blancs, jaunes, rouges, noirs, &c. bords plus colorés, moins colorés.

BORDS égaux, *margo æqualis.* Les bords du chapeau d'un champignon sont égaux quand ils sont également éloignés du pédicule, c'est-à-dire, quand le pédicule est central; ils sont inégaux, par la même raison, quand le pédicule est latéral, ou quand il n'existe pas de pédicule, et que le chapeau est attaché latéralement au corps d'où il tire sa subsistance.

BORDS épais, *margo crassa;* ceux dont l'épaisseur comparée à celle du chapeau, est égale ou presque égale, ou du moins ceux qui sont plus épais que ne le sont ordinairement les bords d'un champignon.

BORDS festonnés, *margo sinuata;* ceux qui sont découpés plus ou moins profondément, mais dont les divisions sont arrondies: si les découpures sont égales entre elles, on dit qu'ils sont festonnés régulièrement: si elles sont inégales, on dit qu'ils sont festonnés irrégulièrement.

BORDS frisés, *margo crispa;* ceux qui sont irrégulièrement ondés et comme crépus: on emploie quelquefois le mot *frisé*, pour signifier roulés en dessus ou en dessous; *voyez* BORDS roulés.

BORDS glabres, *margo glabra;* ceux sur lesquels on ne rencontre ni duvet, ni coton, ni poils, ni écailles, &c. quoique le reste du chapeau soit recouvert de duvet, de coton, ou d'écailles, &c.

BORDS inégaux, *margo inæqualis;* les bords du chapeau d'un champignon sont inégaux quand le chapeau n'a pas de pédicule, et qu'il est attaché latéralement au corps d'où il tire sa subsistance, ou quand il a un pédicule, mais qui n'est point naturellement central; je dis naturellement, parce qu'il arrive quelquefois que si deux champignons se touchent par leur chapeau, un des deux, et quelquefois tous deux ont leurs bords inégaux; mais on doit toujours s'assurer par l'inspection de plusieurs individus, pour ne pas y être trompé.

Quelquefois on dit que les bords sont inégaux, parce qu'ils sont déchirés, festonnés, laciniés; mais il vaut mieux décrire leur état, en disant bords laciniés, bords frangés, &c.

BORDS laciniés ou déchiquetés, *margo laciniata;* ceux dont les découpures sont encore une ou plusieurs fois découpées.

BORDS lisses, *margo lævis;* ceux qui sont unis et polis sans être luisans; quand ils le sont, on les appelle bords luisans, *margo lucens.*

BORDS membraneux, *margo membranacea;* ceux qui conservent encore une partie de la membrane qui recouvroit les feuillets du champignon; ceux en général qui sont remarquables par une peau membraneuse qui les dépasse.

BORDS roulés; ceux qui sont courbés sur eux-mêmes, comme une boucle de cheveux; ils sont roulés en dessus, *margo involuta*, quand ils sont tels que la *fig. 12 H, pl. VI* les représente; ils sont roulés en dessous, *margo revoluta, fig. 1 A, B, pl. VI;* et quelquefois, au lieu d'être roulés en dessous, ils sont simplement réfléchis et comme tombans, *margo reflexa.*

BORDS striés, *margo striata;* ceux qui sont remarquables par des lignes formées par l'empreinte des feuillets dont on pourroit savoir le nombre par celui des stries, c'est-à-dire, des petits enfoncemens qui se rencontrent sur leur superficie: les bords amincis sont communément striés.

BORDS velus, *margo hirsuta* vel *pilosa,* quand les poils qui les recouvrent sont simples et distincts, sans être durs au toucher: lorsque ces poils sont simples, distincts, durs et fragiles, on dit bords hérissés, *margo hirta* vel *hispida:* s'ils ressemblent à de la barbe, on dit bords barbus, *margo barbata:* s'ils ressemblent à des cils, on dit bords ciliés, *margo ciliata:* s'ils font paroître les bords comme satinés, on dit bords satinés ou soyeux, *margo sericea:* s'ils représentent un tissu cotonneux, on dit bords cotonneux ou tomenteux, *margo tomentosa:* s'ils représentent un tissu drapé ou laineux, on dit bords laineux, *margo lanata;* et s'ils ressemblent à du poil follet ou à un duvet très-fin, on les appelle bords pubescens, *margo pubescens.*

On pourra voir à la pl. X, fig. 12, les différentes espèces de poils: pour éviter les répétitions dans le corps de cet Ouvrage, on renverra à cet article.

BORDURES ou BORDS, *margo;* c'est en général ce qui borne la circonférence d'une partie quelconque.

BOTANIQUE ou PHYTOLOGIE, *res herbaria* vel *phytologia.* La Botanique est cette partie de l'Histoire naturelle, qui a pour objet la connoissance méthodique des végétaux, et de tout ce qui a un rapport immédiat avec le règne végétal. La Botanique n'est pas simplement l'art de reconnoître ce qui a déjà été connu; tous les jours elle étend son empire par de nouvelles découvertes; et, d'après une juste appréciation des rapports que les plantes qu'on ne connoissoit pas, ont avec celles qui composent telle ou telle famille, elles se trouvent classées, et font partie d'un tableau général, auquel on donne le nom de méthode ou de systême. L'Agriculture, la Médecine, et la plupart des arts ne seroient presque rien sans le secours de la Botanique : à chaque pas cette science les éclaire de son flambeau; sans cesse elle vient au-devant des besoins des hommes, et les conduit, comme par la main, au milieu des richesses immenses du règne végétal, afin qu'ils puissent se les approprier.

L'objet du Botaniste est quelquefois la connoissance de tout ce qui a un rapport immédiat avec le règne végétal. Quelquefois aussi son objet est restreint à une partie de ce règne, ou à une seule de ses branches; souvent il se borne à connoître les plantes indigènes d'une province; souvent même il s'arrête à la connoissance de quelques plantes particulières, et quelquefois il n'étudie les rapports que les plantes ont entre elles, que pour se frayer une route plus facile à d'autres sciences, telles que l'Agriculture et la Médecine.

De-là vient la grande difficulté qu'on éprouve, toutes les fois que l'on veut tirer une ligne entre ce que l'on doit ou ce que l'on ne doit pas appeler Botanique: de-là vient aussi qu'on a presque toujours éludé la question sans y répondre.

Voyez à l'article PRINCIPES de Botanique, *en quoi consistent ces principes ou élémens, et comment on peut les étudier avec fruit.*

BOTANISTE, *Botanicus.* Puisque la Botanique est la science qui a pour objet la connoissance acquise par principes, des végétaux, de leur nature et de leurs propriétés, il n'y a donc véritablement de *Botaniste*, que celui qui connoît les plantes *méthodiquement*, et qui, sachant saisir les vrais rapports que les plantes ont entre elles, détermine avec précision leur ressemblance et leur différence respective, tant spécifiques que relatives.

On distingue le BOTANISTE *en Botaniste du premier ordre, et en Botaniste du second ordre.*

Le BOTANISTE du premier ordre est celui qui s'occupe de la Botanique en grand; celui qui voit cette science dans toute son étendue et sous tous les points de vue possibles, dans l'ensemble et dans les détails.

Le BOTANISTE du second ordre au contraire, loin d'envisager la Botanique dans son ensemble, et sous tous ses différens points de vue, ne s'attache qu'à une de ses branches; et par l'ordre et l'accord qu'il y fait régner, par les découvertes intéressantes dont il l'enrichit, il lui donne tout le degré de perfection dont elle est susceptible :

quelquefois son objet est bien plus louable encore, c'est lorsqu'il tend à répandre utilement dans la société le fruit de ses recherches, et à faire connoître au commun des hommes même, que la Botanique est pour eux une source intarissable de bienfaits toujours en leur pouvoir. Que de précieuses découvertes en effet ne doit-on pas à cette classe de Botanistes? Les arts, en moins d'un siècle, ont plus que doublé leurs richesses. De tous les coins du monde des savans se sont réunis; chacun d'eux a senti la nécessité de se borner à une partie de la Botanique, considérée du côté de son utilité : les uns ont fixé toute leur attention sur la connoissance des meilleurs grains, sur celle des meilleurs pâturages : d'autres ont sacrifié leur fortune et leur loisir, au plaisir de se livrer tout entiers aux soins de diverses branches de l'agriculture; et d'autres, en épiant continuellement la nature, lui ont, pour ainsi dire, dérobé tous ses secrets.

BOTTE. On dit vulgairement qu'une plante a ses racines en botte, quand elles tiennent ensemble près de la tige, et quand elles s'écartent les unes des autres en s'alongeant. On les nomme en Botanique RACINES FASCICULÉES ou en faisceau, *fig. 23, pl. VII.*

BOUQUET, *thyrsus.* Le bouquet porte des fleurs disposées par étages sur un axe commun, ou sur un péduncule commun et droit. La seule différence qu'il y ait entre le bouquet et la grappe, c'est que le péduncule commun qui sert de base aux péduncules propres des fleurs en grappe, est toujours dans une situation pendante, au lieu qu'il est droit dans le bouquet.

BOURGEONNER. On dit qu'un arbre commence à bourgeonner, quand, au renouvellement de la saison, ses jeunes pousses se développent.

BOURGEONS, *surculi. Les Cultivateurs appellent œil,* oculus, *le bouton dans son état de jeunesse; bouton,* gemma, *l'œil plus formé, qu'ils distinguent en bouton à fruit et en bouton à bois; et bourgeon,* surculus, *le bouton développé. Ils appellent aussi bourgeons, les jeunes pousses de l'année; et faux bourgeons, les jeunes pousses qui n'ont pas été produites par des boutons nés dans les aisselles des feuilles. Ils disent ébourgeonner un arbre, quand, pour prévenir l'étiolement, ou pour rendre l'arbre plus vigoureux,* &c. *ils retranchent des boutons à bois ou des jeunes pousses superflues.* BOURGEONS et BOUTONS, en Botanique, sont synonymes.

BOURRELET; c'est le nom que l'on donne à un renflement d'une partie quelconque, qui paroît dans cet endroit garnie d'une espèce d'anneau.

BOURSE, *volva;* enveloppe radicale des champignons, *voyez* VOLVA.

BOUTONS, *gemmœ, oculi, hybernacula ;* ce sont de petits corps arrondis et un peu alongés, qui naissent en été sur les branches des arbres et des arbustes aux aisselles des feuilles : ils sont composés d'écailles dures, velues en dedans, serrées les unes contre les autres, et disposées de manière à former un asyle sûr aux jeunes parties de la plante qui y sont renfermées pendant l'hiver.

On distingue trois espèces de boutons : le *bouton à bois*, le *bouton à fruit* et le *bouton mixte*. 1°. Le bouton à bois ou à feuilles, que les Cultivateurs nomment *bourgeon, gemma foliifera* vel *ramifera, pl. VII, fig. 1,* est celui qui ne doit produire que des feuilles et du bois. 2°. Le bouton à fleur et à fruit, *gemma florifera* vel *fructifera, pl. VII, fig. 2 et 3,* est celui qui doit produire une ou plusieurs fleurs, et successivement des fruits. 3°. Le bouton mixte, *gemma mixta,* est celui qui doit donner en même temps des fleurs et des feuilles ou du bois.

L'usage apprend aux Cultivateurs à déterminer assez justement, à la seule inspection du bouton, si c'est un *bourgeon* ou *bouton à bois,* ou si c'est un *bouton à fruit :* ceux-ci sont assez ordinairement plus gros, plus courts, moins unis, moins pointus que les boutons à bois ou bourgeons, et leurs écailles sont plus velues en dedans.

Il me semble que la forme et la disposition des boutons suffiroient à l'œil exercé pour reconnoître l'espèce de chaque plante qui en seroit pourvue. Les boutons qui naissent sur les racines, portent le nom de CAYEUX.

BOUTURES, *taleœ ;* ce sont des parties détachées du corps d'une plante, privées de racine, et qui, mises en terre, reproduisent un individu semblable à celui à qui elles appartenoient. Il y a des plantes qui viennent facilement de boutures ; d'autres qui viennent difficilement, et d'autres qu'on n'a pas encore pu multiplier de cette espèce.

BRACTÉES ou feuilles florales, *bracteœ ;* ce sont de petites feuilles qui naissent avec les fleurs, et qui sont toujours différentes du reste des feuilles de la plante, soit par leurs formes, soit par leur couleur. Les bractées sont aux fleurs et aux fruits, ce que les stipules sont à la tige, aux rameaux et aux feuilles. Quand on ne rencontre sur un péduncule ou à la base d'une fleur, qu'une seule bractée, on la nomme bractée solitaire, *bractea solitaria.* Les bractées sont deux à deux ou géminées, *bracteœ geminœ ;* articulées, *bracteœ articulatœ ;* axillaires, *axillares ;* caduques, *caducœ ;* persistantes, *persistentes ;* ciliées, *ciliatœ ;* tomenteuses, *tomentosœ ;* colorées, *coloratœ ;* dentées, *dentatœ ;* dentées en scie, *serratœ ;* ramassées en touffe au-dessus des fleurs, *comosœ ;* très-entières, *integerrimœ ;* multifides, *multifidœ ;* latérales, *laterales ;* pétiolées, *petiolatœ ;* amplexicaules, *amplexicaules.*

Les bractées fournissent au Botaniste plusieurs caractères pour la distinction des espèces ; ils sont tirés, tantôt de leur couleur, tantôt de leur forme, tantôt de leur situation, tantôt de leur nombre, de leur durée, de leur différence ou de leur ressemblance respective, &c. *Les figures et les définitions qu'on a données des feuilles simples, serviront à faciliter l'intelligence de ce qu'on a dit sur les bractées.*

BRACTÉIFÈRE ; qui porte des bractées. On appelle (*flores, rami, pedunculi, bracteiferi,*) les fleurs, les rameaux, les pédun-cules qui portent des bractées.

BRACTÉIFORMES, *voyez* FEUILLES.

BRANCHES, *rami*. La tige ou le tronc en s'élevant jette de côté et d'autre différentes productions, qu'on nomme branches ou rameaux. Les branches sont composées à-peu-près comme la tige ou le tronc; et, par leurs divisions et subdivisions, ce sont elles qui déterminent la forme de l'individu à qui elles appartiennent. On distingue les branches en *mères branches* ou *branches du premier ordre*, en *branches moyennes* ou *branches du second ordre*, et en *petites branches* ou *branches du troisième ordre*. On appelle *branches à bois, rami ligniferi*, celles qui ne donnent ni fleurs, ni fruits; *branches à fruits, rami fructiferi*, celles qui portent des fleurs et des fruits; *branches de faux bois*, celles qui percent à travers l'écorce, et qui n'ont pas été produites d'un *œil* ou *bouton; branches gourmandes*, celles qui absorbent toute la nourriture des branches voisines; *branches chiffonnes*, celles qui sont grêles, maigres, mal constituées et qui nuisent à l'arbre; et *brindilles*, des petites branches à fruits qui portent des feuilles ramassées en touffes.

BRANCHU, UE, qui est ramifié, qui porte des branches; *voyez* TIGE.

BROU, *gullioca;* c'est le nom de cette écorce verte qui recouvre extérieurement la noix, l'amande, &c.

BUISSON, *dumus, dumetum;* c'est une touffe d'arbrisseaux sauvages ou épineux; il y a cependant des arbustes qu'on élève pour la décoration des parterres, et que l'on taille en buisson; et il y a aussi quelques arbres fruitiers que l'on taille de la même manière, et que l'on appelle arbres en buisson.

BULBE, *bulbus*. On donne le nom de bulbe ou d'oignon à la racine d'une plante, quand elle est composée d'un corps charnu plus ou moins arrondi, *fig. 17, 20, pl. VII,* dont la substance est tendre et succulente, recouverte d'une ou de plusieurs tuniques, et lorsqu'à son extrémité inférieure, on trouve une excroissance charnue, sur laquelle toutes les fibrilles radicales ont leur point d'insertion, comme on le voit *fig. 17 E, et 20 I.*

Il s'ensuit donc que toute racine composée d'un corps charnu, dont le diamètre excédera celui de la tige, mais qui ne sera pas recouvert de tuniques, et qui n'aura pas un point d'insertion commun à toutes ses fibres radicales, ne sera pas une BULBE, *mais une* RACINE TUBÉREUSE. *Voyez* ce mot. *Je dois cependant avertir que quelques Auteurs étendent plus loin la signification du mot bulbe, et que l'on est unanimement convenu d'appeler bulbe, comme par exception à la régle générale, cette espèce de gonflement qui termine inférieurement les pédicules des champignons bulbeux.*

On regarde la bulbe comme faisant à-peu-près les mêmes fonctions que les boutons, *hybernacula:* elle sert de berceau à la jeune plante qu'elle renferme pendant l'hiver dans son sein, et la met à l'abri des intempéries des saisons. Elle produit latéralement de nouvelles petites bulbes qu'on nomme CAYEUX. La bulbe est, ou *simple*, ou *composée;* ou *adhérente* à la tige, ou *séparée* de la tige par un étranglement particulier; ou *solide*, ou *écailleuse*, ou *membraneuse*, ou *arrondie*, ou *articulée*, ou *suspendue*, &c.

BULBE adhérente à la tige, *bulbus sessilis ;* celle qui ne paroît être qu'une continuation de la tige, et qui n'a point de collet.

BULBE articulée, *bulbus articulatus;* celle qui est plus alongée qu'orbiculaire, et qui est remarquable par des gonflemens et des étranglemens alternatifs.

BULBE composée, *bulbus compositus;* celle qui est composée de plusieurs autres bulbes ou cayeux renfermés sous une enveloppe commune, comme dans la *fig. 17, pl. VII*, qui représente une tête d'ail.

BULBE double, *bulbus duplex;* celle qui est composée de deux bulbes simples, *fig. 37, pl. VII.*

BULBE écailleuse, *bulbus squamosus ;* celle qui est composée d'écailles disposées circulairement ou par couches, comme dans le lys.

BULBE membraneuse, *bulbus membranaceus;* celle qui est composée de membranes circulaires.

BULBE simple, *bulbus simplex;* celle qui est toujours seule à l'extrémité d'une tige.

BULBE solide, *bulbus solidus;* celle qui est composée d'une substance ferme et charnue.

BULBE suspendue, *bulbus pendulus;* celle qui est portée par un fil qui la suspend.

BULBES rapprochées, *bulbi aggregati ;* celles qui sont plusieurs ensemble, mais qui ne sont pas renfermées dans une enveloppe commune.

BULBEUX, SE, qui a pour racine une bulbe; *voyez* PÉDICULE, RACINE.

BULBIFÈRE, qui porte une bulbe.

BULBIFORME, qui a la forme d'une bulbe.

BULLÉES, *voyez* FEUILLES.

C

CADUC, QUE. Lorsqu'on a égard à la durée respective des différentes parties qui composent les plantes, on appelle *caduque* une partie qui tombe avant une autre; *tombante*, une partie qui tombe avec une autre; et *persistante*, une partie qui ne tombe qu'après une autre partie, ou qui subsiste long-temps après. Ainsi le calice qui tombe avant la corolle, se nomme calice caduc, *calix caducus ;* le calice qui tombe avec la corolle, porte le nom de calice tombant avec, *calix deciduus ;* et celui qui ne tombe qu'après les pétales, ou qui persiste même avec le fruit, est appelé calice persistant, *calix persistens.* Le mot caduc ou caduque s'applique dans le même sens à toutes les autres parties des plantes. *Voyez* CALICE, BRACTÉES, FEUILLES, STIPULES, &c.

CALENDRIER de Flore, *calendarium Floræ.* Si l'époque de la floraison des plantes ne tenoit à une infinité de circonstances, telles que la diversité des climats, la nature des terrains, les degrés de température, le *calendrier de Flore* seroit la méthode la plus simple, et peut-être en même temps la plus sûre pour apprendre à connoître les plantes. Les personnes qui ne s'occupent de la Botanique que par récréation, et sans vouloir en faire une étude approfondie, préfèrent avec raison cette méthode; elles ont des herbiers où les plantes sont rangées selon l'ordre des saisons; et, avec un peu de patience, cela remplit assez bien leur objet.

CALICE, *calix ;* c'est la partie de la fleur qui sert d'enveloppe immédiate à la corolle, et d'enveloppe secondaire aux organes sexuels. Lorsqu'il s'agit donc de déterminer avec précision ce qui, dans une fleur, doit porter le nom de calice et celui de corolle, il est nécessaire de se rappeler que postérieurement aux savans écrits de Linnæus, on est convenu d'établir pour principe général, que l'enveloppe immédiate des étamines et des pistils porteroit le nom de corolle, sans avoir aucun égard ni à sa forme, ni à sa couleur, et que leur enveloppe secondaire seroit appelée calice. *Voyez pl. IV, fig. 1 A*, le lieu que doit occuper le calice dans une fleur complète.

Cet Ouvrage étant fait pour faciliter l'intelligence des méthodes créées, et pour en donner la clef, on ne pouvoit se dispenser de dire un mot des différentes espèces de calice, dont TOURNEFORT, LINNÆUS *et leurs sectateurs ont parlé dans leurs ouvrages.*

TOURNEFORT distingue le calice en *calice proprement dit*, et en *calice improprement dit;* le premier fait partie de la fleur; et le second (qu'on ne regarde plus aujourd'hui comme un calice) n'en fait point partie, malgré qu'il l'ait renfermée avant son développement.

Le CALICE proprement dit est divisé en *calice proprement dit, propre ou particulier*, et en *calice proprement dit, commun:* le premier est celui qui ne renferme qu'une seule fleur, *pl. I, fig. 3 A, fig. 7 B; et pl. IV, fig. 65 et 70 B;* et le second celui qui renferme plusieurs fleurs, *voyez pl. IV, fig. 66 H.* Les calices qui renferment les fleurons et les demi-fleurons, des flosculeuses, semi-flosculeuses et radiées, sont des calices proprement dits, communs.

Le CALICE improprement dit est aussi divisé en *propre ou particulier*, et en *commun.* Le *spathe*, cette espèce de gaine dans laquelle sont contenues les fleurs liliacées avant leur développement, est le calice improprement dit, *propre*, parce que ces fleurs n'ont pas d'autre calice, *fig. 67 T, pl. IV.* La *collerette*, qui se trouve à la base des rayons des ombelles, *fig. 17 A*, est un calice improprement dit; et *commun*, parce que les fleurs ombellées, outre leur calice général, ont encore un calice particulier.

Le chevalier LINNÆUS compte sept espèces de calice; 1°. le *périanthe;* 2°. l'*enveloppe* ou *collerette;* 3°. le *spathe;* 4°. la *bale;* 5°. le *chaton;* 6°. la *coiffe;* et 7°. la *bourse* ou *volva. Voyez* ces mots chacun dans la place qu'il doit occuper dans ce Dictionnaire.

La première espèce de calice de LINNÆUS, *le périanthe, c'est-à-dire, l'enveloppe immédiate de la corolle, est la seule dont il soit question dans cet article; ainsi calice ou périanthe seront synonymes. On considère dans le calice, la forme, la situation, la couleur et la durée.*

CALICE anguleux, *calix angulosus;* celui sur les côtés duquel on rencontre quelques angles, quelques cannelures, ou quelques sillons.

CALICE arrondi, *calix subrotundus;* lorsque ses divisions sont disposées en rond, ou bien encore lorsqu'on ne rencontre sur ses côtés ni angles ni cannelures.

CALICE caduc, *calix caducus;* celui dont la chûte précède toujours celle des pétales. Il y a beaucoup de plantes, comme le pavot, la chélidoine, dont les fleurs sont privées de calice avant même qu'elles soient épanouies. On appelle calice tombant, *deciduus*, celui dont la chûte ne précède pas celle des pétales, mais qui tombe avec eux.

CALICE caliculé, *calix caliculatus;* celui qui est simple, mais qu'on pourroit confondre avec un calice double, parce qu'on trouve à sa base extérieure un rang de petites écailles beaucoup plus courtes que lui.

CALICE coloré, *calix coloratus;* celui qui, au lieu d'être de couleur verte, comme le sont ordinairement les calices, est d'une autre couleur, de manière qu'on pourroit le prendre pour la corolle, de laquelle il ne diffère quelquefois que parce qu'il enveloppe médiatement les organes sexuels, au lieu que la corolle les enveloppe immédiatement.

CALICE commun, *calix communis;* celui qui renferme plusieurs fleurs toutes disposées sur le même réceptacle, *pl. II, fig. 53 M.* Quelquefois les fleurs que cette espèce de calice renferme, ont en outre un calice propre ou particulier, et quelquefois elles n'en ont pas. Le calice commun est quelquefois simple, quelquefois double.

CALICE corollifère, *calix corolliferus;* celui qui porte immédiatement la corolle.

CALICE double, *calix duplex;* celui qui est composé de plusieurs pièces à-peu-près égales, et disposées sur deux ou sur plusieurs rangs, *voyez pl. IV, fig. 66.*

CALICE imbriqué ou tuilé, *calix imbricatus.* Le calice double est imbriqué, quand ses folioles ou les écailles qui le composent sont disposées sur plusieurs rangs, et dans le même ordre que des tuiles sur un toit, *pl. I, fig. 29 A.*

CALICE inférieur, *calix inferus;* celui qui est au-dessous du fruit, *pl. V, fig. 28 L, et fig. 39 R.*

CALICE monophylle, *calix monophyllus;* celui qui est d'une seule pièce. Le calice n'étant que l'épanouissement du péduncule, on pourroit être embarrassé lorsqu'il s'agira de distinguer un calice monophylle d'avec un calice polyphylle, parce qu'on n'a pas toujours la même ressource que pour distinguer une COROLLE monopétale d'avec une corolle polypétale; mais toutes les fois qu'un calice ne sera pas divisé jusqu'à sa base, et que ses divisions ne s'étendront qu'au tiers ou qu'aux deux tiers de sa hauteur, il sera monophylle, *fig. 65, pl. IV, et fig. 72 R:* quand au contraire ses divisions seront continuées jusques près de l'extrémité du péduncule qui le porte, *fig. 36 A, pl. IV,* il sera polyphylle, c'est-à-dire, qu'on le regardera comme composé de plusieurs pièces.

On appelle calice diphylle, *calix diphyllus,* celui qui est composé de deux pièces; triphylle, *triphyllus*, celui qui est composé de trois pièces; quadriphylle ou tétraphylle, *tetraphyllus*, celui qui est composé de quatre pièces; pentaphylle, *pentaphyllus*, celui qui est composé de cinq; et polyphylle; *polyphyllus*, celui qui est composé d'un nombre indéterminé de pièces. Quand le calice monophylle est divisé en deux parties, on le nomme calice à deux divisions, *calix bipartitus;* quand il est à trois divisions, *tripartitus;* quand il est à quatre divisions, *quadripartitus;* à cinq, *quinquepartitus;* quand il a plus de cinq divisions, *multipartitus*.

CALICE persistant, *calix persistens;* celui qui subsiste encore après la chûte des pétales.

CALICE propre, *calix proprius;* celui qui est immédiatement sous la corolle, et qui ne renferme qu'une seule fleur.

CALICE raboteux, *calix squarrosus;* celui sur la superficie duquel on rencontre des aspérités, des rugosités.

CALICE simple, *calix simplex;* celui qui n'est qu'à un rang; il peut être ou monophylle, ou polyphylle, ou propre, ou commun.

CALICE staminifère, *calix staminiferus;* celui qui porte immédiatement les étamines, *pl. II, fig. 28.*

CALICE supérieur, *calix superus;* celui qui couronne le fruit, *pl. I, fig. 18* B.

CALICE tombant avec les fleurs, *calix deciduus;* celui dont la chûte ne précède pas celle des pétales, mais qui tombe avec eux: tels sont ceux des renoncules, des senevés, &c.

CALICE tubulé, *calix tubulatus* vel *tubulosus;* celui qui est alongé en tube.

CALICINAL, LE, qui vient sur le calice. On appelle épines calicinales celles qui naissent immédiatement sur le calice.

CALICULÉ, *voyez* CALICE.

CAMPANIFORME ou CAMPANULÉ, ÉE, qui a la forme d'une cloche; *voyez* FLEUR, COROLLE.

CANALICULÉ, ÉE; ce qui est creusé d'un petit canal ou d'une rainure; *voyez* PÉTIOLE, *voyez* FEUILLES.

CANNELURES, espèce de rainures longitudinales qu'on rencontre sur plusieurs parties des plantes. On dit cannelures à côtes, cannelures à vives arêtes.

CAPILLAIRE, ES; ce qui a une forme grêle et alongée; ce qui approche de la figure d'un cheveu; *voyez* FEUILLES, FILET.

CAPSULE, *capsula;* espèce de boîte ou d'étui, qui renferme les semences, et qui s'ouvre de différentes manières pour les laisser sortir, lorsqu'elles ont acquis un degré de maturité suffisant. Tantôt la capsule est d'une seule pièce, tantôt de plusieurs pièces, tantôt est à une loge, tantôt à plusieurs loges; l'une s'ouvre par le haut, l'autre par le bas, l'autre en travers; celle-ci a une forme qui lui est particulière, celle-là en a une autre, &c. Des huit espèces de PÉRICARPE, c'est-à-dire, d'enveloppe des semences, la capsule est celle de laquelle on peut le plus difficilement donner une juste idée; il faut nécessairement connoître les sept autres espèces, avant de se flatter de bien distinguer celle-ci. La *fig. 8, pl. I,* et les *fig. 19, 20, 21, 22, pl. V,* en représentent différentes espèces.

Le Botaniste sait trouver dans le nombre et la forme des capsules, dans le nombre des pièces qui les composent, dans les différentes manières dont elles s'ouvrent, et dans le nombre de leurs cavités, une foule de caractères saillans; il est nécessaire pour cela que les graines soient à leur degré de maturité.

CAPSULE anguleuse, *capsula angulata;* celle dont la superficie est remarquable par des angles saillans.

CAPSULE courbée en dedans, *capsula incurvata;* en dehors, *capsula recurvata;* celle qui a une courbure naturelle plus ou moins sensible, soit que l'extrémité recourbée regarde le sommet de la plante, soit qu'elle soit tournée du côté de la racine.

CAPSULE cylindrique, *capsula cylindrica;* celle qui est plus longue que large, et qui est arrondie dans toute sa longueur.

CAPSULE globuleuse, *capsula globosa;* celle qui est ronde comme une boule, et qui peut rouler en tout sens sur un plan incliné.

CAPSULE ovale, *capsula ovata;* celle qui a la forme d'un œuf.

CAPSULE scrotiforme, *capsula scrotiformis;* celle qui a la forme de testicules ou de deux globes réunis, et un peu comprimés du côté où ils se touchent.

CAPSULE torse, *capsula contorta;* celle dont les panneaux sont disposés comme la mêche d'un tire-bouchon, ou celle sur la superficie de laquelle on remarque des lignes spirales.

CAPSULE uniloculaire, *capsula unilocularis;* celle qui n'est qu'à une seule loge, celle qui n'a qu'une seule cavité. Une capsule peut être uniloculaire et bivalve, *capsula unilocularis bivalvis;* elle peut être aussi univalve et biloculaire, *capsula univalvis bilocularis;* elle peut même être univalve et quinqueloculaire, *univalvis quinquelocularis.* La capsule biloculaire, *capsula bilocularis,* est celle qui a deux cavités; la triloculaire, *trilocularis,* est celle qui en a trois; la quadriloculaire, *quadrilocularis,* est celle qui en a quatre; la quinqueloculaire, *quinquelocularis;* la sexloculaire, *sexlocularis;* la multiloculaire, *multilocularis,* est celle qui en a cinq, six, ou un grand nombre.

CAPSULE univalve, *capsula univalvis ;* celle qui est d'une seule pièce, et qui ne s'ouvre que d'un côté. Elle est bivalve, *bivalvis,* quand elle est composée de deux pièces ou panneaux; trivalve, *trivalvis,* quand elle est composée de trois; quadrivalve, *quadrivalvis,* quand elle est composée de quatre; quinquevalve, *quinquevalvis,* quand elle est composée de cinq; et multivalve, *multivalvis,* quand le nombre des panneaux qui la composent est au-dessus de cinq.

CARACTÈRES d'abréviation en usage dans les descriptions botaniques. ☉ signifie herbe annuelle; ♂ signifie herbe bisannuelle; ♃ signifie vivace; ♄ signifie arbre et arbrisseau.

CARACTÈRES des plantes, *plantarum characteres ;* toutes les parties qui appartiennent naturellement aux végétaux, et par lesquelles ils se ressemblent ou diffèrent entre eux, les organes de la fructification sur-tout, sont les vrais caractères sur lesquels les Botanistes doivent fonder leurs principes de divisions, de méthodes, d'analyses, de systêmes, en considérant ces différentes parties, toutes les fois qu'elles leur paroîtront constantes, sous trois attributs principaux: la *forme,* le *nombre* et les *proportions respectives.*

Les caractères des plantes sont nommés caractères classiques, caractères génériques, et caractères spécifiques, quand ils sont employés à former les classes et leurs sections, les genres, les espèces. Tournefort tira des fleurs ses caractères classiques; il tira des fruits ceux de ses sections; il employa tous ceux que purent lui fournir les parties de la fructification, pour former ses caractères génériques, et il chercha dans toutes les parties étrangères à la fructification, ses caractères spécifiques. Le Chevalier Linnæus prit aussi dans les fleurs ses caractères classiques, mais il ne s'arrêta qu'aux étamines : les pistils lui fournirent les caractères de ses ordres; la considération de toutes les parties de la génération lui fournit ceux de ses genres; et toutes les parties visibles et palpables, quelquefois même les parties de la fructification, quand elles n'étoient pas nécessaires à la formation de ses genres, lui fournirent ses caractères spécifiques. Prenons pour exemple une plante décrite par Linnæus, et voyons ce qu'on entend par caractères *classiques, génériques* et *spécifiques.* La bugle, par exemple, a deux grandes étamines et deux petites; elle est de la XIVe classe, la *didynamie :* ses graines sont nues au fond de son calice; elle est de la première division de cette classe, la *gymnospermie :* les différences caractéristiques que Linnæus a observées dans le détail des parties de la fructification de cette plante, ont déterminé un genre qu'il a nommé *ajuga :* ce mot générique *ajuga* convient à toutes les espèces de plantes qui ont les mêmes caractères. C'est un *ajuga reptans,* parce que ses tiges sont rampantes; c'est un *ajuga pyramidalis,* parce que sa tige est droite; et si l'on rencontroit une plante qui eût les caractères génériques de l'*ajuga*, mais dont les feuilles, je suppose, seroient épineuses, on pourroit la nommer *ajuga spinosa*, &c.

CARÈNE, *carina, pl. IV, fig. 72 s;* c'est le nom qu'on donne au pétal inférieur des fleurs papilionacées; il renferme presque toujours les parties sexuelles de la fleur, qui prennent la même courbure que lui. Quelquefois la carène est composée de deux pièces, mais le plus souvent elle n'est que d'une seule pièce qui a presque toujours deux onglets.

CARIE, espèce de maladie qui attaque le froment.

CARINÉES, creusées en gouttière ou en forme de bateau; *voyez* FEUILLES.

CARTILAGINEUSES, *voyez* FEUILLES.

CASQUE, *galea;* c'est le nom que l'on donne à la lèvre supérieure des corolles labiées, qu'on nomme aussi fleurs en gueule. *Voyez* FLEURS labiées.

CASTRATION des plantes; opération par laquelle on ôte à une plante la faculté de féconder ses graines, soit en lui enlevant les parties de l'un ou l'autre sexe, avant que la fécondation ait eu lieu, soit en s'opposant à ce que la poussière prolifique des anthères soit reçue par les stygmates. Lorsque les étamines ou les pistils ont été rongés par quelque insecte, ou altérés par des pluies de longue durée, par une gelée ou par un coup de soleil, c'est une espèce de castration qui rend stériles les graines, ou qui même en détruit entièrement les embryons.

CAULESCENTE, *voyez* PLANTE.

CAULINAIRE, ES; ce qui appartient à la tige, ce qui naît immédiatement sur la tige; *voyez* PÉDUNCULE, *voyez* FEUILLES.

CAVITÉS du fruit, *voyez* LOGES.

CATALEPSIE; c'est l'état d'une plante ou de quelques parties d'une plante, qui conservent l'inclinaison qu'on leur donne.

CATALEPTIQUE, ES, qui n'a pas la faculté de changer de situation; *voyez* PLANTES.

CAYEU, *adnatum, bulbulus*. Le cayeu est un petit oignon ou une petite bulbe produite par une racine bulbeuse, par une bulbe proprement dite: il devient bulbe à son tour, et donne naissance à de nouveaux cayeux qui doivent lui succéder. On sait que la bulbe périt toujours après avoir donné des fleurs un certain nombre de fois, et que c'est au cayeu que la nature confie le soin de la reproduction de l'espèce pour l'année suivante.

CELLULAIRE, qui a des cellules.

CELLULES, *cellulæ*. On donne ce nom à ces espèces de vides que l'on rencontre dans certains fruits.

CEP : on appelle ainsi le pied de vigne.

CENTRAL, qui occupe le centre; *voyez* PÉDICULE.

CHAIR, *caro ;* substance plus ou moins ferme qui compose certaines plantes, comme les champignons, et certaines parties des plantes, comme les fruits, les feuilles, les racines. On dit que telle partie a la chair aqueuse, molle, ferme, cassante, spongieuse, subéreuse, blanche, noire, jaune, &c.

CHALUMEAU ou chaume, tige des graminées.

CHANCISSURE ; c'est un assemblage de petits filamens produits par du fumier de mauvaise nature, ou par les racines de quelques plantes malades : on regarde cette espèce de moisissure, comme le signe de l'épuisement, et comme l'effet de la décomposition des corps qui la produisent, et l'on conclut mal-à-propos de-là, que les champignons naissent de la putréfaction, parce que le premier état de leur développement s'annonce sous la forme d'une espèce de chancissure, connue sous le nom de *blanc de champignon. Voyez* ce mot.

CHAPEAU, *pileum* vel *capitulum*. On donne le nom de chapeau à la partie supérieure d'un champignon, quand elle est évasée, et quand elle a plus de diamètre que le pédicule ou le pied qui la porte.

On remarque dans le chapeau d'un champignon, 1°. la *forme*, 2°. la *situation*, 3°. la *consistance*, 4°. l'*épaisseur*, 5°. la *couleur*, 6°. la *superficie*, et 7°. les *bords*.

CHAPEAU alongé, *pileum oblongum ;* celui qui, dans son parfait développement, est plus long que large.

CHAPEAU arrondi, *pileum subrotundum ;* celui qui, en naissant, a une forme arrondie, qu'il conserve même dans son parfait développement. La plupart des chapeaux des champignons commencent par être ronds ; ils passent ensuite de la forme ronde à l'hémisphérique, de-là à la forme horizontale, et souvent même deviennent concaves. Ce qui rend dans l'étude des champignons les méprises si fréquentes, c'est la ressemblance que beaucoup d'espèces différentes ont entre elles, jusqu'à ce qu'elles aient acquis un certain degré de développement. On ne peut avancer d'un pas assuré dans cette carrière nouvelle encore, qu'à la lueur du flambeau de l'expérience.

CHAPEAU concave, *pileum concavum ;* celui qui, en naissant, a une forme concave qu'il conserve dans tous ses états de développement. Il n'y a qu'un très-petit nombre de champignons, dont le chapeau soit concave dans l'état de jeunesse: la plupart le deviennent en vieillissant; mais on dit en ce cas, qu'ils deviennent concaves dans l'état de vieillesse.

CHAPEAU conique, *pileum conicum ;* celui qui a une forme conique en naissant, et qui la conserve même dans l'état de vieillesse.

CHAPEAU applati, *pileum planum ;* celui dont tous les points de la superficie forment une ligne parallèle ou à-peu-près parallèle avec l'horizon : quand le chapeau n'est pas tout-à-fait plat, on dit *pileum planiusculum.*

CHAPEAU campaniforme, *pileum campaniforme ;* celui qui approche de la forme d'une cloche.

CHAPEAU contigu, *pileum contiguum.* Parmi les caractères qui peuvent le plus sûrement servir à la distinction des espèces de champignon, le signe de la contiguité ou de la continuité de la chair du chapeau avec celle du pédicule, est en même temps et le plus certain, et le plus facile à saisir. On dit que le chapeau d'un champignon est contigu avec son pédicule, quand il y a une sorte d'étranglement qui semble faire du chapeau et du pédicule deux parties distinctes; et on dit qu'il est continu, *pileum continuum,* quand le pédicule s'évase à son extrémité supérieure pour former la chair du chapeau : le chapeau et le pédicule, dans ce dernier cas, ne paroissent point être de deux pièces. L'extrémité supérieure du pédicule, *pl. VI, fig. 6,* est contiguë; elle est continue dans la *fig. 1 ;* ce n'est que lorsque le champignon est parfaitement développé, que l'on peut déterminer avec précision s'il y a contiguité ou continuité de la chair du chapeau avec celle du pédicule : quelquefois le chapeau est susceptible d'être enlevé de dessus le pédicule qui le porte, sans qu'il y ait le moindre déchirement sensible; et quelquefois aussi, malgré qu'il y ait étranglement, on ne peut le détacher sans le rompre; mais cela devient presque indifférent pour celui qui observe. On sent bien que la continuité est indispensable dans ces deux parties; puisque l'une est le prolongement de l'autre, il n'est question que du signe.

CHAPEAU convexe, *pileum convexum.* Il y a beaucoup plus de champignons, dont les chapeaux sont convexes dans l'état de jeunesse, qu'il n'y en a où ils sont concaves. Celui qui, dans son parfait développement, ne devient jamais horizontal ni concave, et qui conserve toujours une partie de la convexité qu'il avoit dans l'état de jeunesse, est appelé chapeau convexe; c'est pourquoi il est toujours nécessaire de désigner l'état de développement, et de comparer les individus de la même espèce dans des âges différens.

CHAPEAU doublé de feuillets, *pileum pronâ parte lamellatum ;*

celui qui est doublé en dessous de lames ou de feuillets : tels sont les chapeaux des agarics de Linnæus, *pl. VI, fig. 5, 6, 8;* quelquefois les feuillets sont adhérens à la chair, et quelquefois ils ne le sont pas. *Voyez* FEUILLETS.

CHAPEAU doublé de pores, *pileum pronâ parte porosum ;* celui qui est doublé en dessous d'un ou de plusieurs rangs de pores ou tuyaux : tels sont les chapeaux des bolets de Linnæus, *fig. 18, 19 :* souvent les pores ou tuyaux font corps avec la chair, et quelquefois ils ne sont que comme appliqués sur la chair, de laquelle on les sépare très-aisément. *Voyez* PORES.

CHAPEAU doublé de pointes ou de piquans, *pileum pronâ parte erinaceum ;* celui dont le dessous paroît recouvert de pointes qui ressemblent à celles d'un hérisson : tels sont les chapeaux des hydnes de Linnæus, *fig. 23.*

CHAPEAU écailleux, *pileum squamosum ;* celui qui est recouvert d'écailles ou de portions membraneuses et épaisses. Quand elles sont rangées comme des écailles de poisson, ou comme des tuiles sur un toit, on dit qu'il est imbriqué, *imbricatum.*

CHAPEAU farineux, *pileum farinosum ;* celui qui est recouvert d'une poussière blanche qui s'attache aux doigts.

CHAPEAU humide, *pileum humidum ;* celui dont la superficie est toujours humide en quelque temps qu'on l'observe : dans les temps de pluie, la superficie de presque tous les champignons est humide et gluante; mais il y en a qui sont humides même dans les plus beaux temps.

CHAPEAU infundibuliforme, *pileum infundibuliforme ;* celui qui est creusé en dessus, et dont la forme approche assez bien de celle d'un entonnoir. Ce caractère est commun à un très-grand nombre de champignons, lorsqu'ils sont parvenus à un âge avancé; il n'y en a qu'un petit nombre dont le chapeau soit infundibuliforme dans l'état de jeunesse.

CHAPEAU laiteux ou lactescent, *pileum lactifluum* vel *lactescens;* celui qui donne une liqueur blanche comme du lait. Quand cette liqueur est âcre, et qu'elle produit sur la langue l'effet qu'y produiroit du poivre, ou un cautère potentiel, on dit qu'il est *lactifluum acre* vel *urens;* quand cette liqueur est douce, *lactifluum dulce.*

CHAPEAU lisse, *pileum læve;* celui qui est uni, mais qui n'est pas luisant.

CHAPEAU luisant, *pileum lucens* vel *nitens ;* celui qui est uni, lisse et luisant.

CHAPEAU mamelonné, *pileum mammosum ;* celui qui est remarquable à sa partie supérieure par une petite élévation qu'on pourroit comparer à un mamelon.

CHAPEAU mince, *pileum tenue;* celui qui n'a point de chair, ou qui a peu de chair relativement à sa grandeur ou à la hauteur du pédicule qui le porte.

CHAPEAU ombiliqué, *pileum umbilicatum;* celui qui a un petit enfoncement à son centre.

CHAPEAU orbiculaire, *pileum orbiculare* vel *orbiculatum;* celui dont les points de la circonférence sont également éloignés du centre.

CHAPEAU pédiculé, *pileum pediculatum* vel *stipitatum;* celui qui est soutenu par un pied qu'on nomme PÉDICULE.

CHAPEAU ridé, *pileum rugosum;* celui qui est remarquable par de petits enfoncemens et de petites élévations que l'on peut comparer à des rides.

CHAPEAU sec, *pileum siccum;* celui dont la superficie est toujours sèche, en quelque temps qu'on l'observe.

CHAPEAU sessile, *pileum sessile* vel *acaule;* celui qui n'a point de pédicule.

CHAPEAU strié, *pileum striatum;* celui sur la superficie duquel on rencontre des lignes, par le nombre desquelles on pourroit souvent compter celui des feuillets.

CHAPEAU subéreux, *pileum suberosum;* celui qui est composé d'une substance molle et élastique comme du liége.

CHAPEAU susceptible d'être desséché, *pileum dessicuum;* celui qui se dessèche naturellement à l'air libre, et que la dessiccation ne rend pas méconnoissable. On appelle *pileum putrescens* vel *putrescibile,* celui qui ne se dessèche point naturellement, ou qui devient méconnoissable par la dessiccation.

CHAPEAU susceptible d'être pelé, *pileum decorticans;* celui qui est recouvert d'une peau qu'on peut enlever plus ou moins facilement.

CHAPEAU velu; celui qui est recouvert de poils quelconques. *Voyez*, pour les figures des différens poils, la *pl. X*, *fig. 12*, et leurs différences respectives à l'article BORDS velus.

CHAPEAU visqueux, *capitulum viscosum;* celui dont la superficie est gluante comme si elle étoit recouverte d'un blanc d'œuf. Il y a quelques champignons qui sont naturellement visqueux; mais il faut observer que presque tous le sont par un temps pluvieux.

CHARBON; espèce de maladie qui attaque les parties de la fructification de quelques plantes, et particulièrement celles des graminées, et qui les rend noires comme du charbon.

CHARNU, UE, qui a de la chair. On dit qu'un fruit est charnu, quand il est composé d'une substance épaisse et plus ou moins ferme.

CHATON, *amentum, julus ;* c'est une espèce de réceptacle commun à un grand nombre de petites fleurs incomplètes, ordinairement unisexuelles. La ressemblance qu'il a avec la queue d'un chat, lui a fait donner ce nom. *Voyez pl. I, fig. 36* A B.

On observe dans le chaton la forme et la disposition des parties qui le composent.

CHAUME, *culmus ;* espèce de tuyau fistuleux, garni de plusieurs nœuds ou articulations : c'est la tige des graminées qu'on nomme vulgairement paille, le chaume du bled, le chaume du seigle. On appelle culmifères les plantes qui ont pour tige un chaume.

CHEMISE, *voyez* VOLVA.

CHEVELURE, *voyez* BRACTÉES en.

CHEVELU. On dit communément retrancher le chevelu d'une racine, quand on lui enlève une partie de ses fibrilles radicales.

CILIÉ, ÉE, qui est recouvert de cils; *voyez pl. X, fig.* 12 D.

CILS, espèces de poils qui ressemblent assez à ceux que nous avons aux paupières.

CIME, *vertex ;* c'est le sommet ou la partie supérieure d'un arbre et même d'une herbe. On dit que telle plante est chargée de poils ou d'écailles depuis sa racine jusqu'à sa cime, &c.

CIRCONFÉRENCE. C'est le tour, le bord d'une partie quelconque. On l'exprime en latin par les mots *margo, circumferentia :* on dit *capitulum* vel *pileum margine revolutum,* du chapeau d'un champignon dont les bords sont roulés en dessous ; *folium margine dentatum,* d'une feuille dentée à ses bords.

CIRE, *cera.* Les abeilles savent trouver dans la poussière fécondante des étamines la matière de la cire brute ; elles la recueillent à l'aide des brosses de poils dont leurs cuisses sont couvertes ; et, après avoir été préparée dans leur estomac, elle devient la vraie cire.

CIRRHIFÈRE, *cirrhiferus* vel *cirrhosus,* qui porte une vrille. On appelle feuilles cirrhifères ou vrillées, *folia cirrhosa,* celles qui portent des vrilles ou mains ; péduncule vrillé, *pedunculus cirrhosus,* celui qui porte une vrille.

CLASSES, *classes.* On a divisé les trois règnes de la nature en classes, en genres, en espèces et en variétés. Les classes botaniques, *classes botanicæ,* sont les premières divisions du règne végétal ; elles sont elles-mêmes divisées par les GENRES, et les genres sont divisés en ESPÈCES ; *voyez* MÉTHODE botanique.

CLOCHE, *voyez* FLEURS en cloche, *voyez* COROLLE campaniforme.

CLOISON, *dissepimentum*. On nomme cloison, cette membrane longitudinale qui se trouve entre les deux panneaux de la silique et de la silicule. Quand cette cloison s'insère dans les deux sutures des panneaux, on dit qu'elle est parallèle, *dissepimentum parallelum;* quand elle est posée en travers, on dit qu'elle est transversale, *dissepimentum transversum*.

COADNÉES, *voyez* FEUILLES.

CŒUR, *voyez* FEUILLES en, *voyez* SILICULE en.

COHÉRENT, ES; *voyez* PÉTIOLE, *voyez* STIPULES.

COIFFE, *calyptra, pl. VI (organes de la fructification des mousses), operculum* selon quelques Botanistes; c'est une enveloppe mince et membraneuse, qui recouvre l'urne dans laquelle sont renfermés les organes de la fructification des mousses; elle a communément la forme d'un éteignoir. Linnæus la mettoit au rang de ses calices; elle en étoit la sixième espèce.

On observe dans la coiffe, 1°. *la forme;* 2°. *la grandeur;* 3°. *la couleur;* 4°. *la situation;* 5°. *la durée; et* 6°. *l'insertion sur l'urne. On dit que la coiffe ou toque est pointue, courbée, échancrée, cannelée, velue, mince, épaisse, plus ou moins alongée, blanche, rouge, noire, verticale, oblique, horizontale, de longue ou de courte durée, insérée sur les bords de l'urne, ou la recouvrant entièrement ou en partie,* &c.

COLLERETTE, *involucrum;* c'est le nom que l'on donne à cette espèce d'enveloppe commune ou partielle des ombellifères ou des fleurs composées : elle n'occupe jamais la place du calice proprement dit, c'est-à-dire, qu'elle n'a jamais son point d'insertion à l'extrémité du péduncule, elle est toujours à une certaine distance du lieu où sont immédiatement insérés les pétales des fleurs. La collerette est presque toujours horizontale; elle est communément de plusieurs pièces ou d'une seule divisée assez profondément en plusieurs parties disposées en rayons ou en étoiles. Il y en a aussi quelques-unes qui sont ovales, arrondies, creusées en soucoupe, &c. La collerette ou l'enveloppe étoit la deuxième espèce de calice de Linnæus, et la seconde espèce de calice de Tournefort. *Voyez* CALICE.

On distingue la collerette, en *collerette universelle* et en *collerette partielle*. La collerette universelle, *involucrum universale,* est celle qui est située à la base des péduncules communs aux péduncules propres qui portent immédiatement les fleurs. La collerette partielle, *involucrum partiale,* est celle qui est située à la base des péduncules propres. Dans la plupart des ombellifères, on distingue deux espèces de collerettes, la collerette universelle, *pl. I, fig. 17 A*, et la collerette partielle, *fig. 17 B;* comme on distingue aussi deux espèces d'ombelles, l'*ombelle universelle* et l'*ombelle partielle.* La collerette universelle est placée à la base de l'ombelle universelle, et la collerette partielle à celle de l'ombelle particlle.

Les caractères que fournit l'inspection de la collerette, sont en général assez certains : on les tire de sa forme, du nombre de ses divisions, et du nombre des parties qui la composent. On dit qu'elle est d'une seule pièce ou monophylle, *involucrum monophyllum;* diphylle, *diphyllum ;* triphylle, *triphyllum ;* quadriphylle, *quadriphyllum ;* pentaphylle, *pentaphyllum ;* hexaphylle, *hexaphyllum;* polyphylle, *polyphyllum.*

COLLET, *annulus.* On appelle collet ou anneau, cette espèce de couronne membraneuse qu'on trouve attachée à la partie supérieure des pédicules des agarics; tantôt c'est une production membraneuse, tantôt un anneau charnu et épais, tantôt un tissu filamenteux; quelquefois même ce n'est qu'une espèce de rebord, &c. On donne aussi le nom de *collet* à une espèce d'étranglement ou de rebord, qui sépare une tige d'avec sa racine.

Le collet paroît être au champignon, ce que les pétales et les calices sont aux fleurs des autres plantes : c'est un abri sûr pour les graines qui sont probablement fécondées avant que le collet se détache du chapeau. On remarque dans le collet la forme, la consistance, la durée et l'insertion.

COLLET aranéeux ou rétiforme, *annulus araneosus* vel *retiformis ;* celui qui est composé de fibrilles tendues comme les fils d'une toile d'araignée; quand les bords du chapeau s'éloignent du pédicule, ces fibrilles se rompent peu à peu, et retombent sur le pédicule. Il y a beaucoup de champignons dont le collet est aranéeux, et qui ne passent même pas pour des champignons à collet, parce que cette espèce de collet disparoît presque aussi-tôt que le champignon se développe.

COLLET caduc, *annulus caducus ;* celui qui tombe avant que le champignon soit développé.

COLLET impropre, *annulus improprius, pl. VI, fig. 5 M, et fig. 6 A ;* celui qui ne tapisse jamais la tranche des feuillets, mais qui sert seulement à luter les bords du chapeau contre le pédicule, afin d'empêcher la communication de l'air extérieur avant qu'elle soit nécessaire : on ne peut mieux s'assurer de son existence, qu'en observant le champignon qui en est pourvu dans l'état de jeunesse. *Voyez* COLLET propre.

COLLET persistant, *annulus persistens ;* celui qui persiste autant que le champignon même, ou du moins qui reste attaché au pédicule jusqu'à ce que le champignon soit parfaitement développé.

COLLET propre, *annulus proprius*, *pl. VI*, *fig. 6 B R*; celui qui tapisse toujours la tranche des feuillets, et qui sert de voile aux organes de la fructification. Il y a des champignons qui n'ont que le collet propre, d'autres qui n'ont que le collet impropre, et d'autres qui ont ces deux espèces de collet tout-à-la-fois. Le collet de l'AGARIC oronge vrai est un collet propre ; celui de l'AGARIC couleuvré est un collet impropre. Dans les champignons qui sont pourvus des deux espèces de collet, on remarque assez ordinairement que le collet impropre disparoît peu de temps après le développement du champignon.

COLORÉ, ÉE; ce qui a une autre couleur que la couleur ordinaire : les feuilles qui sont ordinairement de couleur verte, sont appelées *feuilles colorées*, quand elles sont rouges, jaunes, &c. Il en est de même des CALICES, des BRACTÉES, &c.

COMMUN. Le calice est commun, quand il renferme plusieurs fleurs. Le pétiole est commun, quand il porte plusieurs feuilles. Le péduncule et le réceptacle sont communs, quand ils portent plusieurs fleurs.

COMPLET, TES; *voyez* VOLVA, *voyez* FLEURS.

COMPOSÉ, ÉES; *voyez* GRAPPE, OMBELLE, FLEURS, FEUILLES.

COMPRIMÉ, ÉES; ce qui est serré des côtés; *voyez* SILIQUE, FEUILLES.

CONCAVE; ce qui est creux naturellement; il est opposé à CONVEXE : tout ce qui est naturellement bombé est appelé convexe.

CONDUITS excréteurs. On regarde comme des conduits excréteurs, certains corps glanduleux de différentes formes que l'on rencontre sur plusieurs parties des plantes. Dans l'économie végétale, les conduits excréteurs ne sont pas ce qu'il y a de mieux connu. Tournefort regardoit les étamines comme des conduits excréteurs, parce qu'il n'en connoissoit pas les véritables fonctions : on n'a peut-être pas encore aujourd'hui plus de raison d'appeler ainsi certains poils, certaines éminences, certaines cavités, auxquels on pourra reconnoître un jour des usages bien différens.

CONE, *strobilus*, *pl. V*, *fig. 41*. Le cône est la huitième espèce de péricarpe. Ses écailles en font les fonctions, en servant d'enveloppe aux semences jusqu'au temps de leur maturité : il est composé d'écailles ligneuses, appliquées les unes contre les autres, attachées par leur base sur un axe commun qu'elles entourent.

On considère dans le cône la forme, la disposition des écailles qui le composent, leur grandeur respective et leurs différentes figures. On dit que le cône est ovale, *strobilus ovatus*; arrondi, *subrotundus*; sphérique ou orbiculaire, *orbiculatus*; obtus, *obtusus*, &c.

CONFLUENTES, *voyez* FEUILLES.

CONGÉNÈRES. On appelle plantes congénères toutes les espèces du même genre.

CONGLOBÉES. On donne ce nom aux feuilles et aux fleurs ramassées en boule.

CONIFÈRE, ES. On appelle arbres conifères, ceux dont les semences sont renfermées dans un cône. Le sapin, le melèze, sont des *arbres conifères;* ils forment la classe XIX de la méthode de Tournefort.

CONJUGUÉES, *voyez* FEUILLES.

CONNÉES, réunies en gaines; *voyez* ANTHÈRES, FEUILLES.

CONNIVENTES, rapprochées, qui paroissent réunies, mais qui ne le sont pas; *voyez* ANTHÈRES.

CONTIGU, UË. La contiguité, *contiguitas,* en Botanique, est l'état de deux choses qui se touchent, mais ne se tiennent pas; ou bien qui, si elles se tiennent, sont susceptibles d'être désunies sans déchirement sensible.

CONTINU, UE. La continuité, *continuitas,* est l'état de deux choses qui sont si bien adhérentes entre elles, qu'on ne peut les désunir sans les casser. Les aiguillons sont contigus avec les tiges: les épines sont continues.

CONVEXE; ce qui est naturellement bombé.

COQUE, *conceptaculum, pl. V, fig. 23;* c'est la seconde espèce de péricarpe, une enveloppe d'une seule pièce qui s'ouvre de bas en haut d'un côté seulement, sans qu'il y ait de suture bien apparente, et à laquelle les semences ne sont nullement adhérentes. La coque ou le follicule, *folliculus,* diffère de la silique avec laquelle on pourroit la confondre, en ce que la silique, *fig. 24,* est de trois pièces, si l'on veut y comprendre la cloison, unies par deux sutures auxquelles les semences sont attachées.

CORDIFORME, ES, qui a la forme d'un cœur; *voyez* ANTHÈRES, FEUILLES, SILICULE.

CORNU, UE, qui fait la fourche, et dont les divisions sont recourbées comme deux cornes.

COROLLE, *corolla;* c'est, dans une fleur, l'enveloppe immédiate des organes sexuels; c'est un prolongement du LIVRET, comme le calice est le prolongement de l'ÉCORCE. Dans la plupart des plantes, les étamines et les pistils sont entourés de deux enveloppes, dont l'extérieure ou médiate communément verte, porte le nom de CALICE; et l'intérieure ou immédiate, plus délicate, et plus souvent colorée, celui de COROLLE. Lorsqu'elles existent toutes deux ensemble, on n'est pas embarrassé sur leur dénomination; mais si l'une des deux manque, il devient difficile d'assigner un vrai nom à celle qui subsiste, parce que jusqu'à présent on n'a été dirigé sur la dénomination de ces parties, que par des principes purement arbitraires. Tournefort appeloit corolle toutes les enveloppes colorées. Linnæus donnoit le même nom à celles dont les divisions étoient alternes avec les étamines, réservant le nom de calice à celles dont les divisions étoient opposées aux étamines. Les définitions de ces deux auteurs, bonnes dans beaucoup de points, ne le sont pas dans tous, puisqu'on trouve quelquefois de vrais calices colorés et de vrais pétales, dont les divisions sont opposées aux étamines. M. de Jussieu, regardant le calice comme plus essentiel aux organes sexuels que la corolle, appelle presque toujours calice, l'enveloppe qui subsiste seule; ainsi, selon lui, l'enveloppe colorée des fleurs liliacées est un véritable calice qui, destiné à couvrir le pistil, peut faire corps avec lui ou ne lui pas adhérer, tandis que la corolle, selon le même auteur, ne peut jamais contracter d'union avec le pistil, que par son point d'insertion.

Les caractères nombreux que fournit la corolle, sont tirés de sa forme, du nombre de ses divisions, du nombre des pièces qui la composent, du lieu de son insertion, de sa durée et de sa couleur. Elle est *monopétale* ou *polypétale; régulière* ou *irrégulière.*

COROLLE à éperon, *corolla calcarata;* celle qui a un prolongement plus ou moins considérable à sa base, qu'on nomme vulgairement capuchon; tantôt c'est une espèce de corne fort longue, droite ou courbée; tantôt ce n'est qu'une bourse ou une espèce de sachet.

COROLLE caduque, *corolla caduca;* celle qui tombe bientôt après le développement des organes de la fructification.

COROLLE campaniforme ou campanulée, *corolla campaniformis* vel *campanulata, pl. I, fig. 3;* celle qui est monopétale, régulière, et qui a la forme d'une cloche: on la nomme quelquefois corolle en bassin, quand elle est fort évasée.

COROLLE en croix, cruciforme ou cruciée, *corolla cruciata, cruciformis, pl. I, fig. 13, 14; et pl. II, fig. 38;* celle qui est composée de quatre pétales égaux et disposés en croix; de six étamines, dont quatre grandes et deux petites, toujours opposées, et qui ont pour fruit une silique ou une silicule.

COROLLE en masque, *corolla ringens, pl. I, fig. 7; et pl. II, fig. 34;* celle qui est monopétale, irrégulière, dont le lymbe est toujours divisé plus ou moins profondément en deux lèvres inégales entre elles, et dont les semences sont renfermées dans un péricarpe, au lieu d'être nues au fond du calice, comme dans les fleurs labiées. On distingue les deux lèvres de cette espèce de corolle en lèvre supérieure et en lèvre inférieure: on appelle les fleurs de cette espèce, fleurs personnées, ou fleurs en masque ou en mufle.

COROLLE en roue, *corolla rotata;* celle qui est monopétale, régulière, divisée supérieurement en plusieurs parties découpées profondément, et étalées en étoile ou en roue.

COROLLE inférieure, *corolla infera;* lorsque l'on considère l'insertion de la corolle, on voit qu'elle se fait de trois manières; 1°. sous l'*ovaire;* 2°. sur l'*ovaire;* et 3°. sur le *calice:* lorsqu'elle s'insère sous l'ovaire, on la nomme corolle inférieure; lorsqu'elle s'insère sur l'ovaire, corolle supérieure; et lorsqu'elle s'insère sur le calice, on la nomme corolle insérée sur le calice.

COROLLE infundibuliforme, *corolla infundibuliformis, pl. I, fig. 4, 5, 6;* celle qui est monopétale, et qui ressemble à un entonnoir; elle ne diffère de la corolle, que l'on nomme corolle hypocratériforme, que parce que l'infundibuliforme a sa partie supérieure conique en dessous, au lieu que la corolle hypocratériforme a sa partie supérieure convexe, et qu'elle ressemble à une soucoupe: elles ont l'une et l'autre un tube étroit et circonscrit.

COROLLE insérée sur le calice, *corolla calici adnata;* celle qui a son point d'insertion sur le calice même, et non pas sur l'ovaire ou sous l'ovaire.

COROLLE irrégulière, *corolla irregularis;* celle qui a constamment quelque chose d'irrégulier dans sa forme, comme un pétale plus court que l'autre, si elle est polypétale; un côté plus échancré que l'autre, ou une division plus sensible, plus profonde, plus élargie que l'autre, si elle est monopétale.

COROLLE labiée, ou corolle en gueule, *pl. I, fig. 11, 12; et pl. II, fig. 32;* celle qui est monopétale irrégulière, composée d'un tuyau terminé par le haut en un mufle à deux lèvres; ses graines sont nues au fond du calice, et ne sont point, comme dans les fleurs en masque, renfermées dans un péricarpe.

COROLLE monopétale, *corolla monopetala;* celle qui est d'une seule pièce, de manière que lorsqu'elle tombe, ou que lorsqu'on la détache du lieu de son insertion, tout le tour se détache à-la-fois. Quand elle est divisée en deux parties à son limbe, on dit qu'elle est bifide, *corolla bifida;* si elle est divisée en trois, *trifida;* en quatre, *quadrifida;* en cinq, *quinquefida;* en plus de cinq parties, *multifida.*

COROLLE papilionnacée ou légumineuse, *corolla papilionacea, pl. I, fig. 22, 23, 24; et pl. II, fig. 45;* celle qui est composée de quatre pétales, dont un supérieur qu'on nomme étendard, deux latéraux qu'on nomme ailes, et un inférieur qu'on nomme carène. Il y a des fleurs papilionnacées, qui, au premier coup-d'œil, pourroient être confondues avec les fleurs personnées ou avec les fleurs labiées; mais il ne faut que se rappeler que les corolles des fleurs papilionnacées sont polypétales, et que les autres sont monopétales.

COROLLE persistante, *corolla persistens;* celle qui ne tombe que long-temps après le développement parfait des organes de la fructification, qui subsiste même quelquefois jusqu'à ce que le fruit soit près de son état de maturité.

COROLLE polypétale, *corolla polypetala;* celle qui est composée de plusieurs pièces bien distinctes qui tombent les unes après les autres: chaque pièce qui compose la corolle polypétale, porte le nom de PÉTALE, *voyez* ce mot. On appelle corolle dipétale, *corolla dipetala,* celle qui est composée de deux pièces; tripétale, *tripetala,* celle qui est composée de trois; tétrapétale, *tetrapetala,* celle qui est composée de quatre; pentapétale, *pentapetala,* celle qui est composée de cinq; hexapétale, *hexapetala,* celle qui est composée de six; et polypétale, *polypetala,* celle dont le nombre des pièces qui la composent est au-dessus de six.

COROLLE régulière, *corolla regularis;* celle qui est constamment d'une forme symmétrique, et où l'on n'observe point d'irrégularité remarquable, comme un pétale plus court que l'autre, un côté plus échancré que l'autre, &c.

COROLLE rosacée, *corolla rosacea;* celle dont les pétales égaux sont insérés sur le calice, et disposés symmétriquement comme ceux de la rose simple.

COROLLE supérieure, *corolla supera;* celle qui a son point d'insertion sur l'ovaire qui lui sert de base.

COROLLIFÈRE, qui porte une corolle, *voyez* CALICE.

CORTICAL, LE, qui appartient à l'écorce.

CORYMBE, *corymbus, pl. X, fig. 11.* On appelle fleurs en corymbe, *flores corymbosi,* ou fleurs en niveau, *flores fastigiati,* celles dont les péduncules sont inégaux en longueur, placés alternativement et comme au hasard le long de l'extrémité d'une tige, et arrivent tous à la même hauteur, comme si c'étoit une ombelle.

COSSES, *voyez* LÉGUME.

COSSON; c'est le nom que les Agriculteurs donnent au nouveau sarment qui croît sur le cep de vigne depuis qu'elle est taillée.

CÔTES, *voyez* FEUILLES.

CÔTÉS des feuilles, des pétales, des fruits; ce sont leurs parties latérales.

COTONNEUX, SE; ce qui est recouvert d'un poil ou d'un duvet qui ressemble à du coton, *voyez pl. X, fig. 12*, les différentes espèces de poils.

COTYLEDONS ou LOBES, *cotyledones;* ce sont deux espèces de lobes charnus qu'on remarque dans la plupart des semences prêtes à germer, et dont la tunique propre est enlevée; ils sont appliqués l'un sur l'autre, convexes extérieurement, applatis du côté où ils se touchent, un peu concaves vers le point de leur réunion qui est placé tantôt de côté et tantôt à une de leurs extrémités. Il y a des plantes dont les semences ont deux cotyledons, *pl. V, fig. 10 H:* on les nomme plantes dicotyledones, *plantæ dicotyledones.* Il y en a qui n'ont qu'un cotyledon, *fig. 5 A;* on les nomme plantes monocotyledones, *plantæ monocotyledones;* et d'autres, dont les semences ne paroissent pas avoir de cotyledon, et qu'on nomme plantes acotyledones, *plantæ acotyledones. Voyez* GRAINE, EMBRYON.

COULEUR, *color.* « La couleur plus ou moins vive de la plupart » des fleurs, et principalement de leur corolle, dit M. le Chevalier DE » LA MARK, *Fl. fr.* n'est point en général l'effet direct d'une organi- » sation particulière, favorable à cette couleur, ni d'une partie colo- » rante, différente de la substance même de la plante; mais cette » couleur provient très-certainement de l'altération même de la ma- » tière colorante, qui subit des changemens plus ou moins prompts » dans ces parties où les sucs nourriciers propres à les conserver, ne » se portent bientôt plus avec la même affluence ». En effet, pourquoi chercheroit-on si loin les causes de la couleur de certaines parties des plantes? Pourquoi attribueroit-on ces changemens, ces effets si naturels, à d'autres causes que celles qui nous sont si bien connues dans les animaux? L'altération en est véritablement la source. Ne voyons-nous pas nos cheveux blanchir sur nos tempes, lorsque les vaisseaux qui charrient notre *sève* animale (si l'on peut s'exprimer ainsi), commencent à perdre leur ressort? Ne voyons-nous pas de vieux animaux avoir changé la couleur commune à leur espèce, contre une parure à laquelle nous attachons souvent un grand prix, et les feuilles d'un arbre jaunir lorsqu'il est sur le point de périr?

On dit qu'une fleur ou une corolle est blanche, *corolla alba;* cendrée, *cinerea;* brune, *fusca;* noire, *nigra;* jaune, *lutea;* rouge, *rubra;* pourpre, *purpurea;* bleue, *cœrulea;* verte, *viridis;* baie, *spadicea;* sans couleur et transparente comme du verre, *hyalina*, &c.

Il y a des cas où la couleur devient un caractère essentiel, et quelquefois même le seul qu'on puisse employer à la distinction des espèces. On sait qu'un sol étranger, une culture forcée, font éprouver aux plantes des changemens considérables dans leurs couleurs; mais si la nature seule veilloit à la conservation des individus, on ne verroit pas tant de monstruosités, pas tant d'altération dans les espèces.

COULURE, avortement du germe, *voyez* FRUIT. Les Cultivateurs disent que le fruit a coulé, quand quelques accidens, comme une gelée, un coup de soleil, en ont détruit le germe, ou se sont opposés à ce qu'il fût fécondé.

COURANT, synonyme de DÉCURRENT, *voyez* ce mot.

COURBÉ, ÉE; ce qui étoit originairement droit et qui s'est courbé.

COURONNÉ, ÉE. On dit qu'un arbre se couronne, quand les branches du sommet se dessèchent. On appelle aussi semences couronnées, celles qui portent encore les divisions du CALICE supérieur.

COURT, TE. Lorsque l'on compare la longueur d'une partie avec celle d'une autre, on dit que l'une est plus courte que l'autre; *voyez* FILET, PÉDUNCULE, PÉTIOLE.

CRENELÉ, ÉE; ce qui a des dents arrondies; *voyez* FEUILLES, STIPULES.

CRÊTE, *voyez* FEUILLES en.

CREUX, SE, *voyez* FISTULEUX.

CREVASSÉ, ÉE, parsemé de crevasses ou de petites fentes.

CROCHETS, *hami*. On donne ce nom à des poils durs recourbés en hameçon.

CROCHUS, ES, qui fait le crochet.

CROISÉES, opposées en croix, *voyez* FEUILLES.

CROISSANT, *voyez* FEUILLES en.

CRUCIFÈRES ou cruciformes. On appelle fleurs crucifères ou fleurs en croix, celles qui ont quatre pétales disposés en croix.

CRYPTOGAMES, *voyez* PLANTES.

CRYPTOGAMIE, *cryptogamia*; c'est le nom de la XXIVe classe du systême sexuel de Linnæus: le mot cryptogamie est composé de deux mots grecs qui signifient noces cachées; cette classe renferme les plantes dont Linnæus n'a pu distinguer les parties de la fructification, ou qu'il n'a distinguées qu'en partie.

CUISANTE, *voyez* TIGE.

CULMIFÈRE. Une plante dont la tige est un chaume, est appelée plante culmifère. Les *graminées* sont dans ce cas.

CULTIVATEUR, *cultivator*; celui qui s'occupe de quelques branches de l'agriculture, comme de la culture des arbres fruitiers, de celle des plantes botaniques, des plantes d'agrément, &c.

CULTURE, *cultura*. La culture dirigée par les principes de la

Physique, est le flambeau qui nous conduit avec certitude à la connoissance des loix de la végétation. Tant que la culture n'est que la simple imitatrice de la Nature, elle ne change rien de l'ordre si sagement établi dans ce que nous appelons ÉCONOMIE VÉGÉTALE; mais quand elle veut essayer ses forces, il arrive souvent qu'elle trouble cet ordre merveilleux, et qu'elle produit (ce qu'on appelle en histoire naturelle) des MONSTRUOSITÉS.

CUNÉIFORME, ES, qui a la forme d'un coin.

CUPULES, *cupulæ*. Il y a des plantes, comme les lichens, où les seules parties apparentes de la fructification sont des cupules tantôt orbiculaires, tantôt concaves, tantôt campanulées ou infundibuliformes, quelquefois planes, pédiculées, quelquefois tuberculeuses, sessiles, &c. Les sentimens sont encore très-partagés sur leur usage; mais l'opinion la plus commune est que ce sont les fleurs mâles de ces sortes de plantes.

CYLINDRIQUE, ES; ce qui est d'une figure ronde, alongée, et à-peu-près de même grosseur dans toute sa longueur; *voyez* PÉDUNCULE, PÉTIOLE, STYLE, TIGE; *voyez* FEUILLES.

D

DÉBILE, foible, *voyez* PÉDUNCULES.

DÉCANDRIE, *decandria*, de deux mots grecs qui signifient dix maris. La décandrie est la classe X du système sexuel, *pl. II, fig. 19*. Elle renferme les plantes dont les fleurs ont dix étamines distinctes.

DÉCHIQUETÉES, *voyez* FEUILLES.

DÉCURRENT, TE; une feuille dont l'extrémité inférieure se prolonge sur la tige ou sur les rameaux, et qui y forme une espèce d'angle, est appelée feuille décurrente. Lorsque la décurrence des feuilles sur leurs tiges, ou des feuillets d'un champignon sur leur pédicule, est très-marquée, on dit que la décurrence est déterminée; si au contraire une feuille est à peine décurrente, ou si, parmi les feuillets décurrens, il s'en trouve qui ne le soient pas, on donne à ce caractère équivoque de décurrence, le nom de décurrence indéterminée. *Voyez* FEUILLES, FEUILLETS, PÉTIOLE, TIGE.

DÉFENSES. On regarde les aiguillons et les épines, comme les défenses des plantes.

DELTOÏDES, *voyez* FEUILLES.

DEMI-CYLINDRIQUE; ce qui est arrondi d'un côté et un peu comprimé de l'autre; *voyez* PÉDICULE, PÉDUNCULE.

DEMI-FLEURON, *semi-flosculus*, vel *corollula ligulata*, *pl. II, fig. 51; et pl. IV, fig. 56, 60, 61.* On appelle demi-fleurons, de petites fleurs monopétales, dont le limbe, au lieu d'être terminé régulièrement comme celui des fleurons, est remarquable par une languette plus ou moins alongée : ils renferment ordinairement, comme les fleurons, cinq étamines réunies en gaine par leurs anthères. Les FLEURS SEMI-FLOSCULEUSES sont composées de *demi-fleurons*.

DÉMONSTRATIONS de Botanique, *demonstrationes botanicæ*. On pourroit dire que ce ne fut qu'à l'époque de l'établissement des jardins de Botanique, dans les lieux les plus considérables de la terre, que la Botanique commença à être regardée comme une science. On vit aussi-tôt naître par-tout le goût pour cette belle partie de l'histoire naturelle. Les savans de toutes les parties du monde établirent entre eux des correspondances, pour se communiquer réciproquement leurs découvertes; ce sont ces vraies richesses que l'on s'empresse de rendre publiques par la voie des démonstrations.

DENTÉ, ÉES, DENTELÉES, *voyez* FEUILLES.

DÉPRIMÉ, ÉE, ou COMPRIMÉE; ce qui est applati des côtés, *voyez* FEUILLES.

DESCRIPTIONS botaniques, *descriptiones botanicæ.* Décrire une plante, c'est en faire l'histoire dans un style didactique, et conforme aux principes de la Botanique. La description est une peinture verbale, et la peinture une description muette. Le véritable signe auquel on puisse reconnoître le Botaniste, est l'art de faire, avec la plus scrupuleuse exactitude, l'histoire des végétaux sous sept attributs principaux; 1°. le nombre; 2°. la forme; 3°. la situation; 4°. la couleur; 5°. l'odeur; 6°. la saveur; et 7°. les circonstances, c'est-à-dire, tout ce qui peut occasionner quelques changemens remarquables dans l'économie végétale, comme la différence des climats, la nature du sol, la culture, &c.

DESSICCATION des plantes, *plantarum dessiccatio.* Il y a des plantes qui se dessèchent à l'air libre sans la moindre altération apparente; d'autres qui exigent des soins pour être desséchées; d'autres qui deviennent méconnoissables, quelques soins qu'on apporte à leur dessiccation; et d'autres qu'on ne peut jamais dessécher. On trouvera au mot HERBIER, les moyens qui réussissent le mieux pour dessécher les plantes.

DÉVELOPPEMENT. Une plante, depuis l'instant où elle a été animée, jusqu'à celui où elle n'est plus susceptible d'aucun accroissement, s'étend en longueur et en largeur, par le développement successif des parties qui la composent. On dit que les parties d'une plante sont à leur dernier degré de développement, quand elles ne sont pas susceptibles de se développer davantage; qu'une fleur bien épanouie est dans son état de développement parfait.

DIADELPHIE, *diadelphia*, de deux mots grecs qui signifient deux frères. La diadelphie est la classe XVII du systême sexuel, *pl. II, fig. 45, 48*. Elle renferme les plantes dont les fleurs ont les étamines réunies en deux corps par leurs filets.

DIANDRIE, *diandria*, de deux mots grecs qui signifient deux maris. La diandrie est la classe II du systême sexuel, *pl. II, fig. 2, 3*. Elle renferme les plantes qui ont deux étamines.

DICOTHOME, qui fait la fourche.

DICOTYLEDONE ou BICOTYLEDONE, qui a deux cotyledons; *voyez* EMBRYON.

DIDYME, synonyme de géminé. Deux choses qui ont la même origine, le même point d'insertion, sont didymes ou géminées.

DIDYNAMIE, *didynamia*, de deux mots grecs qui signifient deux puissances. La didynamie est la classe XIV du systême sexuel, *pl. II, fig. 32, 33, 34*. Elle renferme les plantes dont les fleurs ont quatre étamines (deux grandes et deux petites).

DIFFUS, SE; ce qui est lâche, étalé et disposé avec confusion; *voyez* PANICULE, TIGE.

DIGITÉ, ÉE; ce qui est à plusieurs divisions, disposées comme les doigts de la main. *Voyez* FEUILLES.

DIGYNIE, *digynia*, de deux mots grecs qui signifient deux femelles. La digynie est le second ordre des classes du systême sexuel. Les plantes, dont on a déterminé la classe par le nombre ou la disposition des étamines, sont du second ordre, *digynie*, quand elles ont deux pistils. *Voyez* l'exposition du SYSTÊME sexuel de Linné.

DIŒCIE, *diœcia*, de deux mots grecs qui signifient deux maisons. La diœcie est la classe XXII du systême sexuel, *pl. II, fig. 56, 57, 58, 59, 60, 61*. Elle renferme les plantes, dont les fleurs sont mâles et femelles séparément sur deux individus.

DIOÏQUES. On appelle ainsi les plantes qui sont de la classe *diœcie; voyez* PLANTES.

DIPHYLLE, qui est de deux pièces distinctes; *voyez* CALICE monophylle.

DIRECTION; ligne selon laquelle une chose est dirigée. On dit que les tiges de telle plante sont dans une direction droite ou verticale, oblique ou penchée, horizontale ou parallèle à l'horizon, &c.

DISPERME, qui a deux semences; *voyez* BAIE.

DISPOSITION, arrangement, situation, *dispositio*. Il est essentiel de connoître la disposition des parties organiques des végétaux, parce que c'est par-là principalement qu'ils se ressemblent ou diffèrent. On reconnoît la disposition des *tiges*, des *rameaux*, des *feuilles*, des *fleurs* et des *organes sexuels*, par le point d'insertion de ces différentes parties.

DISQUE, *discus*, signifie le milieu, le centre d'un corps quelconque. On entend par le disque d'une feuille, *discus folii*, toute la feuille, excepté les bords, et par le disque d'une fleur, le centre, le milieu de la fleur; et l'on dit que les fleurs radiées sont composées de demi-fleurons à la circonférence, et de fleurons dans le disque.

DISSÉMINÉ, ÉE; ce qui est répandu çà et là, et clair-semé.

DISTIQUES. On appelle distiques les feuilles qui sont disposées sur les rameaux de deux côtés et sur deux rangs, *pl. X, fig. 13*.

DIURNE, ES, qui ne dure qu'un jour; *voyez* PLANTES.

DIVERGENS. On appelle divergens les péduncules, les rameaux qui ont un point d'insertion commun, et qui s'écartent ensuite.

DIVISÉ, ÉE; ce qui est d'une seule pièce, mais qui se divise en deux ou plusieurs parties. Une corolle peut être d'une seule pièce, *fig. 3, pl. I*, et divisée en plus ou moins de parties.

DODÉCANDRIE, *dodecandria*, de deux mots grecs qui signifient douze maris. La dodécandrie est la classe XI du système sexuel, *pl. II, fig. 22, 23, 24*. Elle renferme les plantes dont les fleurs ont douze étamines.

DOLOIRE, *voyez* FEUILLES en.

DORSIFÈRES. On dit que les feuilles des fougères sont dorsifères, parce qu'elles portent sur leur dos les parties de la fructification.

DOUBLE, ES, qui est composé de deux ou plusieurs rangs; *voyez* CALICE, FLEURS.

DRAGEONS ou REJETS, *stolones*: ce sont des branches enracinées qui accompagnent le pied ou le tronc de l'arbre qui les a produites, et dont on peut les détacher sans leur ôter la faculté de reprendre racine en les transplantant.

DRAPÉ, ÉE, qui est recouvert de poils qui forment un tissu laineux, comme celui qu'on remarque sur le drap.

DROIT, TE; ce qui est perpendiculaire à l'horizon, ou bien encore ce qui est alongé et sans aucune courbure; *voyez* AIGUILLON, PÉDICULE, PÉDUNCULE, RAMEAU, TIGES, FEUILLES, FLEURS.

DURÉE des plantes; espace qui s'écoule entre la vie et la mort des végétaux; *voyez* AGE des plantes.

E

EBOURGEONNER. Ebourgeonner un arbre, c'est en retrancher les jeunes pousses superflues.

EBRANCHER. Ebrancher une plante, c'est lui enlever une partie de ses branches, pour lui donner une forme particulière.

ECAILLES, *squamæ:* ce sont des productions minces applaties, et souvent sèches et coriaces. Les écailles recouvrent entièrement ou en partie seulement les tiges, les rameaux, les péduncules, les pétioles, les racines de plusieurs plantes; elles forment une ou plusieurs couches sur la bulbe écailleuse; elles servent d'enveloppe aux boutons des arbres et des arbrisseaux; elles tiennent lieu de corolle dans les graminées : on en trouve à la base des calices, des pétales, et quelquefois même parmi les organes sexuels, &c.

ECAILLEUX, SE, qui porte des écailles; *voyez* BULBE, RACINE, TIGE.

ECHANCRÉ, ÉE, qui a une entaille, une échancrure.

ECHANCRURE ou sinus; espèce d'entaille assez profonde et élargie, comme si on l'eût faite avec l'ongle ou avec des ciseaux.

ECHINÉ, ÉE, qui est recouvert de pointes dures et piquantes; *voyez* SEMENCE, TIGE.

ECIMER, couper la cime.

ECONOMIE végétale; c'est l'harmonie, l'organisation proprement dite, des différentes parties qui composent les végétaux; cet ordre merveilleux avec lequel les plantes naissent, croissent, vivent et se reproduisent. *Voyez* PLANTE.

ECORCE, *cortex;* c'est cette enveloppe générale qui recouvre une tige, ses rameaux et ses racines : elle est composée, 1°. de l'*épiderme;* 2°. de l'*enveloppe* cellulaire; 3°. de *couches corticales;* et 4°. du *tissu* cellulaire. Ce qu'on appelle le LIVRET, est l'assemblage des couches les plus intérieures de l'écorce, qui se détachent assez ordinairement comme les feuillets d'un livre.

On regarde les calices comme un prolongement de l'écorce.

ECUSSON; petit morceau d'écorce garni d'un œil ou bouton que l'on enlève de dessus un arbre quelconque, que l'on taille en losange, ou en triangle alongé, et que l'on insère entre le bois et l'écorce d'un autre arbre, après y avoir fait une entaille en manière de T.

ECUSSONNER un arbre, c'est le GREFFER en écusson; *voyez* ce mot.

EFFEUILLAISON, *defoliatio ;* moment où les plantes se dépouillent de leurs feuilles. Il y a des plantes qui perdent leurs feuilles si-tôt qu'elles ont donné des fruits; d'autres qui les conservent jusqu'aux premiers froids; d'autres qui ne les perdent que lorsque les froids sont très-rigoureux; quelques-unes même, comme la *rue*, les conservent jusqu'au printemps.

EFFEUILLER ou EFFANNER. Effeuiller une plante, ou l'effanner, c'est la dépouiller de ses feuilles.

EFFILÉ, ÉE; ce qui est alongé et très-mince; *voyez* PÉDICULE, TIGE.

EGAL, LE, EGAUX; ce qui est de la même hauteur. Lorsque l'on compare la longueur d'une partie avec celle d'une autre partie, on dit qu'elle est égale ou qu'elle est inégale. Les stygmates sont égaux entre eux, quand ils sont tous de la même longueur; ils sont égaux aux étamines, quand ils arrivent à la même hauteur que les anthères, &c.

EGALE, *voyez* POLYGAMIE.

ELANCÉ, ÉE; ce qui est trop grêle pour sa hauteur.

ELÉMENS de Botanique, *elementa botanicæ :* ce sont les premiers préceptes, les premières règles de la Botanique, la clef de la science, si l'on peut s'exprimer ainsi; *voyez* PRINCIPES de Botanique.

ELLIPTIQUE, ES; ce qui a une forme alongée, et dont les deux extrémités sont arrondies et de même largeur; *voyez* FEUILLES.

EMBRASSANT, TE. Les feuilles, les stipules sont embrassantes ou amplexicaules, quand elles se terminent par une membrane qui enveloppe la tige ou les rameaux. *Voyez* FEUILLES, STIPULES, PÉTIOLE.

EMBRYON, *corculum.* On peut ainsi nommer les parties essentielles de la graine qui constituent les rudimens de la nouvelle plante. L'embryon est composé de la plume ou plumule, de la radicule et du lobe ou cotyledon qui est simple ou double, et quelquefois nul. Dans beaucoup de plantes, l'embryon occupe tout l'intérieur de la graine; dans quelques-unes, l'enveloppe propre recouvre de plus un corps farineux ou charnu, ou corné, ou ligneux, qui se confond avec l'embryon.

C'est sur le nombre des parties de l'embryon, que sont fondées les premières divisions de la méthode naturelle de M. DE JUSSIEU. Les plantes acotyledones sont celles dont l'embryon est composé seulement de la plume et de la radicule ; les monocotyledones, celles qui n'ont qu'un lobe ou cotyledon, *pl. V, fig. 4, 5 ;* et les dicotyledones, *fig. 6, 7, 9, 10,* qui forment la classe la plus nombreuse, celles dont l'embryon est à deux lobes.

Quoique le mot latin *germen* soit appliqué par les Botanistes à la partie du pistil qui constitue proprement le fruit avant la fécondation, et que l'on appelle plus communément ovaire, nous pensons que le nom français GERME doit être synonyme d'EMBRYON, puisque germination doit signifier développement du germe. *Voyez* OVAIRE.

L'embryon ou le germe varie par sa situation dans la graine, et par la direction de sa radicule qui pointe vers la terre, et sa plumule vers le ciel.

EMOUSSÉ, ÉE; ce qui est alongé et terminé en pointe, mais dont la pointe est obtuse; *voyez* FEUILLES.

EMOUSSER un arbre, c'est en détacher la mousse.

EMPAN, est la mesure d'une main étendue.

EMPANÉE ou EMPENNÉE, ÉES ou AILÉES; *voyez* FEUILLES.

EN DESSOUS, *pronâ parte;* EN DESSUS, *superâ parte.*

EN GAINE; *voyez* FEUILLES, STIPULES.

ENGAINÉ, ÉE; ce qui est entouré d'une membrane qui a la forme d'une gaine; *voyez* PÉDICULE, PÉDUNCULE, TIGE.

ENNÉANDRIE, *enneandria*, de deux mots grecs qui signifient neuf maris. L'ennéandrie est la classe IX du système sexuel, *pl. II, fig. 17, 18.* Elle renferme les plantes qui ont neuf étamines.

ENSIFORME, ES, qui a la forme d'une lame d'épée, *voyez* FEUILLES.

ENTAILLÉ, ÉE; ce qui est remarquable par une entaille, un cran dans lequel s'emboîte une autre partie.

ENTE ou GREFFE : ces deux mots sont synonymes; tantôt ils signifient la petite branche ou l'œil qu'on se propose de greffer, tantôt la partie d'un arbre greffée.

ENTER, *voyez* GREFFER.

ENTIER, RE; ce qui n'a aucune irrégularité dans ses contours, *voyez* FEUILLES.

ENTONNOIR, *voyez* COROLLE infundibuliforme, ou corolle en entonnoir.

ENTORTILLÉ, ÉE; ce qui est entouré par les circonvolutions d'une partie quelconque : il se dit aussi quelquefois d'une partie qui est roulée sur une autre.

ENTRÉE d'une corolle : on emploie plus souvent les mots GORGE; ÉVASEMENT.

ENVELOPPE, *involucrum.* On distingue en Botanique plusieurs sortes d'enveloppes. L'enveloppe florale, que l'on nomme COLLERETTE; l'enveloppe séminale, que l'on appelle TUNIQUE PROPRE, *involucrum proprium;* L'ENVELOPPE CELLULAIRE, qui, dans l'écorce, tient le milieu entre l'épiderme et les couches corticales, et plusieurs autres encore, tels que le COLLET, le VOLVA, la GAINE, le SPATHE, &c.

EPAIS, SE. On donne ce nom à tout ce qui est d'une épaisseur qui n'est pas ordinaire.

EPANOUISSEMENT des fleurs; lorsque toutes les parties d'une fleur sont parfaitement déployées, on dit que la fleur est épanouie : on compare l'épanouissement d'une fleur, à l'état d'un animal qui veille; et l'état opposé, à celui d'un animal qui dort.

EPARS, SE, qui est disposé sans ordre; *voyez* FEUILLES, FLEURS, PÉDUNCULES, RAMEAUX.

EPERON; espèce de prolongement en forme de corne, qui accompagne les fleurs de plusieurs plantes; *voyez* NECTAIRE.

EPI. On distingue deux sortes d'épi, l'ÉPI PROPREMENT DIT, *spica*, et l'ÉPI FAUX, ou ÉPI CHATONNIER, *spica amentacea*. Le premier, *fig. 3, pl. X*, est composé de fleurs pédunculées et disposées en long aux extrémités des tiges ou des rameaux, comme dans la gaude, le réséda, la bétoine; le second, *fig. 32, pl. I*, porte des fleurs sessiles, disposées sur un réceptacle commun, que l'on nomme RAPE, *pl. X, fig. 4;* il est toujours entaillé et évidé dans tous les endroits où les fleurs ont leur point d'insertion, comme dans le froment, le seigle, l'orge, &c.

On distingue le nombre des épis, leur forme, leur disposition, et le nombre, la forme et la disposition des parties qui les composent. On appelle épi solitaire, *spica solitaria*, celui qui vient toujours seul à l'extrémité d'une tige; épis nombreux, *spicæ numerosæ*, ceux qui sont en grand nombre sur la même tige; épi simple, *spica simplex*, celui qui n'est pas composé d'épilets; épi rameux, *spica ramosa*, celui qui est composé de plusieurs petits épis ou épilets; épi terminal, *spica terminalis*, celui qui est toujours porté par l'extrémité d'une tige; épi latéral, *spica lateralis*, celui qui a son point d'insertion sur le côté de la tige.

EPIDERME ou SURPEAU, *cuticula:* on appelle ainsi cette peau mince qui sert d'enveloppe générale et extérieure aux différentes parties des plantes; elle est assez ordinairement lisse sur le tronc et les branches des jeunes arbres : elle devient raboteuse et crevassée à mesure qu'ils avancent en âge.

EPINES, *spinæ, pl. X, fig. 24:* ce sont des productions dures et pointues qui sont continues, qui font corps avec les différentes parties des plantes qui en sont pourvues, de manière qu'on ne peut les en séparer sans les casser. On remarque dans les épines la forme, la disposition et le lieu qu'elles occupent. On les appelle simples, *simplices*, quand elles n'ont aucune division; divisées, *partitæ*, quand elles ont deux ou plusieurs divisions à leur sommet; composées, *compositæ*, quand elles portent plusieurs autres épines; terminales, *terminales*, quand elles se trouvent aux extrémités des feuilles, des tiges ou des rameaux; axillaires, *axillares*, quand elles sont placées aux aisselles des rameaux ou des feuilles; calicinales, *calicinales*; foliaires, *foliares*, quand elles ont leur point d'insertion sur les calices, ou sur les feuilles; florales, *florales*, quand elles accompagnent les fleurs ou quelques-unes des parties qui les composent.

ÉPILET, *spicula*, *locusta*. On donne ce nom aux petits épis L M N, qui composent ordinairement l'épi chatonnier, *fig. 32*, *pl. I.* L'épilet est formé de l'assemblage de plusieurs bales. Chaque entaille de la rape, *fig. 4*, *pl. X*, porte un épilet A, B.

ÉPINEUX, SE, qui porte des épines.

ÉQUINOXIALES, *voyez* FLEURS.

ERGOT. On rencontre sur les épis de plusieurs graminées, et plus communément sur ceux du seigle, des espèces de cornes plus ou moins alongées, qu'on nomme ergot, à cause de la ressemblance qu'elles ont avec les ergots de coq. *Voyez* DISCOURS SUR LES PLANTES VÉNÉNEUSES DU ROYAUME, l'article seigle ergoté.

ESPÈCES, *species*. Les espèces appartiennent à un genre par des caractères communs, comme nous l'avons déjà dit à l'article CARACTÈRES botaniques, et divisent ce genre en autant de parties qu'il y a d'individus, parce que chaque plante, outre les caractères génériques, communs à toutes les espèces du même genre, a des caractères particuliers, des caractères qui lui sont propres, et qui la distinguent de toutes les autres espèces.

ESTIVALES, *voyez* FLEURS.

ÉTALÉ, ÉE. Les tiges, les rameaux, les péduncules sont étalés, quand l'extrémité opposée à celle qui a son point d'insertion sur la tige, s'éloigne beaucoup de la perpendiculaire à l'horizon.

ÉTAMINES, *stamina*. On regarde les étamines comme les organes mâles de la fleur; et les pistils, comme ses organes femelles; c'est pourquoi on a donné le nom de SYSTÊME SEXUEL à la méthode de Linnæus, qui a pour base les étamines et les pistils. Les étamines sont ordinairement composées d'un pédicule plus ou moins long, que l'on nomme FILET, *filamentum*, *pl. IV*, *fig. 7* D, et d'une espèce de bouton, que l'on appelle SOMMET ou ANTHÈRE, *anthera*, *fig. 7* C; elles n'occupent jamais le centre des fleurs; ce lieu est destiné aux pistils, de manière que ce sont toujours les organes mâles qui entourent les organes femelles, *pl. IV*, *fig. 1*. On considère dans l'étamine l'ANTHÈRE et le FILET, sous six attributs principaux; 1°. la présence ou l'absence; 2°. la forme; 3°. le nombre; 4°. la disposition; 5°. la proportion; et 6°. l'insertion. *Voyez* ANTHÈRES, FILETS, CARACTÈRES de botanique, et SYSTÈME sexuel.

La situation respective des étamines et du pistil, est le seul caractère commun à ces deux organes; il est aussi le plus général, le plus invariable, et s'exprime plus brièvement par la seule insertion des étamines. « Elles peuvent (dit M. DE JUSSIEU, Mém. de l'Acad. 1774, » p. 182), être portées sur le pistil, ou adhérentes à son support; » elles peuvent encore tirer leur origine du calice ou de la corolle.... » De ces quatre insertions, les trois premières sont essentiellement » distinctes et incompatibles dans l'ordre naturel; la quatrième au » contraire suit d'autres loix; elle correspond aux trois précédentes, » et peut être alliée séparément à chacune d'elles.... On ne voit pas » dans une même famille le mélange des insertions sur le pistil, au » support et au calice. Au contraire, l'insertion à la corolle se confond » indifféremment avec l'axe des précédentes dans une même famille.... » Cela vient de ce que la corolle portant les étamines, tient alors au » point qu'elles auroient occupé, si elles ne lui eussent pas adhéré: » dans ce cas, elle peut être regardée simplement comme un support » intermédiaire, compatible avec chacune des trois insertions prin- » cipales. Son existence devient alors nécessaire, et sa propre inser- » tion substituée à celle des étamines, fait l'office de caractère essen- » tiel. Il résulte de cette conformité, que la corolle chargée des éta- » mines, doit avoir trois insertions aussi dissemblables entre elles, » que le sont les trois insertions correspondantes des étamines; ce » que l'observation confirme..... Cette observation (*ibid.* p. 185) » peut donc fournir des distinctions générales, et partager quelque- » fois, avec la graine et les organes sexuels, le privilége exclusif de » donner des caractères primitifs dans l'ordre naturel.... et l'on peut » y procéder, sans cesser de prendre l'insertion des étamines pour » base des divisions secondaires. Ce moyen consiste à distinguer cette » insertion prise collectivement en deux principales; l'une *immédiate*, » l'autre *médiate*. La première a lieu toutes les fois que les étamines » adhèrent immédiatement au pistil, au support ou au calice; la se- » conde, lorsque la corolle portant les étamines, sert de point inter- » médiaire entre elles et les autres parties.... Elle y est alors ordi- » nairement d'une seule pièce.... D'où il est naturel de conclure, à » quelques exceptions près, que le caractère d'insertion médiate peut » être généralement désigné par le terme de corolle monopétale.

» Quand la corolle (*ibid.* p. 186) n'existe pas, les étamines ont es- » sentiellement une insertion immédiate aux trois points d'attache, » puisqu'elles ne peuvent avoir de support intermédiaire; si au con- » traire la corolle existe, cette insertion est simplement immédiate, » parce que les étamines n'adhèrent pas alors essentiellement aux » trois points d'attache, et que le voisinage de la corolle, qui a avec

» elles une origine commune, peut faire varier leur insertion.... On » remarque que la corolle, dans cette dernière insertion, est ordi- » nairement de plusieurs pièces..... Il en résulte (*ibid.* p. 188) que » par le terme de plantes apétales, on peut désigner l'insertion *es-* » *sentiellement immédiate*, et par celui de plantes polypétales, l'in- » sertion *simplement immédiate*. Ces conséquences, jointes à celle » qui est déduite de l'insertion médiate, facilitent l'intelligence de la » méthode dans l'école du jardin royal ».

Voyez pour les différentes insertions des étamines, l'article FILET *et les figures de la pl. IV qui y correspondent.*

ÉTENDARD, *vexillum;* c'est le nom qu'on donne au pétal supérieur des fleurs papilionacées, *pl. II, fig. 48 A;* et *pl. IV, fig. 69, 70 cc.* On le nomme aussi PAVILLON.

ÉTÊTER un arbre; c'est couper ses branches et ne laisser que le tronc.

ÉTIOLÉ, ÉE. On appelle branche étiolée, celle qui s'élève à une hauteur extraordinaire sans prendre de couleur ni de grosseur. Lorsque des arbres sont trop près les uns des autres, ils s'étiolent. (Le bled s'est étiolé de ce côté-ci, parce qu'il faisoit trop de vent lorsqu'on l'a semé; il a été semé trop dru.)

ÉTIOLEMENT. L'étiolement, comme on vient de le voir, est donc une maladie des plantes; c'est un état de maigreur qui les fait communément périr avant qu'elles aient pu donner des fruits; la privation du soleil, de l'air, ce véhicule si nécessaire, en est ordinairement la cause; c'est pourquoi les plantes semées trop dru, ou trop voisines les unes des autres, s'étiolent.

ÉTOC, signifie une souche morte. Le *bolet oblique* ne vient jamais que sur les étocs.

ÉTOILÉ, ÉE; ce qui est d'une seule pièce à plusieurs divisions, ou de plusieurs pièces disposées en étoiles; *voyez* FEUILLES, POILS.

EXCRÉTIONS des plantes. On sait que les plantes transpirent beaucoup plus abondamment même qu'il ne paroîtroit que l'on dût le soupçonner, et qu'il se fait dans les différentes parties qui les composent, à l'aide de certains vaisseaux que l'on nomme CONDUITS EXCRÉTEURS ou VAISSEAUX EXCRÉTOIRES, une dissipation de liqueurs superflues, à laquelle on donne le nom d'EXCRÉTION. Les sentimens sont encore bien partagés sur la manière dont elle s'opère, et sur sa nécessité.

EXCROISSANCES végétales, *voyez* EXTRAVASATION.

EXFOLIATION, *exfoliatio.* On dit qu'une partie s'exfolie, qu'elle tombe en exfoliation, quand elle se détache par feuillets desséchés de dessus une autre partie.

EXOTIQUE, ES. Les plantes exotiques, *plantæ exoticæ*, sont celles qui sont étrangères au climat qu'elles habitent. Les plantes indigènes, *plantæ indigenæ*, au contraire, sont celles qui sont dans leur climat naturel, ou qui, depuis long-temps, y sont naturalisées.

EXPOSITION; situation par rapport au soleil, au chaud, au froid, &c.

EXTRAVASATION; l'épanchement ou l'extravasation de la sève ou du suc propre, par des plaies, des solutions de continuité faites aux différentes parties des végétaux, produit quelquefois des excroissances monstrueuses, telles que les *pommes de bédéguar*, les *gales* de chêne, de lierre terrestre, les *vessies* de l'orme, et les *loupes* sur la plupart des arbres. Quelquefois aussi ces liqueurs sortent entièrement des vaisseaux, et se répandent sur le tronc des arbres, sous la forme de gomme ou de résine, comme sur le cerisier, le prunier, l'abricotier, le sapin, &c.

F

FAISCEAU, *fasciculus;* paquet de plusieurs choses rapprochées suivant leur longueur. Quand les feuilles, les fleurs, les racines sont rassemblées par faisceaux, on dit qu'elles sont FASCICULÉES.

FAMILLES des plantes, *plantarum familiæ*. On entend par famille un assemblage de plusieurs genres de plantes, qui ont entre elles des rapports très-marqués, et des caractères uniformes.

M. DE JUSSIEU, dans sa Méthode naturelle, dont nous attendons la publication avec la plus grande impatience, a divisé par familles naturelles, tout ce qui constitue le règne végétal. Cet ouvrage, dans lequel on reconnoîtra le génie d'un Botaniste aussi profond que modeste, ne peut manquer de jeter un grand jour sur la Botanique, et d'en faciliter singulièrement l'étude, parce qu'il suffit d'avoir une juste idée des caractères qui distinguent les familles, pour déterminer sans peine celle d'une plante qu'on n'auroit jamais vue.

Nous aurions desiré pouvoir donner quelques détails sur la Méthode naturelle de M. DE JUSSIEU, et la liste de ses familles, comme nous avons fait des classes de la Méthode de TOURNEFORT, et de celles du Systême sexuel de LINNÆUS; mais ne le pouvant pas, puisque les changemens que M. de J. a faits dans sa Méthode, ne sont pas encore publics, nous nous réservons de donner par la suite, en faveur des étudians et des amateurs, une table de ces familles naturelles, et pour chaque famille, une plante extraite de l'HERBIER DE LA FRANCE, et coloriée comme la *planche III;* ce qui, en facilitant beaucoup l'intelligence de cette Méthode difficile, pour qui n'a pas une connoissance profonde en Botanique, indiquera l'ordre naturel dans lequel sont disposées les plantes du jardin du roi, et que l'on pourra suivre dans l'arrangement de celles que l'on conserve en herbier, ou que l'on cultive dans les jardins botaniques.

FANE. Les Cultivateurs emploient ce mot pour signifier l'herbe des plantes bulbeuses: ils ôtent la fane du safran après l'hiver; ils arrachent les oignons de jacinthe quand la fane commence à jaunir.

FARINEUX, SE; qui est recouvert d'une poussière fine qui s'attache aux doigts. On appelle aussi semences farineuses, celles qui servent à faire du pain, de l'amidon, &c.

FASCICULÉ, ÉE; ce qui est rassemblé en FAISCEAU; *voyez* FEUILLES, FLEURS, RACINES.

FAUX, SSE, *voyez* ÉPI, OMBELLE, POLYGAMIE.

FÉCONDATION, *fecondatio;* c'est cette belle opération de la Nature par laquelle une plante devient mère, et se trouve en état de perpétuer son espèce au moyen de ses graines.

Pour que la fécondation ait lieu dans les plantes, il faut nécessairement qu'elles soient pourvues d'organes de la génération des deux sexes, soit qu'ils soient réunis dans la même fleur, soit que les fleurs d'une plante portent un sexe, et les fleurs d'une autre plante un autre sexe. Les plantes hermaphrodites qui réunissent les deux sexes dans les mêmes fleurs qu'elles portent, fécondent leurs graines sans avoir besoin que d'autres plantes soient rapprochées d'elles, parce que, comme je l'ai déjà dit, elles sont pourvues d'organes mâles et d'organes femelles. Les plantes dioïques qui ne portent que les organes mâles sur un individu, et les organes femelles sur un autre, ont besoin d'être rapprochées pour que la fécondation ait lieu, ou bien que si elles sont à une certaine distance les unes des autres, rien ne s'oppose à ce que les plantes femelles reçoivent, par l'intermède de l'air, la poussière prolifique qui émane des organes mâles. *Voyez* ÉTAMINES, PISTILS, POUSSIÈRE fécondante, et CASTRATION.

FEMELLES, *voyez* FLEURS.

FENDU, UE. On dit qu'un pétale, une feuille, un style sont bifides, trifides, quadrifides, quinquefides, multifides, quand ils sont partagés en deux, trois, quatre, cinq ou plusieurs parties, par des entailles profondes et étroites.

FENTE, *voyez* GREFFE en.

FEUILLAGE. Il ne se dit guère qu'en parlant des feuilles d'arbres:

on dit que le feuillage de tel arbre est touffu et épais; que celui de tel autre est épars et léger, &c.

FEUILLAISON, *voyez* FOLIATION.

FEUILLÉ, ÉE, qui est garni de feuilles; *voyez* PÉDUNCULE, VERTICILLE, TIGE.

FEUILLES, *folia*. Les feuilles sont continues avec les tiges, les rameaux ou les racines; elles sont composées de vaisseaux de toutes les espèces et de fibres plus ou moins solides, qui, après avoir traversé le pétiole, viennent former une prodigieuse quantité de ramifications ou de nervures, dont les dernières sont d'une extrême finesse. Ces ramifications sont le véritable squelette de la feuille; un tissu cellulaire et communément tendre, que l'on nomme PARENCHIME, remplit les intervalles de ce réseau, et tout cela est recouvert en dessus et en dessous de l'épiderme.

Les feuilles jouent un grand rôle dans l'économie végétale; une plante que l'on dépouille de ses feuilles, souffre nécessairement et languit; il y en a même qui périssent pour avoir été effanées sans précaution. Nous n'entrerons point dans les discussions des Physiciens sur les différens usages des feuilles, ce seroit nous éloigner de notre objet.

On divise les feuilles en *simples* et en *composées*. On considère dans la feuille simple, 1°. la circonscription ou la circonférence; 2°. les angles; 3°. les sinus; 4°. la bordure; 5°. la surface; 6°. le sommet; 7°. les côtés; et 8°. la base.

Quand on s'arrête à la circonférence, *circumscriptio*, on regarde la feuille comme entière, faisant abstraction des sinus et des angles. Quand on considère les feuilles relativement à leurs angles, *anguli*, on ne comprend point, dans l'examen que l'on fait, les sinus; et réciproquement, lorsqu'on examine les sinus, *sinus*, c'est abstraction faite des angles: quand on observe les bords des feuilles, la bordure proprement dite, *margo*, on n'y comprend point le disque, *discus*, ni le sommet: quand on s'arrête à la surface des feuilles ou à leur superficie, *superficies*, on y comprend le dessus et le dessous, *pagina superior*, *pagina inferior*; quand on considère le sommet, *apex*, on s'en tient à l'examen de l'extrémité de la feuille opposée au pétiole: quand on examine les côtés, *latera*, il faut que la feuille soit dans une situation perpendiculaire et en face, pour être vue de droite et de gauche; et quand on parle de la base d'une feuille, *basis*, c'est du lieu de son insertion sur le pétiole qui la porte.

FEUILLES aiguës, FEUILLES pointues, *folia acuta*; celles dont l'extrémité opposée au pétiole se termine en pointe.

FEUILLES ailées ou pinnées, empannées ou empennées, *folia pinnata*; celles qui sont composées de folioles rangées en manière d'ailes sur un pétiole commun. Quand les folioles sont opposées, on les nomme *folia oppositè pinnata, pl. IX, fig. 8, 11, 13;* quand elles sont alternes sur le pétiole, on les nomme *folia alternè pinnata, pl. IX, fig. 10, 12;* quand les folioles sont décurrentes sur le pétiole commun, on les nomme *folia decursivè pinnata, fig. 16;* quand elles sont terminées par une ou plusieurs vrilles, *folia pinnata cirrhosa, fig. 13, 14;* on dit qu'elles sont ailées avec interruptions, *folia interruptè pinnata, fig. 9,* quand ses folioles sont grandes et petites alternativement, ou bien quand, entre deux paires de grandes folioles, il s'en trouve une ou plusieurs de petites, ou bien encore, quand les folioles sont inégales entre elles, que les unes sont grandes et les autres petites; elles sont ailées avec une impaire, *folia impari pinnata, fig. 10,* quand leurs folioles sont opposées deux à deux sur un pétiole commun, terminé supérieurement par une seule foliole, de manière qu'elles sont toujours à nombre impair; elles sont ailées sans impaire, *folia abruptè pinnata, fig. 11,* quand elles sont composées de folioles portées sur un pétiole commun, et toujours à nombre pair.

FEUILLES alternes, *folia alterna, pl. X, fig. 18* G H*;* celles qui sont disposées autour de la tige, tantôt d'un côté, tantôt de l'autre.

FEUILLES amplexicaules, *folia amplexicaulia, pl. VIII, fig. 69;* celles qui sont sessiles ou sans queue, mais qui embrassent la tige à leur insertion; telles sont celles du pavot des jardins, celles de la jusquiame noire: quand elles n'embrassent la tige qu'en partie, elles sont semi-amplexicaules, *semi-amplexicaulia.*

FEUILLES anguleuses, *folia angulosa;* celles qui sont entières, et dont les bords sont remarquables par un nombre indéterminé d'angles saillans. Quand leurs angles sont déterminés, on donne aux feuilles le nom de feuilles sagittées, feuilles cunéiformes, feuilles triangulaires, quadrangulaires, &c.

FEUILLES appliquées contre la tige ou les rameaux, *folia adpressa;* celles qui sont dans une direction parallèle à la tige, qui la touchent suivant leur longueur, et qui sont comprimées de ce côté-là.

FEUILLES appuyées, *folia adnata, folia adnexa;* celles qui sont sessiles, et dont la surface supérieure est comme appuyée sur la tige ou sur les rameaux sans être comprimée.

FEUILLES arrondies, *folia subrotunda, pl. VIII, fig. 9, 10;* celles dont les points de la circonférence sont à-peu-près également éloignés du centre: telles sont les feuilles du cochléaria, celles de la renoncule ficaire.

FEUILLES articulées, *folia articulata, pl. IX, fig. 15;* celles qui naissent successivement du sommet les unes des autres, comme sont les feuilles du *cactus opuntia.*

FEUILLES ascendantes ou droites, *folia ascendentia, pl. X, fig. 18* E; celles qui forment, avec la tige, un angle fort aigu, et qui semblent appliquées contre elle.

FEUILLES à deux, à trois nervures; *voyez* FEUILLES nerveuses.

FEUILLES à deux, à trois pointes; *voyez* FEUILLES pointues.

FEUILLES à trois côtés, *folia triquetra;* celles sur la longueur desquelles on remarque trois faces applaties, et qui se terminent en pointe.

FEUILLES axillaires, *folia axillaria, pl. X, fig. 17* EE; celles qui ont leur attache dans l'angle ou l'aisselle du rameau avec la tige.
Je crois devoir faire observer que l'on nomme aussi feuilles axillaires, *folia axillaria, pl. X, fig. 17* BB *et* GG, celles qui ont leur insertion immédiatement sous le point de réunion du rameau avec la tige, de manière que ce sont les rameaux qui sont axillaires, et non pas les feuilles : je voudrois qu'on nommât sous-axillaires, *subalaria* vel *subaxillaria*, les feuilles de cette espèce que Linnæus appelle indifféremment *folia axillaria* vel *subalaria.*

FEUILLES barbues, *folia barbata; voyez* FEUILLES velues.

FEUILLES bigéminées, *folia bigemina* vel *bigeminata.* On appelle ainsi les feuilles recomposées, dont chaque pétiole propre est bifurqué, et soutient deux folioles à chacune de ses extrémités; elles sont simplement géminées, *gemina, pl. IX, fig. 1,* quand le pétiole est simple, et qu'il ne porte que deux folioles.

FEUILLES bijuguées, *folia bijuga* vel *bijugata;* celles qui sont composées de quatre folioles disposées deux à deux sur un pétiole commun. *Voyez* FEUILLES conjuguées.

FEUILLES binées ou géminées, *folia binata* vel *gemina, pl. IX, fig. 1;* celles qui sont simplement composées, et dont le pétiole commun porte deux folioles sur le même point. Il faut que les folioles soient rétrécies en pétiole à leur base, ou qu'elles soient pétiolées, pour ne pas être confondues avec les feuilles digitées, *folia digitata.*

FEUILLES bipinnées, *folia bipinnata, pl. IX, fig. 19.* Les feuilles recomposées sont appelées bipinnées ou deux fois ailées, quand elles portent sur un pétiole commun des pétioles particuliers sur lesquels les folioles sont insérées et disposées en manière d'ailes.

FEUILLES biternées, *folia biternata, pl. IX, fig. 17.* Les feuilles recomposées sont appelées feuilles biternées, quand le pétiole commun se divise en trois parties qui portent chacune trois folioles à leur extrémité.

FEUILLES bractéiformes, *folia bracteiformia;* celles qui accompagnent les fleurs à leur insertion sur la tige, et qui diffèrent des autres feuilles, soit par la forme, soit par la couleur.

FEUILLES bullées, *folia bullata;* celles sur la superficie desquelles on rencontre des rides convexes en dessus, et concaves en dessous.

FEUILLES caduques, *folia caduca;* celles qui tombent à la fin ou avant la fin de l'été, comme celles du noyer, du saule, et de toutes les plantes vivaces qui perdent leurs feuilles tous les ans.

FEUILLES canaliculées, *folia canaliculata;* celles qui sont creusées dans le milieu et d'un bout à l'autre, en forme de gouttière.

FEUILLES cannelées, *folia striata;* celles sur la superficie desquelles on remarque des nervures longitudinales très-enfoncées, et qui laissent de chaque côté des intervalles bombés et arrondis, qui représentent des cannelures.

FEUILLES capillaires ou filiformes, *folia capillaria* vel *filiformia;* celles qui sont longues et déliées comme des cheveux. Les feuilles de la renoncule aquatique, de l'asperge commune, sont capillaires ou filiformes.

FEUILLES carinées, *folia carinata;* celles qui sont creusées dans le milieu et d'un bout à l'autre en gouttière profonde, dont les bords sont relevés, et dont la nervure majeure forme en dessous une saillie considérable, et avec le reste de la feuille, un angle aigu.

FEUILLES cartilagineuses, *folia cartilaginea;* celles dont la bordure est remarquable par un cartilage, ou une espèce de bourrelet d'une substance plus ferme et plus solide que tout le reste de la feuille.

FEUILLES caulinaires, *folia caulina;* celles qui s'insèrent sur la tige. Les feuilles des jusquiames, des tithymales, des laitues, &c. sont caulinaires.

FEUILLES charnues, *folia carnosa, pl. VIII, fig. 2;* celles dont la substance est charnue, épaisse, compacte et succulente, qu'on dessèche facilement, et qui ne perdent au plus, par la dessiccation, que la moitié de leur volume; quand leur chair est très-épaisse, et que le diamètre de son épaisseur est presque égal à celui de sa largeur, on les appelle feuilles grasses, *fig. 57:* celles-ci ne sont guère susceptibles de dessiccation.

FEUILLES ciliées, *folia ciliata; voyez* FEUILLES velues.

FEUILLES coadnées, *folia coadnata;* celles qui naissent plusieurs ensemble et comme par paquets, mais qui ne se touchent point à leur insertion sur la tige.

FEUILLES colorées, *folia colorata;* celles qui ont quelque chose de remarquable dans la couleur, qui n'ont pas la couleur verte ordinaire aux feuilles, comme dans l'amaranthe, la sauge à feuilles panachées, &c.

FEUILLES confluentes, *folia confluentia;* celles dont les points d'insertion sur la tige, quoique éloignés et distincts, paroissent se toucher, mais ne se touchent pas : elles diffèrent par-là des fasciculées.

FEUILLES composées, *folia composita.* On appelle feuille composée, celle qui a un pétiole commun à plusieurs feuilles qui ont chacune leur pétiole propre, ou qui sont rétrécies en pétiole, *pl. IX, fig. 1, 2, 3, 4, 9 et 10,* &c. On appelle feuille recomposée ou composée deux fois, celle qui a un pétiole commun sur lequel s'insèrent d'autres pétioles qui portent plusieurs feuilles, *fig. 17, 18, 19, 20.* On appelle feuille surcomposée ou composée trois fois, celle qui a un pétiole commun sur lequel s'insèrent d'autres pétioles, qui, au lieu de porter les feuilles immédiatement, ne reçoivent encore que des pétioles qui portent plusieurs feuilles, *fig. 21, 22, 23.*

FEUILLES comprimées, *folia compressa;* celles qui sont épaisses, charnues et succulentes, et dont les côtés sont plus applatis que le disque.

FEUILLES concaves, *folia concava;* celles qui sont creusées d'un côté, et bombées de l'autre, et dont les bords sont plus élevés que le disque.

FEUILLES conjuguées, *folia conjugata, pl. IX, fig. 14;* ce sont des feuilles composées qui portent sur un pétiole commun une ou plusieurs paires de folioles opposées : on les nommeroit feuilles bijuguées, *bijugata* vel *bijuga*, si elles portoient deux paires de folioles *A B*, *fig. 14;* trijuguées, *trijuga*, si elles en portoient trois *A B C*, *fig. 14;* quadrijuguées, *quadrijuga*, si elles en portoient quatre, *fig. 11; quinquejuga, fig. 13*, si elles en portoient cinq; *sexjuga*, si elles en portoient six.

On voit que les feuilles conjuguées sont des feuilles ailées dont on spécifie toujours le nombre des paires de folioles.

FEUILLES connées, *folia connata, pl. VIII, fig. 66;* celles qui embrassent la tige, qui sont opposées, et réunies par leur base, de manière que les deux feuilles ne paroissent en former qu'une.

FEUILLES convexes, *folia convexa;* celles dont le disque est bombé, comme une calotte, d'un côté seulement, ou des deux côtés tout-à-la-fois.

FEUILLES cordiformes, *folia cordiformia* vel *cordata*, *pl. VIII, fig. 41;* celles qui ressemblent, en quelque sorte, à un cœur, qui se terminent en pointe à leur extrémité supérieure, et qui sont échancrées à leur base comme celles de la violette, celles du lierre, du pain de pourceau : elles ne diffèrent des réniformes, que parce qu'elles sont pointues à leur sommet.

FEUILLES cotonneuses ou laineuses, *folia tomentosa* vel *lanata*; *voyez* FEUILLES velues.

FEUILLES courbées en dedans, *folia incurvata*, *inflexa* vel *inclinata*, *pl. X, fig. 18* G; celles qui se courbent en arc, et dont l'extrémité supérieure est rapprochée de la tige.

FEUILLES crenées ou crenelées, dentées plus ou moins finement; *voyez* FEUILLES dentées.

FEUILLES croisées, *folia cruciatim opposita*, *folia decussata*, *pl. X, fig. 20* B; celles qui sont opposées en croix, ou qui sont disposées autour de la tige par paires qui se croisent, comme dans l'épurge, la croisette, &c.

FEUILLES cunéiformes, *folia cuneiformia*, *pl. VIII, fig. 46*; celles qui sont plus longues que larges, et qui se rétrécissent insensiblement depuis la partie supérieure jusqu'à l'inférieure. On leur donne ce nom, parce qu'elles ressemblent, en quelque sorte, à un coin à fendre le bois.

FEUILLES cuspidées, *folia cuspidata*; celles qui sont terminées à leur extrémité supérieure par une pointe ou par des poils rudes.

FEUILLES cylindriques, *folia cylindrica* vel *teretia*, *pl. VIII, fig. 36, 37*; celles qui sont alongées et arrondies en forme de cylindre, depuis leur base jusqu'à leur extrémité supérieure qui se termine en pointe.

FEUILLES déchiquetées, *folia laciniata*; *voyez* FEUILLES laciniées.

FEUILLES déchirées, *folia lacera*, *pl. VIII, fig. 22*; celles dont la bordure est remarquable par des découpures de grandeur inégale et de figures différentes.

FEUILLES décurrentes ou FEUILLES courantes, *folia decurrentia*; celles qui sont sessiles, et dont la partie membraneuse se prolonge sur la tige ou les rameaux, et y laisse une espèce de saillie qui s'étend souvent sur la tige d'une feuille à l'autre, comme dans le bouillon-blanc. La *fig. 16, pl. IX*, représente une feuille composée de folioles décurrentes sur leur pétiole commun.

FEUILLES delthoïdes, *folia deltoidea*, *pl. VIII, fig. 57*; celles qui ont quatre angles, dont les deux latéraux sont plus proches de la base que du sommet; quand de ces quatre angles, deux sont obtus et deux aigus, on les nomme feuilles rhomboïdes, *folia rhombea*.

FEUILLES dentées, *folia dentata*. La nécessité d'éviter les équivoques dans une langue que tout le monde doit entendre et parler également, nous fait regarder comme synonymes les mots dentées et crenelées: on appellera donc indifféremment feuille dentée ou feuille crenelée, celle dont les bords seront remarquables par des crenelures, et l'on dira que les crenelures ou les dents sont obtuses, *folium obtusè dentatum*, *pl. VIII, fig. 32*; qu'elles sont aiguës, *dentatum acutum, fig. 34;* qu'elles sont tournées comme les dents d'une scie, *serratum, fig. 35, 38, 39, 42* (*obsoletè serratum,* si ces sortes de dents sont obtuses); qu'elles sont tournées à rebours, *retrorsò dentatum, fig. 26;* qu'elles sont dentées elles-mêmes, *duplicatò dentatum et duplicatò serratum, fig. 35,* &c. On emploie quelquefois le mot dentelées, pour signifier celles qui sont à petites dents, *fig. 41.*

FEUILLES déprimées, *folia depressa;* celles qui sont succulentes et épaisses, et dont le disque est plus applati que les côtés.

FEUILLES deux à deux, *folia bina; voyez* FEUILLES binées.

FEUILLES digitées ou palmées, *folia digitata* vel *palmata.* On appelle ainsi toutes les feuilles simples qui ont des découpures profondes et étalées comme les doigts d'une main ouverte.

Il faut observer qu'on pourroit confondre les feuilles quaternées, quinées avec les feuilles digitées; les divisions des feuilles digitées ne sont point rétrécies en pétiole, ni pétiolées; il faut qu'on puisse remarquer une communication membraneuse qui les unisse, et que ce ne soit bien certainement qu'une feuille; au lieu que pour être quaternées, quinées, *quaternata, quinata,* il faut que ce soit quatre ou cinq folioles pétiolées ou rétrécies en pétiole à leur base, qui soient insérées sur un pétiole commun en manière de digitations.

FEUILLES distiques, *folia distica;* celles qui sont rangées alternativement sur deux côtés opposés de la tige ou des rameaux qui leur servent de pétiole commun. La *fig. 13, pl. X,* représente des feuilles d'if; elles sont, comme celles du sapin, *distiques.*

FEUILLES droites, *folia erecta, stricta, pl. X, fig. 18* E *;* celles qui sont presque parallèles à la tige, qui forment avec elle un angle très-aigu, et qui ont une direction presque perpendiculaire à l'horizon.

FEUILLES échancrées, *folia emarginata;* celles qui ont à leur sommet une petite entaille ou une échancrure qui divise leur extrémité supérieure en deux parties : quand les divisions sont obtuses, on les nomme *folia obtusè emarginata, pl. VIII, fig. 46;* quand elles sont aiguës, *acutè emarginata, fig. 47.*

FEUILLES elliptiques, *folia elliptica;* celles qui sont plus longues que larges, mais dont les deux extrémités sont également rétrécies ou arrondies. La *fig. 8, pl. VIII,* est une feuille elliptique tronquée : la *fig. 54,* une feuille elliptique pointue.

FEUILLES éloignées, *folia remota;* celles qui ont entre elles un éloignement considérable, et qui sont par conséquent en petit nombre sur la tige; ce qu'on exprime bien par le mot *rara.*

FEUILLES imbriquées ou tuilées, *folia imbricata* vel *squamosa;*

celles qui sont disposées sur les tiges et les rameaux, de manière que l'une recouvre la moitié de l'autre, qui sont, en un mot, dans le même ordre que des tuiles sur un toit, ou des écailles sur le corps d'un poisson.

FEUILLES émoussées, *folia retusa, pl. VIII, fig. 29* A, B, C; celles dont le sommet est très-obtus et comme écrasé, et qui a quelquefois une légère échancrure.

FEUILLES en capuchon, *folia cucullata;* celles qui sont creusées en forme de capuchon.

FEUILLES en doloire, *folia dolabriformia, pl. VIII, fig. 48;* celles qui sont cylindriques à leur base, qui sont planes et élargies supérieurement, épaisses d'un côté et tranchantes de l'autre. On les compare à la doloire, qui est une espèce de hache dont se servent les Tonneliers : telles sont les feuilles du *mesembryanthemum dolabriforme.*

FEUILLES en forme d'écailles *folia squamosa;* ce sont de petites feuilles qui sont coriaces, et qui ressemblent, en quelque sorte, à des écailles de poisson.

FEUILLES en forme d'épingle, *folia acerosa;* celles qui sont étroites, pointues, solides et persistantes : telles sont les feuilles du genevrier, du pin, &c.

FEUILLES en gaine, *folia vaginantia;* celles qui sont terminées à leur base par une extension membraneuse, *fig. 70* A, *pl. VIII,* qui embrasse la tige ou les rameaux.

FEUILLES en parabole, *folia parabolica;* celles qui sont plus longues que larges, dont l'extrémité supérieure est très-arrondie, et l'inférieure rétrécie insensiblement jusqu'au point de son insertion avec la tige ou les rameaux, ou même, si elle est pétiolée, jusqu'à l'extrémité supérieure du pétiole.

FEUILLES en sabre, ou qui ont la forme d'une lame de sabre, *folia acinaciformia;* celles qui sont alongées, qui ort un bord épais, et l'autre mince et tranchant.

FEUILLES ensiformes ou gladiées, *folia ensiformia* vel *gladiata, pl. VIII, fig. 70* B ; celles qui ont la forme d'une lame d'épée, qui sont alongées, terminées en pointe, qui sont amincies sur les côtés, et dont le disque est beaucoup plus épais que les bords.

FEUILLES entières, *folia integra, pl. VIII, fig. 3, 43, 44.* On appelle feuilles entières, celles qui n'ont en leurs bords que de légères divisions peu considérables, peu sensibles. Elles diffèrent par-là des feuilles très-entières, qui sont absolument unies en leurs bords.

FEUILLES épaisses ou FEUILLES grasses, *folia crassa, pl. VIII, fig. 57;* celles dont le disque a un diamètre considérable, et qu'on dessèche très-difficilement, parce qu'elles sont d'une substance charnue et très-succulente.

FEUILLES éparses, *folia sparsa, pl. X, fig. 21;* celles qui sont disposées alternativement et sans aucun ordre autour de la tige et des rameaux.

FEUILLES épineuses, *folia spinosa;* celles sur le bord desquelles on remarque des pointes aiguës dures et piquantes, comme sont celles des chardons. La culture, l'âge et quelques circonstances encore, changent quelquefois la surface des feuilles : celles qui étoient velues, hérissées, épineuses, perdent leurs poils et leurs épines; on les nomme en ce cas *folia mutica.*

FEUILLES fasciculées, *folia fasciculata;* celles qui sont ramassées en paquet ou en faisceau, et qui n'ont que le même point d'insertion sur la tige, les rameaux ou la racine.

FEUILLES fendues, *folia fissa;* celles qui sont partagées par des sinus aigus, comme si on les eût faits avec des ciseaux. *Voyez* FEUILLES partagées. Quand les feuilles sont fendues en deux, on les nomme feuilles bifides, *folia bifida, pl. VIII, fig. 17, 46, 47;* fendues en trois, trifides, *trifida;* en quatre, quadrifides, *quadrifida;* en cinq, quinquefides, *quinquefida, fig. 20;* en plus de cinq, multifides, *multifida, fig. 25.* Quand les divisions d'une feuille fendue en plusieurs parties sont disposées comme les barbes d'une plume, les feuilles sont pinnatifides, *pinnatifida, fig. 54.*

FEUILLES florales, *folia floralia;* celles qui avoisinent les fleurs, et qui quelquefois sont colorées comme elles : on les nomme *folia floralia pauca,* quand elles sont en petit nombre; *folia floralia numerosa,* quand elles sont en grand nombre; et *folia floralia numerosissima,* quand elles sont en très-grand nombre. *Voyez* BRACTÉES.

FEUILLES filiformes, *folia filiformia;* celles qui sont tellement menues qu'elles ressemblent à du fil.

FEUILLES flottantes, *folia natantia;* celles qui sont portées sur la superficie de l'eau, comme les feuilles du ményanthe flottant, celles du nénuphar blanc, du nénuphar jaune, &c.

FEUILLES frisées ou crépues, *folia crispa, pl. VIII, fig. 31;* celles qui sont tellement ondées à leur bord, qu'elles ont l'air d'avoir été frottées. Elles diffèrent des feuilles ondées, parce que les intervalles qui sont entre les plis ou entre les ondulations, sont beaucoup plus courts que ceux des feuilles ondées.

FEUILLES géminées, *folia gemina, pl. IX, fig. 1;* celles qui sont attachées deux à deux sur le même point de la tige, ou portées sur le même pétiole.

FEUILLES glabres, *folia glabra ;* celles qui sont nues sans être luisantes, et sur la superficie desquelles on ne rencontre ni poils, ni glandes, ni aspérités.

FEUILLES gladiées ou ensiformes, *folia gladiata* vel *ensiformia ; voyez* FEUILLES ensiformes.

FEUILLES glanduleuses, *folia glandulosa ;* celles qui sont remarquables par des glandes qu'on rencontre sur leur superficie ou sur leur bord.

FEUILLES glauques, *folia glauca ;* celles qui sont d'un vert blanchâtre et comme farineux.

FEUILLES godronnées, *folia repanda ;* celles dont la bordure est remarquable dans toute sa longueur par des lobes qui font chacun un segment de cercle entremêlé de sinus obtus. Je dois avertir que craignant que l'on ne confondît les mots *godronné* et *ondulé*, j'ai cru devoir en rapprocher les exemples dans la *fig. 40, pl. VIII:* par le côté *A*, elle représente ce qu'on doit entendre par godronné; et par le côté *B*, ce qu'on doit entendre par ondulé.

FEUILLES grasses, *voyez* FEUILLES épaisses.

FEUILLES hastées, *folia hastata, pl. VIII, fig. 16;* celles qui imitent un fer de pique; elles sont triangulaires, profondément échancrées à leur base et sur leurs côtés; leurs lobes latéraux sont presque horizontaux à la nervure majeure de la feuille considérée comme ligne verticale, c'est-à-dire, qu'ils font une saillie très-sensible en dehors.

FEUILLES horizontales, *folia horizontalia, pl. X, fig. 18* G *;* celles qui ont une direction très-horizontale, qui forment un angle droit avec la tige, ou qui représentent une équerre.

FEUILLES laciniées ou déchiquetées, *folia laciniata, pl. VIII, fig. 62;* celles qui sont divisées en plusieurs parties par plusieurs sinus, et dont chaque division est elle-même découpée ou divisée sans ordre.

FEUILLES lancéolées, *folia lanceolata ;* celles qui ont dans leur longueur trois ou quatre fois leur largeur, et qui sont plus élargies à leur base qu'à leur extrémité supérieure : on les nomme lancéolées, parce qu'elles représentent assez bien un fer de lance.

FEUILLES ligulées, *folia ligulata* vel *linguiformia, pl. VIII, fig. 2 ;* celles qui sont charnues, convexes en dessous, obtuses à leur extrémité, et qui ressemblent à la langue d'un animal.

FEUILLES linéaires, *folia linearia, pl. VIII, fig. 1 ;* celles qui sont étroites, et qui ont presque la même largeur d'un bout à l'autre; mais dont l'extrémité supérieure se termine en pointe.

FEUILLES lisses, *folia lævia ;* celles qui sont unies en dessus et en dessous, et sur lesquelles on ne rencontre ni poils, ni glandes, ni aspérités.

FEUILLES lobées, *folia lobata;* celles qui sont fendues en plusieurs lobes ou en plusieurs parties, dont les extrémités sont arrondies comme dans les feuilles de vignes : quand elles sont à trois lobes, on dit qu'elles sont trilobes, *folia triloba, pl. VIII, fig. 18;* à quatre lobes ou quadrilobes, *quadriloba;* en cinq lobes ou quinquelobes, *quinqueloba, fig. 20 et 28.* La disposition et la forme des lobes ont donné lieu aux feuilles digitées, palmées, pinnatifides, oreillées, lyrées, &c. *Voyez* ces mots.

FEUILLES luisantes, *folia lucida* vel *nitida;* celles dont la superficie est glabre et luisante comme celle des feuilles de lierre, celles du persil; *paginâ superiore lucidum,* celle qui n'est luisante qu'en dessus; *paginâ inferiore* vel *pronâ parte lucidum,* celle qui n'est luisante qu'en dessous.

FEUILLES lunulées, *folia lunulata* vel *lunata;* celles qui sont en forme de croissant; elles sont plus larges que longues, arrondies par le haut, ou terminées par une pointe courte, échancrées profondément à leur base, et ont leurs deux lobes latéraux anguleux.

FEUILLES lyrées, *folia lyrata, pl. VIII, fig. 26;* celles qui sont en forme de lyre, qui ont latéralement des découpures profondes qui ne pénètrent pas jusqu'à la côte, et dont les divisions sont élargies à la base et pointues à leur extrémité : telles sont les feuilles de la dent de lion.

FEUILLES marquées de lignes, *folia lineata;* celles sur la superficie desquelles on rencontre des lignes longitudinales très-apparentes, mais qui ne sont pas enfoncées, et qui ne rendent pas la surface des feuilles cannelée.

FEUILLES membraneuses, *folia membranacea;* celles qui ont si peu d'épaisseur, qu'elles ne contiennent presque point de pulpe, et semblent n'être composées que de membranes.

FEUILLES mamelonnées, *folia papillosa, pl. VIII, fig. 56;* celles sur la superficie desquelles on rencontre des points élevés qu'on nomme mamelons.

FEUILLES mordues, *folia præmorsa;* celles dont le sommet obtus et tronqué, est remarquable par une ou plusieurs découpures ou déchirures, qui ont l'air d'avoir été faites par les dents d'un animal. *Voyez* le lobe supérieur *A* de la feuille 19, *pl. VIII.*

FEUILLES mucronées, *folia mucronata, pl. VIII, fig. 52;* celles qui se terminent en pointe très-aiguë, saillante et alongée.

FEUILLES multifides, *voyez* FEUILLES fendues.

FEUILLES nerveuses, *folia nervosa;* celles qui ont des côtes ou des nervures saillantes qui s'étendent d'une extrémité de la feuille à l'autre, sans se diviser d'une manière apparente; telles sont les feuilles de plantain. On nomme *folia binervia,* celles qui ont deux nervures; *trinervia,* celles qui en ont trois, *pl. VIII, fig. 51; quadrinervia,* celles qui en ont quatre; *quinquenervia,* celles qui en ont cinq, *fig. 53.*

FEUILLES nues, *folia nuda;* celles sur la superficie desquelles on ne rencontre ni poils, ni épines, ni glandes.

FEUILLES obliques, *folia obliqua;* celles qui sont de biais, dont la surface n'est ni horizontale, ni verticale; elles peuvent être obliques de deux manières, ou vers le ciel, *inflexa* vel *inclinata, fig. 18 C, pl. X,* ou vers la terre, *reflexa* vel *reclinata, fig. 18 D.* Cependant on emploie plus souvent le mot *reclinata,* pour signifier celles qui sont tout-à-fait tombantes, *fig. 11.*

FEUILLES oblongues, *folia oblonga;* celles qui, dans leur longueur, portent plus de deux fois leur largeur.

FEUILLES obtuses, *folia obtusa;* celles dont le sommet est presque arrondi et comme émoussé. Quand ces feuilles sont surmontées d'une pointe, on les nomme *obtusa cum acumine.*

FEUILLES ombiliquées, *folia umbilicata* vel *peltata, fig. 43, 44;* celles qui sont pétiolées et remarquables, par la manière dont le pétiole ou la queue est insérée à la feuille; au lieu d'être, comme dans la feuille pétiolée, attaché à une de ses extrémités, et de se prolonger en une nervure majeure qui traverse la feuille d'un bout à l'autre, il est central ou presque central, comme dans les feuilles de la capucine, celles de l'écuelle d'eau; les nervures majeures de la feuille partent de ce centre qu'on nomme ombilic, comme d'un point commun, et divergent toutes comme les branches d'un parapluie. On nomme aussi ces sortes de feuilles, feuilles en rondache.

FEUILLES ondées ou ondulées, *folia undata* vel *undulata;* celles dont les bords sont pliés d'une manière irrégulière, et toujours à angles obtus, *pl. VIII, fig. 40 B.*

FEUILLES opposées, *folia opposita, pl. VIII, fig. 66; pl. X, fig. 18 A, B, C, D, E, F; et fig. 20 A;* celles qui sont disposées deux à deux sur des points diamétralement opposés; telles sont celles du chèvrefeuille, de la clématite des haies: elles sont opposées en croix, *cruciatim opposita,* quand elles sont par paires croisées. *Voyez* la *pl. X, fig. 20 B.*

FEUILLES orbiculaires, *folia orbiculata, pl. VIII, fig. 9;* celles dont les extrémités sont également éloignées du centre de la feuille.

FEUILLES oreillées, *folia aurita;* celles qui portent à leur base pétiolée ou rétrécie en pétiole, deux appendices ou oreillettes L M, *fig. 67, pl. VIII.*

FEUILLES ouvertes, *folia patentia, pl. X, fig. 18 F;* celles qui s'éloignent de la tige par leur extrémité supérieure, et qui forment avec elle un angle presque droit; si elles formoient avec la tige un angle droit, elles seroient horizontales.

FEUILLES ovales ou ovoïdes, *folia ovata, pl. VIII, fig. 7;* celles qui sont plus longues que larges, et qui sont plus étroites à leur sommet qu'à leur base; quand, au contraire, elles sont plus étroites à leur base qu'à leur sommet, elles sont ovales renversées, *obversè ovata, fig. 6.*

FEUILLES palmées ou digitées, *folia palmata, pl. VIII, fig. 21, 24, 25;* celles qui sont simples, lobées, et dont les divisions forment l'éventail, ou représentent une main ouverte. On donne aussi quelquefois ce nom aux feuilles composées, quand le nombre des folioles qui les composent sont au-dessus de cinq.

FEUILLES panduriformes, *folia panduriformia, pl. VIII, fig. 58;* celles qui sont en forme de violon; elles sont oblongues, un peu plus larges à leur base qu'à leur extrémité supérieure; elles sont remarquables par une échancrure de chaque côté.

FEUILLES partagées, *folia partita.* Les feuilles partagées par des sinus aigus, *pl. VIII, fig. 17, 46, 47, 62,* sont appelées feuilles fendues; celles qui sont partagées par des sinus obtus, *fig. 58, 59, 60,* sont appelées feuilles sinuées; celles qui sont divisées en plusieurs parties jusqu'à leur base, ou jusques près de leur base, sont ou partagées en deux, *folia bipartita;* en trois, *tripartita;* en quatre, *quadripartita;* en cinq, *quinquepartita;* ou en un nombre indéterminé de parties, *multipartita.* La *fig. 29, pl. VIII,* représente une feuille sinuée partagée en cinq, et dont les lobes palmés sont fendus.

FEUILLES pédiaires, *folia pedata, fig. 7, pl. IX;* celles qui ont un pétiole qui se bifurque à son extrémité supérieure, et qui porte un nombre indéterminé de folioles attachées aux côtés intérieurs de ses divisions, et non aux côtés extérieurs : telles sont les feuilles du pied de veau serpentaire, celles de l'hellébore noir, de l'hellébore vert, &c.

FEUILLES pendantes, *folia dependentia* vel *reflexa, pl. X, fig. 18 H;* celles qui ont l'air d'être suspendues à leur insertion sur la tige, et qui forment avec elle une ligne parallèle.

FEUILLES perfeuillées ou perfoliées, *folia perfoliata, pl. VIII, fig. 68;* celles qui sont traversées par la tige, comme si elles avoient été percées, et qu'on eût laissé la tige dans le trou qu'elle auroit fait: telles sont celles du buplèvre percefeuille, *buplevrum rotundifolium L.*

FEUILLES persistantes, *folia persistentia, semper virentia* vel *perennia;* celles qui subsistent pendant l'hiver ou pendant plusieurs hivers, comme celles du buis, de l'if, et de toutes les plantes vivaces qui conservent leurs feuilles pendant plus d'une année.

FEUILLES pétiolées, *folia petiolata, pl. VIII, fig. 49; et pl. X, fig. 1 c, d;* celles qui sont portées par une queue que l'on nomme pétiole.

FEUILLES pinnatifides, *folia pinnatifida, pl. VIII, fig. 64;* celles qui sont découpées profondément, et qui ne diffèrent des feuilles ailées, que parce que les découpures ne vont pas jusqu'à la côte principale de la feuille.

FEUILLES pinnées, *folia pinnata; voyez* FEUILLES ailées.

FEUILLES piquantes, *folia aculeata* vel *strigosa;* celles qui sont armées de poils très-aigus et piquans, quoique peu apparens: telles sont les feuilles des orties.

FEUILLES planes, *folia plana;* celles qui ont leurs surfaces supérieure et inférieure, égales, applaties et parallèles dans toute leur étendue.

FEUILLES plissées, *folia plicata, pl. VIII, fig. 30;* celles dont les nervures baissent et élèvent alternativement le disque à angles aigus.

FEUILLES pointues, *folia acuta* vel *cuspidata;* celles qui se terminent à leur extrémité supérieure, par une pointe affilée, mais dont la base est élargie. Quand leur sommet est terminé par deux pointes, on les nomme *folia bicuspida;* par trois pointes, *tricuspida,* &c.

FEUILLES ponctuées, *folia punctata, pl. VIII, fig. 49;* celles sur la superficie desquelles on rencontre un grand nombre de points creux ou colorés.

FEUILLES pubescentes, *folia pubescentia* vel *villosa; voyez* FEUILLES velues.

FEUILLES pulpeuses, *folia pulposa;* celles qui sont d'une consistance molle, tendre et succulente, qu'on dessèche difficilement, qui perdent, en se desséchant, beaucoup plus de la moitié de leur volume, et qui deviennent souvent méconnoissables.

FEUILLES quadrangulaires, *folia quadrangularia;* celles qui ont en leur bord quatre angles; quand les deux angles latéraux sont obtus, et que les autres sont aigus, elles sont rhomboïdes, *pl. VIII, fig. 45;* si les deux angles *a b* de la même figure étoient plus bas, la feuille seroit appelée delthoïde.

FEUILLES quadrijuguées, *folia quadrijugata; pl. IX, fig. 11; voyez* FEUILLES conjuguées.

FEUILLES quaternées, *folia quaterna* vel *quaternata, pl. IX, fig. 3;* celles dont le pétiole commun porte quatre folioles pétiolées ou rétrécies en pétiole, et qui ont toutes le même point d'insertion.

FEUILLES quinées, *folia quina* vel *quinata, pl. IX, fig. 4;* celles dont le pétiole commun porte sur le même point d'insertion, cinq folioles pétiolées ou rétrécies en pétiole à leur base, comme on le voit, *fig.* 4 A.

FEUILLES rabattues; *voyez* FEUILLES réfléchies, *fig.* 18 H.

FEUILLES radicales, *folia radicalia;* celles qui partent immédiatement de la racine : il ne faut pas les confondre avec les feuilles radicantes. Les Cultivateurs appellent feuilles radicantes, celles qui sont susceptibles de prendre racines comme celles des *sedum,* qui n'ont besoin que d'être mises sur de la terre pour y produire de nouvelles plantes.

FEUILLES ramassées, *folia conferta;* celles qui sont en si grand nombre et si rapprochées les unes des autres, qu'elles cachent la tige presque entièrement : telles sont les feuilles du tithymale cyparisse.

FEUILLES raméales, *folia rameu;* celles qui ont leur insertion sur les branches ou rameaux, comme celles de plusieurs arbres et arbustes. On les nomme feuilles caulinaires, lorsqu'elles sont insérées sur la tige; radicales, lorsque c'est la racine qui les porte.

FEUILLES rapprochées, *folia approximata;* celles dont les points d'insertion sur la tige, les rameaux, ou même la racine, sont très-près les uns des autres.

FEUILLES recomposées ou doublement composées, *folia recomposita, pl. IX, fig. 17, 18, 19;* celles qui ont un pétiole commun et des pétioles immédiats, sur lesquels s'insèrent les pétioles propres des folioles, ou les folioles rétrécies en pétiole.

FEUILLES réfléchies, rabattues ou tombantes, *folia reflexa, pl. X, fig. 18 H;* celles qui forment avec la tige, un angle aigu ou presque aigu à leur insertion, et qui sont tombantes; leur situation, dans ce cas, est parfaitement opposée à celle des feuilles droites.

FEUILLES relevées, *folia assurgentia* vel *inflexa, pl. X, fig. 18 C;* celles qui, à leur extrémité supérieure, s'élèvent en se courbant. Elles diffèrent des feuilles droites, en ce que, avant de s'élever, elles avoient une direction inclinée ou horizontale, au lieu que les feuilles droites, *folia erecta* vel *stricta,* forment un angle très-aigu avec la tige dès leur insertion.

FEUILLES renflées, *folia gibba;* celles qui sont charnues et plus épaisses dans le milieu qu'en leurs bords, quoique épais et convexes.

FEUILLES réniformes, *folia reniformia, pl. VIII, fig. 11;* celles qui ressemblent à un rein ou à une oreille d'homme, qui sont plus larges que longues, échancrées à leur base, et arrondies par le haut : telles sont les feuilles du cabaret d'Europe, celles du cochléaria.

FEUILLES renversées, *folia reclinata, pl. X, fig. 18* D; celles qui, à leur insertion, forment avec la tige un angle droit, et dont l'extrémité supérieure est réfléchie, et plus basse que le point d'insertion.

FEUILLES rétiformes, *folia retiformia;* celles qui sont d'une finesse extrême, qui sont alongées, et qui, par leur entrelacement, représentent un filet dont les mailles sont plus ou moins serrées.

FEUILLES retournées, *folia resupinata;* celles dont la surface supérieure devient l'inférieure, et, par la même raison, la surface inférieure, la supérieure.

FEUILLES rhomboïdes, *folia rhombœa, pl. VIII, fig. 45;* celles qui ont quatre angles, dont deux obtus A, B, et deux aigus C, D, et dont les angles obtus sont plus près du pétiole que du sommet: telles sont les feuilles du *chenopodium vulvaria* L. Lorsqu'elles sont alongées et rhomboïdes, on les appelle *folia rhombœa ovata.*

FEUILLES ridées, *folia rugosa;* celles sur la superficie desquelles on rencontre des rides causées par l'enfoncement des nervures, qui laissent entre elles des inégalités très-sensibles. Elles sont quelquefois lisses et unies en dessus, *supernè lœvia;* et ridées en dessous, *infernè rugosa,* comme celles du figuier, *pl. VIII, fig. 28.*

FEUILLES roides, *folia rigida;* celles qui sont fermes, et qui opposent une certaine résistance quand on veut les ployer.

FEUILLES rondes, *folia rotunda* vel *nummularia, pl. VIII, fig. 9, 10;* celles qui sont arrondies comme une pièce de monnoie. (Rondes, arrondies ou orbiculaires) peuvent s'employer indifféremment.

FEUILLES rongées, *folia erosa, pl. VIII, fig. 22;* celles dont la bordure est remarquable par des échancrures, échancrées elles-mêmes, et dont les sinus sont de formes irrégulières.

FEUILLES roulées en dessus, *folia involuta, fig. 18* A, *pl. X;* celles qui se roulent sur elles-mêmes de dessous en dessus comme une boucle de cheveux: on dit qu'elles sont roulées en dessous, *revoluta, fig. 18* B, quand elles sont roulées dans le sens opposé; lorsque les bords d'une feuille sont roulés, on dit *folium margine involutum* vel *revolutum.*

FEUILLES rudes ou raboteuses, *folia scabra* vel *aspera;* celles sur la superficie desquelles on rencontre de petites inégalités qui les rendent rudes au toucher, et au moyen desquelles elles s'accrochent aux habits.

FEUILLES runcinées, *folia runcinata, pl. VIII, fig. 59, 63;* celles qui sont découpées latéralement, et qui ont des sinus profonds et écartés.

FEUILLES sagittées, *folia sagittata, pl. VIII, fig. 14, 15;* celles qui ont la forme d'un fer de flèche: elles sont profondément échancrées à leur base; elles ont trois angles très-saillans, et terminés en pointe comme celles de la fléchière aquatique, *sagittaria sagittifolia* L; celles du liseron des champs, *convolvulus arvensis* L.

FEUILLES sans nervures, *folia enervia;* celles sur la superficie desquelles on ne remarque aucunes nervures, comme sur les feuilles des plantes grasses, celles de la tulipe.

FEUILLES scarieuses, *folia scariosa* vel *arida;* celles qui sont sèches, arides, et qui font du bruit quand on les touche.

FEUILLES séminales, *folia seminalia, pl. V, fig.* 11 *A B;* celles qui paroissent les premières après le développement de la graine. La plumule qui n'est bien réellement que la tige en petit, porte des feuilles qu'on nomme feuilles séminales, parce qu'elles étoient contenues dans la semence; elles sont assez souvent très-différentes de celles que doit porter la plante par la suite, et l'on ne doit les confondre ni avec les feuilles de la tige, ni avec les cotyledons.

FEUILLES serrées contre la tige, *folia adpressa; voyez* FEUILLES appliquées.

FEUILLES sessiles, *folia sessilia, pl. VIII, fig. 66, 68, 69;* celles qui n'ont pas de queue, et qui sont insérées immédiatement sur la tige, les rameaux ou la racine. Quelquefois on pourroit prendre pour un pétiole ou pour une queue, la prolongation d'une feuille qu'on nomme feuille rétrécie en pétiole, *pl. VIII, fig. 67;* mais quand on trouvera de chaque côté de ce prétendu pétiole, une suite des parties membraneuses et pulpeuses de la feuille *L M*, ce ne sera plus une queue, mais une feuille rétrécie en forme de queue.

FEUILLES sétacées, *folia setacea;* celles qui sont des plus menues, qui ressemblent à des cheveux, de la soie ou du poil.

FEUILLES sillonnées, *folia sulcata;* celles sur la superficie desquelles on rencontre des sillons causés par l'enfoncement des nervures, ou des espèces de cannelures parallèles et anguleuses.

FEUILLES simples, *folia simplicia;* celles qui sont toujours solitaires sur un pétiole: telles sont les feuilles du cabaret d'Europe, de la bétoine officinale, de la renoncule ficaire, de la violette de mars, &c. *Voyez* toutes les figures de la *pl. VIII.*

C'est aussi la feuille simple qui fait la dernière division des feuilles composées, recomposées et surcomposées; elle porte alors le nom de foliole. On doit considérer dans les folioles, comme dans les feuilles simples, 1°. la *circonférence;* 2°. les *angles;* 3°. les *sinus;* 4°. la *bordure;* 5°. la *surface;* 6°. le *sommet;* et 7°. les *côtés.*

FEUILLES sinuées, *folia sinuata, pl. VIII, fig. 58, 59, 60, 63;* celles qui sont partagées par des sinus arrondis et très-ouverts, et dont l'extrémité des lobes est arrondie: si les lobes étoient découpés, au lieu d'être appelées feuilles sinuées, on les nommeroit feuilles laciniées; si les échancrures, au lieu d'être arrondies, étoient anguleuses, comme si on les eût faites avec des ciseaux, on les appelleroit feuilles fendues.

FEUILLES sous-axillaires, *folia subaxillaria* vel *subalaria ; voyez* FEUILLES axillaires.

FEUILLES spatulées, *folia spathulata ;* celles qui sont cunéiformes, mais dont la base rétrécie en pétiole, est alongée comme la queue d'une spatule.

FEUILLES stables, *folia stabilia ;* celles qui persistent en hiver : on se sert plus souvent du mot persistantes.

FEUILLES striées, *folia striata;* celles sur la superficie desquelles on remarque des lignes creusées profondément, et qui en rendent la surface cannelée.

FEUILLES submergées, *folia demersa* vel *submersa ;* celles qui sont entièrement plongées dans l'eau, et qui ne flottent jamais à la superficie.

FEUILLES subulées ou en forme d'alêne, *folia subulata, pl. VIII, fig. 4 ;* celles dont la base est aussi étroite que dans les feuilles linéaires; mais qui, de leur base à leur extrémité supérieure, se rétrécissent insensiblement, et se terminent en une pointe très-fine.

FEUILLES surcomposées, *folia suprà decomposita, pl. IX, fig. 21, 22, 23 ;* celles qui sont composées trois fois; qui ont 1°. un pétiole commun; 2°. des pétioles partiels; et 3°. des pétioles immédiats, sur lesquels les folioles sont insérées, soit qu'elles aient des pétioles propres, soit qu'elles soient seulement rétrécies en pétiole. Les feuilles surcomposées sont triternées, si les pétioles immédiats portent chacun trois folioles sur le même point d'insertion, *fig. 23 ;* elles sont tripinnées, quand les pétioles immédiats portent des folioles disposées par paires et en forme d'ailes, *fig. 21 ;* elles sont trigéminées ou tergéminées, *tergemina* vel *triplicatò gemina,* quand chaque pétiole immédiat porte deux folioles sur le même point d'insertion.

FEUILLES ternées, *folia terna* vel *ternata, pl. IX, fig. 2 ;* celles qui sont attachées trois par trois sur le même pétiole. On appelle aussi feuilles ternées, celles qui sont disposées trois à trois sur le même point de la tige.

FEUILLES trapésiformes, *folia trapesiformia ;* celles qui ont en leurs bords quatre angles inégaux, et par conséquent quatre faces inégales.

FEUILLES très-courtes, *folia brevissima ;* celles qui sont courtes en raison de leur largeur : cela se dit aussi, lorsque l'on compare deux plantes du même genre, dont l'une a les feuilles beaucoup plus courtes que l'autre. Il en est de même des feuilles très-longues, *folia longissima*, dont on ne parle guère qu'eu égard au reste de la plante, et sur-tout quand il y a une disproportion remarquable des feuilles d'une espèce à celles d'une autre espèce du même genre que l'on compare.

FEUILLES très-entières, *folia integerrima ;* celles dont les bords sont naturellement très-unis et entiers, et où l'on ne rencontre ni crénelures, ni dents, ni poils, ni épines, &c. *Voyez* FEUILLES entières.

FEUILLES triangulaires, *folia triangularia, pl. VIII, fig. 13 ;* celles qui ont trois angles saillans en leurs bords, et qui forment un triangle.

FEUILLES tricuspidées, *folia tricuspida, pl. VIII, fig. 13 ;* celles qui sont triangulaires, et dont chaque angle est terminé par une pointe aiguë.

FEUILLES trijuguées, *folia trijugata ; voyez* FEUILLES conjuguées.

FEUILLES tripinnées, *folia tripinnata* vel *triplicatò pinnata, pl. IX, fig. 21.* Les feuilles surcomposées sont tripinnées ou trois fois ailées, quand leurs troisièmes pétioles portent des folioles opposées en manière d'ailes, soit qu'elles soient en nombre pair ou en nombre impair.

FEUILLES triternées, *folia triplicatò ternata* vel *triternata, pl. IX, fig. 23.* Les feuilles surcomposées sont appelées triternées, quand leur pétiole général se trifurque ou se divise en trois parties qui se subdivisent chacune en trois autres parties, et qui portent chacune trois folioles sur le même point d'insertion.

FEUILLES trois à trois, *folia trina ; voyez* FEUILLES ternées.

FEUILLES tronquées, *folia truncata ;* celles dont le sommet a l'air d'avoir été coupé à angles droits, ou qui se terminent par une ligne presque transversale.

FEUILLES tubulées, *folia tubulosa, fig. 36, pl. VIII ;* celles qui sont remarquables par un tube, dont le diamètre est fort grand, comme dans l'oignon.

FEUILLES veinées, *folia venosa, pl. VIII, fig. 65 ;* celles sur la superficie desquelles on rencontre des nervures très-sensibles, très-ramifiées, mais qui ne rendent pas la superficie des feuilles ridée par leur enfoncement.

FEUILLES velues, *folia hirsuta* vel *pilosa.* On dit que les feuilles sont velues, *hirsuta ;* hérissées, *hispida ;* barbues, *barbata ;* ciliées, *ciliata ;* soyeuses ou satinées, *sericea ;* tomenteuses, *tomentosa ;*

laineuses ou drapées, *lanata ;* pubescentes, *pubescentia. Voyez* les différentes espèces de poils, *pl. X, fig. 12*; et l'article BORDS velus, pour l'explication de ces figures.

FEUILLES verticales, *folia verticalia,* celles qui sont disposées sur les tiges perpendiculairement à l'horizon.

FEUILLES verticillées, *folia verticillata, folia radiata, pl. X, fig. 19;* celles qui sont disposées autour de la tige, comme les branches d'un parapluie, ou comme les rayons d'une roue : telles sont les feuilles des *gallium.*

FEUILLES visqueuses ou gluantes, *folia viscida* vel *glutinosa ;* celles qui sont enduites d'une humeur épaisse et gluante qui poisse les doigts.

FEUILLES vrillées, *folia cirrhosa, pl. IX, fig. 13, 14;* celles qui se terminent par un ou plusieurs filets tournés en spirale, qu'on nomme VRILLES. *Voyez* ce mot.

FEUILLETÉ, ÉE, *voyez* CHAPEAU, *voyez* TIGE.

FEUILLETS, *laminæ.* On donne le nom de feuillets à ces espèces de lames qui tapissent la surface interne des chapeaux des agarics de Linnæus. Ils sont pour la plupart composés de deux lames appliquées l'une sur l'autre comme dans l'AGARIC oronge, et quelquefois ils sont formés par une seule membrane pliée et repliée en zig-zag comme un surplis; cela se remarque principalement dans l'AGARIC continu : ses feuillets qui se détachent aisément de la chair, peuvent être dépliés comme un éventail que l'on ouvriroit, et l'on ne peut voir, sans le plus grand étonnement, avec quel ménagement, quelle économie cette membrane est employée pour former les demi-feuillets et les parties de feuillets, pour qu'ils soient tous disposés avec la même uniformité.

On ne connoît point encore les véritables fonctions des feuillets; tout ce qu'on sait, c'est qu'ils sont chargés d'une poussière semblable à celle que l'on rencontre sur les anthères de certaines fleurs, et que cette poussière s'en détache avec plus ou moins d'élasticité, et est portée au loin par l'air qui lui sert de véhicule.

On distingue dans les feuillets le nombre, la forme et l'insertion. On dit que les feuillets sont nombreux, *laminæ numerosæ;* rares, *raræ;* qu'ils sont aigus, *acutæ;* obtus, *obtusæ;* arqués, *arcuatæ;* bifides, *bifidæ;* composés de deux lames distinctes, *duplicatæ, pl. VI, fig. 9;* composés d'une seule membrane pliée en zig-zag, *flexuosæ, fig. 10 et 11;* minces, *tenues;* épais, *crassæ;* larges, *latæ, fig. 13;* étroits, *arctæ;* plus ou moins dentés ou crenelés, *dentatæ, fig. 13;* ondés, *undulatæ;* papilionacés, *papilionaceæ, fig. 7;* décurrens, *decurrentes, fig. 8;* continus avec le chapeau ou avec le pédicule, *pileo* vel *pediculo continuæ;* contigus, *contiguæ;* connivens, *conniventes,* &c.

FIBRES, *fibræ.* Il y a dans toutes les parties qui composent les plantes, des vaisseaux destinés à différens usages : ces vaisseaux vus au microscope, paroissent formés par de petits filets extrêmement minces, que l'on nomme fibres ; ce ne sont peut-être que des vaisseaux encore plus fins ; c'est pourquoi l'on emploie assez communément le mot fibre pour le mot vaisseau.

FIBREUX, SE ; ce qui est composé de fibres distinctes : on dit que tel fruit a la chair fibreuse ou filandreuse. On appelle aussi racines fibreuses, celles qui sont menues comme du fil.

FIGURES des plantes, *icones plantarum.* Toutes les plantes, indépendamment des caractères de la fructification qui les distinguent, ont des formes, des couleurs, des manières d'être, dont l'expression est réservée à la peinture seule. On sait que rien n'est plus propre à rendre l'étude de la botanique familière, que l'usage des figures exactes, dont une courte description fait simplement remarquer les détails : la Botanique, dépouillée par-là de cet appareil scientifique qui la rend impraticable, n'est plus cette science dont l'étude, quelque desir que l'on ait de s'y livrer, rebute, ennuie ; mais une science charmante où l'homme trouve un objet de récréation, un sujet de délassement, et une base solide sur laquelle il étaie sa confiance dans l'usage qu'il doit faire des productions du règne végétal pendant le cours de sa vie. *Voyez* HERBIER artificiel, MÉTHODE.

FILETS, *filamenta, pl. IV, fig. 7 D ;* le filet est dans l'étamine, le pédicule qui porte l'anthère ; c'est par les filets que l'essence qui détermine la fécondation, est portée aux anthères ; c'est pourquoi Linnæus compare les fonctions des filets des étamines, à celles des vaisseaux spermatiques de l'animal.

Si le nombre des étamines dans chaque fleur ; si leur proportion comparée avec celle des pistils ou de la corolle, offrent aux Botanistes un grand nombre de caractères très-avantageux, la présence ou l'absence des filets ; leur forme, leur grandeur respective, leur insertion et leur disposition, ne leur sont pas d'un moindre avantage.

FILETS capillaires, *filamenta capillaria* vel *filiformia ;* ceux qui sont alongés, égaux dans toute leur longueur, et qui, par leur finesse, ressemblent à des cheveux ou à du fil.

FILETS coniques, *filamenta conica ;* ceux qui représentent un cône alongé : on les nomme *subulata,* quand ils sont en forme d'alêne ; *cuneiformia,* quand ils sont en forme de coin, &c.

FILETS connivens, *filamenta conniventia ;* ceux qui sont rapprochés, et tellement voisins les uns des autres, qu'on les croiroit réunis ; mais, si on les observe à la loupe, et qu'on les soulève au moyen du stylet, on s'assure qu'ils ne sont que rapprochés, sans qu'il y ait entre eux d'adhérence.

FILETS égaux, *filamenta æqualia ;* ceux qui sont tous de même grandeur, et qui arrivent à la même hauteur.

FILETS géniculés, *filamenta geniculata, pl. IV, fig. 16 ;* ceux qui sont remarquables par une espèce de nœud ou d'articulation qui leur donne la forme d'un chevron brisé.

FILETS inégaux, *filamenta inæqualia ;* ceux qui n'arrivent point tous à la même hauteur, parce qu'ils sont plus courts les uns que les autres. Dans les fleurs des classes *didynamie* et *tétradynamie* du système sexuel, les filets sont inégaux. Il ne faut pas les confondre avec les filets irréguliers.

FILETS insérés sur la corolle, sur le calice, sur le pistil, sur le réceptacle : nous avons déjà dit que l'on reconnoissoit dans les étamines quatre insertions différentes ; 1°. sur la corolle, *filamenta corollæ adnata* vel *inserta, fig. 37, 38, 39, 40, pl. IV ;* 2°. sur le calice, *calici inserta, fig. 43 ;* 3°. sur le pistil ou le germe, *pistilo* vel *germini, fig. 34 ;* et 4°. sur le réceptacle, *receptaculo, fig. 35, 36.*

FILETS irréguliers, *filamenta irregularia, pl. II, fig. 16 ;* ceux qui, dans la même fleur, sont différens en grandeur, en figure et en direction.

FILETS libres, *filamenta libera, pl. IV, fig. 35, 36 ;* ceux qui sont tellement détachés les uns des autres, que l'on n'a besoin ni de la loupe, ni du stylet, pour s'assurer s'ils ne sont pas adhérens entre eux.

FILETS planes, *filamenta plana ;* ceux qui sont élargis et applatis dans leur longueur.

FILETS opposés, *filamenta opposita :* quand on considère l'insertion des étamines dans les crucifères, par exemple, on voit, *fig. 39, pl. II,* qu'elles ont une espèce d'opposition remarquable, sur-tout dans les deux qui sont plus courtes, et qui ont leur point d'insertion, l'une diamétralement opposée à l'autre. Les filets sont aussi dans certains individus opposés aux pétales, ou, pour mieux dire, sont placés un à un et en face de chaque pétale ; dans ce cas, on les nomme *filamenta petalis opposita.* Nous rencontrons communément plusieurs fleurs, de la classe *décandrie* sur-tout, qui ont cinq étamines placées une à une à chaque onglet des pétales, et les cinq autres qui sont insérées une à une alternativement entre les cinq pétales, de manière qu'il y a toujours une étamine opposée à un pétale.

FILETS réunis, *filamenta connata* vel *coalita ;* ceux qui sont adhérens entre eux, qui sont rassemblés et réunis, ou en un seul corps, comme dans les mauves, *pl. IV, fig. 31 ;* ou en deux corps, comme dans les pois, les orobes, les luzernes, *fig. 46, pl. II;* ou en plusieurs corps, comme dans les millepertuis, *fig. 41, pl. IV.* Il ne faut pas confondre dans l'étamine la réunion des anthères avec celle des filets. On considère encore la manière dont ils sont réunis; et l'on dit réunis en faisceaux, réunis en gaine, réunis par le haut, par le bas, &c.

FILETS très-courts, *filamenta brevissima;* très-longs, *filamenta longissima.* Quand on compare la longueur des filets des étamines avec celle de leurs anthères ou avec celle des pistils, ou même avec celle des pétales, on dit qu'ils sont très-courts ou très-longs, s'il y a une disproportion remarquable entre l'une ou l'autre de ces parties.

FILETS velus, *filamenta hirta* vel *tomentosa;* ceux sur la superficie desquels on rencontre un duvet laineux ou tomenteux, ou seulement quelques poils remarquables.

FILIFORME, ES; ce qui est grêle et alongé comme un fil; *voyez* FEUILLES, PÉDICULE, PÉDUNCULE, RACINE, TIGE.

FISTULEUX, SE. On dit qu'une tige est fistuleuse ou tubulée, quand elle est remarquable dans toute sa longueur, par un canal ou un tuyau, dont la surface interne est unie et égale, et qui n'est point l'effet du desséchement, ni d'une perte de substance qui auroit servi de pâture à quelques insectes; ainsi la hampe du *léontodon taraxacum*, Lin. est fistuleuse. Le pédicule du champignon *c, fig. 6, pl. VI,* est fistuleux; mais celui du champignon, *fig. 1, pl. VI,* est creux et non pas fistuleux; il ne faut donc pas confondre la tige fistuleuse avec la tige creuse.

FLÈCHE. *Voyez* FEUILLES en fer de.

FLÉTRIES, *voyez* FLEURS.

FLEUR, *voyez* FLEURS.

FLEURISTE; celui qui, par amusement, par goût ou par état, s'occupe de la culture de certaines plantes, dans la vue d'en obtenir les plus belles variétés de fleurs.

FLEURON, *flosculus.* On donne le nom de fleuron à toutes ces petites fleurs monopétales régulières, qui, par leur réunion sur un même réceptacle, forment les fleurs flosculeuses. Les fleurons, *pl. II, fig. 50, et pl. IV, fig. 58,* ont cinq étamines réunies par leurs anthères, *fig. 57,* en une gaine que traverse de part en part un pistil souvent bifurqué, *fig. 59:* leur lymbe est divisé en quatre ou cinq parties égales, et n'est point terminé par un prolongement particulier, comme le demi-fleuron, *fig. 56, 60.*

FLEURS, *flores.* On fut long-temps avant de connoître les véritables fonctions des fleurs; on les regardoit comme une simple parure pour les plantes, et pour nous un sujet d'agrément et de récréation.

Aujourd'hui que la Botanique est éclairée du flambeau d'une physique épurée, il est prouvé que les fleurs sont destinées à contenir les organes de la fructification; que c'est dans les fleurs que s'opère la fécondation, et qu'il n'y a rien dans une fleur qui ne soit fait pour assurer le succès de cette opération. *Voyez* FLEURS complètes. On distingue dans les fleurs, la forme, la disposition et la durée.

FLEURS à étamines ou fleurs apétales, *flores staminei*. Tournefort appelle fleurs à étamines, celles qui n'ont pas de pétales, mais dont les étamines sont apparentes: elles composent la classe XV de sa Méthode.

FLEURS agrégées, *flores aggregati;* celles qui sont formées par la réunion d'un nombre indéterminé de petites fleurs hermaphrodites, *pl. IV*, *fig.* 62, 63, disposées sur un réceptacle commun, mais dont les étamines ne sont point réunies entre elles, comme celles des vrais fleurons qui forment les fleurs composées, *fig.* 58. La fleur de la scabieuse est une fleur agrégée ou faussement composée, comme dit M. de la Marck. Il est essentiel, pour un commençant sur-tout, de s'accoutumer à faire cette distinction. *Voyez* FLEUR composée.

FLEURS alternes, *flores alterni;* celles qui sont disposées sur la tige ou les rameaux, dans le même ordre que les feuilles de la *fig.* 69, *pl. VIII.*

FLEURS androgynes, *voyez* FLEURS monoïques.

FLEURS anomales, *flores anomali;* celles qui sont polypétales, irrégulières, qui sont ordinairement accompagnées d'un nectaire, et qui n'ont pas un légume pour fruit. Les fleurs anomales composent la classe XI de la Méthode de Tournefort, *pl. I*, *fig.* 26, 27, 28.

FLEURS apétales, *voyez* FLEURS à étamines.

FLEURS autumnales, *flores autumnales;* celles qui paroissent en automne.

FLEURS campanulées ou campaniformes, *flores campanulati;* celles dont la corolle d'une seule pièce est plus ou moins évasée, et en forme de cloche, de bassin ou de grelot, *pl. I*, *fig.* 1, 2, 3. Parmi les fleurs que l'on appelle fleurs campanulées, il y en a quelques-unes d'irrégulières; mais il faut observer que celles qui composent la classe Ire de la Méthode de Tournefort, sont monopétales régulières.

FLEURS axillaires, *flores axillares;* celles qui ont leur point d'insertion dans les aisselles des feuilles, c'est-à-dire, dans l'angle que forment les feuilles, en s'unissant aux tiges ou aux rameaux.

FLEURS colorées, *flores colorati*. Nous avons déjà parlé de la couleur des fleurs, page 39: nous avons dit que tant que l'on étoit sûr qu'une culture forcée, un sol étranger n'avoient point altéré la couleur des pétales, on pouvoit employer la couleur comme caractère pour la distinction des espèces : il faut encore que les fleurs soient dans l'état d'épanouissement, parce que la couleur est ordinairement plus ou moins foncée, quand les fleurs sont encore en bouton, et quand elles commencent à se flétrir. Les Fleuristes qui regardent comme espèces particulières toutes les plantes dont les fleurs ont acquis par la culture quelques changemens dans leur couleur, se sont fait une nomenclature, qu'on ne sera peut-être pas fâché de trouver ici. Ils appellent *flos albus* vel *candidus*, celle qui est blanche; *lacteus* vel *eburneus*, celle qui est d'un blanc d'ivoire; *hyalinus*, celle qui est sans couleur et transparente comme du verre; *cinereus* vel *gilvus*, celle qui est d'un gris cendré; *incanus*, *sericeus* vel *argyrocomus*, celle qui est blanchâtre et comme argentée ou satinée; *carneus* vel *incarnatus*, celle qui est de couleur de chair; *roseus*, celle qui est de couleur de rose; *coccineus* vel *puniceus*, celle qui est écarlate; *purpureus*, celle qui est pourpre; *niger*, celle qui est noire; *piceus*, celle qui est d'un noir bleuâtre ou violet; *terreus*, celle qui est de couleur de boue ou de terre; *ferrugineus*, celle qui est de couleur de rouille; *luteus* vel *flavus*, celle qui est jaune; *luridus*, celle qui est d'un jaune pâle; *croceus*, celle qui est d'un jaune foncé; *aurantiacus* vel *crysocomus*, celle qui est d'un jaune orangé; *cœruleus* vel *cyalinus*, celle qui est bleue; *violaceus*, celle qui est violette; *viridis*, celle qui est verte; *glaucus* vel *cœsius*, celle qui est d'un vert pâle et bleuâtre; *prasinus*, celle qui est d'un vert de porreau, &c. Quand les fleurs passent d'une couleur à l'autre par des nuances sensibles, on dit d'une fleur, qu'elle tire sur le blanc, *flos albicans;* sur le jaune, *lutescens;* sur la couleur de chair, *dilutè carneus;* sur le pourpre clair, *dilutè purpureus* vel *purpurascens;* sur le pourpre noirâtre, *atro-purpureus;* qu'elle est d'un bleu clair, *subcœruleus;* d'un bleu noirâtre, *nigro-cœruleus;* quand elle est noirâtre ou plombée, *nigricans* vel *fuscus;* et quand ces couleurs ont un coup-d'œil terne, que le blanc, le jaune, le rouge, le vert, paroissent mêlés d'une teinte noirâtre ou bistrée, si c'est le blanc qui domine, on dit que la fleur est d'un blanc sale, *sordidè albicans;* si c'est le jaune, qu'elle est d'un jaune sale, *sordidè lutescens;* si c'est le rouge, qu'elle est d'un rouge sale, *sordidè purpureus;* si c'est le vert, qu'elle est d'un vert sale, *sordidè virescens*, &c. Quand une fleur n'est pas d'une même couleur, mais qu'on peut y distinguer plusieurs couleurs placées alternativement les unes à côté des autres, comme si elles y eussent été appliquées avec le pinceau, on dit que la fleur est panachée, *flos variegatus.*

FLEURS cariophyllées ou fleurs en œillet, *flores caryophyllati.* On appelle ainsi les fleurs qui sont composées de plusieurs pétales, dont l'onglet est caché dans un calice alongé et d'une seule pièce, et sur les bords duquel les lames des pétales sont disposées en roue, *pl. I, fig. 20, et pl. II, fig. 19, 21.*

FLEURS complètes, *flores completi;* celles qui ont calice, corolle, étamines et pistils; lorsqu'elles sont dépourvues d'une seule de ces parties, elles sont incomplètes, *flores incompleti.* Dans la description d'une fleur incomplète, on doit dire si c'est parce qu'elle manque de calice ou de corolle, qu'elle est incomplète, ou si c'est parce qu'elle n'a pas d'étamines ou de pistils. Quelques Auteurs cependant ne regardent point comme incomplète, une fleur qui manque d'étamines ou de pistils, parce qu'ils n'ont eu aucun égard aux organes sexuels dans la formation de leur systême. La fleur du lys, *pl. IV*, seroit complète, si elle avoit un calice.

FLEURS composées, *flores compositi, pl. I, fig. 29, 30, et pl. II, fig. 52 et 53;* celles qui sont formées par un assemblage de petites fleurs monopétales et hermaphrodites, qui ont cinq étamines réunies par leurs anthères en forme de gaine traversée par un pistil communément bifide, et qui sont toutes disposées sur un réceptacle commun. On divise les fleurs composées, en fleurs flosculeuses, en fleurs sémi-flosculeuses, en fleurs radiées. *Voyez* ces mots. Il ne faut pas confondre les fleurs composées avec les fleurs agrégées. Celles des chardons, des chicorées, des dents de lion, sont des FLEURS composées; celles des scabieuses ne sont que des FLEURS agrégées.

FLEURS dioïques, *flores dioici;* celles qui sont ou mâles, ou femelles, portées séparément sur deux plantes différentes, les fleurs mâles sur une plante, et les fleurs femelles sur une autre plante.

FLEURS doubles, *flores duplices;* celles qui ont acquis par la culture un plus grand nombre de pétales qu'elles n'en devroient avoir naturellement, mais dans lesquelles les organes sexuels subsistent encore en partie, et fournissent quelques graines fécondes. *Voyez* FLEURS pleines.

FLEURS cruciformes, cruciées ou en croix, *flores cruciati* vel *cruciformes. Voyez* COROLLE en croix.

FLEURS droites, *flores erecti;* celles qui ont leur péduncule perpendiculaire à l'horizon, et dont les pétales sont, par leur lymbe, parfaitement horizontaux.

FLEURS en bouquet, *flores thyrsoidei;* celles dont les péduncules branchus, insérés graduellement et par étage sur différens points d'un axe ou péduncule commun et vertical, arrivent à des hauteurs différentes.

FLEURS en cloche, *voyez* FLEURS campanulées.

FLEURS en corymbe, *voyez* CORYMBE.

FLEURS en épi, *flores spicati;* celles qui sont sessiles ou presque sessiles, et qui sont disposées sur un péduncule commun, simple, alongé et droit; mais il faut se rappeler qu'on a dit qu'il falloit distinguer deux sortes d'épi; l'épi proprement dit, et l'épi chatonnier. *Voyez* ÉPI. Lorsque les fleurs en épi sont disposées d'un seul côté seulement, on les nomme *flores spicati secundi.*

FLEURS en grappe, *flores racemosi, pl. X, fig. 7;* celles dont le péduncule commun est toujours dans une direction inclinée ou pendante, et dont les péduncules particuliers sont étagés comme dans le bouquet.

FLEURS en gueule ou labiées, *voyez* COROLLE labiée.

FLEURS en muffle, en masque ou personnées; *voyez* COROLLE en masque. Il seroit intéressant, pour la netteté du langage de la Botanique, d'en retrancher les mots vagues de COROLLE en gueule ou COROLLE labiée, et de COROLLE en muffle, en masque ou personnée: j'aimerois mieux les mots *fleurs irrégulières* à capsule, *fig. 7, 9, pl. I,* au lieu de fleurs personnées ou fleurs en muffle, &c. et fleurs irrégulières à graines nues, *pl. I, fig. 11, 12,* au lieu de fleurs en gueule ou labiées; du moins cela nous laisseroit une idée de la chose dont nous parlons.

FLEURS en niveau, *voyez* CORYMBE.

FLEURS en ombelle, *flores umbellati;* celles dont les péduncules partent tous d'un point commun, d'où ils divergent comme les branches d'un parasol. On les nomme *fleurdelisées,* parce qu'elles ressemblent, en quelque sorte, aux fleurs de lys d'un écusson.

FLEURS en panicule, *flores paniculati;* celles qui sont portées par des péduncules grêles, rameux, disposés pour l'ordinaire avec confusion autour d'un péduncule commun, et qui arrivent à des hauteurs différentes et sans aucune espèce d'ordre.

FLEURS éparses, *flores sparsi;* celles qui sont rares, éloignées et disposées sans aucun ordre autour des tiges et des rameaux.

FLEURS éphémères, *flores ephemeri;* celles qui durent très-peu, ou qui ne durent jamais plus d'un jour.

FLEURS équinoxiales, *flores equinoxiales;* celles qui s'ouvrent constamment à telle ou telle heure, et qui se ferment toujours à la même heure.

FLEURS estivales, *flores æstivales* vel *æstivi;* celles qui paroissent en été.

FLEURS fasciculées, *flores fasciculati;* celles qui sont droites, très-rapprochées, et dont les péduncules sont comme rassemblés en faisceau.

FLEURS femelles, *flores feminei:* les fleurs qui n'ont que des pistils sans étamines, sont appelées par les Botanistes fleurs femelles : c'est toujours dans ces espèces de fleurs que l'on doit chercher le germe du fruit des plantes bisexuelles, et non pas dans les fleurs mâles. Si l'on rencontre sur une même plante des fleurs femelles et des fleurs mâles séparées, ces fleurs sont monoïques ou androgynes. Quand les fleurs mâles et femelles se trouvent séparément sur deux individus, c'est-à-dire, quand les fleurs mâles se trouvent sur une plante, et que les fleurs femelles se trouvent sur une autre plante, comme dans le chanvre, la mercuriale annuelle, l'épinard, elles sont dioïques. *Voyez* PLANTES monoïques, et PLANTES dioïques.

FLEURS fertiles, FLEURS fécondes ou fleurs nouées, *flores fertiles* vel *fecundi ;* celles qui, étant, ou femelles, ou hermaphrodites, rapportent des fruits fécondés, qui pourront produire de nouvelles plantes.

FLEURS flétries, *flores marescentes ;* celles qui restent attachées aux tiges ou aux rameaux, malgré qu'elles aient perdu leur forme et leur couleur.

FLEURS fleurdelisées, *voyez* FLEURS en ombelle.

FLEURS flosculeuses, *flores flosculosi.* Parmi les fleurs composées, celles qu'on nomme fleurs flosculeuses, sont celles qui ne sont composées que de fleurons, *fig. 58, pl. IV, voyez* FLEURONS.

FLEURS glomérulées, *flores glomerulati ;* celles qui sont rassemblées en tête, et qui forment une espèce de boule aux extrémités des tiges. Quand elles sont rassemblées en pelotons le long de la tige, on dit qu'elles sont rassemblées par pelotons, *flores conferti.*

FLEURS hermaphrodites, *flores hermaphroditi.* On appelle fleurs hermaphrodites, toutes les fleurs dans lesquelles on trouve étamines et pistils. La fleur du lys, *pl. IV*, est hermaphrodite : les fleurs de la pédiculaire, *pl. III*, le sont aussi.

On confond assez ordinairement les mots hermaphrodites et androgynes, et on les emploie mal-à-propos comme synonymes. Linnæus leur donne un sens bien différent; il nomme plante androgyne, celle qui porte sur le même pied des fleurs mâles et des fleurs femelles séparément, et non pas celle qui a des organes mâles et femelles réunis dans une même fleur.

FLEURS hivernales, *flores hibernales ;* celles dont l'époque de la floraison arrive ordinairement pendant l'hiver.

FLEURS hybrides, *voyez* FLEURS polygames.

FLEURS incomplètes, *flores incompleti ; voyez* FLEURS complètes.

FLEURS infundibuliformes, *voyez* COROLLE infundibuliforme.

FLEURS labiées ou FLEURS en gueule, *flores labiati ; voyez* COROLLE en gueule et FLEURS en muffle.

FLEURS latérales, *voyez* FLEURS unilatérales.

FLEURS légumineuses, *flores leguminosi* vel *papilionacei ; voyez* COROLLE papilionnacée.

FLEURS liliacées ou FLEURS en lys, *flores liliacei*. On appelle ainsi les fleurs qui sont composées de trois ou de six pétales, ou d'un seul pétale divisé en six, dont la forme approche de celle de la fleur du lys, *pl. IV ;* elles ont ordinairement pour fruit une capsule à trois loges.

FLEURS mâles, *flores masculi* vel *mares*. Les Botanistes appellent fleurs mâles, celles qui ne portent que des étamines et jamais de pistils : les fleurs mâles sont toujours stériles.

FLEURS météoriques, *flores meteorici ;* celles qui n'ont point d'heure déterminée pour s'ouvrir, qui s'ouvrent indifféremment à différens instans de la journée ; selon l'état du ciel, le degré de température de l'air, &c.

FLEURS monoïques ou androgynes, *flores monoici* vel *androgyni ;* celles qui sont mâles et femelles séparées sur le même individu.

FLEURS mutilées, *flores mutilati ;* celles à qui il manque quelques parties nécessaires à la fructification, par causes de maladie.

FLEURS neutres, *flores neutri* vel *eunuchi*. C'est avec raison qu'on nomme fleurs neutres, quantité de fleurs pleines, qui, n'ayant plus les parties essentielles à la fructification, c'est-à-dire, ni étamines, ni pistils, ne peuvent donner de graines fécondes. *Voyez* FLEURS pleines.

FLEURS nouées, *flores fecundi ; voyez* FLEURS fertiles.

FLEURS papilionnacées, *flores papilionacei ; voyez* COROLLE papilionnacée.

FLEURS pédunculées, *flores pedunculati ;* celles qui sont portées par des péduncules.

FLEURS penchées, *flores nutantes* vel *cernui ;* celles dont les péduncules s'éloignent de la ligne verticale, et qui sont un peu inclinées vers la terre.

FLEURS personnées, FLEURS en masque ou en muffle, *flores ringentes ; voyez* COROLLE personnée.

FLEURS pleines, *flores pleni ;* celles qui ne conservent plus aucun organe sexuel, et desquelles on ne peut conséquemment obtenir aucunes semences fécondes ; elles ne sont composées que de pétales formés aux dépens des parties qui étoient destinées à la reproduction de l'espèce. On ne peut multiplier les individus à fleurs pleines, qu'à l'aide des racines et des boutures.

FLEURS prolifères, *flores proliferi.* On obtient quelquefois, par la culture, des fleurs du milieu desquelles s'élève une petite tige, qui porte des feuilles ou une nouvelle fleur : il ne faut pas confondre ces fleurs prolifères avec les fleurs doubles, les fleurs neutres ou fleurs pleines.

FLEURS polygames ou hybrides, *flores polygami* vel *hybridi;* celles qui sont hermaphrodites, et qui sont portées sur un pied qui porte aussi des fleurs mâles ou femelles, ensemble ou séparément.

FLEURS polygames monoïques mâles, *flores polygami monoici mares;* celles qui sont hermaphrodites, et qui sont portées sur un pied qui porte aussi des fleurs mâles.

FLEURS polygames monoïques femelles, *flores polygami monoici feminei;* celles qui sont hermaphrodites, et qui sont portées sur un pied qui porte aussi des fleurs femelles.

FLEURS polygames dioïques mâles, *flores polygami dioici mares;* celles qui sont hermaphrodites sur un individu, et en même temps mâles et hermaphrodites séparées sur un autre individu de la même espèce.

FLEURS polygames dioïques femelles, *flores polygami dioici feminei;* celles qui sont hermaphrodites sur un individu, et en même temps femelles et hermaphrodites séparées sur un autre individu de la même espèce.

FLEURS printannières, *flores verni;* celles qui paroissent au printemps.

FLEURS radicales, *flores radicales;* celles qui partent immédiatement de la racine.

FLEURS radiées, *flores radiati.* Parmi les fleurs composées, celles qu'on nomme radiées, sont celles dont le disque est occupé par des fleurons, *fig. 58, pl. IV,* et la circonférence par des demi-fleurons, *fig. 56, 60, 61.*

FLEURS ramassées, *flores congesti, aggregati;* celles qui sont rassemblées par paquets : quand elles sont disposées deux à deux ou trois à trois sur le même point d'insertion, on les nomme *flores bini, terni, quaterni,* &c.; quand elles sont ramassées en tête, ou disposées aux extrémités des tiges ou des rameaux en espèce d'épi fort court et plus ou moins arrondi, on les appelle *flores capitati* vel *glomerulati.*

FLEURS rares et clair-semées, *flores rari et disseminati;* celles qui sont en petit nombre sur les tiges ou les rameaux, et éloignées les unes des autres.

FLEURS rassemblées, *voyez* FLEURS fasciculées, FLEURS glomérulées, FLEURS verticillées, FLEURS en grappe, FLEURS en bouquet, FLEURS en ombelles, FLEURS en panicule, FLEURS en épi, en corymbe, &c.

FLEURS rosacées ou FLEURS en rose, *flores rosacei, pl. I, fig. 15, 16, et pl. II, fig. 25, 29.* On appelle ainsi les fleurs qui ont cinq pétales égaux et disposés en rond.

FLEURS semi-doubles, *flores semi-duplices ;* celles qui ont un plus grand nombre de pétales qu'elles ne devroient en avoir naturellement, qui conservent néanmoins les organes femelles dans un état presque aussi parfait que si elles étoient simples, et dont les pétales ne sont pas assez multipliés, pour qu'on puisse leur donner le nom de fleurs doubles.

FLEURS semi-flosculeuses, *flores semi-flosculosi.* Les fleurs composées sont appelées fleurs semi-flosculeuses, quand elles ne sont composées que de DEMI-FLEURONS, *pl. IV, fig. 56, 60, 61.*

FLEURS sessiles, *flores sessiles ;* celles qui n'ont pas de pédoncule, et qui reposent immédiatement sur la tige ou les rameaux ; *c'est ce qu'on appelle vulgairement* fleurs sans queue.

FLEURS simples, *flores simplices.* On appelle fleurs simples, les fleurs qui n'ont qu'un nombre de pétales nécessaire, ou plutôt le nombre de pétales naturel à l'espèce. On appelle aussi quelquefois, et seulement par opposition à fleur composée, fleur simple, celle qui vient seule sur un réceptacle.

Les Cultivateurs appellent fleurs simples, celles qui n'ont qu'un très-petit nombre de pétales au-dessus de celui qu'elles devroient avoir naturellement : c'est un degré au-dessous de semi-doubles.

FLEURS solitaires, *flores solitarii ;* celles qui ne viennent qu'une à une sur chaque tige ou sur chaque rameau : la fleur du colchique d'automne, celle de la tulipe, sont des fleurs solitaires.

FLEURS stériles, *flores steriles.* Les fleurs mâles sont stériles de droit ; mais les fleurs femelles et les fleurs hermaphrodites ne le sont jamais que par accident. On a vu à l'article FÉCONDATION, quelle étoit la marche de la nature, pour que les plantes devinssent en état de perpétuer leurs espèces au moyen de leurs graines ; et à l'article CASTRATION, ce qui pouvoit rendre les fleurs stériles.

FLEURS terminales, *flores terminales ;* celles qui sont disposées aux extrémités des tiges ou des rameaux.

FLEURS tropiques, *flores tropicei ;* celles qui s'ouvrent constamment le matin, et qui se ferment le soir.

FLEURS unilatérales, *flores unilaterales* vel *secundi;* celles qui ne sont disposées que sur un côté de la tige seulement; quand elles sont à-peu-près également disposées sur deux côtés opposés de la tige, on dit qu'elles sont latérales, *laterales.*

FLEURS unisexuelles, *flores uni-sexus;* celles qui ne portent que des organes mâles sans organes femelles, c'est-à-dire, des étamines sans pistils; ou des organes femelles sans organes mâles, c'est-à-dire, des pistils sans étamines. Les fleurs monoïques et les dioïques sont des fleurs unisexuelles.

FLEURS verticales, *flores verticales;* celles qui sont dans une situation absolument pendante: telles sont les fleurs du sceau de Salomon.

FLEURS verticillées, *flores verticillati, fig. 5, pl. X;* celles qui sont disposées en anneau ou en couronne autour des tiges ou des rameaux.

FLEXIBLE; ce qui est souple, que l'on plie aisément.

FLORAISON ou FLEURAISON, *efflorescentia;* c'est l'époque à laquelle les plantes portent des fleurs. On dit qu'une fleur est printannière, estivale, automnale ou hivernale, quand elle paroît au printemps, en été, en automne, en hiver, sans que l'époque de sa fleuraison ait été hâtée ou retardée par la culture.

FLORALES, *voyez* FEUILLES.

FLOSCULEUSE; *voyez* COROLLE, FLEURS.

FLOTTANTES, *voyez* FEUILLES.

FLUIDES nécessaires à la végétation. L'air est le premier fluide; c'est lui qui entretient la fluidité et le mouvement des autres liqueurs qui circulent dans les vaisseaux des plantes; c'est lui qui fait monter et descendre la sève, et qui facilite le passage des sucs propres dans des vaisseaux d'une extrême finesse, &c.

FLUTE, *voyez* GREFFE en.

FLUVIATILES, *voyez* PLANTES.

FOIBLE; *voyez* PÉDUNCULE, TIGES.

FOLIAIRE, qui vient sur les feuilles; *voyez* VRILLE.

FOLIATION ou FEUILLAISON, *frondescentia* vel *foliatio;* c'est en général l'époque du premier développement des feuilles d'une plante. Linnæus a observé que les feuilles étoient roulées dans le bouton sous dix formes principales qui déterminoient autant d'espèces de foliation.

FOLIOLES, *foliola, fig.* A, B, C, D, E, *fig. 4, pl. IX.* On donne le nom de folioles aux petites feuilles qui forment la feuille composée, et qui ont leur point d'insertion sur un pétiole qui leur est commun.

On dit les folioles de la feuille du pois, les folioles de la feuille de l'orobe, de la vesce, de la quinte-feuille, &c.

FOLLICULE, *folliculus*; *voyez* COQUE.

FONGOSITÉ, *fongositas*. On appelle fongosité ou substance fongueuse, tout ce qui est d'une consistance molle et élastique, et qui a quelque analogie avec la chair d'un champignon.

FORME, *forma* vel *habitus*. On entend par la forme, la figure extérieure d'un corps quelconque : on dit que tel fruit, telle racine, tel champignon, sont de forme ronde, orbiculaire, ovale, elliptique, alongée, &c. *Voyez* FEUILLES et les figures correspondantes. Dans une description, on manque souvent d'expression pour la forme, il faut avoir recours à des objets de comparaison; c'est pourquoi l'on a fait les mots cunéiforme, cordiforme, panduriforme, lancéolé, palmé, &c.

FOURCHU, UE. On appelle fourchues ou bifurquées, les racines, les tiges, les vrilles, qui sont fendues en deux à leur extrémité, et qui font la fourche. On appelle stygmate fourchu ou bifurqué, celui que la *fig. 49* H, *pl. IV*, représente.

FRANGÉ, ÉE. On dit que les bords d'une feuille, d'un feuillet, d'un pétale, sont frangés, quand ils sont remarquables par des découpures très-fines qui semblent avoir été faites à coups de ciseaux et sans perte de substance.

FRISÉ, ÉE. On dit d'un pétale d'une feuille, des bords du chapeau d'un champignon, qu'ils sont frisés, quand ils sont irrégulièrement ondés et comme crépus. Ce mot s'emploie aussi quelquefois, pour signifier ce qui est roulé en dessus ou en dessous.

FRUCTIFICATION, *fructificatio*; c'est, à proprement parler, l'ensemble des organes destinés à féconder les graines, d'où dépend la reproduction des végétaux. Les principaux organes de la fructification, sont les étamines et les pistils; Linnæus les compare à ceux de la génération des animaux, parce qu'ils remplissent à-peu-près les mêmes fonctions. On peut regarder, dit-il, la corolle, comme le palais où se célèbrent les noces; le calice, comme le lit conjugal; les pétales, comme les nymphes; les filets des étamines, comme les vaisseaux spermatiques; les anthères, comme les testicules; la poussière fécondante, comme la liqueur séminale; le stygmate, comme la vulve; le style, comme le vagin; le germe, comme l'ovaire; le péricarpe, comme l'ovaire fécondé; la graine, comme l'œuf; les organes mâles et femelles réunis dans les fleurs d'une plante, comme les organes de la génération des animaux hermaphrodites; et ces mêmes organes sur des individus séparés, c'est-à-dire, les étamines dans des fleurs, et les pistils dans d'autres fleurs, comme les organes de la génération des animaux qui ne sont point hermaphrodites, et qui s'accouplent pour travailler à la reproduction de leurs semblables.

Dans un très-grand nombre de plantes, il seroit bien difficile de suivre cette ingénieuse comparaison; ou les organes de la fructification ne sont connus qu'en partie, ou ils ne le sont pas du tout. Linnæus, dans son Système sexuel, semble n'avoir rangé dans sa classe XXIV, *cryptogamie*, 1°. les fougères, 2°. les mousses, 3°. les algues, et 4°. les champignons, qu'en attendant qu'on découvrît les vrais organes de la fructification de ces plantes; mais bien des siècles se succéderont encore, avant qu'on en puisse classer un très-grand nombre différemment; il y en a même, dont la fructification sera pour toujours le secret de la Nature, et qui seront toujours des *cryptogames* pour nous. Dans les fougères, par exemple, on ne distingue ni organes mâles, ni organes femelles proprement dits. Ce que l'on regarde comme organes de la fructification dans la plupart de ces plantes, sont de petits globules remplis de poussière et communément rassemblés par paquets : si l'on examine ces paquets au microscope, sur les feuilles de fougères, on voit qu'ils sont formés par un assemblage de petites capsules à deux valves, *fig.* A, *pl. VI* (*organes de la fructification des fougères*); que ces capsules sont bordées d'un ou de plusieurs rangs orbiculaires, entremêlés de paillettes qu'on ne distingue qu'avec peine, et qu'elles varient dans leur forme et leur disposition sur des individus différens; que tantôt elles forment, sur le dos des feuilles, de petits paquets arrondis et épars, *fig.* B, C; tantôt de petits tas informes, *fig.* D; des lignes, *fig.* E, F; tantôt un bourrelet sur le bord des feuilles, *fig.* G; une espèce de cône aux extrémités des tiges, *fig.* H, ou un épi, *fig.* I, ou qu'elles sont différemment situées dans le voisinage des racines.

Dans les mousses, la fructification, quoique plus uniforme, n'est guère mieux déterminée. Dans la plupart de ces plantes, on observe, sur des pédicules assez longs, *fig.* K, L, des espèces d'urnes, *fig.* M, S, tantôt recouvertes d'une coiffe O, P, et tantôt sans coiffe, *fig.* N; et d'autres fois avec des coiffes et sans cupules apparentes : dans un grand nombre de ces plantes, on trouve une poussière séminale, *fig.* *t*, T, qui paroît avoir les mêmes fonctions que celle que portent les anthères des fleurs distinctes, et on a soupçonné, d'après cela, que les mousses avoient des organes mâles et femelles : quelques-uns prétendent que les organes mâles et femelles sont réunis dans chaque urne : d'autres, au contraire, prétendent que ce que l'on regarde comme organe femelle dans l'urne, n'est point destiné à cet usage, puisque l'on n'y rencontre point de fruit; et ils regardent comme organes femelles, de petits boutons écailleux et sessiles, *fig.* Q, R, que l'on apperçoit à la partie inférieure des tiges, lorsqu'on les observe avec attention : d'autres encore croient que les mousses ne se reproduisent qu'au moyen des bourgeons; et au lieu de considérer comme fleurs femelles ces petits boutons écailleux et sessiles dont je viens de parler, ils ne les regardent que comme des bourgeons plus propres que ne seroient les organes sexuels, à assurer le succès de la reproduction de ces plantes. Je croirois difficilement que cette poussière que l'on observe dans les urnes des mousses, ne fût pas réellement une poussière prolifique, et peut-être la graine même. L'existence des bourgeons ne me paroît pas non plus moins admissible: on auroit, pour étayer cette conjecture, que l'époque de la fleuraison de la plupart des mousses arrivant dans la saison la plus rigoureuse de l'année, il pourroit se faire que malgré que la Nature, par une sagesse infinie, les ait pourvues, comme pour servir de remparts à leurs parties délicates, d'espèces de couvertures coriaces et membraneuses, comme le sont les coiffes de toutes les mousses, des froids et des contre-temps de longue durée s'opposant au succès de la fécondation des mousses, elles ne se reproduisissent pas, si le soin de la reproduction n'étoit pas aussi bien confié aux bourgeons qu'aux parties de la fructification de ces plantes.

Dans les algues, il seroit plus difficile encore de donner une juste idée de ce qu'on regarde comme organes de la fructification: ces plantes n'ont pas de véritables urnes comme les mousses; la plupart portent des cupules de différentes formes, *fig.* U, V, X, Y (*organes de la fructification des algues*), *pl. VI.* Quelques-unes, au lieu de cupules, portent des espèces de sachets globuleux; d'autres des tubes plus ou moins longs; d'autres des espèces de plateaux pédiculés, quelquefois ponctués ou rayés, &c. On remarque que ces différentes parties, qu'on regarde comme les fleurs des algues, se trouvent constamment sur tous les individus de même espèce; mais leurs véritables fonctions sont absolument inconnues.

Lorsqu'il s'agit de déterminer ce qu'on entend par organes de la fructification dans les champignons, les mêmes difficultés se présentent: on n'y trouve rien qui ressemble à des étamines ni à des pistils, et ces plantes naissent cependant, vivent, meurent, et se reproduisent dans un ordre commun à tous les individus de la même espèce. Depuis que l'on s'occupe de la Botanique, la manière dont les champignons se reproduisent, a donné lieu à des discussions à l'infini; si l'on se refuse à regarder comme la véritable graine de ces plantes, cette poussière qu'on observe dans presque tous les individus de cette famille, on ne sera pas encore plus avancé. Les champignons, comme je crois l'avoir apperçu, se reproduisent par les semences et par les cayeux, que l'on pourroit regarder plutôt comme des bourgeons; cette poussière que l'on peut observer tous les jours sur la surface externe des feuillets de l'AGARIC comestible, me paroît être sa véritable semence; je la regarde comme la base de ce que les Cultivateurs appellent BLANC de champignon, et je crois que cette poussière venant à être déposée sur des terrains convenables, y produit des champignons d'une espèce semblable à celle qui l'a produite elle-même. *Voyez* l'article BLANC de champignon, POUSSIÈRE fécondante. Si l'on observe avec attention ce que les Maraîchers font journellement lorsqu'ils ensemencent une couche de champignons, la reproduction de ces plantes, par le moyen des graines, s'entendra clairement. Le *blanc de champignon*, cette terre qu'ils enlèvent de dessus d'anciennes couches de champignons, et dont ils couvrent de nouvelles couches préparées pour cet effet, ne nous permet pas de douter que la prodigieuse quantité de champignons qui en résulte, ne soit le produit du développement d'une graine très-fine que cette terre contenoit. Cette graine avoit déjà été échauffée, couvée, pour ainsi dire, et peut-être déjà éclose, par l'ancienne couche sur laquelle elle avoit été déposée; mais il falloit qu'une terre nouvellement préparée, favorisât son accroissement; il est probable que ce moyen n'est pas le seul qu'emploie la Nature; une couche cesseroit de produire des champignons, quand toutes les graines que la terre contenoit seroient développées, si cette espèce de champignon, l'AGARIC COMESTIBLE, ne se reproduisoit aussi par le moyen des bourgeons: on sait au contraire qu'une couche ainsi préparée, donne une quantité prodigieuse de champignons pendant plusieurs années de suite.

FRUIT, *fructus*. On appelle fruit l'ovaire grossi; l'ovaire renferme en abrégé l'œuf de la plante, ou la partie qui sert à multiplier son espèce. Le fruit renferme ce même œuf, c'est-à-dire, la graine dans un état plus parfait. On distingue dans le fruit le péricarpe, c'est-à-dire, ce qui sert d'enveloppe à la graine; le réceptacle, c'est-à-dire, la partie de la plante sur laquelle le fruit repose immédiatement, et à laquelle il est attaché par les vaisseaux d'où il tire sa subsistance, et la graine proprement dite. On distingue huit espèces de fruits, comme on distingue huit espèces de PÉRICARPES; 1°. la CAPSULE; 2°. la COQUE; 3°. la SILIQUE; 4°. la GOUSSE; 5°. le FRUIT à noyau; 6°. le FRUIT à pepin; 7°. la BAIE; et 8°. le CÔNE. On appelle fruits succulens, ceux dont les semences sont renfermées dans une pulpe molle ou une chair remplie de suc comme la plupart des baies. On appelle fruits secs, ceux qui, étant parvenus à leur état de maturité, n'ont point de sucs; telle est la coque, la gousse, la noix, &c. Au mot SEMENCE, nous nous étendrons davantage sur ce qui caractérise la différence respective des fruits.

Les Cultivateurs appellent *fruits coulés*, ceux qui sont avortés; et *fruits noués*, ceux sur lesquels ils fondent l'espoir d'une heureuse récolte, parce que, lorsque la fleur est tombée, ils voient que les fruits grossissent et viennent à bien.

FRUITS à noyau, *drupa*. Dans les fruits de cette espèce, *pl. V*, *fig. 31, 32, 33, 34,* la semence ou l'amande, *fig. 34 A,* est renfermée dans une boîte ligneuse ou osseuse, que l'on appelle noyau. Ce noyau est recouvert d'une pulpe ou enveloppe charnue et plus ou moins succulente, qui lui sert de PÉRICARPE. *Voyez* ce mot.

FRUITS à pepin, *pomum, pl. V, fig. 36, 37.* Les pommes, les poires, les melons, sont des fruits à pepins, composés d'une pulpe charnue et plus ou moins solide, au centre de laquelle on rencontre des loges membraneuses, qui contiennent des semences renfermées dans une tunique propre, membraneuse et coriace. *Voyez* PÉRICARPE.

FULLOMANIE, ou plutôt FULLOTOMIE. Une culture forcée, une surabondance d'engrais, fait souvent naître sur les plantes une prodigi tification; cette espèce de maladie qui rend la plante monstrueuse, l'empêche de donner du fruit, et hâte son dépérissement.

FUSIFORME; ce qui a la forme d'un fuseau; *voyez* PÉDICULE, RACINE.

G

GAINE, *vagina:* on dit que les étamines sont réunies en gaine par leurs anthères dans les fleurs composées, *pl. II, fig. 50, 51, 52, et pl. IV, fig. 28, 57 et 58 A;* qu'elles sont réunies par leurs filets, *pl. IV, fig. 29, 31, 32, 33;* que les feuilles sont terminées par une gaine qui embrasse la tige, *pl. VIII, fig. 70 A:* et l'on appelle aussi quelquefois fruits en gaine, ceux dont la forme approche de celle de la gaine d'un couteau.

GALLE des plantes. On donne ce nom à une espèce de maladie qui attaque les plantes, et dont la piqûre d'un insecte est communément la cause. Les galles de chêne, celles du lierre terrestre, de l'orme, ainsi que ces monstruosités qui naissent sur le rosier sauvage, renferment et nourrissent ordinairement l'animal qui en est la cause, mais dont il est innocent: sa mère, pour donner un asyle sûr à l'œuf duquel il est sorti, l'avoit déposé dans un trou qu'elle avoit pratiqué elle-même et rebouché ensuite, et c'est l'extravasation des sucs du végétal par ce trou, qui produit ces excroissances monstrueuses que l'on nomme galle. *Voyez* EXTRAVASATION.

GÉLATINEUX, SE, qui a la consistance d'une gelée, ou qui ressemble à de la gelée.

GÉMINÉ, ÉE. Les anthères, les feuilles, les bractées sont géminées, quand elles sont portées deux à deux sur un même pétiole, ou quand elles n'ont sur la tige ou les rameaux, qu'un point d'insertion commun.

GÉNÉRATION, *generatio*. L'analogie qu'on trouve entre les organes de la fructification des plantes, et celles de la génération des animaux, fait qu'on emploie quelquefois le mot génération pour le mot FRUCTIFICATION.

GÉNÉRIQUE ; ce qui désigne le genre, ou qui appartient au genre ; *voyez* CARACTÈRES génériques, NOMS génériques.

GENRE des plantes, *genus plantarum ;* c'est un assemblage d'un certain nombre d'espèces de plantes, qui ont toutes un caractère uniforme et commun, établi sur la structure de quelques parties essentielles. Toutes les plantes connues d[illegible], [illegible]eux noms ; [illegible]e premier, qui sert à indiquer le genre de la plante, et qui est commun à toutes les plantes du même genre, est appelé nom générique ; et le second, qui indique l'espèce, s'appelle nom spécifique. La pédiculaire, par exemple, représentée *pl. III,* est appelée *pedicularis,* du nom que lui donnèrent les anciens, parce qu'ils crurent s'appercevoir que cette plante donnoit des poux aux animaux qui en avoient mangé. On a conservé ce nom, et il est devenu générique pour toutes les plantes qu'on a cru devoir rapprocher par la conformité des organes de la fructification. On a nommé celle dont nous donnons la figure *pedicularis* (*palustris*), parce que c'est la seule plante de ce genre qui vienne dans les marais.

Avant que l'on songeât à rapprocher les plantes pour en former des genres, chaque plante n'avoit qu'un nom ; ce nom étoit révéré, parce que, de temps immémorial, l'usage l'avoit adopté, et qu'il étoit devenu le dépôt sacré des découvertes de nos pères. Il n'en est pas de même aujourd'hui ; depuis que, sous le plus léger prétexte, chacun s'est permis de changer les noms des plantes, on a vu naître en Botanique une si grande confusion, que cette science, considérée du côté de son utilité, n'a peut-être, si j'ose le dire, jamais été si loin de son but : si l'on vous parle d'une plante, il faut que vous demandiez si c'est de celle que tel ou tel Auteur a nommée ainsi : car souvent la même plante a été appelée différemment par cent Auteurs différens. Avons-nous donc perdu pour toujours l'espoir d'appeler à notre secours la Botanique, dont la Nature, par une sagesse infinie, a fait la base de la médecine naturelle pour les hommes et les animaux ? Non, il y a lieu de croire que quelques génies supérieurs, amis de l'humanité, nous rétabliront un jour dans nos droits, et qu'en fixant d'une manière irrévocable les noms des plantes, on pourra travailler de concert de tous les coins du monde, à étendre l'empire de cette science, et à la faire servir plus utilement aux différens besoins de la vie, et sur-tout au soulagement des maux qui tendent à en abréger le cours.

GERME, *germen; voyez* EMBRYON, GERMINATION, OVAIRE.

GERMÉE. On dit qu'une graine est germée, quand sa radicule *B*, *fig.* 4, *pl.* V, commence à se montrer.

GERMINATION, *germinatio ;* c'est le premier développement des parties contenues dans la graine du GERME proprement dit, le premier signe de l'accroissement d'une plante. Les *fig.* 4, 5, 6, 7, 8, 9, 10, 11, *pl.* V, représentent différentes germinations; c'est dans cet état du végétal, où l'on voit le mieux que la Nature semble avoir fait un type pour chaque espèce, chaque plante ayant sa marche particulière au moment de la germination de sa graine. Dans la *fig.* 4, on voit la germination de deux grains d'orge; la radicule *B* se montre toujours avant la plumule; quoique la radicule soit déjà fort grande, la plumule reste cachée sous la tunique propre; elle n'est apparente dans cette figure, que parce qu'on a enlevé la tunique propre de la graine qu'elle représente.

GLABRE, ES; ce qui est sans poils; *voyez* PÉDICULE, PÉDUNCULE, SUPERFICIE, FEUILLES, TIGES, &c.

GLADIÉ, ÉE; ce qui a la forme d'une lame d'épée; *voyez* FEUILLES, TIGES.

GLANDES, *glandulæ ;* ce sont de petits corps vésiculeux, qu'on rencontre sur différentes parties des plantes, et particulièrement sur les feuilles, les calices, et aux onglets des pétales: on les regarde comme des organes destinés à quelque sécrétion. Tantôt les glandes ressemblent à des petites vessies, on les nomme *glandulæ vesiculares;* tantôt à des écailles, *squamosæ;* tantôt à des globules, *globulares ;* à des lentilles, *lenticulares ;* à des godets, *cupulares;* à de petites outres, *utriculares*, &c. Quand elles sont portées sur des pieds ou des pédicules, on dit qu'elles sont pédiculées, *stipitatæ* vel *pediculatæ;* quand elles n'ont pas de pieds, on dit qu'elles sont sessiles, *sessiles*.

GLANDULEUX, SE; ce qui est composé de glandes, ou qui est remarquable par quelques glandes; *voyez* FEUILLES, PÉTALES, PÉTIOLES.

GLAUQUE; ce qui est d'un vert blanchâtre et comme farineux.

GLOBULAIRE ou GLOBULEUX, SE; ce qui est composé de globules ou de petits corps arrondis, ou ce qui a une forme sphérique; *voyez* ANTHÈRES, GLANDES, CAPSULE, RACINE, SEMENCES.

GLOMÉRÉES, GLOMÉRULÉES ou CONGLOMÉRÉES. On appelle fleurs glomérées, *flores glomerati*, celles qui sont rassemblées en tête à l'extrémité d'une tige ou d'un péduncule commun.

GLUANT, TE; ce qui est recouvert d'une liqueur visqueuse qui s'attache aux doigts; *voyez* FEUILLES, TIGES.

GODET, *voyez* GLANDES en godet, ou qui ressemblent à des godets.

GOMMES, *gummi ;* ce sont des excrétions qui suintent naturellement par des filtres destinés à cet usage, qui se répandent sur les différentes parties des plantes, qui s'y épaississent avec le temps, se durcissent à l'air, et sont plus ou moins transparentes.

Les gommes diffèrent des résines, en ce qu'elles ne sont pas susceptibles de s'enflammer, et qu'on peut les dissoudre entièrement dans l'eau simple, comme la gomme de cerisier, de prunier.

GOMMES résines, *gummi resinæ;* celles qui sont composées de parties gommeuses et de parties résineuses, qu'on ne peut dissoudre entièrement dans l'eau, et qui ne sont pas non plus entièrement solubles dans l'esprit-de-vin.

GORGE de la corolle, *faux;* c'est l'espace qu'on rencontre entre les parois du lymbe d'une corolle monopétale. On dit que telle fleur a la gorge très-ouverte, et que telle autre a la gorge très-serrée; que l'une est fermée par la réunion de plusieurs écailles, et que l'autre est libre.

GOUSSE ou LÉGUME, *legumen;* c'est la quatrième espèce de péricarpe, c'est-à-dire, la quatrième espèce d'enveloppe propre à certains fruits. La gousse est composée de deux panneaux que l'on nomme vulgairement *cosses;* ils sont unis par deux sutures longitudinales; ils n'ont point de membrane intermédiaire, et les graines ou semences ne sont attachées qu'à une des deux sutures seulement. Les gousses sont le produit des fleurs légumineuses ou papilionnacées (qui dit fleur légumineuse, dit aussi semences renfermées dans une gousse, parce que l'un sous-entend toujours l'autre). Souvent la gousse ressemble beaucoup, par sa forme, à la coque, la seconde espèce de péricarpe, ou à la silique, la troisième espèce; mais pour peu que l'on fasse attention aux différentes dispositions des graines dans ces trois espèces de péricarpe, on ne peut les confondre. On dit que la gousse est arrondie, *legumen subrotundum;* ovale, *ovale;* linéaire, *lineare;* vésiculaire, *vesiculare* vel *inflatum;* gonflée, *turgidum, pl. V, fig. 27;* unie, *lœve;* velue, *hispidum;* cannelée ou striée, *striatum, fig. 28;* contournée, *tortum* vel *contortum, fig. 28;* articulée, *articulatum, fig. 29;* uniloculaire, *uniloculare*, quand elle n'est qu'à une loge, comme sont les légumes de presque toutes les plantes; biloculaire, *biloculare*, quand elle est à deux loges, comme le sont les légumes de l'astragale.

C'est improprement qu'on donne le nom de gousse d'ail aux cayeux qui composent la racine de cette plante.

GOUTTIÈRE. On dit que les pédicules, les péduncules sont creusés en gouttière, *canaliculati*, quand on remarque sur leur longueur d'un bout à l'autre, et d'un seul côté seulement, un enfoncement, un demi-canal ou une espèce de rainure.

GRAINE, *semen.* La graine ou la semence est l'œuf de la plante, le fruit proprement dit, ou la partie du fruit qui sert à multiplier l'espèce. On dit vulgairement un grain de froment, un grain d'orge, pour dire une graine de froment, une graine d'orge. On donne aussi le nom de grains à de petites baies, comme celles qui composent le raisin, la groseille. On dit un grain de raisin, un grain de sureau, un grain de genièvre, un grain de groseille, *acinus*.

GRAMINÉES; c'est ainsi qu'on nomme toutes les espèces de bleds, de chiendents. *Voyez* PLANTES graminées.

GRANDEUR. Il y a des plantes où il est essentiel d'avoir égard à la grandeur respective des parties qui les composent: on regarde si les étamines sont égales ou non, si les pistils sont égaux en grandeur aux étamines, &c. *Voyez* HAUTEUR.

GRAPPE, *racemus;* c'est un assemblage de fleurs ou de fruits disposés par étages sur un péduncule commun, mais pendant, au lieu que le bouquet, *thyrsus,* porte des fleurs disposées par étages sur un péduncule commun, mais droit. On appelle *flores racemosi,* les fleurs qui sont en grappe.

GRAPPE composée, *racemus compositus;* celle qui porte des fleurs, dont les péduncules ne sont nullement divisés.

GRAPPE unilatérale, *racemus unilateralis* vel *secundus;* celle qui porte des fleurs, dont les péduncules propres sont tous insérés du même côté du péduncule commun.

GREFFE. On donne ce nom à la partie d'un arbre que l'on veut enter sur un autre arbre; et l'on comprend aussi quelquefois sous cette dénomination le sujet greffé.

GREFFER ou ENTER, *inserere.* L'art de greffer consiste à substituer aux branches naturelles d'un arbre, celles d'un autre arbre que l'on veut multiplier. Le succès de l'opération de la greffe dépend principalement d'une union intime de l'aubier de la *greffe* avec celui du *sujet;* c'est ainsi qu'on nomme l'arbre qui reçoit la greffe : par cette découverte, une des plus intéressantes qu'on ait jamais faites, le sauvageon le plus abject va devenir l'arbre qui rapportera les fruits les plus beaux et les plus exquis. Cet arbre tout rabougri, que cent fois la cognée a dédaigné d'abattre, sera peut-être un jour celui que vous estimerez le plus, celui à la conservation duquel vous voudrez que l'on veille de plus près.

En moins d'un siècle, on s'est rendu si familier avec l'art de greffer, que je ne sais pas s'il ne seroit pas plus court d'exposer de quelle manière on ne peut greffer sans succès, que de détailler tous les procédés qui réussissent, même à ceux qui cherchent dans la pratique d'une culture routinière, le dédommagement de leurs travaux. Nous ne nous arrêterons donc qu'aux manières de greffer les plus usitées, et dans la vue seulement d'en laisser une idée à ceux qui ne les connoissent pas.

M. Duhamel, dans le premier volume qu'il nous a donné sur la culture des arbres fruitiers, nous a laissé sur l'art de la greffe, des détails on ne peut plus intéressans; c'est avec regret que nous ne les exposons pas dans leur entier; mais, obligés de nous renfermer dans les bornes que nous nous sommes prescrites, nous renvoyons à cet excellent ouvrage ceux qui ne se contenteront pas d'une courte analyse.

« Trois sortes de greffe, dit ce savant Académicien, p. 14, sont » usitées pour les arbres fruitiers; savoir, la *greffe en écusson*, la » *greffe en couronne* et la *greffe en fente*. 1°. On écussonne les jeunes » sujets ou les vieux, mais sur du bois de l'année ou de deux ans au » plus. 2°.... La greffe en couronne se fait sur des sujets qui ont plus » de deux pouces de diamètre, pendant la sève du printemps, lorsque » l'écorce des sujets peut se décoller aisément. 3°. On greffe en fente » des sujets qui sont au moins gros comme le pouce avant le premier » mouvement de la sève.... Pour greffer en fente, on scie horizonta- » lement le sujet *A, B, fig. 4, pl. VII;* on pare la coupe, et on l'unit » sur-tout à l'endroit où l'on veut insérer la greffe: on pose sur le » diamètre de la coupe, le tranchant d'une serpette; et frappant avec » un maillet sur le dos de l'instrument, on fend le sujet verticalement, » et quelquefois en croix: on taille en coin, long d'un pouce ou un » pouce et demi, le gros bout de la greffe, *fig. 5:* on ouvre la fente » du sujet, et l'on y insère le coin de la greffe, de manière que le » *liber* ou l'*aubier* de la greffe réponde exactement au *liber* du sujet, » ou au moins y coïncide en quelques points: on assujettit avec un » petit osier le sujet à l'endroit de l'insertion; on forme ensuite sur la » coupe du sujet et sur l'endroit de l'insertion, une poupée composée » de terre et de bouse de vache, que l'on entoure d'un morceau de » linge.... Pour greffer en couronne, on taille le bas de la greffe, » *fig. 12 L,* en forme de curedent: on scie le sujet: on en unit la » coupe; et, avec un petit coin d'os ou de bois dur, on fait la place » des greffes *L, M, N, O, P,* que l'on insère le plus justement possi- » ble entre l'écorce et le bois du sujet : on place ainsi des greffes » autour de la coupe du sujet, à trois pouces les unes des autres, et » l'on couvre la coupe du sujet de la même façon que les greffes en » fente.... Pour greffer en écusson, on lève la greffe, *fig. 6,* qui n'est » qu'une pièce d'écorce avec un bouton.... Il faut des précautions » pour la détacher, parce qu'il est nécessaire que l'œil ne reste pas » vide du petit filet ligneux qui est attaché par un bout aux couches » ligneuses de la branche, et de l'autre s'étend dans le bouton: on » fait à l'écorce du sujet une incision horizontale, *fig. 7 D;* et du » milieu de cette incision, on en abaisse une verticale en forme de T, » ou bien en forme de ⊥, et l'on y place l'écusson, de manière que » sa surface intérieure soit appliquée sur la surface ligneuse du sujet,

» et que son bord supérieur se joigne à la coupe horizontale : on lie » le tout de plusieurs révolutions d'écorce d'osier, ou d'un double » fil de laine ou de coton ». On greffe encore par approche, soit en approchant, comme dans la *fig. 13*, deux branches dont on a enlevé l'écorce du côté où elles doivent se toucher, soit en faisant entrer la greffe dans une entaille faite au sujet, *fig. 14*, ou dans une sorte de mortaise pratiquée dans le sujet, &c. On greffe en flûte ou sifflet, en enlevant un tuyau d'écorce de deux ou trois doigts de long, *fig. 10* I, K, ou Q, *fig. 15*, et en l'ajustant sur une branche du sujet, *fig. 15* R, dépouillée de son écorce : on peut fendre en long les sifflets pour les ajuster mieux. On greffe aussi à l'emporte-pièce, c'est-à-dire, qu'on se sert d'un emporte-pièce pour lever un écusson, *fig. 8, 9*, F, G, que l'on place dans une pareille entaille faite sur le sujet. On greffe encore en coin, *fig. 7* E, en taillant la greffe, comme elle est représentée *fig. 11* H : en fente, *fig. 4* C, comme on feroit la greffe en écusson. On greffe à *œil*, à la *pousse*, à *œil dormant*, sur *franc*, sur *sauvageon*, &c.

GRÊLE, *gracilis*. Ce nom convient à toutes les parties des plantes qui paroissent trop longues et trop déliées pour leur grosseur. On dit qu'une tige est grèle, quand elle est longue et amincie comme celle de la cuscute; que des pétioles, des péduncules sont grèles, quand ils n'ont pas une grosseur proportionnée à leur longueur. On en dit autant des filets des étamines, quand ils sont trop longs pour leur grosseur, et qu'ils ont l'air de fil ou de cheveux.

GRIFFES. On donne ce nom à des espèces de racines, dont la forme approche assez de celle de la patte d'un animal. On appelle ainsi les racines de la renoncule, que l'on cultive comme fleur d'ornement.

GRIMPANT, TE. On donne ce nom aux tiges des plantes qui ne peuvent s'élever qu'en s'accrochant ou en s'entortillant aux corps qui les avoisinent.

GRUMELEUX, SE; ce qui est composé d'une chair cassante, et qu'on peut diviser sans effort par grumeaux.

GUEULE, *voyez* FLEUR en gueule, COROLLE labiée ou en gueule.

GYMNOSPERMIE, *gymnospermia;* c'est le premier ordre qui divise dans le Système sexuel de Linnæus, les plantes de la XIVe classe (la didynamie). Le mot *gymnospermie* est composé de deux mots grecs qui signifient semences nues, parmi les plantes de la classe didynamie. Celles qui ont quatre graines nues au fond du calice, *pl. II, fig. 33*, sont de l'ordre gymnospermie.

GYNANDRIE, *gynandria*, de deux mots grecs qui signifient femme et mari réunis. La gynandrie est la classe XX du Système sexuel; elle renferme les plantes qui ont plusieurs étamines réunies et attachées au pistil, sans adhérer au réceptacle.

H

HAMIPLANTE. On dit que le gratteron est *hamiplante*, parce qu'il s'attache aux habits et aux poils des animaux, au moyen de ses poils rudes qui sont courbés en hameçon.

HAMPE, *scapus*, *pl. X*, *fig. 6*, E, F. La hampe est une espèce de tige herbacée qui n'a pas de feuilles, qui part immédiatement de la racine, et qui est destinée à porter les parties de la fructification, comme dans le pissenlit, le colchique d'automne; c'est un péduncule simple qui ne porte jamais qu'une fleur.

HASTÉ, ÉE; ce qui est en fer de pique; *voyez* FEUILLES.

HAUTEUR. Dans la description d'une plante, il est très-essentiel de faire mention de sa hauteur moyenne. On dit que telle plante est haute d'une ligne, ou de la douzième partie d'un pouce, *planta linearis*; d'un pouce, ou de la douzième partie d'un pied, *pollicaris*; d'une palme, ou de trois pouces environ, *palmaris*; de six à sept pouces, *spithamea*; de neuf pouces ou environ, *dodrentalis*; d'un pied, *pedalis*; de six pieds, *orgialis*, &c. La hauteur ou la grandeur respective des différentes parties qui composent les plantes, n'offre pas moins de secours pour la distinction des genres; elle est même souvent nécessaire dans l'établissement des classes.

HÉLIOTROPES. On appelle plantes héliotropes, celles qui tournent toujours le disque de leurs fleurs du côté du soleil, de manière que, par leur direction, elles le suivent dans son cours.

HEPTANDRIE, *heptandria*; de deux mots grecs qui signifient sept maris. L'heptandrie est la classe VII du Système sexuel; *pl. II*, *fig. 14*. Elle renferme les plantes dont les fleurs ont sept étamines distinctes.

HERBACÉ, ÉE, ou HERBEUX, SE, qui n'a pas plus de solidité que l'herbe; *voyez* TIGE.

HERBES, *herbæ*. Les herbes sont des plantes qui perdent leurs tiges tous les hivers; les unes, que l'on nomme *annuelles*, périssent entièrement tous les ans; d'autres subsistent par leurs racines pendant deux; on les nomme *bisannuelles*; d'autres pendant trois, ou pendant un temps illimité; on nomme celles-ci *trisannuelles* ou *vivaces*. Pour abréger les descriptions, on a imaginé de marquer la durée des plantes par le moyen de certains caractères: la plante annuelle est reconnue pour telle par le caractère ☉ : la plante bisannuelle, par le caractère ♂; et la plante trisannuelle, ou dont la durée est illimitée, par le caractère ♃.

On auroit encore pu faire plusieurs sous-divisions, dans lesquelles on auroit rangé un grand nombre de plantes, qui ne sont ni arbres, ni herbes, comme les champignons, les moisissures, &c. dont la plupart vivent moins d'une année, d'autres ne durent que quelques jours, d'autres que quelques heures, d'autres qu'un moment: mais il vaut mieux spécifier le temps moyen de la durée d'une plante; les sous-divisions et les termes qu'on emploieroit pour en donner l'idée, iroient à l'infini.

HERBE annuelle, *herba annua;* bisannuelle, *bis-annua;* trisannuelle, *tris-annua;* vivace, *perennis.* *Voyez* l'article plus haut, HERBES.

HERBIER, *herbarium.* On distingue de deux sortes d'herbiers; les uns que l'on nomme HERBIERS naturels, parce qu'ils sont composés de plantes desséchées; et les autres que l'on appelle HERBIERS artificiels, parce qu'ils sont composés de dessins, de peintures ou de gravures, coloriés ou non coloriés. *Voyez* le DISCOURS préliminaire.

Comme les plantes ont presque toutes une époque différente pour le temps de leur floraison, et que c'est précisément dans ce moment-là que nous démêlons le mieux, et avec plus de certitude, les caractères qui les distinguent, à peine tout le temps de notre vie suffiroit-il pour apprendre à connoître quelques centaines de plantes, même des plus communes, si nous étions obligés d'aller à la campagne épier le moment où chacune d'elles seroit en fleur; c'est pourquoi nous avons pris le parti de rassembler le plus grand nombre de plantes possible dans des jardins botaniques et dans des herbiers, afin de les avoir plus commodément sous les yeux. Mais de nouvelles difficultés se présentoient encore. Il y a des plantes qu'on n'a jamais pu faire venir dans aucun jardin botanique, quelque soin qu'on ait apporté à leur culture, et d'autres que l'on ne peut conserver en herbier, parce qu'elles ne sont pas susceptibles de dessiccation. On s'est retourné de mille manières pour tâcher de remédier à ces inconvéniens. Les uns ont travaillé à perfectionner l'art de la dessiccation par différens moyens ingénieux; les autres, parmi lesquels nous nous faisons un devoir de placer M. de Saint-Germain, un de ceux qui doivent avoir le plus de droit à la reconnoissance des Amateurs en Botanique, ont eu la patience de modeler sur la nature, et de colorier ensuite les fruits succulens, les champignons et quelques plantes grasses; d'autres ont fait des fleurs artificielles; et quelques-uns même y ont si bien réussi (1), que l'on pouvoit aisément y être trompé; mais combien, hélas! ces chef-d'œuvres de l'art ne sont-ils pas encore éloignés de remplir notre objet! Il étoit réservé à l'art de peindre, de réunir tous ces avantages, et de combler nos vœux; c'est à cet art merveilleux

(1) M. Bulli.

que nous devons ces magnifiques collections de plantes qui ornent les cabinets de nos Rois, de nos Princes et de quelques Amateurs fortunés. Il leur manque encore des choses essentielles, je l'avoue. Il falloit, pour leur donner tout le degré de perfection dont elles étoient *susceptibles* (car la nature se rit des efforts que nous faisons pour l'imiter, et, dans nos chef-d'œuvres même, elle ne voit encore de ses traits qu'une grossière esquisse); il falloit, dis-je, la main d'un Artiste célèbre et l'œil d'un Botaniste attentif, qui sût voir sans contrainte et juger sans partialité. Il falloit que l'art du Peintre marchât d'un pas égal avec celui du Naturaliste; que chaque plante fût accompagnée des détails caractéristiques qui peuvent nous la faire distinguer; qu'elle fût nommée d'après les plus célèbres Botanistes, pour qu'on pût la classer selon leur méthode, leur systême; et, pour ne nous rien laisser à desirer, qu'elle fût accompagnée d'un précis historique, qui nous apprît sur-le-champ tout ce qu'il est important de ne pas ignorer sur le compte d'une plante.

On sait que Jean-Jacques Rousseau aimoit passionnément la Botanique, et qu'il travailloit même à faire dans cette science quelques réformes avantageuses (1). Il s'est long-temps occupé de l'art de la dessiccation des plantes; il nous a laissé plusieurs herbiers de différens *formats*. Parmi les livres rares et précieux qui composent la bibliothèque du savant M. de Malesherbes, on trouve deux petits herbiers de Jean-Jacques, faits avec tout le soin et tout l'art possible; l'un est de *format in*-8°, et ne renferme que des *cryptogames;* et l'autre, de *format in*-4°, est composé de plantes à fleurs distinctes.

M. le Chevalier de Tourmevel ayant appris que j'étois sur le point de faire imprimer cet Ouvrage, a bien voulu concourir de la manière la plus obligeante à en augmenter l'utilité, en me communiquant un manuscrit du philosophe Genevois, sur la nécessité d'un herbier, et sur les moyens les plus simples et les plus avantageux en même temps de travailler à s'en faire un.

Jean-Jacques, après avoir montré la nécessité d'un herbier; après s'être élevé contre ces prétendus Botanistes qui ont des herbiers de huit à dix mille plantes étrangères, et qui ne connoissent pas celles qu'ils foulent continuellement aux pieds (2), dit.... « On peut se » faire un très-bon herbier, sans savoir un mot de Botanique: tous » ceux qui se disposent à étudier la Botanique, devroient commencer » par-là. Quand ils auroient desséché un assez bon nombre de plan- » tes, et qu'il ne s'agiroit plus que d'y ajouter les noms, il y a des

---

(1) Je ne sais ce qu'est devenu le projet qu'il avoit de fixer la nomenclature des plantes; il seroit malheureux que cela fût perdu.

(2) Jean-Jacques n'aimoit pas qu'on lui dît que l'on connoissoit des milliers de plantes; il vouloit qu'on en connût peu, mais qu'on les connût bien; *que chacun*, disoit-il, *sache arranger sa botte de foin, et rien de plus*. Il déclamoit sans cesse contre les innovateurs en Botanique.

» gens qui leur rendroient ce service pour de l'argent, ou pour quel-
» que chose d'équivalent; d'ailleurs n'avons-nous pas dans presque
» toutes les villes un peu considérables, des jardins botaniques où
» les plantes sont disposées dans un ordre méthodique, et marquées
» d'une étiquette, sur laquelle leur nom est inscrit? Pour peu que l'on ait
» une idée de la méthode adoptée, et les premières notions de l'A, B, C
» de la Botanique, c'est-à-dire, les premiers élémens de cette science,
» on y trouve les plantes que l'on cherche; on les compare, on en
» prend les noms, et c'en est assez; l'usage fait le reste, et nous rend
» Botanistes. Mais ne comptez guère sur les meilleurs livres de Bo-
» tanique, pour nommer, d'après eux, des plantes que vous ne
» connoîtriez pas: si ces livres ne sont pas accompagnés de bonnes
» figures, ils vous fatigueront sans succès; à chaque pas ils vous
» offriront de nouvelles difficultés, et ne vous apprendront rien....
» Ne vous attendez point à conserver une plante dans tout son éclat:
» celles qui se dessèchent le mieux, perdent encore beaucoup de leur
» fraîcheur.... De tous les moyens employés à la dessiccation des
» plantes le plus simple, celui de la pression, est le préférable pour
» un herbier. Les couleurs peuvent être conservées aussi bien que
» par la dessiccation au sable, et les plantes desséchées y sont moins
» volumineuses et moins fragiles..... Ayez une bonne provision de
» quatre sortes de papiers; 1°. du papier gris épais et peu collé; 2°. du
» papier gris, épais et collé; 3°. du gros papier blanc sur lequel on
» puisse écrire; et 4°. du papier blanc, sur lequel vous fixerez vos
» plantes lorsque la dessiccation sera complète..... Lorsque vous
» voudrez dessécher une plante, il faut la cueillir par un beau temps;
» et, lorsque ses fleurs seront épanouies, laissez-la quelques heures
» se faner à l'air libre.... Dès que ses parties seront amollies, éten-
» dez-la avec soin sur une feuille de papier gris de la première espèce
» dont j'ai parlé; mettez dessous cette feuille une feuille de carton,
» et dessus, douze à quinze doubles de papier de la première espèce;
» mettez le tout entre deux ais de bois ou deux planches bien unies,
» que vous chargerez d'abord médiocrement, et dont vous augmen-
» terez peu à peu la pression, à mesure que la dessiccation s'opérera.
» Il est plus avantageux de se servir de ces petites presses de bro-
» cheuses, parce que l'on serre si peu et autant qu'on le veut: au bout
» d'une heure ou deux, serrez-la davantage, laissez-la ainsi vingt-
» quatre heures au plus; retirez-la ensuite; changez-la de papier,
» et mettez dessous une autre feuille de carton bien sèche, ainsi que
» les feuilles de papier que vous allez mettre dessus; remettez le tout
» en presse; serrez plus que la première fois; laissez ainsi deux jours
» votre plante sans y toucher; changez-la encore une troisième fois
» de papiers, mais prenez du papier gris collé; serrez encore davan-
» tage la presse, et ne mettez dessus que trois ou quatre doubles de

» papiers, ou seulement une feuille de carton dessus et une dessous; » laissez-la ainsi en presse deux ou trois fois vingt-quatre heures : si, » lorsque vous retirerez votre plante, elle ne vous paroît pas assez » privée de son humidité, vous la changerez encore plusieurs fois de » papiers. (Il y a des plantes qu'il suffit de changer deux fois de pa- » piers, et d'autres qu'il faut changer jusqu'à six fois; celles qui sont » de nature aqueuse, exigent qu'on en accélère la dessiccation) ; mais » si, au contraire, les parties qui la composent, ont déjà perdu de » leur flexibilité, il faut la mettre dans une feuille de gros papier » blanc, où on la laissera en presse jusqu'à ce que la dessiccation soit » parfaitement achevée; ce sera alors qu'il faudra songer à assurer » pour long-temps la conservation de votre plante; elle pourra être » employée à la formation de votre herbier; il ne s'agit plus que de » la fixer, de la nommer et de la mettre en place.... Pour garantir » votre herbier des ravages qu'y feroient les insectes, il faut tremper » le papier sur lequel vous voulez fixer vos plantes, dans une forte » dissolution d'alun, le faire bien sécher, et y attacher vos plantes » avec de petites bandelettes de papier que vous collerez avec de la » colle à bouche; c'est avec cette colle que vous pourrez aussi assu- » jettir les organes de la fructification des plantes, lorsque vous aurez » eu la patience de les dessécher à part.... Il seroit bon d'avoir plu- » sieurs échantillons de la même plante, sur-tout si elle est sujette » à varier.... Il faut renfermer vos plantes dans des boîtes de tilleul » que vous étiqueterez; il faut qu'elles soient en un lieu sec, &c. ».

HERBORISER. On étudie la Botanique sur les livres, dans les jardins botaniques, dans les herbiers; mais il est nécessaire d'aller souvent voir les plantes dans les lieux agrestes et variés où la Nature seule prend soin de leur culture; c'est-là que le Botaniste attentif doit profiter des ressources que la Nature lui offre pour la connoître; c'est là qu'il doit ramasser les matériaux de son herbier, et non pas dans les jardins botaniques, où la culture rend souvent les plantes mons- trueuses et contrefaites.

HERBORISATION, *herborisatio;* c'est l'action d'herboriser.

HERBORISTE, *herborarius.* On appelle Herboriste celui qui fait commerce de plantes d'usage en médecine et dans les arts. Je ne sais par quel usage aussi meurtrier que bizarre, le remède est dans d'au- tres mains que celles de celui qui l'ordonne, ou de gens faits pour s'y connoître; n'est-ce pas assez d'avoir la maladie à craindre? Faut-il encore que nous ayons son remède à redouter? Ma plume se refuse à tracer ici les terribles accidens que causent tous les jours, dans les grandes villes sur-tout, l'ignorance et la mauvaise foi des Herboris- tes; si ma voix s'est élevée, c'est parce que moi-même un jour, sans une juste défiance, j'eusse peut-être été une de leurs victimes.

HÉRISSÉ, ÉE; ce qui est recouvert de poils rudes et très-apparens.

HERMAPHRODITE, qui est de deux sexes. La fleur hermaphrodite est celle qui a étamines et pistils.

HEXAGYNIE, *hexagynia*, de deux mots grecs qui signifient six femelles. L'hexagynie est le sixième ordre des classes du Système sexuel de Linnæus: les fleurs qui ont six pistils, sont de l'ordre hexagynie.

HEXANDRIE, *hexandria*, de deux mots grecs qui signifient six maris. L'hexandrie est la classe VI du Système sexuel; elle renferme les plantes dont les fleurs hermaphrodites ont six étamines.

HORIZONTAL, LE; tout ce qui coupe à angles droits une ligne verticale est dans une direction horizontale. *Voyez* CHAPEAU, FEUILLES, RACINES.

HORLOGE de Flore, *horologium Floræ*. Le Botaniste, sans cesse occupé à passer de découvertes en découvertes, observe tout avec la plus grande attention; l'œil fixé sur l'instant de la floraison des plantes, ou, pour mieux dire, sur l'instant de l'épanouissement des fleurs, il remarque qu'il y a des fleurs qui se développent à différens momens de la journée, et il trouve dans cet ordre de floraison, la matière d'une table qu'il appelle *horloge de Flore*, parce que les plantes y sont rangées suivant l'heure à laquelle leurs fleurs sont communément épanouies, quand quelques circonstances ne viennent pas hâter ou retarder cet instant.

HOUPPE. On donne ce nom à un assemblage de poils qui ne paroissent avoir tous qu'un même point d'insertion, et qui s'écartent ensuite. On les appelle ainsi, à cause de leur ressemblance avec des houppes dont on se sert pour poudrer.

HYPOCRATÉRIFORME. Voilà encore un de ces termes qui ne nous laisse qu'une idée vague de l'objet qu'ils désignent; j'aimerois mieux le mot corolle monopétale, tubulée et en soucoupe, cela nous laisseroit au moins une idée des *fig. 5, 6,* représentées *pl. I.*

I

ICOSANDRIE, *icosandria*, de deux mots grecs qui signifient vingt maris. L'icosandrie est la classe XII du Système sexuel de Linnæus; elle renferme les plantes qui ont une vingtaine d'étamines insérées sur le calice.

IMBRIQUÉ ou EMBRIQUÉ, ÉE; *voyez* CALICE, FEUILLES, TIGES.

IMPAIRE; *voyez* FEUILLES ailées avec une impaire ou sans impaire.

IMPARFAIT, TE. On appelle quelquefois fruit imparfait, celui qui est d'une mauvaise venue; graine imparfaite, celle qui n'a pas été fécondée; fleur imparfaite, celle à qui il manque quelque chose d'essentiel à la fructification; mais c'est à tort que quelques Botanistes appellent fleùrs imparfaites, celles dont nous ne pouvons pas distinguer les organes de la fructification.

IMBIBITION, *imbibitio;* c'est la faculté de se charger de l'humidité qui environne. On dit que les plantes se nourrissent en partie par l'imbibition de leurs feuilles.

INCISÉ, ÉE; ce qui a l'air d'avoir été coupé avec des ciseaux.

INCLINÉ, ÉE, *voyez* PÉDUNCULE, TIGE.

INCOMPLET, TE, *voyez* VOLVA, FLEUR.

INDIGÈNES. On appelle plantes indigènes, celles qui sont naturelles ou naturalisées au climat qu'elles habitent.

INDIVIDU, *individuum.* Tout être organisé est un individu. Un arbre, une mousse, sont deux individus du règne végétal, comme un éléphant, une souris, sont deux individus du règne animal.

INÉGAL, LE, INÉGAUX. Lorsqu'on a égard à la grandeur ou à la grosseur respective de certaines parties que l'on compare, on dit qu'elles sont égales, s'il y a entre elles une proportion remarquable; et inégales, s'il y a une disproportion sensible: elles peuvent encore être égales en grosseur, et inégales en hauteur, &c.

INFÉRIEUR, RE, *voyez* COROLLE, EMBRYON, OVAIRE.

INFUNDIBULIFORME, qui a la forme d'un entonnoir; *voyez* COROLLE.

INODORE, qui n'a pas d'odeur, qui est insipide à l'odorat.

INONDÉES. On appelle plantes inondées, celles qui naissent dans l'eau, et qui ne flottent jamais à sa superficie.

INSERTION, *insertio.* Il y a autant d'insertions différentes, qu'il y a de manières dont les parties qui composent les plantes, sont attachées ou insérées sur d'autres parties. *Voyez* FEUILLES, FLEURS alternes, opposées, axillaires, radiées, &c. FILETS insérés sur, opposés; PÉTALES alternes, opposés, &c.

INSIPIDE au goût et à l'odorat; ce qui n'a ni saveur, ni odeur.

INTERRUPTION, *voyez* FEUILLES ailées avec ou sans interruption.

INTERSTICE; c'est l'intervalle ou l'espace qui se trouve entre deux corps que l'on croiroit réunis.

INTUS-SUSCEPTION, *intus-susceptio.* Les végétaux croissent par intus-susception; *voyez* ACCROISSEMENT.

IRRÉGULIER, RE; ce qui n'a pas naturellement une forme symmétrique. *Voyez* COROLLE, PÉTALES, BORDS, FILETS.

J

JARDIN, *hortus.* Un jardin est un terrain enclos où l'on cultive des plantes pour l'agrément ou pour l'utilité, ou pour l'un et l'autre à-la-fois. On appelle JARDIN BOTANIQUE, celui où l'on rassemble avec ordre, avec méthode, des plantes de toute espèce; JARDIN FLEURISTE, celui où l'on ne cultive des plantes que dans la vue d'en obtenir les plus belles variétés de fleurs: JARDIN FRUITIER, celui où l'on ne cultive que des arbres à fruits: JARDIN POTAGER, celui où l'on ne cultive que des légumes: JARDIN DE PROPRETÉ, celui dans lequel il règne un ordre symmétrique, qui en rend la perspective agréable et la promenade commode: JARDIN ANGLOIS OU CHINOIS, celui qui est fait à l'imitation d'une nature agreste, et qui s'éloigne, comme elle, des loix de la symmétrie.

JASPÉ, ÉE. On dit qu'une fleur est jaspée ou bigarrée, quand ses panaches sont courtes, étroites et très-multipliées.

JET, *surculus;* c'est la dernière production d'un arbre ou d'un arbuste; c'est le bourgeon développé. *Voyez* BOURGEON.

L

LABIÉE, *voyez* COROLLE labiée ou COROLLE en gueule, et FLEURS en muffle.

LÂCHE, ES. On dit que les feuilles, les fleurs sont lâches sur la tige ou les rameaux, quand elles sont dispersées et éloignées les unes des autres.

LACINIÉ, ÉE; ce qui est découpé en lanières; *voyez* FEUILLES laciniées.

LACTESCENT, TE, ou LAITEUX, SE, qui donne du lait; *voyez* PLANTE, CHAPEAU, PÉDICULE.

LACUSTRE, qui se plaît dans les lieux marécageux, les étangs; *voyez* PLANTE.

LAINEUX, LANIGÈRE ou LANUGINEUX; ce qui est recouvert de poils qui ressemblent à de la laine ou à un tissu drapé; *voyez* BORDS velus.

LAITEUX, synonyme de LACTESCENT. On dit aussi que les fleurs, les fruits sont d'une couleur laiteuse, quand ils sont blancs comme du lait.

LAME, *lamina;* c'est dans le pétale l'espace occupé entre le limbe et l'onglet; *voyez* LIMBE.

LAMELLÉ, ÉE. On appelle chapeau lamellé, celui qui est garni de feuillets. On appelle aussi chair lamellée, celle qui est composée de lames distinctes, et qui est comme feuilletée.

LANCÉOLÉ, ÉE, qui a la forme d'un fer de lance.

LANGUETTE. On dit que les DEMI-FLEURONS sont des petites fleurs à languettes, parce qu'elles sont terminées par un appendice long et étroit.

LATÉRALE, ES. Les feuilles, les fleurs, les stipules sont latérales, quand elles ont leur point d'insertion sur les côtés de la tige ou des rameaux. Les pédicules, les péduncules sont latéraux par la même raison.

LÉGUME, synonyme de GOUSSE; *voyez* ce mot.

LÉGUMES. On appelle légumes toutes les plantes qui sont d'un usage fréquent pour la cuisine. Les *choux*, les *navets*, les *cardons*, sont de bons légumes.

LÉGUMINEUSES. On appelle fleurs légumineuses, celles qui ont pour fruit une gousse ou un légume.

LENTICULAIRES. On dit des graines, des anthères, des glandes, des feuilles, qu'elles sont lenticulaires, quand leur forme approche de celle d'une lentille.

LÈVRES, *labiæ*. Les fleurs personnées ou les fleurs en masque, imitent un muffle à deux lèvres. Les fleurs labiées ou les fleurs en gueule, ont aussi des divisions auxquelles on donne le nom de lèvres. On distingue la lèvre supérieure de la lèvre inférieure. *Voyez* COROLLE en gueule et COROLLE en masque.

LIBRE; ce qui n'a aucune adhérence avec les corps voisins. *Voyez* FILETS.

LIBER. Ce mot n'est que la traduction latine de ce qu'on appelle en Botanique le LIVRET, *voyez* ce mot; mais quelques Botanistes l'emploient comme synonyme françois.

LIGNEUX, SE; ce qui a la consistance du bois. La tige d'une plante, ses branches, ses racines sont ligneuses, quand elles sont composées de couches concentriques et solides, comme celles qui composent le tronc des arbres, des arbustes. *Voyez* BOIS.

LIGULÉ, ÉE; ce qui est à languette. Les demi-fleurons sont des fleurs ligulées, *flores ligulati.* On appelle aussi feuilles ligulées, *folia linguiformia*, celles qui ont la forme d'une langue d'animal.

LILIACÉES, *voyez* FLEURS.

LIMBE, *limbus;* c'est le bord supérieur de la corolle, qu'elle soit monopétale ou polypétale. On dit qu'un pétale est échancré à son limbe; qu'il n'est velu ou coloré qu'à son limbe; que son limbe est bifide, trifide, tétrafide, pentafide, multifide, &c. quand les bords de la corolle sont fendus en deux, trois, quatre, cinq ou plusieurs parties.

C'est le limbe qui forme dans une corolle monopétale, ce qu'on appelle *évasement* ou *gorge*. Il ne faut pas confondre le limbe avec la LAME; le limbe est le bord supérieur du pétale, *pl. I, fig. 19 A;* la lame, *fig. B*, est l'espace occupé entre le limbe et le tube dans la corolle monopétale; et entre le limbe, *fig. A*, et l'onglet, *fig. C*, dans le pétale.

Je dois cependant faire observer qu'on se sert communément, mais à tort, du mot limbe, pour signifier la partie supérieure de la corolle monopétale; et du mot lame, pour signifier la partie supérieure du pétale proprement dit.

LINÉAIRE; ce qui est étroit et alongé comme un fil ou comme une ligne. *Voyez* PÉDICULE, PÉDUNCULE, PÉTIOLE; *voyez* ce qu'on entend par FEUILLE linéaire.

LISSE, synonyme de glabre; ce qui est sans poils apparens; *voyez* CHAPEAU, SUPERFICIE, TIGE.

LIVRET, *liber;* c'est aux couches les plus intérieures de l'écorce qu'on donne ce nom, parce qu'elles ressemblent, en quelque sorte, aux feuillets d'un livre; elles touchent immédiatement à l'aubier, et tous les ans il s'en détache une ou plusieurs lames, qui, s'unissant à lui, en augmentent d'autant le volume, et concourent ainsi à la formation du bois.

LOBES de la semence; *voyez* COTYLEDONS. On distingue aussi les lobes des feuilles, des pétales; ce sont les parties saillantes qui occupent les intervalles qui se trouvent entre les échancrures. *Voyez* FEUILLES lobées.

LOGES. On appelle loge la cavité d'un fruit, et l'on dit qu'il est uniloculaire, biloculaire, triloculaire, quadriloculaire, quand il a une, deux, trois, quatre loges; et multiloculaire, quand il en a plus de quatre, ou quand elles sont si petites ou si multipliées, qu'on ne peut les compter.

LONG, UE; lorsqu'on est obligé d'avoir égard à la grandeur respective des parties qui composent les plantes, on dit que l'une est plus grande, plus longue ou plus courte que l'autre. *Voyez* FILETS, PÉDICULE, PÉDUNCULE, PÉTIOLE, STYLE.

LOUPES. On appelle ainsi certaines excroissances ligneuses ou charnues, qu'on rencontre sur la tige ou les branches des plantes.

LUISANT, TE; ce qui est comme vernissé.

LUMIÈRE, *lumen;* la lumière est si nécessaire à la végétation, que les plantes qui en sont privées, s'étiolent et périssent presque toujours avant de donner des fruits, ce n'est qu'en privant de lumière les cardons, la chicorée, qu'on les blanchit, et que, par une opération à-peu-près semblable, on obtient du chou ces excroissances monstrueuses qu'on appelle choufleurs.

LUNULÉ, ÉE; ce qui est en forme de croissant; *voyez* FEUILLES lunulées.

LYRÉ, ÉE; ce qui est en forme de lyre; *voyez* FEUILLES lyrées.

M

MACÉRATION, *maceratio.* On fait macérer les plantes, ou quelques-unes des parties qui les composent, en les faisant séjourner quelque temps dans de l'eau, ou dans une liqueur quelconque, avant de les soumettre à quelques épreuves.

MAINS, *voyez* VRILLES.

MALADIE des plantes. Tout ce qui a vie dans la nature, est sujet à des maladies, à la mort. Les loupes, les chancres, les galles, le couronnement, l'étiolement, l'ergot, la nielle, le charbon, la gangrène sèche, &c. sont autant de maladies qui tendent à abréger le cours de la vie des plantes. S'il est intéressant pour le Cultivateur de connoître les maladies des plantes qu'il cultive, il ne l'est pas moins au Botaniste de connoître celles des plantes qu'il observe : une plante prolifère, mutilée, étiolée, lui sembleroit être une autre plante, s'il ne se tenoit en garde et s'il ne savoit jusqu'où peut aller le changement qu'une plante éprouve par un excès de chaleur, de froid, ou par une transition trop subite de l'un à l'autre, et par une infinité d'autres accidens encore.

MÂLES. On appelle fleurs mâles, celles qui sont unisexuelles, et qui n'ont que des étamines sans pistils.

MAMELONNÉ, ÉE; ce qui est recouvert de petits tubercules, ou bien ce qui est remarquable par une protubérance plus ou moins considérable, que l'on pourroit comparer à un mamelon. *Voyez* CHAPEAU, FEUILLES.

MARCOTTE, *circumpositio;* c'est le nom que l'on donne à une branche que l'on couche en terre, et que l'on ne sépare de la plante à qui elle appartient, que quand elle a pris racine.

MARCOTTER, c'est multiplier une plante par le moyen des marcottes.

MARBRÉ, ÉE, se dit des fleurs qui sont panachées irrégulièrement, et dont les panaches sont très-variées.

MARITIME, qui vient dans la mer; *voyez* PLANTE.

MASQUE, *voyez* COROLLE en masque; *voyez* FLEURS en muffle.

MATURATION, *frutescentia;* c'est l'époque à laquelle les fruits sont arrivés à leur degré de maturité. Cette époque est sujette à varier comme celle de la fleuraison.

MEMBRANEUX, SE; ce qui est mince et presque dénué de substance intérieure, ou bien ce qui est composé de plusieurs membranes appliquées les unes sur les autres.

MÉTHODE botanique, *methodus botanica.* On appelle méthode en Botanique, une espèce d'ordre, d'arrangement, où les plantes, d'après certains principes, sont divisées, 1°. par classes, 2°. par ordres, par sections ou par familles, 3°. par genres, et 4°. par espèces, dont on distingue encore les variétés. Les principes qui servent de base aux divisions et aux subdivisions des méthodes, peuvent varier; mais il est nécessaire qu'ils soient fondés sur les parties constantes et apparentes qui peuvent le mieux caractériser les plantes, afin que l'on puisse, à l'aide de ces parties caractéristiques, trouver le nom que les Botanistes s'accordent à donner à celles que l'on desire connoître, et parvenir ensuite à la connoissance de leurs propriétés et de leurs usages; car c'est-là le point essentiel vers lequel nous devons diriger tous nos efforts. *Filum Ariadneum Botanices est systema, sine quo chaos est res herbaria,* dit Linnæus, Phil. Bot. p. 98. En effet, sans le secours d'une méthode, l'étude de la Botanique seroit un vrai chaos; il seroit impossible de se reconnoître dans cette immense quantité d'objets qui s'offrent tout-à-la-fois à nos yeux; nous les verrions toujours confusément, et nos égaremens pourroient même nous devenir funestes.

Depuis que l'on s'occupe de la Botanique, il n'est point de moyens qu'on n'ait employés pour faciliter l'étude de cette science; on a de tout temps reconnu l'utilité des méthodes, mais malheureusement on les a trop multipliées, et l'étude de la Botanique, par les changemens successifs qu'a éprouvés cette science, est devenue très-compliquée et très-difficile.

Quelques Botanistes prétendent que la Nature a suivi une marche progressive dans la formation des êtres, et que l'on ne pourra connoître parfaitement les plantes, que lorsqu'on les aura toutes rassemblées dans l'ordre où elles ont été créées. D'autres au contraire regardent une méthode naturelle, en supposant que la découverte en soit possible, comme étant beaucoup moins propre à faciliter l'étude de la Botanique, que ne seroit une méthode artificielle, et ils pensent qu'il seroit bien plus avantageux de perfectionner une méthode artificielle, et d'en rendre l'usage familier en y ajoutant les figures des plantes, que de chercher à en créer de nouvelles.

La méthode naturelle, *methodus naturalis*, est appelée ainsi, parce qu'elle semble suivre la même marche que la Nature, en rapprochant les plantes qui ont de très-grands rapports, fondés sur la considération de l'ensemble et une espèce d'analogie dans le détail des différentes parties qui les composent. La méthode artificielle, *methodus artificialis*, vel *systema*, au lieu de rapprocher les plantes qui ont les plus grands rapports par leur ensemble, n'emploie pour cela que quelques caractères particuliers, comme la fleur ou le fruit, les étamines, les feuilles même; de-là vient que deux plantes qui, dans une méthode naturelle, seroient très-voisines, peuvent se trouver aux deux extrémités d'une méthode artificielle.

On se plaint que l'on ne met pas assez de simplicité dans les méthodes, et qu'elles sont d'une foible ressource pour quiconque veut se livrer à l'étude des plantes, sur-tout quand on n'est point à portée de suivre les démonstrations qui se font sur la Nature dans des jardins botaniques. J'avoue que les méthodes, même les plus simples, sont encore hérissées de beaucoup de difficultés; tantôt ce qui sert de base fondamentale à une méthode, est une partie sujette à varier; tantôt c'est un caractère, qui, par sa finesse extrême, échappe à l'œil le plus attentif, et quelquefois même à tous les efforts de l'optique réunis; souvent même la présence du fruit est aussi nécessaire que celle de la fleur; mais, comme entre l'état de perfection de ces deux parties essentielles, il n'est pas rare qu'il y ait un espace considérable, examiner l'une sans l'autre, c'est nous plonger dans un abîme d'incertitudes qui nous rebutent, et qui s'opposent aux progrès de notre instruction. N'y aura-t-il donc jamais de méthode botanique exempte de ces rèproches? Non. Le Botaniste a beau mettre toute son attention à profiter des ressources que la Nature lui offre pour simplifier l'art de reconnoître les plantes au moyen de leurs caractères, il y aura toujours de grandes difficultés à surmonter: la Nature a ses loix, mais elle a aussi ses caprices. Celui qui n'a pas déjà dans cette science une certaine expérience, aura toujours besoin d'avoir sous les yeux la Nature à côté du précepte, ou bien il faudra que ce qu'on emploiera pour la lui représenter, puisse faire sur ses sens la même impression qu'elle. En vain on lui décriroit avec la plus grande exactitude ce qu'il desire connoître, ce seroit encore lui cacher l'objet, et ne lui en montrer que l'ombre.

Segnius irritant animos demissa per aures,
Quam quæ sunt oculis subjecta fidelibus. *HORAT.*

Pourquoi sommes-nous si attachés aux Ouvrages de Dillenius, de Tournefort, de Vaillant, de Schœffer, de Haller, d'Œder? c'est parce qu'ils sont les seuls qui aient trouvé le moyen de nous instruire, tout en nous récréant; les seuls qui aient réellement rendu l'étude de la Botanique facile et commode, en nous offrant un objet de comparaison dans une bonne figure de chaque plante qu'ils ont décrite. L'exemple que nous allons donner, après avoir exposé la méthode de Tournefort et le systême sexuel de Linnæus, fera mieux sentir au lecteur l'utilité des méthodes, lorsqu'on les met en pratique, la nature sous les yeux, et leur insuffisance, lorsque nous ne l'avons pas. *Voyez* aussi l'article PRINCIPES de botanique, FIGURES des plantes.

Exposition des principes de la méthode de TOURNEFORT.

TOURNEFORT a divisé en vingt-deux classes toutes les plantes qu'il a décrites; il a séparé les herbes et les sous-arbrisseaux, d'avec les arbres et les arbustes: ses dix-sept premières classes renferment les herbes, et ses classes XVIII, XIX, XX, XXI et XXII, les arbres et les arbustes; il auroit pu ne faire que dix-sept classes, dans chacune desquelles il auroit également séparé les arbres d'avec les herbes; et, si je ne me trompe, sa méthode n'en auroit été que plus facile.

Ce savant Botaniste a pris pour fondement de sa méthode les fleurs, comme étant la partie la plus apparente des plantes, et celle qui pourroit fournir les caractères les plus nombreux et les plus favorables pour les distinguer. Il établit ses classes sur la présence ou sur l'absence de la corolle, sur sa disposition et sur sa régularité ou son irrégularité, comme on va le voir.

PREMIÈRE DIVISION. *Les Herbes, tant annuelles que vivaces.*

Classe I. Les *campaniformes, pl. I, fig. 1, 2, 3.* Herbes à fleurs simples (1),

---

(1) Observez qu'il n'emploie ici le mot de fleur simple, que par opposition à la fleur que l'on nomme fleur composée. *Voyez*, pour l'intelligence de ces mots, FLEURS simples, FLEURS composées.

composées d'un seul pétale régulier, en forme de cloche, de bassin ou de grelot.

Classe II. Les *infundibuliformes, pl. I, fig. 4, 5, 6.* Herbes dont les fleurs sont simples, monopétales, régulières (1), et qui ressemblent, en quelque sorte, à un entonnoir, à une soucoupe ou à un godet (2).

Classe III. Les *personnées*, ou *fleurs en mufle, en masque, fig. 79.* Herbes à fleurs monopétales anomales, irrégulières, dont les semences sont renfermées dans une capsule.

Classe IV. Les *labiées* ou *fleurs en gueule, fig. 11, 12.* Herbes à fleurs simples monopétales irrégulières, et dont les semences, au nombre de quatre, sont toujours nues au fond du calice.

Classe V. Les *crucifères* ou *fleurs en croix, fig. 13, 14.* Fleurs simples polypétales régulières, composées de quatre pétales disposés en croix, et dont le fruit est une silique ou une silicule.

Classe VI. Les *rosacées* ou *fleurs en rose, fig. 15, 16.* Fleurs simples polypétales régulières, composées de cinq ou d'un nombre indéterminé de pétales, disposés en rose.

Classe VII. Les OMBELLIFÈRES, ou *fleurs en ombelle, en parasol, fig. 17.* Fleurs simples polypétales régulières (3), ayant cinq pétales disposés en rose, et pour fruit, deux semences réunies: les fleurs des plantes que renferme cette classe, sont portées par de longs péduncules qui partent d'un centre commun, et divergent comme les rayons d'un parasol.

Classe VIII. Les *cariophyllées* ou *fleurs en œillet, fig. 20.* Fleurs simples polypétales régulières, dont l'onglet est fort long, et a son attache au fond d'un calice alongé et monophylle.

Classe IX. Les *liliacées* ou *fleurs en lys, fig. 21.* Fleurs simples polypétales régulières: elles sont ordinairement composées de trois ou de six pétales, ou d'un seul pétale divisé en six parties; leurs semences sont toujours renfermées dans une capsule à trois loges.

Classe X. Les *papilionnacées* ou *fleurs légumineuses, fig. 22, 23, 24, 25.* Fleurs simples polypétales irrégulières, dont le fruit est une gousse qu'on appelle aussi un légume.

Classe XI. Les *anomales* ou *polypétales anomales proprement dites, fig. 26, 27, 28.* Fleurs simples polypétales irrégulières, d'une forme bizarre.

Classe XII. Les *flosculeuses* ou *fleurs à fleurons, fig. 29.* Fleurs composées (4) de plusieurs petites corolles monopétales que l'on nomme FLEURONS; *voyez* ce mot.

Classe XIII. Les *semi-flosculeuses* ou *fleurs à demi-fleurons, fig. 30.* Fleurs composées de plusieurs petites corolles monopétales en languette, que l'on nomme DEMI-FLEURONS; *voyez* ce mot.

---

(1) Il est bon de prévenir ici le Lecteur, que dans cette classe, il se trouve plusieurs genres de plantes à fleurs irrégulières, comme les *jusquiames*, les *véroniques*.

(2) Je crois que des deux premières classes, il auroit mieux valu n'en faire qu'une.

(3) Il est rare que les fleurs des ombellifères soient régulières; on les nomme *fleurdelisées* pour cela.

(4) Ici le mot *fleur composée* désigne toutes les fleurs qui sont formées de l'agrégation de plusieurs autres fleurs rassemblées dans un calice commun; aussi Tournefort a-t il rangé dans la classe des vraies FLEURS COMPOSÉES, les FLEURS AGRÉGÉES. *Voyez* ces mots.

Classe XIV. Les *radiées* ou *fleurs en soleil, fig. 31*. Fleurs composées de fleurons dans le centre, et de demi-fleurons à la circonférence.

Classe XV. Les *apétales* ou *fleurs à étamines, fig. 32*. Fleurs dont les étamines et les pistils ne sont pas entourés de pétales, ou bien qui sont entourés de parties que Tournefort ne regarde pas comme des pétales, parce qu'elles subsistent après la floraison, et ne sont pas ordinairement colorées comme les pétales des autres fleurs.

Classe XVI. Les *apétales sans fleurs, fig. 33*. De cette classe sont toutes les plantes qui n'ont point de fleurs apparentes, mais seulement des espèces de graines ordinairement disposées sur le dos des feuilles.

Classe XVII. Les *apétales sans fleurs ni graines apparentes, fig. 34*. Tournefort a compris dans cette classe toutes les plantes, dont les organes de la fructification lui étoient absolument inconnus, et où il ne trouvoit rien qui parût destiné à cet usage.

SECONDE DIVISION. *Les Arbres et Arbustes.*

Classe XVIII. *Arbres* ou *arbustes à fleurs apétales, ou à étamines sans pétales, fig. 35*. De cette classe sont tous les arbres, dont les fleurs n'ont pas de pétales, et ne sont pas portées sur des chatons. Les uns portent sur le même individu, la fleur et le fruit ensemble ou séparément, et les autres portent des fleurs sur un pied, et des fruits sur un autre pied de la même espèce.

Classe XIX. *Arbres* ou *arbustes à fleurs apétales amentacées, fig. 36*. De cette classe sont tous les arbres, dont les fleurs n'ont pas de pétales, mais sont disposées sur des chatons; les uns portent sur le même individu fleurs et fruits ensemble ou séparément, et les autres portent des fleurs sur un pied, et des fruits sur un autre.

Classe XX. *Arbres* ou *arbustes à fleurs monopétales campaniformes* ou *infundibuliformes*. De cette classe sont tous les arbres qui ont des fleurs, dont les caractères sont les mêmes qui ont servi de base aux deux premières classes de la méthode pour les herbes.

Classe XXI. *Arbres* ou *arbustes* à *fleurs rosacées*. Cette classe renferme tous les arbres, dont les fleurs ont les mêmes caractères que ceux qui ont été employés pour former la classe VI des herbes, les *rosacées*.

Classe XXII. *Arbres* ou *arbustes* à *fleurs papilionnacées* ou *légumineuses*. Cette dernière classe renferme tous les arbres, dont les fleurs ont les mêmes caractères que ceux des herbes, classe X, les *papilionnacées*.

Si Tournefort eût rangé ses arbres dans ses dix-sept premières classes, avec des divisions cependant, les arbres qui composent la classe XVIIIe et la classe XIXe, auroient été de la quinzième classe; ceux qui composent la classe XXe, auroient été de la première et de la seconde classe; ceux qui composent la classe XXIe, auroient été de la classe VIe, et ceux qui composent la classe XXIIe, auroient été de la classe X[e].

TOURNEFORT, après avoir tiré de la corolle les divisions de ses classes, a cherché dans les fleurs tous les caractères qui pouvoient servir de base à ses sections, que l'on peut regarder comme des classes subalternes; quelquefois il a aussi employé quelques caractères étrangers, quand ceux qu'il avoit tirés de la considération du fruit, ne lui paroissoient pas suffisans, tels que la figure de la corolle, sa disposition, la considération des feuilles même. Il a divisé sa classe Ire en 19 sections; sa classe IIe en 8; sa classe IIIe en 5; sa classe IVe en 4; sa classe V[e] en 19; sa classe VIe en 19; sa classe VIIe en 9; sa classe VIIIe en 2; sa classe IXe en 5; sa classe X[e] en 5; sa classe XIe en 3; sa classe XIIe en 5; sa classe XIIIe en 2;

CLASSE..I. Fig..1. 2 3 A

CL..II. 4 5 6 A B C

CL..III. 7 8 9 B

CL..IV. 10 11 12

CL..V. 13 14

CL..VI. 15 16

CL..VII. 17 18 A B

CL..VIII. 19 20 A B C

CL..IX. 21

CL..X. 22 23 24 25 S

CL..XI. 26 27 28 S

CL..XII. 29 A

CL..XIII. 30

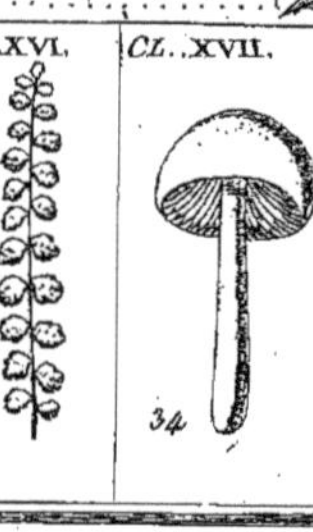

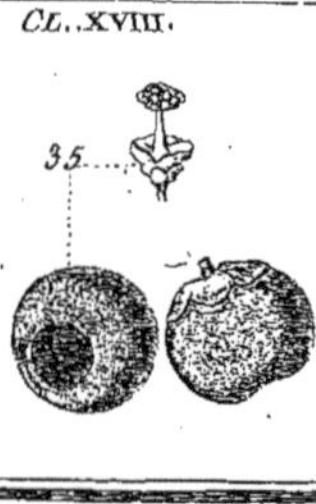

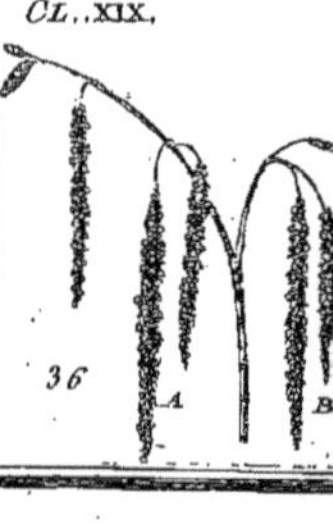

sa classe XIVe en 5; sa classe XVe en 6; sa classe XVIe en 2; sa classe XVIIe en 2; sa classe XVIIIe en 3; sa classe XIXe en 6; sa classe XXe en 7; sa classe XXIe en 9; et sa classe XXIIe en 3; ce qui fait en tout 148 sections pour vingt-deux classes. Chaque section renferme plusieurs genres, et chaque genre n'est lui-même qu'un assemblage de plusieurs espèces, comme on va le voir dans l'exemple ci-après.

Il s'agit maintenant de mettre cette méthode en pratique, et de trouver le nom d'une plante qu'on n'auroit jamais vue. On vous apporte, je suppose, la plante représentée dans la *pl. III* de cet Ouvrage, et l'on vous prie de dire le nom que Tournefort a donné à cette plante dans ses Institutions botaniques: quoique cette plante vous soit absolument inconnue, cela ne vous sera pas absolument difficile; comme l'ouvrage que vous allez prendre pour guide réunit à l'avantage d'être un des plus méthodiques que nous ayons, celui de faciliter considérablement l'intelligence des divisions et des sous-divisions, au moyen des figures que l'Auteur n'a pas cru pouvoir se dispenser d'y ajouter, vous y parviendrez plus facilement qu'avec toute autre méthode.

Vous ouvrez la méthode de Tournefort, et vous voyez qu'il a d'abord séparé les arbres et les arbrisseaux d'avec les herbes: vous vous assurez que la plante que vous avez sous les yeux n'a point la tige ligneuse; qu'elle s'élève peu, et que tout, en un mot, vous porte à croire que c'est une herbe; vous la cherchez donc au rang des herbes, et non pas au rang des arbres; elle ne peut donc être que dans les dix-sept premières classes; vous regardez ensuite si les fleurs ont des pétales; ou si elles n'en ont pas, vous ne balancez point à la mettre au rang des fleurs pétalées, parce que vous êtes certain qu'elle a une corolle: or, elle n'est ni de la XVIIe classe, ni de la XVIe, ni de la XVe; il ne vous reste plus à la chercher que dans les quatorze premières classes; vous examinez si sa fleur est simple ou composée; vous vous décidez à la regarder comme fleur simple, parce que vous ne trouvez qu'une corolle dans chaque calice; alors vous dites, elle n'est ni de la XIVe classe, ni de la XIIIe, ni de la XIIe, qui ne renferment que des fleurs composées: il vous reste encore neuf classes; vous examinez attentivement la corolle, pour vous assurer si elle est d'une seule pièce ou de plusieurs pièces. Comme elle est d'une seule pièce, vous n'avez plus à chercher votre plante, que dans les classes dont les fleurs sont monopétales, et vous la chercheriez en vain dans les classes XI, X, IX, VIII, VII, VI, V, parce que toutes les plantes qui composent ces classes, ont leurs corolles polypétales: il ne vous reste plus que quatre classes; la première et la seconde qui ne renferment que des plantes dont les fleurs sont régulières, et les classes III et IV qui ne renferment que des fleurs irrégulières; si-tôt que vous vous serez assuré que les fleurs de votre plante ne sont pas monopétales régulières, vous dites: elles ne peuvent être que de la troisième ou de la quatrième classe; mais voyons maintenant en quoi diffèrent les fleurs qui composent ces deux classes, puisqu'elles sont dans la troisième classe comme dans la quatrième, monopétales irrégulières: ceci pourroit vous embarrasser; mais regardez au fond du calice d'une fleur de votre plante, et voyez si elle a les graines nues comme dans la *fig. 10, pl. I;* ou bien si vous voyez dans le fond du calice une espèce de capsule, *fig. C et D, pl. III.* Si-tôt que vous serez assuré que c'est une capsule, votre plante est de la classe III de la méthode de Tournefort; elle est au rang de celles qui ont des *fleurs personnées*, que l'on nomme aussi *fleurs en masque* ou *en mufle.* Vous voilà donc arrivé avec certitude à la classe de votre plante; il faut actuellement en trouver la *section*, le *genre* et l'*espèce*, avant que de pouvoir vous assurer du nom. Cette classe est divisée en cinq sections. La première a pour titre : *de herbis flore monopetalo anomalo aurito* vel *cuculato*, c'est-à-dire, qu'elle ne renferme que des herbes à fleurs monopétales-anomales, en forme d'oreille ou de capuchon; cela ne convient point à votre plante. La seconde section a pour titre : *de herbis flore monopetalo anomalo tubulato, in linguam desinente*, c'est-à-dire, dont les fleurs monopétales-anomales sont terminées en languettes; cela ne lui convient pas encore. La troisième section a pour titre: *de herbis flore monopetalo anomalo utrimque patente*, c'est-à-dire, dont la corolle monopétale-anomale est ouverte ou élargie par les deux bouts; ce n'est pas encore cela. La quatrième section enfin, qui a pour titre : *de herbis flore monopetalo anomalo, tubulato, personato*, et qui renferme toutes les plantes dont les fleurs sont monopétales-anomales, tubulées, personnées, c'est-à-dire, terminées à leur limbe par un mufle à deux lèvres, est la section où doit se trouver votre plante, et où elle se trouve effectivement. Cette section est divisée en neuf genres qui, à la vérité, ne sont pas faciles à déterminer; mais, en les lisant avec attention, ayant toujours soin de comparer les caractères de votre plante avec ceux des genres décrits dans cet ouvrage, et avec les gravures qui y correspondent, vous vous déciderez pour le IVe, *pedicularis*, par rapport au *labium superius galeatum* (la lèvre supérieure en casque); mais dans le nombre des espèces qui constituent le genre des pédiculaires, vous trouvez deux phrases qui vous laissent dans l'incertitude; vous ne savez si votre plante est celle que l'on doit appeler *pedicularis pratensis purpurea*, ou bien, *pedicularis rubra elatior*, il faudroit voir les deux espèces; voilà où l'on regrette de n'avoir pas à comparer la nature avec les figures. Je suppose cependant que vous trouviez entre votre plante et cette dernière phrase latine, plus d'analogie qu'avec les premières, vous direz : cette plante est la *pedicularis rubra elatior* de Tournefort; la *pedicularis caule ramoso erecto calycibus bifidis crenatis* de Haller; et la *pedicularis palustris* de Linnæus.

Il est aisé de voir que si, à la méthode de Tournefort, on eût ajouté des figures pour toutes les espèces décrites, cet ouvrage eût été parfait; et par sa grande simplicité, eût été préférable à tout autre.

Exposition du Systême sexuel de Linnœus.

On a donné le nom de Systême sexuel à la méthode de Linnæus, parce qu'elle a pour base les organes sexuels des plantes, c'est-à-dire, les étamines considérées comme organes mâles, et les pistils comme organes femelles. Linnæus a d'abord divisé en vingt-quatre classes les plantes qu'il a décrites. Chaque classe, comme on le verra par la suite, a été subdivisée en plusieurs ordres. Chaque ordre ou chaque section renferme plusieurs genres, et chaque genre plusieurs espèces.

Linnæus n'a point séparé les arbres d'avec les herbes; il a compris toutes les plantes qui ont des fleurs visibles et distinctes, dans les vingt-trois premières classes de sa Méthode; celles dont les fleurs sont à peine visibles, ou qu'on ne voit qu'indistinctement, forment la vingt-quatrième classe.

Première division. *Plantes dont les fleurs sont visibles et distinctes.*

Les 13 premières classes comprennent les plantes dont les fleurs sont hermaphrodites, et dont les étamines sont absolument libres et n'ont entre elles ni proportion, ni disproportion remarquables. Cependant la douzième et la treizième classe, indépendamment du nombre des étamines, exigent aussi que l'on considère leur insertion; ou elles tiennent au calice ou elles n'y tiennent pas.

Classe I. Monandrie, *monandria.* Cette classe renferme les plantes (*arbres* ou *herbes*), qui n'ont qu'une seule étamine, *pl. II, fig. 1.*

Classe II. Diandrie, *diandria,* deux étamines, *fig. 2, 3.*

Classe III. Triandrie, *triandria,* trois étamines, *fig. 4, 5.*

Classe IV. Tétrandrie, *tetrandria,* quatre étamines, *fig. 6, 7.*

Classe V. Pentandrie, *pentandria,* cinq étamines, *fig. 8, 9, 10.*

Classe VI. Hexandrie, *hexandria,* six étamines, *fig. 11, 12, 13.*

Classe VII. Heptandrie, *heptandria,* sept étamines, *fig. 14.*

Classe VIII. Octandrie, *octandria,* huit étamines, *fig. 15, 16.*

Classe IX. Ennéandrie, *enneandria,* neuf étamines, *fig. 17, 18.*

Classe X. Décandrie, *decandria,* dix étamines, *fig. 19, 20, 21.*

Classe XI. Dodécandrie, *dodecandria,* douze étamines, *fig. 22, 23, 24.*

Classe XII. Icosandrie, *icosandria,* plus de douze ou une vingtaine d'étamines insérées sur le calice, *fig. 25 :* on voit mieux l'insertion des étamines dans les *fig. 27, 28.*

Classe XIII. Polyandrie, *polyandria,* plus de douze, ou depuis douze jusqu'à cent étamines, qui ne tiennent point au calice, *fig. 29 :* on voit mieux l'insertion des étamines dans la *fig. 30.*

Dans la quatorzième et la quinzième classe, il faut avoir égard au nombre et à la proportion respective des étamines.

Classe XIV. Didynamie, *didynamia,* quatre étamines, dont deux petites et deux grandes, *fig. 32, 34 :* on peut mieux juger de la grandeur des étamines, *fig. 36; et fig. A, pl. III.*

Classe XV. Tétradynamie, *tetradynamia,* six étamines, dont quatre grandes et (deux petites opposées), *fig. 37, 38 :* on distingue mieux dans la *fig. 39,* la grandeur des étamines, et l'opposition des deux petites.

Dans les classes XVI, XVII, XVIII, XIX et XX, il faut avoir moins d'égard au nombre des étamines, qu'à leur réunion, soit entre elles, par leurs *anthères* ou par leurs *filets*, soit avec le pistil de la fleur à laquelle elles appartiennent.

Classe XVI. MONADELPHIE, *monadelphia*, plusieurs étamines réunies par leurs filets en un corps, *fig. 43 :* on voit mieux cette réunion dans la *fig. 44*.

Classe XVII. DIADELPHIE, *diadelphia*, plusieurs étamines réunies par leurs filets en deux corps, *fig. 45, 48 :* on voit dans la *fig. 46* comment les étamines sont réunies.

Classe XVIII. POLYADELPHIE, *polyadelphia*, plusieurs étamines réunies par leurs filets en trois ou en plusieurs corps *A, B, C, fig. 49*.

Classe XIX. SYNGÉNÉSIE, *syngenesia*, plusieurs étamines réunies par leurs anthères, et quelquefois, mais bien rarement, par leurs filets en forme de cylindre, *fig. 50 A, 51 B*, et *52*.

Classe XX. GYNANDRIE, *gynandria*, plusieurs étamines réunies et attachées au pistil sans adhérer au réceptacle, *fig. 54, 55 AB*.

Dans les classes XXI, XXII, XXIII, les fleurs sont unisexuelles, ou du moins, si elles sont hermaphrodites, elles sont toujours en bien plus petit nombre que celles qui sont d'un seul sexe.

Classe XXI. MONŒCIE, *monœcia*, fleurs mâles, *fig. 56, 57*, et femelles, *58*, séparées sur le même individu.

Classe XXII. DIŒCIE, *diœcia*, fleurs mâles, *fig. 60 A, B*; et fleurs femelles, *fig. 59, 61*, séparées sur deux individus; les fleurs mâles sur un pied, et les fleurs femelles sur un autre.

Classe XXIII. POLYGAMIE, *polygamia*, fleurs mâles et femelles, *fig. 62, 63*, sur un ou sur plusieurs individus qui portent aussi des fleurs hermaphrodites, *fig. 64*.

La classe XXIV renferme les plantes dont les fleurs sont indistinctes.

Classe XXIV. CRYPTOGAMIE, *cryptogamia*, fleurs cachées que l'on ne voit point quelques efforts que l'on fasse, ou que l'on ne voit que très-indistinctement, *fig. 65, 66*.

On trouve aussi à la suite de ces vingt-quatre classes, une espèce d'*appendix*, où l'Auteur range quelques plantes dont il n'a pu suffisamment déterminer les caractères.

Les classes ne sont que les premières divisions du Systême, voyons maintenant comment l'Auteur s'y est pris pour diviser ses classes, et sur quoi il a fondé ses principes de divisions.

Les treize premières classes du système sexuel ont leurs *ordres* ou *sections*, fondés sur le nombre des pistils; ainsi une plante qui sera de la classe PENTANDRIE, parce que ses fleurs ont cinq étamines, sera du premier ordre, *monogynie*, si elle n'a qu'un pistil; elle sera du IIe ordre, *digynie*, si elle en a deux; du IIIe ordre, *trigynie*, si elle en a trois; du IVe ordre, *tétragynie*, si elle en a quatre; du Ve ordre, *pentagynie*, si elle en a cinq; du VIe ordre, *hexagynie*, si elle en a six; et du VIIe ordre, *polygynie*, si elle a plus de six pistils ou si elle en a un nombre indéterminé; ainsi la fleur dont le calice est représenté *fig. 28, pl. II*, est de la classe ICOSANDRIE et de l'ordre *monogynie :* la fleur représentée *fig. 22*, est de la classe DODÉCANDRIE, et de l'ordre *trigynie*, on voit ses trois pistils *R*. La fleur représentée dans la *fig. 29*, est de la classe POLYANDRIE, comme on le voit par la situation de ses étamines, *fig. 30*, et de l'ordre *polygynie*, *fig. 31*, parce que, lorsque l'on ne peut pas déterminer le nombre des pistils par celui des styles, on compte les stigmates.

SYSTEME SEXUEL DE LINNÆUS

PL..

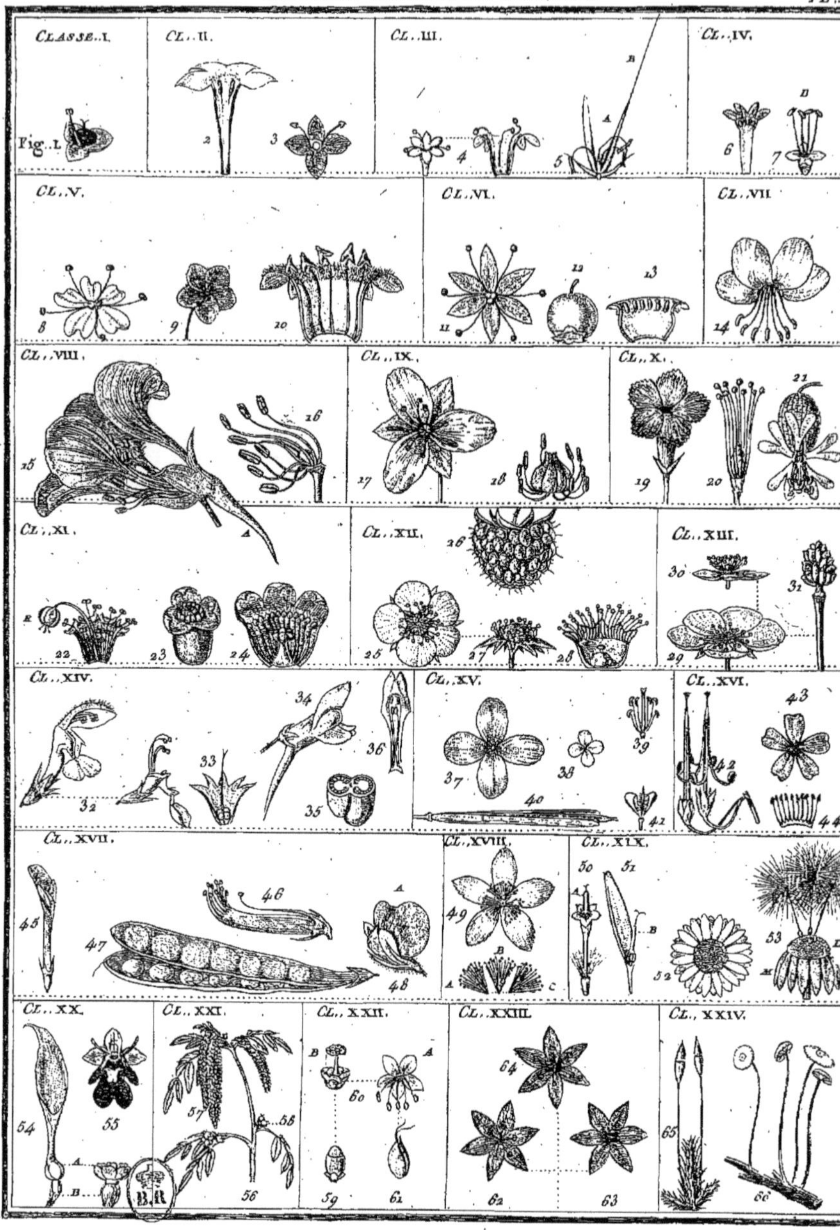

La quatorzième classe, la **DIDYNAMIE**, est divisée en deux ordres très-naturels et très-aisés à déterminer. Ou les graines sont nues au fond du calice, comme dans la *fig. 33;* ou elles sont renfermées dans une capsule, comme dans la *fig. 35:* or, toutes les fleurs qui sont de la classe *didynamie*, sont de l'ordre *gymnospermie*, quand les graines sont comme dans la *fig. 33;* et elles sont de l'ordre *angyospermie*, quand elles sont renfermées dans une capsule, comme dans la *fig. 35*, ou bien comme dans les *fig. B, C, D, pl. III.*

La quinzième classe, la **TÉTRADYNAMIE**, est aussi divisée en deux ordres assez naturels, mais bien moins tranchans; ou les graines des plantes qui composent cette classe, sont renfermées dans une silicule, *fig. 41*, ou bien elles sont renfermées dans une silique, *fig. 40;* toutes les fleurs qui seront reconnues pour être de la classe **TÉTRADYNAMIE** seront de l'ordre *siliculeuses*, lorsque leur fruit sera une silicule, *fig. 41;* et elles seront de l'ordre *siliqueuses*, lorsque le fruit sera reconnu pour être une *silique*, *fig. 40. Voyez* les mots **SILICULE** et **SILIQUE**.

Tous les ordres des classes suivantes, excepté ceux de la **SYNGÉNÉSIE** et de la **CRYPTOGAMIE**, sont fondés sur les caractères classiques de toutes les classes qui les précèdent; ainsi la seizième classe, la **MONADELPHIE**, est divisée en *pentandrie*, en (*décandrie*, *fig. 44*), en *polyandrie*, quand les étamines qui sont réunies en un seul corps par leurs filets, sont au nombre de cinq, de dix, ou en très-grand nombre; de même la dix-septième classe, la **DIADELPHIE**, est divisée en *hexandrie*, en *octandrie* (en *décandrie*, *fig. 46*), quand les étamines réunies en deux corps par leurs filets, sont au nombre de six, de huit, de dix. La dix-huitième classe, la **POLYADELPHIE**, est aussi divisée suivant les mêmes principes; elle est ou de l'ordre *pentandrie*, ou de l'ordre *icosandrie*, ou de l'ordre (*polyandrie*, *fig. 49 A, B, C*), quand les étamines réunies en plusieurs corps, sont au nombre de cinq, ou une vingtaine insérées sur le calice, ou bien quand elles sont en très-grand nombre, et qu'elles n'ont leur insertion ni sur le calice, ni sur le pistil. Jusques-là, quand les étamines et les pistils sont très-apparens, la division des classes en sections, ne devient pas bien difficile; mais dans la classe **SYNGÉNÉSIE**, la distinction des ordres est réellement un travail où l'expérience sert plus que le précepte; cette classe qui renferme des fleurs composées de plusieurs autres petites fleurs, est divisée en cinq ordres, 1°. en *polygamie égale*, quand toutes les petites fleurs, qui, par leur agrégation, forment la fleur composée, sont des fleurons hermaphrodites, *fig. 50 et 51, pl. II;* 2°. en *polygamie superflue*, quand le centre des fleurs composées est occupé par des fleurons, *fig. 50, pl. II*, et la circonférence, par des demi-fleurons femelles, *fig. 60, pl. IV;* ce qui revient aux fleurs radiées de Tournefort: 3°. en *polygamie fausse*, quand les fleurons du disque sont hermaphrodites, et que les demi-fleurons qui occupent la circonférence, sont stériles, *fig. 55, pl. IV;* 4°. en *polygamie nécessaire*, quand les fleurons ou les demi-fleurons du disque sont mâles, *fig. 61, pl. IV*, et que ceux de la circonférence sont femelles, *fig. 60;* 5°. en *monogamie*, quand les fleurs, sans être composées de fleurons ni de demi-fleurons, ont leurs étamines réunies en cylindre par leurs anthères, comme on le voit, *pl. I, fig. 26, S.*

La vingtième classe, la **GYNANDRIE**, est divisée en sept ordres, que l'on saisiroit très-facilement, si les étamines étoient plus apparentes, et si le point de leur insertion étoit plus sensible et moins varié; quand les plantes que cette classe renferme ont dans chaque fleur deux étamines réunies au pistil, ou du moins qui ne portent pas immédiatement sur le réceptacle, elles sont de l'ordre *diandrie;* si elles ont trois étamines, elles sont de l'ordre *triandrie;* si elles ont quatre étamines, elles sont de l'ordre *tétrandrie;* si elles en ont cinq, elles sont de l'ordre *pentandrie;* si elles en ont six, de l'ordre *hexandrie;* si elles en ont dix, de l'ordre *décandrie;* et si elles en ont un nombre indéterminé, de l'ordre *polyandrie.*

La vingt-unième classe, la **MONŒCIE**, comme nous l'avons dit plus haut, ne renferme que des plantes, dont le caractère est d'avoir des fleurs unisexuelles (les

30

fleurs mâles séparées des fleurs femelles sur le même individu). Les onze ordres qui divisent cette classe, ne sont pris que dans les caractères que fournissent les fleurs mâles; 1°. quand chaque fleur mâle n'a qu'une étamine, elle est de l'ordre *monandrie;* 2°. quand elle en a deux, elle est de la *diandrie;* 3°. quand elle en a trois, elle est de l'ordre *triandrie;* 4°. si elle en a quatre, elle est de l'ordre *tétrandrie;* 5°. si elle en a cinq, de l'ordre *pentandrie;* 6°. si elle en a six, de l'ordre *hexandrie;* 7°. si elle en a un nombre indéterminé, elle est de l'ordre *polyandrie* (*fig. 56, 57, pl. II*); 8°. si les étamines des fleurs de la classe *monœcie*, étoient réunies en un seul corps, elles seroient de l'ordre *monadelphie;* 9°. si elles étoient réunies en plusieurs corps, elles seroient de l'ordre *polyadelphie;* 10°. si elles étoient réunies par leurs anthères, elles seroient de l'ordre *syngénésie;* 11°. et si les étamines occupoient dans la fleur le lieu qu'occuperoit le pistil si cette fleur étoit hermaphrodite, elle seroit de l'ordre *gynandrie*.

La classe vingt-deuxième, la DIŒCIE, a ses ordres fondés sur les mêmes principes; ils sont pris aussi dans les fleurs mâles; elles sont de l'ordre *diandrie*, quand elles n'ont que deux étamines; de l'ordre *triandrie*, quand elles en ont trois; de l'ordre *tétrandrie*, *pentandrie*, *hexandrie*, *octandrie*, *ennéandrie*, *décandrie*, *icosandrie*, *polyandrie*, quand elles sont au nombre de quatre (cinq, *fig. 60 A*, *pl. II*), six, huit, neuf, dix, une vingtaine insérées sur le calice, ou un nombre indéterminé qui n'ont aucun rapport avec le calice; si les étamines étoient réunies en un seul corps, comme dans la *fig. 60 B*, *pl. II*, elles seroient de l'ordre *monadelphie;* si leurs étamines étoient réunies en gaine par leurs anthères, elles seroient de l'ordre *syngénésie;* si leurs étamines étoient insérées sur le pistil, et non pas sur le calice, ni sur le réceptacle, elles seroient de l'ordre *gynandrie*.

La classe vingt-troisième, la POLYGAMIE, est divisée en trois ordres: le premier est l'ordre *monœcie;* il renferme les plantes, qui, sur le même individu, portent des fleurs hermaphrodites, entremêlées de fleurs mâles et femelles séparées, *pl. II*, *fig. 62, 63, 64*. Le second ordre, *diœcie*, renferme les plantes qui, sur deux individus différens, portent des fleurs unisexuelles et hermaphrodites, c'est-à-dire, des fleurs mâles et des fleurs hermaphrodites séparées sur un individu; et des fleurs femelles avec des fleurs hermaphrodites séparées sur un autre individu de la même espèce. Le troisième ordre, *triœcie*, renferme les plantes qui, sur trois individus de la même espèce, portent sur l'un des fleurs hermaphrodites, sur l'autre des fleurs mâles, et sur l'autre des fleurs femelles.

La vingt-quatrième classe enfin, la CRYPTOGAMIE, a été partagée en quatre ordres; 1°. les fougères; 2°. les mousses; 3°. les algues; et 4°. les champignons.

Les ORDRES ont été divisés à leur tour en un nombre de *genres* plus ou moins grand. Chaque genre, comme on le verra dans l'exemple ci-après, renferme plusieurs espèces: les caractères des genres sont tirés de la présence ou de l'absence et de la durée même du *calice*, de la *corolle*, du *nectaire*, des *étamines*, des *pistils*, du *péricarpe*, des *semences*, du *réceptacle*, considérés sous quatre attributs principaux; 1°. le nombre; 2°. la forme; 3°. l'insertion; et 4°. la grandeur respective.

Essayons maintenant à mettre en pratique cette méthode ingénieuse, et voyons comment nous allons nous y prendre pour trouver la *classe*, l'*ordre*, le *genre*, l'*espèce* et le *nom* de la plante représentée dans la *pl. III* de cet Ouvrage.

1°. Dans la plante qui se présente, et qui sert ici d'exemple pour mettre en pratique le Système sexuel de Linnæus, vous appercevez des fleurs que vous distinguez aisément; vous voilà déjà assuré que votre plante n'est pas de la vingt-quatrième classe, la *cryptogamie*, qui ne renferme que des plantes qui n'ont pas de fleurs visibles. Vous ouvrez une fleur, et vous voyez qu'elle a étamines et pistils: vous regardez si toutes les fleurs sont de même, et vous dites: toutes les fleurs sont hermaphrodites, conséquemment cette plante n'est ni de la vingt-troisième

LA PEDICULAIRE DES MARAIS. FLOR. FRANC.

Pedicularis paluſtris. *L. S. P. Didynamie. Angyospermie. 845. Cette jolie plante est commune dans les marais, les prés aquatiques, elle fleurit en Juillet Août et Septembre. Sa tige s'éleve d'un pied ou environ, ses fleurs sont axillaires, péduncullées, elles ont un calice ventru, garni de points calleux et divisé en deux lévres dentelées; une corolle monopétale, irréguliere et comprincé; quatre étamines dont deux sont un peu plus courtes, et un pistil. Ses graines sont renfermées dans une capsule qui a la forme d'un bec de perroquet. Ses feuilles sont alternes ailées et finement découpées.*

N. B. La fig. A. représente une fleur ouverte. La fig. B. une capsule coupée en travers. La fig. C. une capsule entiere. La fig. D. le calice divisé en deux et la capsule qu'il renferme.

Les feuilles et les fleurs ont un goût herbacé et nauséeux, les racines ont un peu d'amertume on reconnoit à cette plante quelques propriétés médicinales. Voyez le DISCOURS *sur les plantes médicinales de la France. Les chevaux les bœufs les moutons ne la mangent que lorsquils sont extremement preſsés par la faim, elle leur cause de l'enflure et du dégoût; il faut leur donner du son et du sel commun. Voyez le* DISCOURS *sur les plantes vénéneuses.*

classe, ni de la vingt-deuxième, ni de la vingt-unième; vous regardez l'insertion des étamines, et lorsque vous vous êtes assuré qu'elles ne sont point insérées sur le pistil, vous dites: cette plante n'est point de la vingtième classe; vous observez encore vos étamines, pour savoir si elles ne sont point adhérentes entre elles, soit par leurs anthères, soit par leurs filets; et une fois que vous vous êtes assuré qu'elles sont libres, vous concluez que votre plante n'est ni de la dix-neuvième classe, ni de la dix-huitième, ni de la dix-septième, ni de la seizième. Il ne vous reste plus que quinze classes, dans lesquelles vous avez à chercher votre plante: vous comptez vos étamines; vous n'en trouvez que quatre; vous dites: cette plante ne peut être de la quinzième classe; elle ne peut être que de la quatorzième ou de la quatrième, car ce sont les deux seules qui renferment les plantes qui ont quatre étamines: vous faites attention aux caractères par lesquels les fleurs des plantes de la quatorzième classe diffèrent de celles de la quatrième: vous voyez, pag. 115, que pour être de la quatorzième classe, il faut qu'elles aient quatre étamines, dont deux sont plus courtes: vous pourriez être embarrassé ici, parce que, dans les fleurs que vous observez, comme dans beaucoup d'autres de la même classe, il s'en faut bien que la différence de grandeur des étamines soit toujours bien apparente; mais elle l'est assez cependant, dans la plante que vous avez sous les yeux, pour ne pas vous tromper; d'ailleurs la corolle *personnée* vous ramène au but, et vous vous décidez pour la quatorzième classe: vous cherchez dans le *Genera plantarum Linnæi*, la classe XIVe, et vous trouvez que cette classe nombreuse est divisée en deux ordres; que le premier renferme les plantes dont les fleurs ont quatre étamines, dont deux grandes et deux petites, et dont les graines sont nues au fond du calice; et le second, celles qui ont aussi quatre étamines, dont deux grandes et deux petites, mais dont les graines sont renfermées dans une capsule: vous ne tarderez pas à vous décider pour la seconde section, parce que vous appercevez sans peine au fond des calices de votre plante, une capsule et non pas quatre graines nues: vous êtes donc persuadé que votre plante est de la classe XIVe, la DIDYNAMIE, et du second ordre de cette classe, l'ANGIOSPERMIE; mais, dans ce second ordre, sont compris cinquante-huit genres, parmi lesquels il sera bien difficile de trouver celui dont la plante que vous avez sous les yeux, n'est qu'une espèce; quel travail ne vous reste-t-il pas encore à faire? Je sais bien que vous parviendriez sans peine à votre but, si vous étiez aidé dans vos recherches par de bonnes figures bien caractérisées, ou bien si vous pouviez profiter des facilités que vous donneroit un jardin botanique dans lequel votre plante occuperoit la place qu'elle doit occuper dans le Système sexuel; mais, si vous n'avez à votre secours, ni jardin botanique, ni figures, ni herbier, comment vous en tirerez-vous? Vous comparerez peut-être dix fois toutes les descriptions des genres de cette section avec votre plante, avant que de pouvoir vous assurer de celui qui lui appartient. Mais, supposons que vous ayez comparé tous les genres avec assez d'attention et assez d'exactitude, pour ne pas vous être trompé, et que la description du genre des *pedicularis* vous ait paru la seule qui eût pu convenir à votre plante; avant de pouvoir vous flatter de savoir le nom botanique de l'espèce que vous voulez connoître, il faut encore que vous la compariez avec les descriptions de quatorze espèces de ce genre, qui sont décrites dans le *Species plantarum Linnæi:* ici vous trouvez deux points de divisions qui vous sont d'un grand secours, PEDICULARIS * *caule ramoso*, et puis PEDICULARIS ** *caule simplicissimo :* vous regardez la tige de votre plante, elle est rameuse, vous vous décidez pour *caule ramoso;* cette division ne contient que trois espèces, la PEDICULARIS *palustris*, la P. *sylvatica*, et la P. *rostrata;* vous comparez avec attention la description de la PEDICULARIS *palustris;* c'est celle-là qui convient le mieux à votre plante (pedicularis *caule ramoso calicibus calloso punctatis corollis labio obliquis.... habitat in paludibus*), pag. 845, et vous en concluez avec raison, que votre plante est la PEDICULARIS *palustris*, que Linnæus a décrite ainsi.

Nous nous flattions de pouvoir joindre à l'exposition de ces deux méthodes, celle des FAMILLES NATURELLES de M. DE JUSSIEU; mais la publication en ayant été retardée, nous nous réservons d'en donner une table, lorsque ce savant Démonstrateur aura rendu son ouvrage public, dans laquelle table nous indiquerons quelles seront les figures des plantes, parmi celles qui auront paru jusqu'alors dans l'HERBIER DE LA FRANCE, qui seront les plus propres à faciliter l'étude de ces familles: en attendant, il sera d'autant plus avantageux de prendre pour guide une des deux méthodes que nous venons d'exposer, que, outre qu'elles sont sans contredit les meilleures que nous ayons, elles procurent encore l'avantage de préparer à l'intelligence de tous les principes qui pourront désormais servir de base aux méthodes les plus savantes, et particulièrement à la méthode naturelle de M. de Jussieu.

MILLIAIRES. On dit quelquefois qu'une plante a des feuilles milliaires, des écailles milliaires, quand elles sont si fines et en si grand nombre qu'on ne peut les compter. On appelle aussi semences milliaires, glandes milliaires, celles qui sont arrondies, et qui ressemblent à une graine extrêmement fine.

MIMEUSE. Il y a des plantes qui se contractent lorsqu'on les touche; ce mouvement paroît avoir beaucoup de rapports avec l'irritabilité involontaire de certaines parties animales: la *sensitive* est appelée plante mimeuse, parce que ses feuilles se contractent dès qu'on vient à les toucher: les étamines des fleurs de l'*épine-vinette* ont aussi un mouvement de contraction très-sensible.

MOBILE, ES, qui a toujours un mouvement, une oscillation; *voyez* ANTHÈRES.

MOELLE, *medulla*. On peut regarder la moëlle comme la partie la plus essentielle à la plante, puisqu'elle est au végétal, ce que le cœur est à l'animal. Elle est composée d'une substance plus ou moins vasculeuse, qui occupe assez ordinairement le centre du corps ligneux: les parois du conduit ou canal, au travers duquel elle passe depuis l'extrémité des branches les plus fines jusqu'à celles des racines, sont d'une substance ordinairement plus ferme que le reste du bois qui les environne; cette solidité leur est nécessaire pour résister aux pressions des corps étrangers, qui dérangeroient infailliblement cet organe, s'il en souffroit les atteintes. Il a été question d'une enveloppe cellulaire que l'on trouve sous l'épiderme dans l'écorce, et d'un tissu cellulaire ou réticulaire, qui joue un grand rôle dans la composition du bois, et de plusieurs autres parties des plantes: ils sont formés l'un et l'autre par les différentes ramifications de la moëlle qui, traversant de part en part le corps de la tige ou le tronc et ses rameaux, y déposent des sucs nourriciers qui y ont été préparés par des vaisseaux destinés à cet usage.

MONADELPHIE, *monadelphia*, de deux mots grecs qui signifient un frère. La monadelphie est la classe XVIe du Systême sexuel : elle renferme les plantes qui ont plusieurs étamines réunies par leurs filets en un seul corps.

MONANDRIE, *monandria,* de deux mots grecs qui signifient un mari. La monandrie est la classe Ire du Systême sexuel ; elle renferme les plantes qui n'ont qu'une étamine.

MONŒCIE, de deux mots grecs qui signifient une maison. La monœcie est la classe XXIe du Systême sexuel ; elle renferme les plantes qui ont des fleurs mâles et femelles séparément sur le même individu.

MONOGAMIE, *monogamia,* de deux mots grecs qui signifient une noce. La syngénésie, XIXe classe du Systême sexuel, est divisée en cinq sections, la monogamie est la dernière ; elle renferme les plantes dont les fleurs, sans être composées de fleurons ni de demi-fleurons, ont leurs étamines réunies par leurs anthères, *pl. IV, fig. 29.*

MONOGYNIE, *monogynia,* de deux mots grecs qui signifient une femelle. Lorsque l'on a déterminé la classe d'une plante, en se conformant aux principes du Systême sexuel, cette plante est du premier ordre, si elle n'a qu'un pistil. Il y a cependant quelques exceptions à cette règle.

MONOÏQUES. On appelle plantes monoïques, celles qui sont de la classe *monœcie,* c'est-à-dire, qui ont sur le même individu des fleurs mâles et femelles séparées.

MONOPÉTALE. On appelle corolle monopétale, fleur monopétale, celle qui est d'une seule pièce, *pl. I, fig. 1, 2, 3, 4, 5, 6, et pl. II, fig. 10 et 13.* On distingue aussi les fleurs en monopétales régulières, et en monopétales irrégulières ou anomales (c'est-à-dire, sans nom déterminé).

MONOPHYLE. On appelle calice monophyle, celui qui est d'une seule pièce, c'est-à-dire, dont les divisions, s'il y en a, ne sont pas continuées jusqu'à sa base, *pl. I, fig. 22 s, et pl. IV, fig. 65.*

MONOSPERME. On appelle fruit monosperme, celui qui ne renferme qu'une seule semence ; *voyez* FRUITS, BAIE.

MONSTRES, MONSTRUOSITÉS. Les plantes qui éprouvent, dans toutes ou dans quelques-unes de leurs parties seulement, quelques changemens contre nature, sont des monstruosités. *Voyez* l'article MALADIE des plantes, et le mot VÉGÉTAL.

MONTANT, TE, *voyez* PÉDUNCULE, PÉTIOLE, TIGE.

MORDUES, *voyez* FEUILLES mordues.

MORT des plantes. Le végétal n'est pas plus exempt de la mort que l'animal ; tout ce qui jouit de la vie est sujet à ses loix : l'arbre, dont la tête majestueuse élevée jusqu'aux nues voit pendant plusieurs siècles, des milliers de plantes mourir et renaître à ses pieds, aura son tour : la Nature, en le créant, a posé les bornes de son existence; ces limites sont communes à tous les individus de la même espèce : chacun d'eux n'ira guère au-delà de ce terme, que mille accidens peuvent abréger encore.

On appelle mort du safran, une espèce de petite truffe velue qui vit aux dépens des bulbes de safran, et qui les fait mourir. M. Duhamel, à qui l'on est redevable de la découverte de la cause de cette maladie, a observé que cette petite truffe parasite attaquoit également d'autres plantes vivaces, et qu'elle leur donnoit la mort.

MOUVEMENT de la sève. On a cru long-temps que la sève circuloit dans les vaisseaux des plantes, comme le sang circule dans les vaisseaux des animaux. Différentes expériences nous prouvent au contraire que la sève ne circule point, mais qu'elle a une espèce de fluctuation alternative ; qu'elle est portée depuis les plus fines ramifications des racines jusqu'aux extrémités des branches, pendant le jour sur-tout où il se fait une forte succion, dont la chaleur est la cause principale, et que lorsque cette cause cesse, la sève cesse aussi de s'élever, et redescend par les mêmes vaisseaux, depuis les plus fines ramifications des tiges jusqu'aux dernières divisions des racines : la sève montante et la sève descendante déposent dans leur cours les sucs nourriciers qui entretiennent la vie du végétal : ces sucs sont tirés de la terre par les racines, et portés dans toutes les parties de la plante; ceux que l'air fournit aux vaisseaux absorbans, qui composent en partie les feuilles et les dernières ramifications des tiges, sont transmis jusqu'aux fibrilles les plus délicates des racines ; et c'est ainsi que s'entretient l'équilibre nécessaire entre la déperdition et la réparation.

MUCRONÉES, *voyez* FEUILLES mucronées.

MUFLE, *voyez* FLEURS en mufle.

MULET végétal. On appelle ainsi une plante produite par une semence qui a été fécondée par la poussière des étamines d'une autre plante, et qui tient de l'espèce fécondante autant que de l'espèce fécondée. Ces sortes de plantes donnent des graines sujettes à dégénérer.

MULTICAPSULAIRE, qui a plusieurs capsules; *voyez* à la suite de PÉRICARPE unicapsulaire.

MULTIFIDE, *voyez* FEUILLES fendues.

MULTIFLORE, *voyez* PÉDUNCULE multiflore.

MULTILOCULAIRE, qui a plusieurs loges; *voyez* à la suite de CAPSULE uniloculaire et de l'art. PÉRICARPE.

MULTIPLICATION des plantes. La semence est le moyen le plus

généralement employé par la Nature et par l'art pour la reproduction des végétaux; mais on multiplie les plantes de beaucoup d'autres manières encore. Si l'art de multiplier par les rejetons, par les boutures, par les marcottes, par les différentes espèces de greffe, &c. n'étoit pas encore connu, que penserions-nous d'un homme qui s'offriroit à nous montrer toutes ces merveilles, et qui nous diroit : je réponds du succès? Je sais bien que l'art, en cela, n'a été que l'imitateur de la Nature; mais combien n'a-t-il pas fallu de temps, de patience et de peine?

MULTIVALVE, qui a plusieurs valves ou panneaux; *voyez* CAPSULE univalve.

MÛR, RE. Il se dit de toutes les productions végétales qui sont arrivées à leur degré de maturité. On emploie aussi quelquefois le mot demi-mûr, pour signifier un fruit qui n'est pas encore entièrement mûr. On dit, les fruits de cet arbre sont mûrs; vous cueillez des fruits qui ne sont que demi-mûrs : les bleds sont mûrs dans nos contrées, il faudroit les moissonner.

MUTILÉES. On appelle feuilles mutilées, racines mutilées, celles qui ont été broyées, déchirées ou défigurées par quelques accidens.

N

NAIN, NE. On dit qu'un arbre est nain, quand il est d'une taille beaucoup plus petite que la taille ordinaire. On dit que telle plante s'élève beaucoup dans un terrain aqueux, mais qu'elle reste naine dans un terrain sec.

NAPIFORME, qui a la forme d'un navet; *voyez* RACINE.

NATUREL, LE; ce qui est dans l'ordre de la nature, et qui n'a aucun rapport avec l'art.

NAVICULAIRE; ce qui a la forme d'une nacelle; *voyez* PANNEAU, *voyez* CARÈNE.

NÉCESSAIRE, *voyez* POLYGAMIE nécessaire.

NECTAIRE ou NECTAR, *nectarium;* c'est le nom que l'on donne à toute partie que l'on rencontre dans une fleur, et qui n'est ni pistil, ni étamine, ni corolle, ni calice; c'est ordinairement un petit creux qui contient un suc mielleux que les abeilles savent fort bien y trouver. Le *nectaire* ne paroît pas essentiel à la fructification, et l'on ignore même entièrement ses fonctions : il se présente tantôt sous la forme d'un filet, tantôt sous la forme d'une écaille; quelquefois c'est une espèce de godet, une espèce de poil; souvent il ressemble à un cornet, à un capuchon, à un mamelon, à une bourse, à un éperon, &c.

NERVURES. On donne le nom de nervures à ces élévations filamenteuses qu'on rencontre sur les feuilles et sur les pétales; la nervure qui coupe une feuille en deux parties égales, se nomme *côte*. Ces grosses nervures sont comparées aux muscles des animaux; leurs ramifications, lorsqu'elles ne sont pas trop sensibles, sont comparées aux veines; c'est pourquoi l'on nomme feuilles nerveuses, les feuilles de *plantain;* et feuilles veinées, celles de l'*oseille*, de l'*épinard*, &c.

NIELLE, espèce de maladie qui attaque les graminées, le froment sur-tout, et qui convertit en une poussière noire toute la substance farineuse de ses graines.

NIVEAU, *voyez* FLEURS en niveau, *voyez* TIGE en niveau.

NŒUD, *nodus;* c'est la partie de l'arbre la plus dure, la plus serrée; c'est par où il pousse ses branches, ses racines et même son fruit.

Les Agriculteurs taillent la vigne au premier, au second nœud du nouveau jet.

NOIX, *nux*, *pl. V*, *fig. 35*. La noix n'est réellement qu'un fruit à noyaux; ce qu'on appelle *brou*, est cette substance qu'on peut comparer à la chair qui entoure le noyau du pêcher, de l'amandier, du prunier, &c. On appelle zeste une cloison membraneuse et coriace, qui sépare les lobes de la noix.

NOMBREUX, SE; ce qui est en très-grand nombre.

NOMENCLATURE, *nomenclatura*. La nomenclature est cette partie de la Botanique qui a pour objet l'art d'assigner à chaque plante le nom qui lui est propre, d'après les principes adoptés dans les différentes méthodes botaniques. Les méthodes nous apprennent à distinguer les plantes au moyen des caractères par lesquels elles se ressemblent ou diffèrent naturellement; elles ne sont en cela que le fil qui nous conduit à la connoissance des noms que l'on est convenu de donner à chaque plante. Mais malheureusement tous les jours, par de nouveaux systêmes, on change la marche de l'étude, on donne de nouveaux noms aux plantes, et l'on bouleverse la science jusques dans ses fondemens : à peine a-t-on fait un pas de plus, que tous ces fantômes de l'imagination disparoissent; mais il faut bien du temps pour réparer le mal qu'ils ont fait.

Il faudroit, pour fixer la nomenclature des plantes, qu'il y eût, dans toutes les parties du monde, des tribunaux qui se correspondissent; que par une autorité qui leur seroit commune, un changement devînt universel, une découverte utile à tous les hommes, et que l'abus qui tient à la manie de l'innovation, fût sévèrement réprimé.

On appelle nom générique, celui qui désigne le genre, et qui est commun à toutes les espèces du même genre; et nom spécifique, celui qui ne convient qu'à l'espèce. *Voyez* GENRE, PHRASES botaniques.

NOSTRATES, *voyez* PLANTES nostrates.

NOUÉ, ÉE. On appelle fruit noué l'ovaire grossi, et fleur nouée, celle dont l'ovaire est inférieur; *voyez* OVAIRE inférieur.

NOUEUX, SE. On dit que le bois est noueux, lorsqu'on ne peut le fendre sans rencontrer des nœuds qui changent à tous momens la direction des fibres ligneuses qui le composent.

NOYAU, *drupa, pl. V, fig. 30, 31 R, et 34 A, B.* Le noyau est une petite boîte osseuse ou ligneuse, qui renferme une ou plusieurs amandes; *voyez* FRUITS à noyau.

NU, UE, se dit des parties des plantes qui ne sont recouvertes d'aucunes autres parties; *voyez* PÉDICULE, PÉDUNCULE, RÉCEPTACLE, VERTICILLE, TIGE, FEUILLES.

NUL, LE, qui n'existe pas. On emploie assez souvent ce mot dans les descriptions des plantes, dans la vue de les abréger. Linnæus, dans les descriptions de ses genres, parle du *calice*, de la *corolle*, des *étamines*, des *pistils*, du *péricarpe* et des *semences*. Si la fleur qu'il décrit n'a point de calice, il dit *calix nullus;* si elle n'a point de péricarpe, *pericarpium nullum*, &c.

NUTATION, *nutatio*. Les fleurs, les feuilles, les tiges même des plantes qui sont exposées à l'ardeur du soleil, se penchent du côté de cet astre: ce changement de direction, que l'on nomme nutation, est l'effet du desséchement et du raccourcissement des fibres qui se ressentent le plus vivement de la chaleur.

NUTRITION, *nutritio*. Nous avons dit que la plante, comme l'animal, croissoit par *intus-susception*. Les sucs nourriciers que la sève distribue dans toutes les parties du végétal, les alongent et les gonflent: ces sucs s'épaississent par l'évaporation des parties les plus limpides, et augmentent ainsi le volume des parties solides.

O

OBLIQUE, ES, ce qui s'éloigne de la ligne verticale et de la ligne horizontale en même temps. *Voyez* TIGE oblique, FEUILLES obliques.

OBLONG, UE, ce qui est beaucoup plus long que large. *Voyez* ANTHÈRES, FEUILLES oblongues.

OBTUS, SE, se dit de ce qui n'est pas pointu, ou de ce qui est terminé en une pointe émoussée; *voyez* FEUILLES obtuses.

OCTANDRIE, *octandria*, de deux mots grecs qui signifient huit maris. L'octandrie est la classe VIII du Système sexuel; elle renferme les plantes qui ont huit étamines.

ODEUR, *odor*. L'homme fut probablement long-temps sans avoir d'autres moyens de reconnoître les plantes, que par l'odeur, la saveur, le tact et la vue; c'étoit-là la véritable méthode naturelle que l'homme, comme tout autre animal, avoit reçue en partage; mais aujourd'hui ces moyens naturels de distinguer les objets lui seroient d'une foible ressource; l'odorat, ce sens qu'il exerce si peu, le serviroit fort mal; il est obligé de chercher dans des moyens artificiels de plus sûrs garans.

ODORANT, TE. On nomme odorant, tout ce qui a une odeur forte, agréable ou non. On dit que tel arbre a les feuilles odorantes; que la racine d'une telle plante est odorante; que l'une a une odeur d'ail, l'autre une odeur de gérofle, une odeur de punaise, quand elle sent l'ail, le gérofle, la punaise, d'après le rapport de tous ceux qui la sentent. On dit qu'elle a une odeur indéterminée, quand elle a une odeur à laquelle on ne sait quoi comparer, ou que l'un compare à une chose, et l'autre à une autre; elle est inodore, quand elle ne sent rien.

ŒIL, *voyez* OMBILIC, *voyez* BOUTON.

ŒILLETONS; ce sont de petits plants enracinés, qui accompagnent les racines de quelques plantes, et que l'on transplante pour multiplier l'espèce. On dit lever des œilletons d'artichaut, ôter les œilletons d'une plante d'œillet: ces plants enracinés qui accompagnent le tronc des arbres, se nomment DRAGEONS.

ŒUF de la plante, *semen*. La semence dans le végétal remplit les mêmes fonctions que l'œuf dans l'animal; elle contient l'embryon, le germe proprement dit, *corculum*, de la nouvelle plante qu'elle doit produire.

OIGNON, *voyez* BULBE.

OMBELLE, *umbella*, *pl. I*, *fig. 17*. On appelle ombelle, un assemblage de fleurs ou de fruits, dont les péduncules partent d'un centre commun, et divergent comme les branches d'un parasol ou les rayons d'une roue. On distingue l'ombelle fausse de la véritable ombelle. Le caractère qui distingue essentiellement l'ombelle fausse de la véritable ombelle, se tire du fruit. Dans la véritable ombelle, il est toujours composé de deux graines distinctes, mais réunies, surmontées de deux styles, et communément couronnées par le calice, *fig. 18 B;* au lieu que, dans l'ombelle fausse, le fruit est ordinairement une baie. On distingue l'ombelle vraie en ombelle partielle et en ombelle universelle.

OMBELLE partielle, *umbella partialis;* celle qui est portée par un des rayons de l'ombelle universelle; chacun de ses rayons porte immédiatement les fleurs ou les péduncules propres des fleurs. L'ombelle universelle ou l'ombelle générale, *umbella universalis*, est celle qui est composée de rayons qui portent chacun une ombelle partielle.

OMBELLÉ, ÉE ou OMBELLIFÈRE; *voyez* PLANTE.

OMBILIC, *umbilicus*. On appelle ombilic une petite cavité qu'on remarque à la partie supérieure des fruits à pepins: les Cultivateurs l'appellent œil. On dit aussi qu'une baie est ombiliquée lorsqu'on rencontre à sa partie supérieure une petite protubérance plus ou moins sensible, qui souvent même n'est marquée que d'un point. C'étoit là qu'étoit placé le style.

OMBILIQUÉ, ÉE; ce qui est remarquable par un ombilic: on dit fruit ombiliqué, baie ombiliquée, chapeau ombiliqué, feuilles ombiliquées, &c.

ONDÉ, ÉE; ce qui est façonné en ondes, qui est plissé à gros plis arrondis.

ONDULÉ, ÉE, signifie ce qui est plissé plus finement; *voyez* BORDS, FEUILLES, FEUILLETS.

ONGLET, *unguis;* c'est la partie inférieure du pétale, *pl. I, fig. 19 c;* c'est par elle que le pétale est immédiatement inséré sur le réceptacle: on dit qu'un onglet est glanduleux, qu'il est fort court, fort long, &c.; qu'il est staminifère, lorsqu'il porte une ou plusieurs étamines. Dans une corolle monopétale, ce qui fait l'office d'onglet, se nomme tube.

OPERCULE, *operculum, pl. VI, fig. o* (organes de la fructification des mousses); petit couvercle qui recouvre les urnes de quelques espèces de mousses; les lycopodes ont des opercules; les mnies ont des urnes pourvues d'opercule *o* et de coiffe *P*. Quelques Botanistes ne font aucune différence de la coiffe avec l'opercule, et regardent ces deux mots comme synonymes.

OPPOSÉ, ÉE. Les feuilles sont opposées, *folia opposita,* quand elles sont placées sur la tige ou sur les rameaux, comme dans la *fig. 18, pl. X, A, B, C, D, E,* et comme dans la *fig. 20 A;* elles sont opposées en croix, *folia cruciatim opposita,* quand elles sont comme dans la *fig. 20 B:* on dit aussi que les péduncules, les pétioles, les stipules, les vrilles sont opposés, quand ils ont leur point d'insertion, comme les feuilles que l'on donne pour exemple.

ORBICULAIRE, ARRONDI, sont synonymes. Ces deux mots conviennent à toutes figures, dont tous les points de la circonférence sont à-peu-près également éloignés du centre, et qui sont conséquemment aussi larges que longues; *voyez* CHAPEAU, FEUILLES.

ORDRE naturel, *ordo naturalis.* Si vous examiniez avec quelque attention l'ensemble et le détail des différentes parties qui composent les végétaux, vous vous appercevriez bientôt qu'il y a des plantes qui se tiennent par un très-grand nombre de rapports, et qui ont même entre elles une ressemblance si marquée, qu'elles forment, par leur réunion, des grouppes naturels, qu'on pourroit comparer à autant de familles séparées, ou à autant de parentés : quand vous verriez, par exemple, un *triticum*, vous ne pourriez vous dispenser de le placer au rang des graminées, avec le *secale*, l'*hordeum* : vous voudriez mettre une *iris* près d'un *gladiosus*, un *ophris* avec un *orchis* : vous ne voudriez point séparer un *lamium* d'avec un *galeopsis* ; une *bryonia* d'avec un *cucumis* : vous verriez que les fleurs composées, les ombellifères, les crucifères, les malvacées, les caryophyllées, les joubarbes, les rosacées, les légumineuses, les amentacées, les euphorbes, les conifères, &c. font autant de bandes à part, qui ne se confondent point : voilà ce qui a donné l'idée d'une méthode naturelle. Si vous pouviez venir à bout de réunir ces superbes fragmens par des nuances insensibles, et faire ainsi le tableau des plantes de l'univers entier, vous auriez trouvé une méthode parfaite, où les êtres se présenteroient par ordre de création, et se placeroient, pour ainsi dire, comme d'eux-mêmes, chacun dans la place qui lui seroit destinée; vous auriez trouvé cette méthode naturelle, de laquelle on s'occupe depuis si long-temps, et qui sera peut-être encore long-temps l'objet des recherches des Naturalistes, si l'on veut la porter à son dernier degré de perfection.

On donne aussi le nom d'ordre naturel, à cet ordre avec lequel la Nature place les individus dans les lieux qui leur sont propres; c'est pourquoi l'on dit que les jardins anglois sont dans l'ordre naturel, parce que chaque arbre, chaque herbe même y trouve réuni, comme à la campagne, où la Nature seule prendroit soin de son existence, tout ce qui peut favoriser son accroissement.

OREILLÉES; ce qui est remarquable par deux appendices en forme d'oreilles; *voyez* FEUILLES oreillées, *folia aurita*.

ORGANES de la fructification. On donne ce nom aux étamines, aux pistils, au germe, à la corolle même; *voyez* FÉCONDATION.

ORGANISATION des plantes. Les végétaux naissent, vivent, se reproduisent et meurent; c'est le jeu de toutes les parties qui concourent à faire passer le végétal dans tous ces états différens, que l'on nomme organisation. *Voyez* le mot VÉGÉTAL.

OURRELET. Les organes de la fructification de quelques fougères sont disposés en ourrelet sur le dos des feuilles.

OUVERT, TE; ce qui est étalé. On appelle feuilles ouvertes, *folia patentia*, celles qui sont disposées sur la tige, comme celles de la *fig. 18, pl. X* F; elles s'écartent beaucoup plus de la ligne verticale, que les feuilles droites, *fig. 18 E*, et beaucoup moins que les feuilles horizontales, *fig. 18 G*. On appelle pédunculcs ouverts, ceux qui sont disposés comme les feuilles de la *fig. 18 F*. On appelle aussi tige ouverte, celle dont les rameaux s'écartent beaucoup de la perpendiculaire à l'horizon.

OVAIRE, *germen;* c'est la partie inférieure du pistil, le fruit proprement dit, mais qui n'est pas encore grossi : on emploie assez ordinairement les mots OVAIRE, GERME et EMBRYON, comme synonymes : nous pensons au contraire que ces mots ont des significations très-différentes; que le mot *ovaire* ne convient qu'au jeune fruit; et que les mots *germe* et *embryon* ne conviennent essentiellement qu'aux parties contenues dans la graine fécondée, d'où doit naître une nouvelle plante. Quelquefois l'ovaire est pédiculé, comme on le remarque dans les tithymales, *pl. II, fig. 22*, et on le nomme *germen pediculatum;* le plus souvent il est sessile, c'est-à-dire, qu'il n'est pas porté sur un pied, et dans ce cas, on le nomme *germen sessile:* que l'ovaire soit sessile ou pédiculé, il est toujours placé au centre de la fleur, *pl. IV, fig. 1 D;* c'est-là qu'il fait les fonctions de matrice, et c'est dans son sein, si l'on peut s'exprimer ainsi, que sont renfermés les premiers rudimens des semences, et qu'ils y sont fécondés. Quand l'ovaire a son attache au centre de la corolle, dans laquelle il peut être vu dans son entier, *pl. IV, fig. 2*, on le nomme ovaire supérieur, *germen superum;* quand il paroît entièrement au-dessous de la fleur, et qu'il ne paroît point en dedans, ou beaucoup moins qu'en dehors, *pl. IV, fig. 53 A*, on le nomme ovaire inférieur, *germen inferum;* quand il paroît autant en dedans de la corolle qu'en dehors, on dit qu'il est demi-inférieur, *germen semi-inferum.* On appelle ovaire arrondi, *germen subrotundum*, celui qui a la forme d'une petite boule : ovaire turbiné, *germen turbinatum*, celui qui ressemble à une toupie; ovaire applati ou comprimé, *germen planum* vel *compressum*, celui qui est comme écrasé, soit à la partie supérieure, soit sur les côtés.

OVALE; ce qui a une figure alongée, arrondie d'un bout, et terminée en pointe de l'autre; *voyez* FEUILLES, CAPSULE.

OVOÏDE. On donne ce nom à une graine, à un fruit, &c. quand sa forme est à-peu-près comme celle d'un œuf.

P

PAILLE, *palea.* On appelle communément paille, la tige ou le chaume des plantes graminées desséchées.

PAILLETTES. On appelle quelquefois fleurs en paillettes, celles qui ont pour toute corolle des écailles placées autour des organes de la fructification.

PALAIS de la corolle, *palatum corollæ.* Dans les fleurs monopétales irrégulières, c'est la partie supérieure du fond de la corolle, que l'on nomme le palais. L'on dit qu'il est velu, ridé, comprimé, &c.

PALME; mesure connue en Botanique pour être égale à la largeur de quatre doigts ou de trois pouces environ.

PALMÉ, ÉE, qui ressemble aux doigts d'une main ouverte; *voyez* FEUILLES, RACINES palmées.

PAMPE. On donne ce nom aux feuilles des graminées.

PAMPRE, sarment de vigne garni de feuilles et de fruit. (On peint Bacchus avec une couronne de pampre.)

PANACHÉES, *voyez* FLEURS panachées.

PANDURIFORMES, *voyez* FEUILLES panduriformes.

PANICULE, *panicula;* c'est un assemblage de fleurs disposées assez confusément, et portées sur des péduncules grêles, qui les étalent sans ordre déterminé; *voyez* FLEURS en panicule.

PANICULE diffuse, *panicula diffusa;* celle qui est très-étalée, et dont les péduncules propres font, avec le péduncule commun, des angles très-ouverts.

PANICULE serrée, *panicula coarctata;* celle qui est très-peu étalée, et dont les péduncules propres font, avec le péduncule commun, des angles très-aigus.

PANICULÉE, *voyez* TIGE.

PANNEAUX. On donne ce nom aux deux battans de la silique *A B, fig. 24, pl. V.*

PAPILIONNACÉ, ÉE; ce qui a quelques rapports avec la forme d'un papillon. On appelle feuillets papilionnacés, ceux qui sont tachetés comme les ailes de quelques espèces de papillons; corolles papilionnacées, les corolles polypétales irrégulières, qui ont une gousse pour fruit; *voyez* COROLLE papilionnacée.

PARABOLES, *voyez* FEUILLES en.

PARALLÈLES. On appelle cloisons parallèles, celles qui parcourent toute l'étendue d'un fruit sans se toucher. On dit aussi que les feuilles horizontales sont celles qui sont parallèles à l'horizon.

PARASITE. Une plante qui croît sur une autre plante, et qui se nourrit à ses dépens, est parasite; *voyez* PLANTE parasite.

PARASOL, fleurs en parasol; *voyez* FLEURS en ombelle.

PARENCHYMATEUX, qui appartient au parenchyme.

PARENCHYME, c'est ce tissu cellulaire, tendre et spongieux, qui remplit dans les feuilles et dans les jeunes tiges les intervalles qui se rencontrent entre les plus fines ramifications; lorsque l'on fait rouir des feuilles, c'est le parenchyme qui se détache, et qui laisse à nu toutes les petites ramifications dont il remplissoit les vides. Il en est de même, lorsque de petits insectes se nourrissent du parenchyme d'une feuille; ils en détachent toute la substance pulpeuse analogue à leur nourriture, et laissent le réseau à nu, parce qu'il auroit été pour eux un aliment moins délicat ou trop coriace.

PARFAITES, fleurs parfaites; *voyez* FLEURS complètes.

PARTAGÉES; *voyez* FEUILLES partagées.

PARTIEL, LE; *voyez* PÉDUNCULE, COLLERETTE, OMBELLE.

PARTIES de la génération ou de la fructification; *voyez* FRUCTIFICATION.

PATTE; c'est le nom que l'on donne aux racines qui ont quelque ressemblance avec la patte d'un animal. On dit les pattes d'anémone, les pattes ou les *griffes* des renoncules.

PAVILLON, *pl. II, fig. 48 A, et pl. IV, fig. 69 et 70 c.* C'est le nom que l'on donne au pétale supérieur des fleurs légumineuses : on le nomme plus communément étendard.

PÉDICULE, *pediculus* vel *stipes;* c'est une espèce de queue propre à certaines parties des plantes, comme aux aigrettes, aux glandes, aux nectaires, &c. Il ne faut pas confondre le pédicule avec le péduncule, dont la signification est bornée à désigner en Botanique, tout ce qui sert de queue aux fleurs et aux fruits, toutes les fois que les parties de la fructification sont apparentes.

On nomme pédicule, la tige des champignons et celles de plusieurs plantes dont les parties de la fructification ne sont pas bien apparentes, comme dans les lichens, les moisissures. Le mot de pédicule signifie en général petit pied: on le nomme indifféremment en latin *pediculus* vel *stipes;* mais j'aimerois mieux le mot latin *stipes*, qui veut dire pieu, que le mot *pediculus*, pour signifier le pédicule d'un champignon. On dit qu'il est tubéreux ou bulbeux, *stipes bulbosus*, quand il est terminé par une bulbe à sa base, comme dans la *fig. 5, pl. VI;* qu'il est annulé ou colleté, *annulatus*, quand il est remarquable par un anneau, comme ceux de la *fig. 6 A, B, C;* qu'il est contigu avec le chapeau, *contiguus*, comme dans la *fig. 6 R;* qu'il est continu, *continuus*, comme dans la *fig. 1, 3, 5, pl. VI;* qu'il est central, *centralis*, lorsqu'il est inséré précisément dans le milieu du chapeau; qu'il est latéral, *lateralis*, lorsqu'il est inséré sur le côté du chapeau; qu'il est engainé, *vaginatus*, lorsqu'il est entouré d'une gaine; qu'il est simple, *simplex;* rameux, *ramosus;* égal, *æqualis;* fusiforme, *fusiformis;* linéaire, *linearis;* effilé ou filiforme, *filiformis;* capillaire, *capillaris;* long, *longus;* court, *brevis;* épais, *crassus;* aminci, *tenuis;* applati, *planus* vel *compressus;* plein, *plenus;* creusé, *excavatus;* fistuleux, *fistulosus;* écailleux, *squamosus;* rude, *scaber;* qu'il se pèle, *decorticans;* qu'il est uni, *lœvis;* velu, *hirsutus* (*voyez* l'art. POILS); glabre, *glaber;* farineux, *farinosus;* spongieux, *spongiosus;* subéreux, *suberosus;* ligneux, *lignosus*, &c. Peut-être y a-t-il encore quelques espèces de pédicules, auxquels on a donné différens noms, dont nous ne nous rappelons pas: on les aura sans doute définis dans les articles PÉDUNCULES et PÉTIOLES.

PÉDICULÉ, ÉE; ce qui est porté par un pédicule; *voyez* CHAPEAU, AIGRETTE.

PÉDUNCULE, *pedunculus;* c'est le support de la fleur et du fruit. On donne communément le nom de queue au péduncule de la rose, de l'œillet, &c. On dit prendre une cerise, une pomme, une poire par la queue, c'est la prendre par son péduncule. Comme les meilleures méthodes sont fondées sur les détails des organes de la fructification, le péduncule qui leur sert de point d'appui mérite toute notre attention; il veut être considéré sous quatre attributs principaux; 1°. le nombre; 2°. la forme; 3°. son insertion sur la tige; et 4°. son insertion sur la fleur ou le fruit.

PÉDUNCULE aminci, *pedunculus attenuatus;* celui qui va en diminuant d'épaisseur, depuis sa base jusqu'à son extrémité supérieure.

PÉDUNCULE armé de pointes, *pedunculus aculeatus;* celui sur la superficie duquel on rencontre des pointes ou des aiguillons, qui peuvent en être facilement détachés sans déchirement, parce qu'ils ne sont que contigus: tels sont les péduncules des roses, des ronces, &c.

PÉDUNCULE articulé, *pedunculus articulatus* vel *geniculatus;* celui qui a des nœuds ou des articulations qui changent sa direction.

PÉDUNCULE axillaire, *pedunculus axillaris;* celui qui a son point d'insertion dans l'aisselle formée par l'union de la feuille avec la tige, ou même dans l'angle de division des rameaux et de la tige.

PÉDUNCULE appliqué contre la tige, *pedunculus adpressus;* celui qui est parallèle avec la tige, qui en est rapproché dans toute sa longueur, et qui y paroît même appliqué.

PÉDUNCULE biflore, *pedunculus biflorus;* celui qui ne porte que deux fleurs.

PÉDUNCULE bractéifère, *pedunculus bracteatus;* celui qui porte des bractées.

PÉDUNCULE caulinaire, *pedunculus caulinus;* celui qui s'insère sur la tige, et non pas sur les rameaux ni sur la racine.

PÉDUNCULE cirrhifère, *pedunculus cirrhiferus;* celui qui produit latéralement une ou plusieurs vrilles: tels sont les péduncules de la vigne.

PÉDUNCULE commun, *pedunculus communis;* on donne ce nom à tout péduncule qui porte plusieurs fleurs, soit qu'il se ramifie, soit qu'il ne se ramifie point. Le péduncule commun, *pl. X, fig. 8 R,* n'est assez ordinairement qu'une continuation de la tige; et si les fleurs ou les fruits qu'il porte, ont chacun un péduncule particulier, ce péduncule particulier se nomme PÉDUNCULE partiel, propre ou médiat.

PÉDUNCULE cotonneux, laineux ou drapé, *pedunculus tomentosus* vel *lanatus ; voyez* à l'art. POILS.

PÉDUNCULE court, *pedunculus brevis ;* celui dont la longueur n'égale pas celle de la fleur dans son parfait développement.

PÉDUNCULE cuisant, *pedunculus urens;* celui qui est recouvert de poils menus, mais dont la piqûre produit les effets de la brûlure.

PÉDUNCULE cylindrique, *pedunculus teres;* celui qui est arrondi dans toute sa longueur.

PÉDUNCULE décurrent, *pedunculus decurrens;* celui qui se prolonge sur la tige ou sur les rameaux, et qui y laisse une saillie sensible.

PÉDUNCULE demi-cylindrique, *pedunculus semi-teres ;* celui qui est applati d'un côté, et convexe de l'autre.

PÉDUNCULE droit, *pedunculus erectus;* celui qui forme, avec la tige, un angle fort aigu, c'est-à-dire, qui est rapproché de la tige dans toute sa longueur, mais qui laisse cependant un intervalle assez sensible, pour qu'on voie qu'il ne la touche que par son point d'insertion.

PÉDUNCULE écailleux, *pedunculus squamosus ;* celui sur la superficie duquel on rencontre des écailles.

PÉDUNCULE en massue, *pedunculus clavatus ;* celui qui augmente d'épaisseur depuis sa base jusqu'à son extrémité supérieure où il s'arrondit, et qui a quelque ressemblance avec une massue.

PÉDUNCULE épaissi, *pedunculus incrassatus;* celui qui augmente en épaisseur depuis sa base jusqu'à son sommet, ou jusqu'à son insertion sur la fleur ou le fruit, et qui ne se rétrécit point à cette extrémité-là.

PÉDUNCULE épineux, *pedunculus spinosus;* celui qui porte des pointes ou des épines qui font corps, qui sont parfaitement continues avec lui, et qui ne peuvent en être séparées sans qu'il y ait de déchirement sensible.

PÉDUNCULE feuillé, *pedunculus foliatus ;* celui sur lequel on rencontre des feuilles et des fleurs en même temps.

PÉDUNCULE filiforme, *pedunculus filiformis;* celui qui est si menu, qu'on le peut comparer à un brin de fil.

PÉDUNCULE foible, débile, *pedunculus flaccidus;* celui qui se trouve entraîné par le poids des parties de la fructification dont il est surchargé, qui étoit droit avant que les fleurs fussent développées, ou que les fruits eussent acquis un poids auquel il est obligé de céder.

PÉDUNCULE foliaire, *pedunculus foliaris;* celui qui a son point d'insertion sur une feuille : quand il s'insère sur le côté de la feuille, on le nomme *laterifolius.*

PÉDUNCULE hérissé, *pedunculus hirtus ; voyez*, pour toutes les espèces de poils qui recouvrent les différentes parties des plantes, l'art. POILS, ou l'art. BORDS velus.

PÉDUNCULE incliné, *pedunculus declinatus;* celui qui se recourbe en arc, mais qui s'éloigne encore moins de la terre par son point d'insertion sur la tige que par son extrémité supérieure.

PÉDUNCULE linéaire, *pedunculus linearis ;* celui qui est mince comme un fil, ou comme une ligne que l'on traceroit avec une pointe.

PÉDUNCULE long, *pedunculus longus ;* celui qui est d'une longueur extraordinaire.

PÉDUNCULE médiat, *pedunculus medius ;* celui qui est une division du péduncule commun, et qui se divise en péduncules propres. *Voyez* ces mots.

PÉDUNCULE montant, *pedunculus ascendens ;* celui qui est un peu arqué à sa base, mais qui regagne la ligne verticale par son sommet.

PÉDUNCULE nu, *pedunculus nudus;* celui qui ne porte ni feuilles, ni écailles, ni poils, mais seulement une ou plusieurs fleurs.

PÉDUNCULE opposé aux feuilles, *pedunculus oppositi-folius ;* celui qui a son point d'insertion sur la tige ou sur les rameaux, de manière qu'il est toujours opposé à un pétiole, c'est-à-dire, qu'il occupe un côté de la tige, tandis que le pétiole d'une feuille occupe l'autre, mais dans un sens diamétralement opposé. *Voyez* PÉDUNCULES opposés.

PÉDUNCULE ouvert, *pedunculus patens;* celui qui fait, pour ainsi dire, l'équerre avec la tige ou les rameaux.

PÉDUNCULE partiel, *pedunculus partialis ;* celui qui n'est point une continuation de la tige, mais qui est une division ou une ramification du péduncule commun. Il a toujours son point d'insertion sur les rameaux ou sur les parties latérales de la tige, ou sur les parties latérales du péduncule commun. On l'appelle péduncule propre, quand il porte immédiatement la fleur : on l'appelle péduncule médiat, quand il est encore divisé en d'autres péduncules qui portent les fleurs.

PÉDUNCULE penché, *pedunculus cernuus ;* celui qui a son extrémité supérieure plus basse que le point de son insertion sur la tige ou sur les rameaux, et qui porte des fleurs qui sont tournées vers la terre.

PÉDUNCULE pendant, *pedunculus pendulus*, *pl. X, fig. 7 et 8 R;* celui qui est dans une situation pendante et perpendiculaire, sans qu'il y ait de causes de foiblesse ou de surcharge.

PÉDUNCULE perpendiculaire, *pedunculus perpendicularis* vel *strictus;* celui qui est droit, qui s'élève sur la tige ou sur les rameaux dans une direction verticale ou perpendiculaire à l'horizon.

PÉDUNCULE pétiolaire, *pedunculus petiolaris;* celui qui a son point d'insertion sur un pétiole.

PÉDUNCULE propre, *pedunculus proprius;* celui qui porte immédiatement la fleur. *Voyez* PÉDUNCULE commun, PÉDUNCULE partiel.

PÉDUNCULE pubescent, *pedunculus pubescens* vel *villosus; voyez* l'art. POILS.

PÉDUNCULE quadriflore, *pedunculus quadriflorus;* celui qui porte quatre fleurs: on appelle quelquefois *pedunculus quinqueflorus, sexflorus,* celui qui en porte cinq, six; mais il est plus ordinaire qu'on nomme *multiflorus,* celui qui en porte plus de quatre, ou qui en porte un nombre indéterminé.

PÉDUNCULE qui s'insère sur la tige parmi les feuilles, *pedunculus interfoliaceus;* celui qui a son point d'insertion sur la tige ou sur les rameaux, et qui vient pêle-mêle avec les feuilles, et sans aucun ordre.

PÉDUNCULE qui occupe sur la tige un rang au-dessous de celui des feuilles, *pedunculus extrafoliaceus;* celui qui a son point d'insertion sur la tige, plus bas que les feuilles ont le leur.

PÉDUNCULE qui occupe sur la tige un rang au-dessus de celui des feuilles, *pedunculus suprafoliaceus;* celui qui a son point d'insertion sur la tige, beaucoup plus haut que les feuilles ont le leur.

PÉDUNCULE raméal, *pedunculus rameus;* celui qui s'insère sur les rameaux, et non sur toute autre partie de la plante.

PÉDUNCULE retourné, *pedunculus resupinatus;* celui qui porte des fleurs ou des fruits, dont la surface supérieure devient l'inférieure, et l'inférieure la supérieure.

PÉDUNCULE rude, *pedunculus scaber;* celui qui est remarquable par quelques rugosités.

PÉDUNCULE simple, *pedunculus simplex;* celui qui ne se divise point, et qui porte une ou plusieurs fleurs qui n'ont pas d'autres péduncules, soit qu'il ait son point d'insertion sur les parties latérales du péduncule commun, ou de l'extrémité supérieure de la tige, soit qu'il soit attaché sur les parties latérales des rameaux, ou même sur les racines.

PÉDUNCULE solitaire, *pedunculus solitarius;* celui qui vient toujours seul sur une plante.

PÉDUNCULE terminal, *pedunculus terminalis;* celui qui termine la tige ou les rameaux, comme sont ceux de la tulipe, du lys, du pied-de-veau.

PÉDUNCULE tétragone, *pedunculus tetragonus;* celui qui a quatre faces égales sur toute sa longueur.

PÉDUNCULE tortueux: quand il s'entortille autour des corps qui l'environnent, on le nomme *pedunculus volubilis;* quand il forme alternativement des angles saillans et rentrans, on le nomme *pedunculus flexuosus.*

PÉDUNCULE très-court, *pedunculus brevissimus;* celui qui est à peine visible, ou qui, comparé à la hauteur de la fleur qu'il porte, n'en est guère que la quatrième partie.

PÉDUNCULE très-long, *pedunculus longissimus;* celui dont la longueur excède deux ou trois fois la hauteur de la fleur qu'il porte.

PÉDUNCULE triflore, *pedunculus triflorus;* celui qui porte toujours trois fleurs.

PÉDUNCULE trigone, *pedunculus trigonus* vel *triqueter;* celui qui a trois faces exactement planes.

PÉDUNCULE uniflore, *pedunculus uniflorus;* celui qui ne porte jamais qu'une fleur, comme la hampe. On le nomme biflore, *biflorus;* triflore, *triflorus;* quadriflore, *quadriflorus,* quand il porte deux, trois, quatre fleurs; et multiflore, *multiflorus,* quand il en porte un nombre indéterminé.

PÉDUNCULE velu, *pedunculus pilosus* vel *villosus; voyez* l'art. POILS, ou l'art. BORDS velus.

Si l'on vient à examiner l'ensemble des péduncules, on dit qu'ils sont alternes entre eux, égaux, épars, géminés, opposés, serrés, verticillés, &c.

PÉDUNCULES alternes entre eux, ceux qui sont placés alternativement autour de la tige ou des rameaux, c'est-à-dire, qui y sont insérés l'un après l'autre, comme les feuilles de la *fig. 69, pl. VIII.*

PÉDUNCULES égaux, *pedunculi æquales;* ceux qui, dans l'état de parfait développement, ont à-peu-près tous la même longueur; ils sont inégaux, *inæquales,* par la raison contraire.

PÉDUNCULES épars, *pedunculi sparsi;* ceux qui sont nombreux et qui sont placés alternativement et sans ordre de tous les côtés de la tige, comme les feuilles de la *fig. 21, pl. X.*

PÉDUNCULES géminés, *pedunculi geminati;* ceux qui viennent deux à deux sur le même point d'insertion.

PÉDUNCULES opposés entre eux, *pedunculi oppositi;* ceux qui sont insérés sur la tige, l'un d'un côté, l'autre de l'autre, et dont le point d'insertion de l'un est parfaitement opposé et dans la même direction que celui de l'autre : les péduncules opposés sont à la tige ou aux rameaux, ce que les bras élevés sont au corps d'un homme.

PÉDUNCULES serrés, *pedunculi coarcti;* ceux qui sont nombreux, et qui sont serrés contre la tige ou les rameaux.

PÉDUNCULES verticillés, *pedunculi verticillati;* ceux qui sont disposés autour de la tige, comme les rayons d'une roue le sont sur leur moyeu.

PÉDUNCULÉ, ÉE; ce qui est porté par un péduncule; *voyez* FLEURS, FRUITS.

PENCHÉ, ÉE. Lorsque la TIGE, les FEUILLES, les FLEURS d'une plante s'éloignent de la ligne verticale, et sont hors de leur à-plomb, on dit qu'elles penchent, qu'elles sont penchées.

PENDANT, TE; ce qui retombe dans une direction verticale; *voyez* PÉDUNCULES, RAMEAUX, FEUILLES, FLEURS, FRUITS.

PENTAGONE, qui a cinq côtés et cinq angles remarquables.

PENTAGYNIE, *pentagynia*, de deux mots grecs qui signifient cinq femelles; comme la plupart des ordres qui divisent les classes de Linnæus, sont fondés sur la considération des pistils, les fleurs qui ont cinq pistils, sont de l'ordre *pentagynie.*

PENTANDRIE, *pentandria*, de deux mots grecs qui signifient cinq maris. La pentandrie est la classe V du Systême sexuel; elle comprend les plantes qui ont cinq étamines.

PEPIN; c'est une semence couverte d'une tunique propre, épaisse et coriacée, qui se trouve au centre de certains fruits, tels que les pommes, les poires, les melons, les citrouilles. On donne improprement le nom de pepin aux graines que l'on trouve dans le raisin.

PEPINIÈRE. Une pepinière est un terrain dans lequel on plante de jeunes arbres que l'on élève jusqu'à ce qu'ils soient propres à être transplantés ailleurs. On appelle JARDINIER PEPINIÉRISTE, celui qui s'occupe de la culture des arbres en pepinière.

PERFEUILLÉES ou PERFOLIÉES. On appelle feuilles perfeuillées, *fig. 68, pl. VIII,* celles qui sont traversées par la tige ou les rameaux.

PÉRIANTHE, *perianthium.* Parmi les sept espèces de calice de Linnæus, le périanthe est la seule qui ait conservé le nom de calice : or, qui dit périanthe, dit calice. Ou le périanthe est monophylle, c'est-à-dire, qu'il est d'une seule pièce, *perianthium monophyllum, pl. IV, fig. 65;* ou il est diphylle, c'est-à-dire, composé de deux pièces, *perianthium diphyllum;* ou il est triphylle, *triphyllum;* quadriphylle, *quadriphyllum;* pentaphylle, *pentaphyllum;* polyphylle, *polyphyllum*, *fig. 66*, *pl. IV*, ou *fig. 36*, quand il y a plusieurs pièces, comme celle B, insérées à l'endroit marqué A. *Voyez* CALICE.

PÉRICARPE, *pericarpium*. C'est en général cette partie du fruit qui enveloppe les semences ou les graines : on distingue huit espèces de péricarpes, qui portent autant de noms différens. Le péricarpe est appelé *capsule*, quand il a une forme approchant des *fig. 19, 20, 21 et 22, pl. V*, ou, pour mieux dire, quand il diffère essentiellement des sept autres espèces de péricarpe : on le nomme *coque* ou *follicule*, quand il est d'une seule pièce, qu'il s'ouvre de bas en haut, comme dans la *fig. 23, pl. V*. On le nomme *silique* ou *silicule*, *fig. 24, 25, 26*, quand il est composé de deux panneaux latéraux A B, et d'une membrane intermédiaire, que l'on nomme cloison C, *fig. 24*. S'il n'est composé que de deux panneaux réunis par deux sutures, à l'une desquelles seulement les semences sont attachées, on le nomme *gousse*, *fig. 27, 28, 29*. Si sa chair est pulpeuse, et qu'il renferme un noyau, on l'appelle *fruit à noyau* ou *prunette*, *fig. 31, 32, 33, 34 et 35*. Si sa chair est ferme et plus ou moins succulente, et qu'elle renferme dans des loges symmétriques des pepins, on le nomme *fruit à pepins*, *fig. 36, 37*. Si sa chair est molle, succulente, et qu'elle renferme des graines éparses et disposées sans ordre, *fig. 38, 39, 40*, on le nomme *baie*. S'il est composé d'écailles disposées sur un axe commun, on le nomme *cône*, *fig. 41*. Toutes les graines sont renfermées dans une de ces huit espèces de péricarpe, ou bien elles sont nues dans un calice qui en fait les fonctions, ou portées par l'extrémité d'un péduncule qui leur sert de réceptacle. *Voyez*, pour plus ample explication, les mots CAPSULE, COQUE, SILIQUE, GOUSSE, FRUIT A NOYAU, FRUIT A PEPIN, BAIE et CÔNE. On dit que le péricarpe est unicapsulaire, *unicapsulare* ; bicapsulaire, *bicapsulare* ; tricapsulaire, *tricapsulare* ; multicapsulaire, *multicapsulare*, quand il est composé d'une, de deux, de trois ou de plusieurs capsules. Un péricarpe qui seroit composé de trois capsules réunies, et dont chaque capsule n'auroit qu'une loge, seroit appelé *pericarpium tricapsulare* et *triloculare*.

PERPENDICULAIRE ; ce qui ne penche ni d'un côté ni d'un autre. *Voyez* TIGE.

PERSISTANT, TE ; ce qui est d'une durée remarquable. Il faut, pour se faire une idée juste de la signification de ce mot, voir l'article CALICE, pour savoir ce qu'on entend par calice persistant ; l'article COROLLE, pour savoir ce qu'on veut dire par corolle persistante, comment elle diffère de la corolle caduque, de la corolle tombante ; et les mots FEUILLES, STIPULES, VOLVA, RACINE, &c.

PERSONNÉES, *voyez* FLEURS personnées, ou en mufle, ou en masque.

PÉTALE, *petalum* vel *petalos ;* c'est le nom que l'on donne à chacune des pièces qui composent les corolles polypétales : on dit qu'une corolle est dipétale, *corolla dipetala ;* tripétale, *tripetala ;* tétrapétale, *tetrapetala ;* pentapétale, *pentapetala ;* polypétale, *polypetala*, quand elle est composée de deux, de trois, de quatre, de cinq ou de plusieurs pétales.

On distingue dans le pétale, *fig. 19, pl. I*, le limbe *A*, la lame *B* et l'onglet *c*. Le *limbe* est l'extrémité supérieure du pétale ; l'onglet en est l'extrémité inférieure, la partie par laquelle le pétale tient au réceptacle ; et la lame est l'espace occupé entre le limbe et l'onglet.

On trouve dans le nombre, la forme, l'insertion, la grandeur respective, dans la couleur même des pétales, un très-grand nombre de caractères très-favorables pour distinguer les plantes. On dit qu'un pétale est très-entier, *petalum integerrimum ;* arrondi, *subrotundum ;* alongé, *elongatum ;* frisé, *crispum ;* échancré, *emarginatum ;* oreillé, *auritum ;* velu, *hirsutum ;* coloré, *coloratum*, &c. On dit encore que le pétale est staminifère, *petalum staminiferum*, quand il porte une ou plusieurs étamines ; qu'il est en forme de capuchon, *cucullatum*, &c. *Voyez*, pour les différens noms que l'on a donnés aux fleurs, à cause de la couleur de leurs pétales, le mot FLEURS colorées, et celui COROLLE.

PÉTALÉES. On appelle FLEURS *pétalées*, toutes celles qui sont composées de pétales ; et fleurs *apétales*, celles qui n'en ont pas.

PÉTIOLAIRE ; ce qui vient sur le pétiole, qui appartient au pétiole. On appelle vrilles pétiolaires, *pl. IX, fig. 13, 14*, celles qui ne sont qu'une suite ou un prolongement des pétioles.

PÉTIOLE, *petiolus ;* c'est le nom que l'on donne à cette partie de la plante qui sert de support aux feuilles seulement : le pétiole est la queue de la feuille, comme le péduncule est la queue de la fleur et du fruit.

On considère dans le pétiole, la forme, la grandeur comparée à celle des feuilles, sa disposition sur la tige ou les rameaux, sa direction, la manière dont se fait son insertion sur la tige, le nombre de feuilles qu'il porte, et comment il a, sur chaque feuille, son point d'insertion.

PÉTIOLE adhérent, *petiolus insertus ;* celui qui n'a avec la tige qu'une simple adhésion, qui ne la touche que par un simple contact, et qui ne s'élargit point à sa base, comme le pétiole que l'on nomme PÉTIOLE cohérent.

PÉTIOLE aiguillonné, *petiolus aculeatus ;* celui qui est armé de pointes ou d'aiguillons qui peuvent en être détachés, sans qu'il paroisse sur la tige ou les rameaux de déchirement sensible.

PÉTIOLE ailé, *petiolus alatus*, *pl. IX, fig. 16 ;* celui qui porte sur ses côtés une partie de la substance membraneuse et pulpeuse, dont la feuille est composée, et qui y est insérée de la même manière que les barbes d'une plume le sont sur la côte.

PÉTIOLE amplexicaule, *petiolus amplexicaulis;* celui qui s'élargit à sa base, et qui enveloppe la tige.

PÉTIOLE anguleux, *petiolus angulatus;* celui qui porte longitudinalement sur ses côtés quelques angles saillans.

PÉTIOLE appendiculé, *petiolus appendiculatus;* celui qui se termine à sa base par plusieurs appendices.

PÉTIOLE à trois faces planes, *petiolus triqueter;* celui qui a la forme d'un prisme, c'est-à-dire, qui est applati également de trois côtés, et dont les angles sont très-saillans.

PÉTIOLE canaliculé, *petiolus canaliculatus;* celui qui est remarquable par un sillon creusé dans toute la longueur de sa surface supérieure, c'est-à-dire, de la surface qui répond au-dedans de la feuille.

PÉTIOLE cohérent, *petiolus adnatus;* celui qui est si fortement attaché à la tige ou aux rameaux, qu'on ne peut l'en séparer sans enlever avec lui une partie de l'écorce.

PÉTIOLE commun, *petiolus communis.* On appelle ainsi dans une feuille composée, recomposée ou surcomposée, le gros pétiole qui sert de base, de point d'appui à tous les autres.

PÉTIOLE court, *petiolus brevis;* celui qui est un peu plus court que la feuille qu'il porte.

PÉTIOLE cylindrique, *petiolus teres;* celui qui est arrondi dans toute sa longueur.

PÉTIOLE décurrent, *petiolus decurrens;* celui qui se prolonge sur la tige ou sur les rameaux, et qui y laisse une saillie très-sensible.

PÉTIOLE demi-cylindrique, *petiolus semi-teres;* celui qui est arrondi d'un côté, et un peu applati de l'autre.

PÉTIOLE divergent, *petiolus patulus* vel *divergens;* celui qui forme avec la tige ou les rameaux, un angle plus ou moins droit, soit que les feuilles soient éparses ou verticillées.

PÉTIOLE épineux, *petiolus spinosus;* celui qui est armé de pointes ou d'aiguillons qui ne peuvent en être séparés sans déchirement sensible, parce qu'ils font corps avec lui.

PÉTIOLE glabre, *petiolus glaber;* celui qui est lisse, sans poils ni glandes, &c.

PÉTIOLE immédiat, *petiolus proximus;* celui sur lequel sont insérés les pétioles propres des folioles des feuilles composées, recomposées et surcomposées. Dans la feuille simplement composée, le pétiole commun est immédiat en même temps, parce que c'est sur lui que sont insérées immédiatement les folioles qui ont chacune leur pétiole propre, ou qui sont rétrécies en pétiole. Dans les feuilles recomposées, les pétioles immédiats sont les premières divisions du pétiole commun, parce que les pétioles des folioles s'insèrent immédiatement sur elles. Dans les feuilles surcomposées, les pétioles immédiats sont les deuxièmes divisions du pétiole commun, et pour lors, quand on tient une feuille surcomposée, on observe, 1°. le pétiole commun; 2°. le pétiole partiel; 3°. le pétiole immédiat; et 4°. le pétiole propre, au moyen duquel la foliole s'insère sur le pétiole immédiat.

PÉTIOLE linéaire, *petiolus linearis ;* celui qui est menu comme un fil, et égal dans toute sa longueur.

PÉTIOLE long, *petiolus longus ;* celui qui est plus long que la feuille qu'il porte.

PÉTIOLE médiocre, *petiolus mediocris ;* celui dont la longueur égale celle de la feuille qu'il porte.

PÉTIOLE membraneux, *petiolus membranaceus ;* celui qui est comprimé et applati comme une feuille.

PÉTIOLE montant, *petiolus assurgens ;* celui qui s'élève en formant un peu l'arc.

PÉTIOLE ouvert, *petiolus patens ;* celui qui forme avec la tige ou les rameaux un angle droit.

PÉTIOLE plane, *petiolus planus ;* celui qui est applati également sur sa longueur de deux côtés, et qui a une certaine épaisseur.

PÉTIOLE propre, *petiolus proprius ;* celui qui fait partie de la foliole, et par lequel elle est attachée au pétiole commun, ou à quelques-unes de ses divisions, comme dans toutes les feuilles composées, recomposées et surcomposées.

PÉTIOLE recourbé, *petiolus recurvatus ;* celui qui forme l'arc de bas en haut.

PÉTIOLE redressé, *petiolus erectus ;* celui qui forme avec la tige un angle aigu.

PÉTIOLE terminé en gaine, *petiolus vaginans ;* celui qui, à son extrémité inférieure, se termine en une gaîne membraneuse, qui enveloppe un certain espace de la tige ou des rameaux.

PÉTIOLE très-court, *petiolus brevissimus ;* celui dont la longueur est surpassée plusieurs fois par celle de la feuille qu'il porte.

PÉTIOLE très-long, *petiolus longissimus ;* celui dont la longueur surpasse plusieurs fois celle de la feuille qu'il porte.

PÉTIOLE velu, *petiolus villosus* vel *hirsutus ;* celui qui est garni de poils : on dit qu'il est laineux ou drapé, tomenteux, pubescent, barbu, &c. quand les poils qui recouvrent sa superficie, ressemblent à de la laine, du coton, du poil follet, de la barbe, &c. *Voyez* l'art. POILS.

Quelquefois, lorsque l'on a besoin de comparer l'ensemble des feuilles sur une tige à feuilles composées, on dit que leurs pétioles sont rapprochés, *petioli approximati;* qu'ils sont éloignés, écartés les uns des autres, *divaricati, remoti*, &c.

PÉTIOLÉES. On appelle feuilles pétiolées, celles qui sont portées par un pétiole.

PHRASE botanique, *phrasis phytologica;* c'est une description très-abrégée, qui présente dans autant de cadres particuliers, les caractères propres à chaque plante. De même que toutes les productions du règne végétal ont un nom générique qui convient à toutes les espèces du même genre, et un nom spécifique qui n'appartient qu'à un individu, à une espèce de chaque genre ; elles ont aussi leur *phrase générique* qui détaille tous les caractères communs à toutes les espèces du même genre, et leur *phrase spécifique* qui expose tous les caractères qui ne conviennent qu'à une espèce.

PHYTOLOGIE, *phytologia*, de deux mots grecs qui signifient plante et discours. La *phytologie* est l'art de décrire les plantes, et la Botanique est l'art de les connoître méthodiquement au moyen de leurs caractères. On emploie cependant les mots *phytologie* et *botanique*, comme synonymes, malgré qu'ils aient deux significations très-différentes.

PIED. On donne souvent le nom de pied à la partie du tronc ou de la tige d'une plante qui est la plus près de terre : le pied d'un champignon porte le nom de pédicule ; quelquefois aussi on emploie le mot pied, pour signifier le mot plant ou le mot plante ; et l'on dit faire abattre cent pieds d'arbres, donner deux pieds d'œillets, au lieu de dire, faire abattre cent arbres, donner deux plantes d'œillets.

PINNATIFIDES, *voyez* FEUILLES pinnatifides.

PINNÉES. On appelle feuilles pinnées ou feuilles ailées, celles qui portent sur deux côtés opposés d'un pétiole commun, un certain nombre de folioles : de-là les feuilles bipinnées, tripinnées, &c.

PIQUANS ; c'est le nom commun aux épines et aux aiguillons des plantes. Les piquans portent le nom d'épines, *spinæ*, quand ils sont continus à la partie de la plante sur laquelle ils ont leur point d'insertion : on les nomme aiguillons, *aculei*, quand ils ne sont que contigus. *Voyez* ÉPINES, *voyez* AIGUILLONS.

PIQUANT, TE ; ce qui est garni de pointes piquantes.

PIRIFORME, qui a la forme d'une poire. Il y a une espèce de

vesse-loup que l'on nomme *lycoperdon piriforme*, à cause de la ressemblance qu'elle a avec une poire.

PISTIL, *pistilum*. On regarde dans une fleur le pistil, comme son organe femelle; il est communément composé de l'ovaire ou embryon, *pl. IV, fig. 51 A*, d'un style *B*, et d'un stygmate *C*. On dit que le pistil est complet, *pistilum completum*, quand il a, comme celui qui est représenté *fig. 51*, ovaire, style et stygmate. On dit qu'il est incomplet, *pistilum incompletum*, quand il manque de style ou de stygmate : il y a des fleurs qui n'ont qu'un seul pistil; d'autres qui en ont deux, trois, quatre, cinq, six, et quelquefois un nombre indéterminé. Quand on veut savoir le nombre des pistils qui n'ont pas de style, on compte les stygmates, et l'on peut regarder comme une règle générale, que la GYNANDRIE (*voyez* ce mot) aura lieu toutes les fois que les étamines s'uniront à ce qui occupera précisément le centre de la fleur, parce que, quand même la fleur n'auroit pas de pistil, ce qui occupe le centre du réceptacle en tient lieu.

Le pistil occupe toujours le centre des fleurs, *pl. IV, fig. 1 D*. Les fleurs qui n'ont que des pistils sans étamines, sont appelées fleurs femelles; celles qui n'ont que des étamines sans pistils, sont appelées fleurs mâles; celles qui ont étamines et pistils, sont appelées fleurs hermaphrodites. On considère dans le pistil sa présence, son absence, le nombre, la forme et la situation. *Voyez* OVAIRE, STYLE, STYGMATES et MÉTHODES.

PIVOT. On donne ce nom au tronc d'une racine, quand il s'enfonce verticalement dans la terre.

PIVOTANTE, *voyez* RACINE pivotante.

PLACENTA, *receptaculum seminale*. On donne ce nom à la partie d'un fruit quelconque, sur laquelle portent immédiatement les semences ou les graines, qu'elles soient environnées ou non des huit espèces de péricarpe; il suffit qu'elles aient leur point d'insertion sur cette partie, et que ce soit elle qui leur transmette immédiatement les sucs nourriciers dont elles ont besoin pour leur subsistance.

PLANE; ce qui est élargi, uni, égal, qui n'est point raboteux, ou bien encore ce qui est dans une situation parallèle à l'horizon.

PLANT. On appelle ainsi un lieu planté de jeunes arbres. On dit aussi du plant de vigne, du plant de noyer, &c. pour dire de jeunes pieds de vigne enracinés, ou de jeunes pieds de noyer.

PLANTARD; c'est une branche d'arbre assez grosse qui n'a point de racines, que l'on étête et que l'on fiche en terre, afin qu'elle produise un arbre de la même espèce : quelques-uns appellent *boutures* ces mêmes branches d'arbres, lorsqu'elles sont de petite taille; d'autres au contraire prétendent que l'on ne doit appeler *boutures*, que les branches d'une tige herbacée, et *plantards*, les branches d'une tige ligneuse.

PLANTATION. On appelle ainsi un terrain considérable, dans lequel on a planté beaucoup d'arbres. On dit une belle plantation, une plantation de peupliers, une plantation d'arbres étrangers.

PLANTE, *planta*. On donne ce nom à toute production naturelle qui peut occuper un rang dans le règne végétal. La plante ligneuse qui s'élève beaucoup, et qui n'a qu'une tige, est appelée arbre, *arbor*. La plante ligneuse qui s'élève beaucoup moins, et qui a communément plusieurs tiges, porte le nom d'*arbrisseau*, *planta fruticosa:* celle qui s'élève beaucoup moins encore, et dont les tiges également ligneuses, ne portent pas de bourgeons comme les arbres et les arbrisseaux, et subsistent pendant un ou plusieurs hivers, est appelée arbuste, *planta suffruticosa* vel *suffrutescens:* celle qui n'a pas sa tige ligneuse, est appelée *herbe:* quand une herbe périt entièrement tous les ans, on la nomme plante annuelle, *planta annua:* quand elle subsiste par ses racines pendant deux ans, on la nomme bisannuelle, *bisannua:* quand elle subsiste pendant trois ans, trisannuelle, *trisannua:* si elle dure davantage, on dit qu'elle est vivace, *planta perennis*. Au mot VÉGÉTAL, nous dirons un mot de l'organisation interne de la plante en général, et nous la suivrons dans tous ses degrés de développement.

PLANTES acaules, *plantæ acaules ;* celles qui n'ont pas de tige en général. Dans la classe des champignons, des lichens, nous avons un très-grand nombre de plantes acaules; mais, dans la classe des herbes, *herbæ acaules* vel *sessiles*, il n'y en a qu'un petit nombre qui sont privées de tige, et dans ce cas, leurs pétioles et leurs péduncules partent immédiatement de leur racine.

PLANTES acotyledones, *plantæ acotyledones ;* celles qui ont été produites par une graine qui n'avoit pas de cotyledon, et dont la *plantule* étoit composée de la *plumule* et de la *radicule* seulement.

PLANTES agrestes, *plantæ agrestes*. On appelle ainsi toutes les plantes qui viennent dans les champs sans avoir besoin de culture.

PLANTES alimentaires. On donne ce nom aux plantes destinées à fournir aux hommes des alimens de première nécessité. Le froment, le seigle, le riz, la pomme de terre, sont regardés comme plantes alimentaires.

PLANTES androgynes, *plantæ androgynæ* vel *monoices:* ce sont toutes les plantes qui, sur le même individu, ont des fleurs mâles et femelles séparées.

PLANTES annuelles (qui ne durent qu'un an), *plantæ annuæ ;* *voyez* le mot PLANTE.

PLANTES baccifères, *plantæ bacciferæ*. On nomme ainsi toutes les plantes, arbres ou herbes, qui ont pour fruits une ou plusieurs baies.

PLANTES bâtardes, *plantæ spuriæ ;* celles qui ont été produites par des semences, à la fécondation desquelles la poussière séminale de quelques autres plantes a pris part. Les fleurs doubles ou pleines qui fixent toute l'attention des Fleuristes, sont abâtardies par leurs soins; il n'y a point d'artifice auquel ils n'aient recours pour se procurer ces monstruosités, et pour les rendre plus monstrueuses encore. Ces soins sont nécessaires, il est vrai, pour balancer l'état artificiel de ces plantes bâtardes avec leur état naturel, avec cet état originel, dans lequel elles retomberoient bientôt, si l'on abandonnoit à la Nature seule le soin de les cultiver.

PLANTES bifères, *plantæ biferæ*. On donne ce nom à toutes les plantes qui donnent chaque année deux fois des fleurs et des fruits.

PLANTES bisannuelles, *plantæ bisannuæ ;* celles qui durent deux ans; *voyez* PLANTE.

PLANTES cataleptiques, *plantæ catalepticæ*. On appelle ainsi les plantes, dont les différentes parties qui les composent ne reprennent jamais la direction qu'elles avoient, quand une fois elle a été changée par quelque cause étrangère.

PLANTES caulescentes, *plantæ caulescentes ;* celles qui ont des tiges: c'est par-là qu'elles diffèrent des plantes qui n'en ont pas, et que l'on nomme sessiles.

PLANTES cryptogames, *plantæ cryptogamæ;* celles dont les organes de la fructification ne sont pas connus ou ne sont pas apparens.

PLANTES des champs incultes, *plantæ campestres ;* des champs cultivés, *arvenses ;* des terrains cultivés autour des jardins, *cultæ ;* des rues autour des maisons, *ruderales;* des prairies, *pratenses;* des montagnes, *montanæ ;* des forêts, *sylvaticæ ;* des bois, *nemorosæ ;* des marais, *palustres*, *paludosæ;* des lacs, *lacustres;* des bords de la mer, *maritimæ ;* des sables, *arenosæ*, &c. Il n'y a point de plantes qui viennent indifféremment dans toutes sortes de terrains, et qui se plaisent également à toutes sortes d'expositions; l'une aime les lieux secs et arides; l'autre les lieux humides, les marais : si l'eau vient à manquer à celle-ci, elle devient chétive, et prend un air de langueur qui la rend souvent méconnoissable; il est donc très-important de remarquer les lieux qui sont les plus convenables aux plantes, afin de n'être pas tenté de regarder à chaque pas, comme espèce nouvelle, ce qui n'est qu'une variété accidentelle. Ce que nous venons de dire peut s'appliquer aussi aux changemens qu'apportent la culture, le degré de température, et quelques circonstances étrangères.

PLANTES dicotyledones ou bicotyledones, *plantæ dicotyledones*, celles qui ont été produites par une graine à deux cotyledons, *pl. V, fig. 10 H, fig. 11 A B.*

PLANTES dioïques, *plantæ dioicæ;* celles qui ne portent jamais que des fleurs d'un seul sexe : les fleurs mâles se trouvent sur un individu, et les fleurs femelles sur un autre.

PLANTES diurnes, *plantæ diurnæ;* celles qui ne durent qu'un jour au plus, mais jamais plus d'un jour.

PLANTES douteuses, *plantæ dubiæ;* celles dont les parties de la fructification ne sont qu'imparfaitement connues, et sur lesquelles les sentimens des Savans sont encore partagés.

PLANTES éphémères, *plantæ ephemeræ;* celles qui sont de très-courte durée, qui naissent et qui meurent en peu de temps, mais qui durent cependant un jour au moins.

PLANTES exotiques, *plantæ exoticæ;* celles qui nous sont étrangères, et que nous ne pouvons avoir dans nos climats, qu'à force d'apporter des soins à leur culture. *Voyez* PLANTES indigènes.

PLANTES hybrides ou polygames, *plantæ polygamæ* vel *hybridæ;* celles qui portent des fleurs hermaphrodites et des fleurs mâles ou femelles sur le même pied ou sur différens pieds, soit que les hermaphrodites soient sur un pied, et les mâles ou femelles sur un autre; soit que les hermaphrodites se trouvent avec des fleurs femelles ou avec des fleurs mâles séparément sur le même pied. *Voyez* PLANTES polygamiques. On les divise en polygamiques monoïques, et en polygamiques dioïques mâles ou femelles.

PLANTES indigènes, *plantæ indigenæ;* celles qui croissent spontanément dans nos climats, et qui s'y reproduisent d'elles-mêmes. Il y a un très-grand nombre de plantes qui ne sont point originaires de nos climats, mais qui s'y sont si bien naturalisées, qu'elles y sont regardées comme plantes indigènes.

PLANTES lactescentes, *plantæ lactescentes;* celles qui rendent, par des incisions ou par des cassures faites à leur tige, ou à quelques-unes de leurs parties, un suc blanc comme du lait : tels sont les tithymales, les laitues, les pavots.

PLANTES médicinales, *plantæ medicinales;* ce sont toutes les plantes qui, employées comme il convient, soit à l'intérieur, soit à l'extérieur, peuvent apporter du soulagement à nos maux. *Voyez* l'art. PROPRIÉTÉS des plantes et le mot VÉGÉTAL.

PLANTES monocotyledones, *plantæ monocotyledones;* celles qui ont été produites par une graine qui n'avoit qu'un seul cotyledon, *pl. V, fig. 4 et 5.*

PLANTES monoïques ou androgynes, *plantæ monoicæ* vel *androgynæ ;* celles qui portent des fleurs mâles et femelles séparément sur le même individu : tels sont les melons, les concombres, le noyer, le mûrier, le bouleau, &c.

PLANTES multifères, *plantæ multiferæ.* On appelle ainsi les plantes qui donnent des fleurs plusieurs fois l'année, ou qui sont en fleurs toute l'année.

PLANTES nostrates, *plantæ nostrates;* celles que nous trouvons communément sous nos pas, qui viennent sur les chemins, autour des lieux habités.

PLANTES ombellifères, *plantæ umbelliferæ;* celles qui portent leurs fleurs et leurs fruits en ombelle. On distingue les plantes qui portent de vrais ombelles, d'avec celles qui en portent de fausses. *Voyez* le mot OMBELLE.

PLANTES parasites, *plantæ parasiticæ;* celles qui viennent sur d'autres plantes, et qui vivent à leurs dépens, comme le gui, l'orobanche, la cuscute.

PLANTES polygames, ou polygamiques dioïques femelles, *plantæ polygamæ dioicæ feminæ ;* celles qui portent sur deux individus de la même espèce, des fleurs hermaphrodites et des fleurs femelles, les hermaphrodites seules sur un pied, et les fleurs femelles sur un autre.

PLANTES polygamiques dioïques mâles, *plantæ polygamæ dioicæ mares ;* celles qui portent sur deux individus de la même espèce, des fleurs hermaphrodites et des fleurs mâles, les hermaphrodites seules sur un pied, et les fleurs mâles sur un autre: quand, sur le même pied, elles portent des fleurs hermaphrodites avec des fleurs mâles ou femelles, elles sont polygamiques monoïques, au lieu d'être dioïques.

PLANTES polygamiques monoïques femelles, *plantæ polygamæ monoicæ feminæ;* celles qui portent séparément sur le même individu des fleurs hermaphrodites (c'est-à-dire, des fleurs où l'on rencontre des étamines et des pistils, et qui portent du fruit); et des fleurs femelles (c'est-à-dire, des fleurs qui n'ont que des pistils sans étamines, et qui portent aussi du fruit), comme sont celles de la pariétaire.

PLANTES polygamiques monoïques mâles, *plantæ polygamæ monoicæ mares;* celles qui portent séparément sur le même individu, des fleurs hermaphrodites (c'est-à-dire, des fleurs où l'on rencontre des étamines et des pistils, et qui portent du fruit); et des fleurs mâles (c'est-à-dire, des fleurs qui n'ont que des étamines sans pistils, et qui ne portent jamais de fruit). *Voyez* FLEURS polygames, et l'article MÉTHODE botanique, pag. 115 et 117.

Il y a aussi quelques plantes, comme les *veratrum*, qui portent sur le même individu des fleurs hermaphrodites, des fleurs mâles et des fleurs femelles séparées : ces plantes sont conséquemment polygamiques monoïques mâles et femelles.

PLANTES potagères. On leur donne aussi le nom de légumes ; ce sont les plantes qu'on emploie communément à l'usage de la cuisine : on appelle jardin potager, celui où l'on ne cultive que des plantes potagères, comme des choux, des carottes, &c.

PLANTES rétiformes, *plantæ retiformes;* celles dont les feuilles, les tiges ou les racines sont alongées, et d'une extrême finesse, et qui, par leur entrelacement, représentent un filet ou un rets.

PLANTES subterranées, *plantæ subterraneæ;* celles qui acquièrent, sans sortir de terre, un degré de développement parfait.

PLANTES touffues, *plantæ cæspitosæ;* celles qui donnent une grande quantité de rameaux entrelacés, croisés et ramassés en touffe.

PLANTES trisannuelles (qui durent trois ans), *plantæ trisannuæ; voyez* le premier article du mot PLANTE.

PLANTES vénéneuses ou venimeuses, *plantæ venenosæ.* On appelle ainsi celles qui peuvent devenir nuisibles, lorsqu'on ne les emploie pas comme il convient. *Voyez* l'art. PROPRIÉTÉS des plantes, et le mot VÉGÉTAL.

PLANTES vivaces (qui durent plus de trois ans), *plantæ perennes; voyez* le premier article du mot PLANTE.

PLANTES usuelles. On divise les plantes usuelles en plantes alimentaires, en plantes médicinales, et en plantes d'usage dans les arts.

PLANTS enracinés, *vivi radices.* On donne ce nom à de jeunes arbres garnis de racines, et propres à être transplantés.

PLANTULE, *plantula.* La plantule est en général la jeune plante, peu de temps après qu'elle est sortie de la graine ; quand elle est encore en abrégé toute entière dans la graine, elle porte le nom d'EMBRYON, *corculum. Voyez* ce mot. On distingue dans la plantule, *pl. V, fig. 11,* la plumule *L*, la radicule *M*, et les lobes ou cotyledons *A B;* quelquefois les lobes s'élargissent, prennent de la couleur, et ressemblent à de véritables feuilles ; on les nomme pour lors feuilles séminales ; il s'ensuit qu'ils conservent le nom de lobes ou de cotyledons dans les *fig. 8, 9, 10, pl. V*, et qu'ils portent le nom de feuilles séminales dans la *fig. 11.*

PLAT, TE ; ce qui a la superficie unie, qui n'est ni concave, ni convexe.

PLEIN, NE ; ce qui n'a aucun vide. On appelle pédicule plein, *pediculus* vel *stipes plenus*, celui qui n'a aucune cavité intérieure, qui n'est ni creusé, ni fistuleux. On appelle fleurs pleines, *flores pleni*, celles qui sont devenues monstrueuses par la culture, et dont les étamines et les pistils sont remplacés par un nombre prodigieux de pétales.

PLEIN vent. Les Agriculteurs appellent arbre de plein vent, celui auquel ils laissent la faculté de s'élever à toute la hauteur dont il est naturellement susceptible.

PLIÉ, ÉE; ce qui a une courbure naturelle. On dit que les feuilles sont pliées sur elles-mêmes, lorsqu'elles sont encore dans le bouton ou dans la graine; qu'elles sont pliées en gouttière, lorsque leurs côtés forment, avec la nervure majeure, le chevron brisé, &c.

PLISSÉ, ÉE; ce qui est plié en plusieurs doubles; si les plis sont à angles obtus et forment des ondulations, on ne dit plus plissé, mais on dit ondé. *Voyez* FEUILLES pliées, FEUILLES ondées ou ondulées. On dit aussi que la membrane qui forme le *collet* et le *volva* des champignons, est plissée en manière de peignoir, quand elle est comme celle que la *fig. 6 B, pl. VI,* représente.

PLUMEUX, SE; ce qui est barbu comme une plume; *voyez* AIGRETTE, POILS.

PLUMULE, *plumula;* c'est cette partie de la plantule qui s'élève et qui doit former la tige de la plante. Le premier degré de développement de la plumule d'une graine monocotyledone, est représenté *fig. 4 A, pl. V.* Le premier degré de développement des graines dicotyledones, est représenté dans la *fig. 9 F,* et dans la *fig. 10 G.* On voit la plumule bien développée dans la *fig. 8 I,* et dans la *fig. 11 L, pl. V.*

POILS, *pili:* ce sont des productions minces, courtes et chevelues, que l'on rencontre sur les différentes parties des plantes, et qu'on soupçonne être autant de petits vaisseaux excrétoires. Il y a très-peu de plantes qui ne soient couvertes de poils, sur-tout dans leur jeunesse; mais ce n'est souvent qu'à l'aide du microscope qu'on peut les distinguer. Si l'on considère les épines et les aiguillons, comme des armes pour garantir les plantes du ravage qu'y feroient une infinité d'animaux, on pourroit bien regarder les poils comme destinés à s'opposer au tort qu'y feroient une multitude d'insectes de toute espèce, ainsi qu'à les préserver des injures de l'air. On dit qu'ils sont simples ou solitaires, *solitarii,* quand ils viennent seul à seul, et qu'ils ne se divisent point; s'ils viennent réunis en faisceaux, et qu'ils forment de petits pinceaux, on dit qu'ils sont fasciculés, *fasciculati,* &c.

On appelle Superficie velue, *superficies pilosa* vel *hirta* vel *hirsuta,* celle qui est recouverte de poils distincts, qui ne sont ni rudes, ni doux, *pl. X, fig. 12 A;* Superficie hérissée, *superficies hispida,* celle qui est recouverte de poils distincts, durs et fragiles, *fig. 12 B;* Superficie barbue, *superficies barbata,* celle qui est recouverte de poils droits, courts, rudes et parallèles entre eux, comme ceux qui sont représentés *pl. X, fig. 12 C;* Superficie ciliée, *superficies ciliata,* celle qui est recouverte de poils qui ressemblent à ceux qui sont représentés dans la *fig. 12 D;* Superficie tomenteuse ou cotonneuse, *superficies tomentosa, fig. 12 E,* celle qui est recouverte de poils doux, nombreux, rapprochés et entrelacés; Superficie laineuse ou drapée, *superficies lanata, fig. 12 F,* celle qui est recouverte de poils nombreux, rapprochés, entrelacés, et moins doux que ceux qui recouvrent la superficie cotonneuse; Superficie pubescente, *superficies pubescens, fig. 12 G,* celle qui est recouverte de poils extrêmement doux et fins, et qui ressemblent à du duvet ou à du poil follet. Quand les poils rendent comme satinée la superficie d'une chose, on dit qu'elle est soyeuse, *superficies sericea,* &c.

POILS crochus, *pili hamosi:* on appelle ainsi les poils qui sont fermes, élastiques, qui ont leur extrémité courbée en hameçon, et qui rendent les parties qu'ils recouvrent susceptibles de s'attacher aux habits. Quand chaque crochet est double, on nomme ces poils *pili glochides;* quand chaque crochet est triple, c'est-à-dire, quand il se divise à son extrémité supérieure en trois autres crochets, on les nomme *pili triglochides.*

POILS étoilés, *pili stellati;* ceux qui sont simples, mais qui partent plusieurs ensemble d'un point commun, d'où ils divergent en formant une étoile.

POILS plumeux, *pili plumosi, pl. V, fig. 16 A;* ceux qui, vus au microscope, présentent de deux côtés opposés, une saillie composée de poils menus, disposés comme les barbes d'une plume.

POILS rameux, *pili ramosi;* ceux qui se divisent et se ramifient, pour ainsi dire, en deux, trois ou quatre parties; ce qu'on peut rarement appercevoir à l'œil nu.

POILS rudes, *pili scabri;* ceux qui sont fermes, épais, roides, courts, qui rendent la superficie des plantes d'une très-grande rudesse. Lorsqu'ils sont plus longs et comme desséchés, on les nomme *strigosi.*

POINÇON, *spadix:* c'est cette espèce de réceptacle que l'on observe dans les fleurs des *arum, fig. 34, pl. IV.*

POINTES. On donne ce nom aux aiguillons et aux épines. Il y a aussi un genre de champignon, dont le chapeau est doublé de pointes.

POINTS d'appui, *voyez* SUPPORTS.

POINTU, UE. On nomme ainsi tout ce qui est terminé en pointe; quelquefois la pointe est aiguë, quelquefois elle est obtuse. *Voyez* FEUILLES pointues, *voyez* STYGMATE terminé en pointe.

POIX, *pix,* substance résineuse que l'on tire des pins et des sapins, par des entailles qu'on y fait.

POLYADELPHIE, *polyadelphia,* de deux mots grecs qui signifient plusieurs frères. La polyadelphie est la classe XVIIIe du Systême sexuel; elle renferme les plantes qui ont plusieurs étamines réunies par leurs filets en trois corps ou en plus de trois corps.

POLYANDRIE, *polyandria*, de deux mots grecs qui signifient plusieurs maris. La polyandrie est la classe XIIIe du Systême sexuel; elle renferme les plantes qui ont depuis vingt jusqu'à cent, ou un nombre indéterminé d'étamines qui ne tiennent point au calice.

POLYGAMIE, *polygamia*, de deux mots grecs qui signifient plusieurs noces. La polygamie est la classe XXIIIe du Systême sexuel; elle renferme les plantes qui portent, ou sur le même individu, des fleurs hermaphrodites et des fleurs unisexuelles mâles ou femelles; ou sur deux individus de la même espèce, des fleurs hermaphrodites et des fleurs mâles sur l'un, et des fleurs hermaphrodites avec des fleurs femelles sur l'autre; ou bien encore, des fleurs mâles sur un individu, des fleurs femelles sur un autre, et des fleurs hermaphrodites sur un troisième individu de la même espèce.

POLYGONE, qui a plusieurs angles et plusieurs côtés très-distincts.

POLYGYNIE, *polygynia*, de deux mots grecs qui signifient plusieurs femelles. Les plantes dont on a déterminé la classe selon les principes du Systême sexuel, sont du VIIe ordre, la polygynie. *Voyez* page 116, quand chaque fleur a plus de six pistils, ou même quand elle en a un nombre indéterminé.

POLYPÉTALE. On appelle corolle polypétale, celle qui est composée de plusieurs pièces: on divise les corolles polypétales, en polypétales régulières et en polypétales irrégulières. *Voyez* COROLLE.

POLYPHYLLE. On appelle calice polyphylle, *calix polyphyllus* vel *perianthium polyphyllum, pl. IV, fig. 66*, celui qui est composé de plusieurs pièces. *Voyez* CALICE, PÉRIANTHE. On appelle aussi collerette polyphylle, *involucrum polyphyllum*, celle qui est divisée jusqu'à l'endroit de son insertion, en plusieurs parties distinctes. *Voyez* COLLERETTE.

POLYSPERME, qui a plusieurs semences. On appelle BAIE polysperme, *bacca polysperma*, celle qui contient un très-grand nombre de semences: on donne aussi ce nom aux huit espèces de péricarpes, quand les graines qu'elles contiennent sont si fines, qu'on n'en peut déterminer au juste le nombre.

POMMETTE, *pomum*. M. de la Marck appelle ainsi les fruits charnus qui contiennent des pepins dans des loges pratiquées à leur centre. *Voyez* FRUITS à pepin. La *pommette* est la sixième espèce de péricarpe.

PONCTUÉ, ÉE; ce qui est parsemé de points remarquables. On remarque si les points sont calleux et élevés, ou s'ils sont simplement planes et colorés.

PORES, *pori*. Tous les corps animés ont des pores absorbans, au moyen desquels ils reçoivent du dehors l'air et les liqueurs nécessaires pour leur existence; et des pores exhalans ou excréteurs, destinés à transmettre au-dehors un air nuisible, ou quelques fluides, dont la présence troubleroit l'équilibre de leurs fonctions économiques. Outre ces pores qui sont d'une finesse extrême, et qui peuvent être regardés comme autant de petits vaisseaux particuliers, on remarque encore sur la superficie de quelques plantes, comme sur les *bolets, pl. VI, fig. 16, 17, 18, 19, 21, 22,* de petits tubes que l'on regarde comme les organes médiats de la fructification de ces plantes; quelques-uns, comme dans la *fig. 16,* sont très-fins, égaux, susceptibles d'être détachés les uns des autres, et contigus avec la chair du chapeau; d'autres, *fig. 17,* sont aussi très-fins et égaux, mais continus avec la chair du chapeau qu'ils recouvrent, et quelquefois même continus entre eux, de manière à ne pouvoir être séparés; d'autres, *fig. 19,* sont très-courts, très-inégaux en largeur et en profondeur; il y en a aussi qui sont si fins, *fig. 21,* qu'à peine peut-on les distinguer, et qui sont en partie continus et en partie contigus; d'autres enfin, *fig. 22,* qui sont quelquefois contigus, quelquefois continus, mais qui ressemblent parfaitement à ces alvéoles que l'on remarque sur les gâteaux de cire que l'on retire des ruches à miel: ces espèces d'*alvéoles* végétales ne sont pas toujours aussi régulières que celles que forment les abeilles; mais il y a des individus où elles sont assez constamment pentagones, et d'autres où elles sont hexagones: il est essentiel de faire cette remarque. Il en est de ces espèces de champignons que l'on nomme *bolets,* comme de celles que l'on nomme *agarics;* ce n'est que dans l'état de développement parfait, que l'on peut justement saisir les caractères qui les distinguent.

PORT, *habitus, facies exterior plantæ.* Il n'y a point de plantes qui, indépendamment des caractères qui la distinguent, n'ait une façon d'être qui lui est particulière, une forme habituelle qu'aucune autre plante n'a qu'elle; l'œil exercé distingue assez bien une plante par son port; mais on ne peut établir de règles pour cela: on dit bien que telle plante a à-peu-près le même port que telle autre; mais on ne dit point, et l'on ne peut point dire de manière à se faire entendre clairement, ce qui constitue le port d'une plante, et comment le port de celle-ci diffère du port de celle-là; c'est par-là cependant que la Nature s'est plu à distinguer le mieux la plupart des êtres qu'elle a créés; il faut bien que ce signe lui ait paru suffisant pour faire reconnoître les plantes; aussi voyons-nous que tous les animaux libres ne s'y trompent pas, et il est à présumer que l'homme qui s'y exerceroit ne s'y tromperoit pas plus qu'eux.

POTAGÈRES. On appelle plantes potagères ou herbes potagères, toutes celles que l'on cultive dans les jardins potagers pour l'usage de la cuisine. On emploie assez indifféremment les mots potagères et légumineuses, comme synonymes.

POUSSIÈRE séminale, *pollen.* Au moment de l'épanouissement des fleurs, il s'échappe des anthères, *pl. IV, fig. 7 A B*, une poudre plus ou moins fine et communément colorée, que l'on regarde comme la poussière prolifique des plantes. Tout semble bien prouver en effet que cette poussière est l'essence qui détermine la fécondation des graines; mais on ne sait pas encore s'il faut qu'elle soit reçue en substance dans l'ovaire, ou bien si un simple contact suffit. *Voyez* ANTHÈRES. Si on observe cette poussière au microscope, elle paroît être un amas de petits corps orbiculaires, que l'on ne peut mieux comparer qu'à des œufs de poissons : ces petits corps sont de nature résineuse, et s'enflamment aisément à la chandelle. Les abeilles ramassent cette poussière à l'aide des brosses de poils dont leurs cuisses sont couvertes; elles la portent dans leur laboratoire, où, après une certaine préparation, elle devient la matière de la vraie cire.

Cette poussière prolifique paroît jouer un grand rôle dans le règne végétal; il n'est presque point de plantes sur lesquelles on n'en découvre, pour peu qu'on les observe avec attention : j'en ai trouvé abondamment sur toutes les espèces d'*agarics;* mais ce n'est point, comme on le croit, entre les deux lames qui composent chaque feuillet qu'elle se trouve, c'est sur leur surface extérieure, *pl. VI, fig. 10 :* j'en ai vu sortir des pores ou tuyaux de quelques espèces de *bolets*, sous la forme d'une vapeur : j'en ai trouvé sur plusieurs *pezizes;* aux extrémités des digitations des *clavaires*, des pointes d'*hydnes;* enfin je crois qu'elle est par-tout, et que par-tout elle est nécessaire : mais qui oseroit assurer que par-tout elle a les mêmes fonctions? Ici elle paroît être la matière prolifique destinée à la fécondation des graines; là elle paroît être la graine elle-même et la graine fécondée. Il s'en faut bien que tout ce que la Nature fait, soit à la portée de nos sens; pour un point que nous découvrons, nous en laissons des milliers à découvrir : sans cesse nous créons des systêmes que nous voyons un instant après s'écrouler; et pour vouloir trop bien connoître la Nature, nous nous en rendons par-là même moins en état.

PRINCIPES de Botanique, *elementa Botanicæ.* On appelle ainsi certaines règles établies, dans la vue de rendre l'étude de cette science plus facile, et la pratique plus sûre.

Dans l'exposition des principes de la Botanique, nous avons préféré l'ordre de Dictionnaire, parce que cet ordre nous a semblé devoir être celui qui rempliroit le mieux l'objet que nous nous sommes proposé dans cet ouvrage. De cette manière, le précepte se présente avec clarté sous le nom qui lui est consacré; il n'exige point que l'esprit soit dans une tension gênante, ni que la mémoire se charge d'une sèche nomenclature, avec laquelle l'usage seul a le droit de familiariser. Nous avons cru aussi que les élémens de cette science devoient être bornés à ce qui est purement nécessaire ; qu'il falloit les réduire à la plus grande simplicité possible, et même en écarter tout ce qui paroissoit tenir à une sorte d'érudition qui auroit pu partager l'attention du commençant.

Nous devions principalement nous attacher à ce que les personnes qui se sont procuré l'HERBIER DE LA FRANCE, trouvassent dans l'étude de la partie élémentaire de la Botanique, autant de facilité qu'elles en trouvent à connoître les plantes, au moyen des figures coloriées que nous leur en avons données; mais il étoit encore un objet qui ne paroissoit pas mériter moins toute notre attention, c'étoit que ce *Dictionnaire élémentaire* pût devenir utile à ceux même qui, éloignés du commerce des lettres, ne trouvent autour d'eux ni gens instruits à consulter, ni jardins botaniques, ni herbiers naturels ou artificiels, dans lesquels ils puissent prendre des leçons : nous avons réuni pour cela tous nos efforts; nous avons cru qu'il étoit nécessaire de montrer comment les élémens de la Botanique tiennent aux loix de la Nature, en les exposant dans l'ordre progressif où ils se présentent naturellement, quand on en vient à un examen sérieux et détaillé du végétal, des différentes parties organiques qui le composent, et de leurs fonctions respectives : nous avons fait voir que si la Nature a ses loix, si chaque plante a une forme qui lui est particulière, des caractères qui la distinguent d'une autre, l'art a aussi des moyens diversement combinés, qui sont comme autant de ressorts que le Botaniste met continuellement en jeu, pour s'assurer comment une plante diffère essentiellement d'une autre plante, pour parvenir ensuite à trouver le nom que l'on est convenu le plus unanimement de lui donner, et passer de-là à la connoissance des propriétés des végétaux et à celle de leur usage.

Celui qui voudra suivre un plan méthodique dans l'étude des plantes, le trouvera tout tracé à l'article VÉGÉTAL de ce Dictionnaire. Chaque principe y est rappelé par le nom qui lui est propre ; il y verra la plante sous la forme d'une graine; cette graine passera dans l'état de germination; la jeune plante qui en naîtra, prendra tous les jours un nouveau degré d'accroissement; elle acquerra des forces, se couvrira de feuilles, deviendra adulte, produira des fleurs, des fruits, aura peut-être une nombreuse postérité, et périra enfin lorsqu'elle aura rempli les fonctions pour lesquelles elle avoit été créée.

Supposons maintenant que l'on soit déjà instruit des principes de la Botanique, et assez familier avec le langage de cette science, pour en faire de soi-même une juste application, pour entendre parfaitement tous les Auteurs qui ont écrit sur ce genre d'étude, et pour parvenir même à assigner à chaque plante le rang qu'elle doit occuper suivant les principes de divisions de telle ou telle méthode; peut-on se flatter que par le moyen des meilleures méthodes connues, on va trouver le nom que les Botanistes sont convenus de donner à chaque plante? Je n'oserois trop l'assurer, sur-tout si l'Auteur de la méthode que l'on adopte, n'a pas donné la figure de chaque plante qu'il a décrite, et s'il ne nous en montre pas les formes en nous les expliquant. Lorsque nos yeux ne peuvent soulager notre esprit, il est bien rare que nous ayons une idée nette de l'objet que nous desirons connoître, et ce seroit une erreur de croire que c'est à l'usage seul des meilleurs livres, que ceux qui sont le plus versés dans la Botanique, doivent leur instruction; il s'en faut bien: une étude suivie dans les jardins botaniques, sur des herbiers naturels et artificiels; des expériences mille fois répétées sur la Nature; des voyages multipliés; une vérification exacte de synonymie, et une correspondance établie entre les gens de l'art, voilà ce qui les a formés. Mais vous, au pouvoir de qui toutes ces ressources ne sont peut-être pas, comment donc vous y prendrez-vous? Faites comme dit J. J. Rousseau, pag. 99, et comme nous savons qu'il a fait lui-même: lorsque vous trouverez en fleur une plante que vous ne connoîtrez pas, décrivez-la exactement dans les termes de l'art; n'oubliez rien sur-tout de ses détails caractéristiques; ramassez-en, s'il se peut, deux ou trois échantillons, et conservez-les de votre mieux; lorsque vous en aurez un certain nombre, amusez-vous à les classer suivant une méthode quelconque; adressez-vous ensuite à un Botaniste instruit, il n'en est point qui ne se fasse un plaisir d'y ajouter les noms. Cette marche, lente en apparence, est bien la plus courte et la plus sûre de toutes; elle seule vous servira plus que les ouvrages les plus savans et les plus méthodiques; elle ne manquera pas de vous conduire à de nouvelles découvertes, parce qu'elle vous forcera au besoin d'une attention soutenue et d'une exactitude scrupuleuse; vous vous trouverez bientôt en état de jouir du fruit de vos recherches, et de concourir à donner à la science tout le degré de perfection dont elle est susceptible.

Nous voilà arrivés enfin à ce terme, où nous devons songer à ne plus regarder la Botanique que comme un moyen auxiliaire, et comme le fil qui doit nous conduire à un objet plus utile et plus intéressant: cet objet est l'art de nous approprier les plantes, et de les faire servir utilement à nos différens besoins. Il reste encore à faire dans l'Agriculture, dans la Médecine, dans les Arts, des milliers de découvertes importantes, qui sont en notre pouvoir.

PROLIFICATION des fleurs, *prolificatio florum*. La prolification a lieu toutes les fois que nous voyons sortir du centre d'une fleur, un ou plusieurs rameaux chargés de feuilles, ou qui portent une ou plusieurs autres fleurs dont le limbe dépasse plus ou moins celui de la corolle qui les porte. Une autre espèce de prolification se remarque aussi sur certains fruits: souvent on voit une petite pomme sortir de l'œil d'une autre pomme, et cela se remarque aussi dans la poire, dans le coing, &c. Ces monstruosités ne sont probablement que l'effet d'un dérangement causé dans l'économie végétale, par une surabondance d'engrais, ou par la piqûre de quelque insecte. *Voyez* FLEURS prolifères.

PROPRE, se prend ici pour ce qui appartient immédiatement à une chose; *voyez* CALICE propre, ENVELOPPE, TUNIQUE, PÉDUNCULE, PÉTIOLE, &c.

PROPRIÉTÉS des plantes, *plantarum proprietates*. Il ne faut pas confondre les propriétés des plantes avec leurs qualités. Les propriétés des végétaux sont leurs vertus particulières; elles supposent d'avance l'existence des QUALITÉS; *voyez* ce mot. Pour peu que nous apportions d'attention à examiner ce qui se passe entre tous les êtres qui composent les trois règnes de la Nature, nous voyons qu'il y a entre eux une certaine intelligence et une sorte d'union, qu'ils ont tous des propriétés réciproques les uns pour les autres, et qu'ils se prêtent sans cesse des secours mutuels pour leur existence, ce qui nous conduit naturellement à croire que les plantes ne sont pas plus créées pour nous que nous sommes créés pour elles, et que nous avons pour elles les mêmes propriétés qu'elles ont pour nous.

Mais il sembleroit que l'homme devroit avoir, sur les animaux, l'avantage de distinguer avec certitude parmi les plantes, celles qui peuvent lui fournir les alimens les plus sains, et celles qui pourroient remédier le plus sûrement et le plus promptement aux maux qui tendent à abréger le cours de sa vie; nous voyons avec affliction que c'est tout le contraire; sa raison est plus souvent en défaut que l'instinct des animaux libres, et nous voyons tous les jours que, lors même que la liberté du choix est le plus en son pouvoir, il s'empoisonne avec ce qu'il croit le mieux connoître. Il n'est pas bien difficile de deviner la cause de ces méprises fatales, dont nous ne sommes que trop souvent les victimes. L'homme naturellement curieux, embrassant trop d'objets à-la-fois, est obligé de glisser rapidement sur ce qui mériteroit de sa part la plus scrupuleuse attention; et ne pouvant assez compter sur le rapport de ses sens, parce qu'il les exerce trop peu, il étudie, il observe; mais comme ses entreprises sont toujours au-dessus de ses forces, les ressorts de son imagination s'affoiblissent avant qu'il ait pu arriver à son but; il effleure tout, et n'est jamais sûr de rien.

Quand nous passerons tout le temps de notre vie à rassembler de tous les points de la surface de notre globe les plantes qui les recouvrent, à quoi cela nous conduira-t-il? bien loin de rapprocher la science de son véritable but, c'est le moyen de l'en éloigner. Au milieu des ressources que la Nature nous offre dans les plantes qu'elle a semées sous nos pas, nous serons encore obligés d'abandonner au hasard le soin des découvertes, et de vivre comme si ces ressources n'existoient pas pour nous. Il est donc du devoir du sage de se borner à étudier les plantes dont il doit faire tous les jours un usage familier; les *plantes alimentaires*, les *plantes médicinales*, celles que nous regardons comme *vénéneuses*, et qui pourroient être de grands remèdes, aussi bien qu'elles sont quelquefois pour nous de grands poisons; et toutes celles qu'on emploie dans les arts méritent d'autant mieux la préférence sur les autres, qu'elles ne sont encore que très-imparfaitement connues, et que celles que nous nous flattons de connoître le mieux, auroient encore besoin d'être soumises à une infinité d'expériences, pour constater plus justement leurs vertus.

PROVIGNER; c'est multiplier les arbres ou arbustes, en couchant en terre leurs branches sans les séparer du tronc; elles y prennent racines, et produisent de nouvelles plantes de la même espèce: ces branches ainsi mises en terre se nomment *provins*.

PRUNE ou PRUNETTE, *drupa;* c'est la cinquième espèce de PÉRICARPE; *voyez* ce mot: c'est le fruit à noyau proprement dit, *fructus mollis cum ossiculo*. La cerise, la prune, la pêche, la noix, sont des fruits à noyau ou des prunettes de M. le Chev. DE LA MARCK.

PUBESCENT, TE; ce qui est recouvert de poils doux, très-fins et plus ou moins distincts; *voyez* POILS.

PULPE, *pulpa:* on appelle ainsi la substance médullaire ou charnue des fruits. La pulpe est aux fruits ce que le *parenchyme* est aux feuilles et aux jeunes tiges.

PULPEUX, SE, se dit de tout ce qui a une certaine épaisseur, et qui est composé d'une pulpe plus ou moins succulente; *voyez* FEUILLES.

PYRAMIDAL, LE; ce qui est en forme de pyramide.

Q

QUADRANGULAIRE; ce qui a quatre angles; *voyez* TIGE, et FEUILLES quadrangulaires.

QUADRICAPSULAIRE. On appelle fruit quadricapsulaire, celui qui est composé de quatre capsules distinctes.

QUADRILATÉRALE, qui a quatre côtés égaux, ou quatre faces égales.

QUADRILOCULAIRE, qui est à quatre loges; *voyez* CAPSULE uniloculaire.

QUADRIPHYLLE, qui est de quatre pièces distinctes; *voyez* CALICE monophylle.

QUADRIJUGUÉES. On appelle feuilles quadrijuguées, les feuilles composées qui, sur un pétiole commun, portent quatre paires de folioles opposées.

QUADRIVALVE, qui a quatre valves ou panneaux; *voyez* CAPSULE univalve.

QUALITÉS des plantes, *plantarum qualitates.* Chaque plante a des qualités qui lui sont particulières, et qui sont comme le principe, la base de ses propriétés. Le goût et l'odorat, aidés par l'analogie et l'expérience, nous indiquent assez bien les qualités d'une plante, et nous en apprennent assez justement les vertus, parce que les plantes qui ont la même saveur et la même odeur, ont ordinairement les mêmes vertus.

Nos modernes distinguent dix espèces de saveur; 1°. la saveur aqueuse ou insipide, *sapor aquosus;* 2°. la saveur sèche, *sapor siccus;* 3°. douce, *dulcis;* 4°. grasse, *unctuosus* vel *pinguis;* 5°. visqueuse, *viscosus;* 6°. acide, *acidus;* 7°. salée, *salsus;* 8°. âcre, *acris;* 9°. amère, *amarus;* et 10°. austère ou stiptique, *stipticus.* Ils distinguent aussi six espèces d'odeur; 1°. l'odeur douce et agréable, *odor flagrans;* 2°. l'odeur forte et aromatique, *odor aromaticus;* 3°. l'odeur d'ambre, *odor ambrosiacus;* 4°. l'odeur d'ail, *odor alliaceus;* 5°. l'odeur puante, *odor virosus;* et 6°. l'odeur nauséeuse, cette odeur fade qui soulève l'estomac, *odor nauseosus;* mais il n'est guère possible de déterminer au juste ces différences de saveur et d'odeur; on ne peut se régler que sur des à-peu-près, parce que l'on n'a pas là-dessus de principes certains, et qu'il n'est même pas possible d'en avoir.

QUATERNÉS, EES. On donne ce nom à toutes les parties des plantes qui sont disposées quatre par quatre sur un même point d'insertion. *Voyez* FEUILLES quaternées.

QUEUE. Ce qu'on appelle vulgairement queue dans une feuille, dans une fleur ou un fruit, porte en Botanique le nom de PÉTIOLE ou de PÉDUNCULE. *Voyez* ces mots. On dit le *pétiole* d'une feuille et le *péduncule* d'une fleur, d'un fruit. La queue ou le petit pied qui soutient les aigrettes, les glandes, porte le nom de *pédicule.* On donne aussi ce nom à la tige proprement dite des champignons. On dit que le chapeau de tel champignon est continu avec son pédicule; que tel autre a le pédicule court, long, renflé, &c.

QUINÉS, ÉES. On donne ce nom à toutes les parties des plantes qui sont disposées cinq par cinq sur un même point d'insertion.

QUINQUANGULAIRE, qui a cinq angles. On emploie rarement ce mot dans la langue françoise : on s'en sert plus fréquemment dans les descriptions latines, *semen quinquangulare, caulis quinquangularis*, &c.

R

RABATTU, UE. On donne ce nom à toutes les parties des plantes qui étoient d'abord dans une situation droite, et qui se renversent ensuite, retombent ou se replient sur elles-mêmes. *Voyez* FEUILLES réfléchies ou rabattues.

RABOTEUX, SE. On appelle ainsi tout ce qui a une surface inégale, tout ce qui n'est point uni.

RACINE, *radix*. Nous avons dit à l'article PLANTULE, que lorsqu'une graine germoit, il en sortoit deux petits corps, l'un que l'on nommoit *radicule*, c'est-à-dire petite racine, et l'autre que l'on appeloit *plumule*, qui étoit destiné à former la tige et ses dépendances. Nous avons donné pour exemple différentes graines en germination, *pl. V*. On voit dans la *fig. 11*, la radicule du chanvre *M*, bien développée, et que l'on peut déjà appeler racine.

Les racines sont douées d'une succion plus ou moins forte; elles pompent de la terre et des corps sur lesquels elles ont pris naissance, les sucs nécessaires à la nutrition et à l'accroissement des végétaux: elles sont communément situées à l'extrémité inférieure des tiges, et pour la plupart implantées dans la terre; mais il y en a aussi qui tiennent les plantes fixées sur les corps les plus durs; d'autres qui sont suspendues dans l'eau, et d'autres qui sont insérées sur d'autres plantes. Nous avons aussi quelques plantes, comme les truffes, qui ne paroissent composées que de racines.

L'examen des racines pourroit fournir des caractères certains depuis l'instant où la plante est dans l'état de germination, jusqu'à celui où elle est près de son dépérissement, si l'on observoit avec assez d'attention sa forme, sa consistance, sa durée et sa direction. Il est bon de remarquer aussi l'insertion de la tige sur la racine, et si elle est pourvue de collet, ou si elle n'en a pas.

RACINE articulée, *radix articulata, pl. VII, fig. 31;* celle qui est composée d'une substance charnue, rétrécie et renflée alternativement, et ayant des articulations ou des nœuds remarquables; elle diffère de la racine noueuse, en ce qu'elle n'est pas composée de petits corps unis entre eux par des productions filamenteuses.

RACINE bulbeuse, *radix bulbosa, pl. VII, fig. 16, 17*. Quand l'extrémité inférieure d'une tige est renflée, arrondie ou ovale, qu'elle a à sa partie inférieure une certaine portion de chair *BB* qui donne naissance aux racines proprement dites, et qu'elle est recouverte d'une ou de plusieurs enveloppes ou tuniques membraneuses qu'on peut aisément détacher, elle est bulbeuse: elle diffère de la racine tubéreuse, en ce que les fibrilles radicales de celle-ci partent latéralement, inférieurement et sans ordre, du corps charnu qui la compose, en ce que sa substance ou sa chair est ordinairement plus ferme et plus compacte que celle de la racine bulbeuse, et en ce qu'elle n'est jamais recouverte de tuniques ou d'enveloppes membraneuses, qu'on en puisse aisément détacher. Les racines du lys, du colchique, sont bulbeuses, et celles du pain de pourceaux, du navet, de la brione, sont tubéreuses; mais on confond assez souvent, dans plusieurs Ouvrages de Botanique, ces deux dénominations. La bulbe peut être chevelue, fibreuse, filamenteuse, rameuse, rétiforme, &c. suivant la forme et la disposition de ses fibrilles. *Voyez* BULBE. Il y a des racines qui sont composées de deux, de trois ou de plusieurs bulbes que l'on nomme CAYEUX, *bulbuli* vel *adnata*.

RACINE chevelue, *radix comosa, pl. VII, fig. 27;* celle qui est composée de fibrilles si déliées, qu'elles ressemblent à des cheveux. On appelle ces fibrilles le chevelu de la racine.

RACINE dichotome ou bifurquée, *radix dichotoma* vel *bifurca.* On appelle ainsi la racine qui est divisée en deux troncs principaux qui font la fourche.

RACINE fasciculée, *radix fasciculata, pl. VII, fig. 23;* celle qui est composée de plusieurs parties qui tiennent ensemble près de la tige, et qui s'écartent les unes des autres à mesure qu'elles s'éloignent. On les appelle vulgairement racines en botte. Toutes les espèces de racines peuvent être appelées fasciculées, soit qu'on n'entende parler que de leur chevelu, soit qu'on veuille parler des premières divisions du tronc.

RACINE fibreuse, *radix fibrosa;* celle qui est composée de ramifications plus ou moins fines qui diminuent sensiblement de grosseur depuis le lieu de leur insertion sur la tige jusqu'à leur extrémité : ces fibrilles radicales ont différentes formes qui les font distinguer en filamenteuses, quand elles ressemblent à des fils; en chevelues, quand elles ressemblent à des cheveux, &c.

RACINE filamenteuse, *radix filamentosa;* celle dont les fibrilles sont très-fines, et ressemblent à du fil ou à de la soie.

RACINE fusiforme, *radix fusiformis, pl. VII, fig. 29;* celle qui est alongée, et qui va en diminuant à ses extrémités comme un fuseau.

RACINE globuleuse, *radix globosa;* celle qui est d'une forme sphérique, comme un oignon. On nomme bulbe globuleuse, *bulbus globosus,* celle qui est arrondie et charnue: il y a aussi des racines tubéreuses, comme celle de la pomme-de-terre, auxquelles on donne ce nom.

RACINE grumeleuse, *radix grumosa, pl. VII, fig. 23, 24;* celle qui est composée de plusieurs petits corps de même nature que la racine tubéreuse, communément ronds, ou terminés en pointes aux deux extrémités, et suspendus un à un par une espèce de filet; tantôt ils sont adhérens à l'extrémité inférieure de la tige sur un même point d'insertion; tantôt ils sont placés sans ordre sur un tronc qui leur est commun, ou sur les divisions du tronc radical, &c. On ne doit point confondre la racine grumeleuse avec la racine bulbeuse, la racine tubéreuse proprement dite, la racine noueuse, ni avec la racine fibreuse : les racines de la renoncule ficaire, celles de quelques anémones, sont grumeleuses.

RACINE horizontale, *radix horizontalis, pl. VII, fig. 28, 30 et 31;* celle qui a une direction parallèle à l'horizon, et qui est plus ou moins enfoncée en terre. Les racines traçantes, les racines stolonifères sont toujours horizontales.

RACINE ligneuse, *radix fruticosa;* celle qui est dure, solide, d'une consistance approchant de celle du bois, et qui subsiste trois, quatre années ou plus, comme celle des arbres, des arbrisseaux.

RACINE palmée, *radix palmata, pl. VII, fig. 22;* celle qui est composée de plusieurs divisions charnues, épaisses, inégales, et étalées comme les doigts d'une main ouverte.

RACINE parasite, *radix parasitica.* On appelle ainsi la racine d'une plante qui croît sur une autre plante, et aux dépens de laquelle elle vit. Le gui que nous trouvons enraciné sur les poiriers, sur le chêne; la cuscute qui se trouve sur le thym, sur la persicaire; l'hipociste qui s'attache aux racines du ciste, ont des racines parasites.

On a observé que la plupart des plantes parasites prenoient racine sur l'individu même destiné à les porter, mais que la cuscute au contraire prenoit d'abord racine dans la terre, et qu'à l'aide d'un grand nombre de mamelons doués d'une forte succion, elle s'attachoit aux plantes qui l'environnoient, et vivoit à leurs dépens, malgré que le bas de sa tige fût desséché.

RACINE pivotante, *radix perpendicularis, fig. 29;* celle qui s'enfonce dans la terre perpendiculairement à l'horizon.

RACINE napiforme, *radix napiformis;* celle qui a la forme du navet; c'est la forme la plus commune aux racines tubéreuses.

RACINE noueuse, *radix nodosa, pl. VII, fig. 26;* celle qui est composée de plusieurs petits corps suspendus les uns au bout des autres par un fil commun, comme des grains de chapelet; si au contraire on remarquoit d'espace en espace, sur toute sa longueur, des étranglemens très-sensibles, on l'appelleroit articulée, *radix articulata.*

RACINE rameuse, *radix ramosa, fig. 25, pl. VII;* celle qui se divise en plusieurs rameaux latéraux qui se subdivisent eux-mêmes.

RACINE rampante ou traçante, *radix repens, pl. VII, fig. 30;* celle qui s'étend horizontalement et peu profondément, quand elle jette des brins de tous côtés, qui forment autant de tiges, comme dans la renoncule rampante. On la nomme racine stolonifère, *radix stolonifera, fig. 28.*

RACINE rétiforme, *radix retiformis;* celle qui est composée de fibrilles d'une finesse extrême, et dont l'entrelacement représente un filet ou un rets.

RACINE stolonifère, *radix stolonifera, pl. VII, fig. 28;* celle qui pousse d'intervalle à autre des rameaux qui s'éloignent du tronc, et qui produisent de nouvelles plantes que l'on nomme DRAGEONS. Les racines stolonifères sont presque toujours horizontales et rampantes.

RACINE traçante, *voyez* RACINE rampante.

RACINE tronquée, *radix truncata* vel *præmorsa, fig. 19, pl. IV;* celle dont l'extrémité inférieure est comme rongée ou cassée: il y a beaucoup de racines tubéreuses qui sont dans ce cas-là.

RACINE tubéreuse, *radix tuberosa, pl. VII, fig. 18, 19, 21;* celle qui est charnue, courte, plus ou moins arrondie, qui n'est pas composée de tunique, ni même qui n'en est pas recouverte; qui n'a pas, comme la BULBE, un corps particulier, d'où les racines partent comme d'un point commun, mais qui donne naissance sur toute sa surface à des fibres radicales qui y croissent sans ordre déterminé; *voyez* RACINE bulbeuse.

RACINE turbinée, *radix turbinata;* celle qui a la forme d'une toupie.

RACINE vivace, *radix perennis;* celle qui subsiste pendant plusieurs années: dans le nombre des plantes vivaces, il y en a qui sont vivaces par leurs racines et leurs tiges, mais elles ne le sont pour la plupart que par leurs racines, c'est-à-dire, qu'elles perdent leurs tiges tous les ans.

RADICAL, LE, qui appartient à la racine, ou qui part immédiatement de la racine; *voyez* HAMPE, FEUILLES, FLEURS, VOLVA.

RADICANT, TE, qui produit des racines. Il y a des plantes, comme le lierre, la cuscute, dont les tiges produisent des racines. *Voyez* TIGE radicante et FEUILLES radicales.

RADICULE, *radicula, rostellum;* c'est le rudiment de la racine, la racine en petit. C'est ordinairement la radicule qui paroît la première dans une graine germée, comme on peut le voir, *fig. 6, pl. V:* elle est déjà quelquefois fort longue, comme dans les *fig. 4, 5, 7, 8, 9, 10, 11,* que la plumule commence à peine à paroître.

RADIÉ, ÉE; ce qui est disposé comme les rayons d'une roue. On appelle fleurs radiées, les fleurs composées, dont le disque est occupé par des fleurons, et la circonférence par des demi-fleurons.

RAFFE ou RAFLE, *voyez* RAPE.

RAMASSÉ, ÉE. On donne ce nom aux feuilles, aux fleurs, aux rameaux, aux poils, &c. Quand ils sont très-rapprochés les uns des autres, on dit ramassés en faisceau, en tête, par paquets, &c.

RAMÉAL, LE; ce qui appartient aux rameaux, qui croît sur les rameaux ou les branches d'une plante; *voyez* FEUILLES raméales.

RAMEAUX ou BRANCHES, *rami:* une tige se divise par le haut en rameaux, et par le bas en racines. Le Botaniste trouve dans l'insertion des rameaux, dans leur direction, leur consistance, leur couleur même, une foule de caractères qu'il emploie très-utilement pour la distinction des espèces. *Voyez* à l'art. BRANCHES, ce qu'on entend par branche du premier, du second ordre, branche à bois, branche à fruits, &c.

RAMEAUX alternes, *rami alterni;* ceux qui sont placés autour des tiges, et qui sont disposés par gradation, tantôt d'un côté, tantôt de l'autre, comme ceux de la PÉDICULAIRE, représentée *pl. III.*

RAMEAUX cirrhifères, *rami cirrhosi* vel *fulcrati;* ceux qui ont des vrilles ou d'autres parties qui leur en tiennent lieu, et au moyen desquelles ils grimpent sur les corps voisins en s'y accrochant.

RAMEAUX courbés, *rami deflexi;* ceux qui penchent en dehors, ou plutôt ceux dont l'extrémité supérieure s'incline vers la terre en formant un peu l'arc.

RAMEAUX distiques, *rami distichi;* ceux qui sont disposés sur la tige, de deux côtés seulement.

RAMEAUX divergens, *rami divergentes;* ceux qui sont très-rapprochés à leur insertion sur la tige avec laquelle ils forment des angles plus ou moins droits, et qui s'écartent ensuite à-peu-près également les uns des autres.

RAMEAUX droits, *rami erecti;* ceux qui ont une direction verticale. Si la tige qui les porte est perpendiculaire à l'horizon, ils forment avec elle des angles très-aigus; si au contraire la tige est dans une situation horizontale, les rameaux forment avec elle des angles très-ouverts.

RAMEAUX épars, *rami sparsi;* ceux qui naissent sans ordre autour de la tige, et qui sont peu nombreux.

RAMEAUX étalés, *rami divaricati;* ceux qui forment avec la tige des angles droits ou presque droits.

RAMEAUX opposés, *rami oppositi;* ceux qui sont disposés sur la tige, comme les bras le sont sur le corps d'un homme.

RAMEAUX pendans, *rami penduli;* ceux dont la foiblesse est si grande, qu'ils ne peuvent se soutenir, et qui sont entraînés par leur propre poids vers la terre.

RAMEAUX réfléchis, *rami reflexi;* ceux qui sont dans une direction pendante, mais dont les extrémités sont recourbées vers la tige. Quand leurs extrémités se recourbent en dessous, on les nomme *rami retroflexi.*

RAMEAUX ramassés, *rami conferti;* ceux qui naissent sans ordre remarquable autour de la tige; mais qui sont si nombreux et si rapprochés, qu'ils forment une touffe qui cache presque entièrement la tige.

RAMEAUX serrés, *rami coarcti;* ceux qui sont très-rapprochés de la tige, et qui s'élèvent dans la même direction qu'elle.

RAMEAUX verticillés, *rami verticillati;* ceux qui sont placés autour de la tige en VERTICILLE, *voyez* ce mot; ou qui sont disposés sur la tige, comme les rayons d'une roue sur son moyeu. Quand il n'y a que trois rameaux placés de la sorte, on les nomme *rami terni verticillati;* quand il y en a quatre, *rami quaterni verticillati;* s'il y en a cinq, *quini;* s'il y en a six, *sexti,* &c.

RAMEUX, SE, qui se divise en rameaux ou en branches; *voyez* TIGE rameuse, RACINE, PÉDICULE, &c.

RAMIFICATION, *ramificatio;* c'est la disposition des branches considérées en elles-mêmes, et relativement les unes aux autres. On appelle aussi ramifications, les dernières divisions des branches ou des rameaux d'une plante, et les dernières divisions des nervures d'une feuille.

RAMPANT, TE. On appelle ainsi toutes les plantes dont les tiges s'étendent au loin sur la terre sans s'élever. Les racines que l'on nomme rampantes, sont celles qui s'étendent dans la terre, en conservant une direction parallèle à l'horizon.

RAPE, RAFFE ou RAFLE, *rachis:* c'est le réceptacle commun aux graminées, aux fleurs en épi et aux fleurs en grappe. On dit la rape d'un épi de seigle, de froment; la rape du raisin, de-là le proverbe (lorsqu'il a mangé les grains de son raisin, il nous en fait sucer la raffe).

RAPPORT. On entend principalement en Botanique, sous cette dénomination, cette espèce de conformité que l'on apperçoit entre les caractères d'une plante et ceux d'une autre plante de la même famille. Les plantes qui composent des familles parfaitement naturelles, comme les ombellifères, les graminées, &c. ont des rapports entre elles si marqués, qu'il n'est pas nécessaire d'être instruit, pour savoir qu'elles ne doivent point être séparées les unes des autres.

RAPPROCHÉ, ÉE, se dit de toutes les parties des plantes qui sont si voisines les unes des autres, qu'on pourroit les croire réunies; *voyez* ANTHÈRES, FEUILLES, FLEURS.

RASSEMBLÉ, ÉE. On donne ce nom à toutes les parties des plantes qui viennent très-près les unes des autres. On dit rassemblé en anneau, en corymbe, en tête, en épi, par paquets, &c.

RAYÉ, ÉE, se dit de tout ce dont la superficie est marquée de raies apparentes. Si les raies ne sont pas creusées profondément, on dit *strié ;* si elles sont creusées en gouttière, on dit *sillonné.*

RAYON, *radius.* On donne ce nom à toutes les parties des plantes qui sont disposées comme les rayons d'une roue, ou comme les branches d'un parasol. On appelle aussi rayons, *radii*, les demi-fleurons qui environnent le disque des FLEURS radiées; *voyez* ce mot.

REBORD; c'est comme si l'on disoit un bord en saillie, un bord élevé sur un autre bord.

RÉCÉPER. On appelle récéper un arbre, récéper la vigne, quand on la coupe par le pied. Les Cultivateurs récèpent un arbre qui donne de mauvais fruits, pour en faire des sujets pour les greffer.

RÉCEPTACLE, *receptaculum.* On distingue en général trois espèces de réceptacles; celui de la fleur, c'est-à-dire, le lieu où les pétales sont insérés; celui du fruit, c'est-à-dire, ce qui porte immédiatement le fruit, et le réceptacle des semences que l'on nomme PLACENTA; *voyez* ce mot.

RÉCEPTACLE alvéolé, *receptaculum favosum ;* celui qui est commun à quelques espèces de fleurs composées, et sur la superficie duquel, lorsque les fleurs sont tombées, ou lorsqu'on les en a détachées, on rencontre des espèces de cellules alvéolaires.

RÉCEPTACLE applati, *receptaculum planum ;* celui qui est commun à beaucoup de fleurs composées, et qui, après la chûte des fleurs, paroît uni comme s'il avoit été coupé horizontalement.

RÉCEPTACLE commun, *receptaculum commune ;* celui qui porte plusieurs petites fleurs.

RÉCEPTACLE nu, *receptaculum nudum ;* celui sur lequel, après la chûte des fleurs, ou après qu'on en a détaché les fleurs, on ne rencontre ni poils, ni paillettes, &c.

RÉCEPTACLE velu, *receptaculum villosum ;* celui sur la superficie duquel, après la chûte des fleurs, on rencontre des poils plus ou moins longs et plus ou moins flexibles.

RECOMPOSÉES. On appelle feuilles recomposées, celles qui sont composées deux fois, c'est-à-dire, qui ont, 1°. un pétiole commun; 2°. des pétioles immédiats; et 3°. des pétioles propres, quand elles ne sont pas rétrécies en pétioles. Les feuilles surcomposées sont encore plus divisées; elles sont composées plus de deux fois.

RECOURBÉ, ÉE; ce qui étoit d'abord dans une direction droite, mais qui s'en éloigne en se courbant en arc; *voyez* POILS, PÉTIOLE.

On emploie assez ordinairement les mots courbés et recourbés comme synonymes.

REDRESSÉ, ÉE; ce qui étoit d'abord dans une direction horizontale ou penchée, mais qui regagne la ligne verticale par une de ses extrémités; *voyez* PÉTIOLE.

RÉFLÉCHI, IE; ce qui est replié sur soi-même, et qui se courbe soit en dedans, soit en dehors; *voyez* BORDS roulés, RAMEAUX, FEUILLES, STIPULES.

RÈGNE végétal, *regnum vegetabile;* tous les corps considérés comme productions de la nature, ont été rangés par les Naturalistes sous trois chefs de divisions : le RÈGNE minéral, le RÈGNE végétal et le RÈGNE animal. Lors donc que l'on veut parler de ces corps qui croissent par intus-susception, qui vivent, se reproduisent et meurent, mais qui n'ont pas, comme l'animal, la faculté de se mouvoir volontairement, on dit le règne végétal, au lieu de dire les végétaux, les plantes.

RÉGULIER, RE; ce qui a une forme symmétrique; *voyez* CHAPEAU, COROLLE.

REJETONS ou REJETS, *stolones,* et mieux *taleæ;* ce sont les nouvelles pousses produites par le tronc ou la tige d'une plante, et non pas par la racine; c'est par-là qu'elles diffèrent des DRAGEONS: on dit, voilà le rejet de cette année, voilà un beau rejet bien vert.

RELEVÉ, ÉE; il ne se dit guère qu'en parlant des bords d'une feuille, du limbe d'un pétale, quand ils forment un rebord qui s'élève plus que le reste; *voyez* BORDS, FEUILLES, &c.

RENFLÉ, ÉE. On appelle pédicule renflé, celui qui a une espèce de gonflement qui augmente de beaucoup son diamètre. Feuilles renflées, celles qui sont charnues et épaisses dans le milieu.

RÉNIFORME; ce qui a la forme d'un rein ou d'un rognon; *voyez* FEUILLES, SEMENCES, SILICULE.

RENVERSÉ, ÉE; ce qui s'éloigne de la direction primitive en retombant; *voyez* FEUILLES.

REPLIÉ, ÉE; ce qui est plié plusieurs fois et en différens sens; *voyez* RAMEAUX repliés.

REPRODUCTION, *reproductio.* On comprend en général sous cette dénomination, tous les moyens que la nature et l'art emploient pour perpétuer les espèces : les *semences,* les *cayeux,* les *drageons,* les *boutures,* la *greffe,* sont autant de moyens de reproduction.

RÉSEAU; c'est un tissu de fibres entrelacées comme les mailles d'un filet ou d'un rets.

RÉSINES, *resinæ:* ce sont des excrétions épaisses, visqueuses, inflammables, qui suintent naturellement par des filtres destinés à cet usage, et qui se répandent sur la superficie des plantes.

Les résines diffèrent des gommes, en ce qu'elles sont susceptibles de s'enflammer, et qu'on ne peut les dissoudre qu'à l'aide d'un spiritueux, comme l'esprit-de-vin.

RESPIRATION des plantes. Les plantes ne respirent pas comme l'animal; mais le passage de l'air à travers ses trachées ou ses vaisseaux aériens, sa dilatation ou sa condensation successive lui tiennent lieu de respiration. *Voyez* TRACHÉES.

RESSERRÉ, ÉE, se dit des parties des plantes qui sont très-rapprochées les unes des autres, et qui sont même comme entassées; *voyez* PANICULE.

RÉTIFORME, qui a la forme d'un rets ou d'un filet; *voyez* CHAPEAU, RACINE, FEUILLES, PLANTES.

RÉUNI, IE, se dit de plusieurs parties qui n'en font qu'une; *voyez* ANTHÈRES, FILETS.

RHOMBOÏDAL, LE. On donne ce nom à tout ce qui a une figure rectiligne à deux angles aigus et deux obtus, dont il n'y a guère que ceux qui sont parallèles qui soient égaux. *Voyez* FEUILLES.

RIDÉ, ÉE. On appelle ainsi tout ce qui a une surface inégale et remarquable par des enfoncemens et des élévations alternatifs; *voyez* FEUILLES, SUPERFICIE.

ROIDE; ce que l'on ploie difficilement; *voyez* TIGE, FEUILLES, POILS.

RONDACHE; espèce de bouclier rond dont on se servoit autrefois. On appelle feuilles en rondache, celles qui sont élargies et arrondies à leurs bords. On appelle aussi stygmate en rondache, celui qui est très-plat et arrondi.

RONGÉ, ÉE; ce qui a l'air d'avoir été entamé par les dents d'un animal.

ROSACÉE. On appelle fleur rosacée, celle dont les pétales sont comme ceux de la rose; *voyez* COROLLE rosacée et FLEUR en rose.

ROUE, *voyez* COROLLE en roue.

ROULÉ, ÉE; ce qui a une ou plusieurs circonvolutions remarquables; *voyez* VRILLE, BORDS, FEUILLES.

Il est bon de faire observer ici, que l'on appelle *folium involutum*, celle qui est roulée en dessus comme une boucle de cheveux; et *revolutum*, quand elle est roulée dans le sens contraire.

ROUTINE, *quotidiana exercitatio;* c'est une sorte de capacité, de faculté acquise par une longue habitude, par une longue expérience, et sans qu'on ait suivi de principes; elle diffère par-là de la vraie science qui ne s'acquiert que par principes, et que l'on n'exerce que par méthode.

RUBANTÉ, ÉE; ce qui est applati et coloré comme un ruban; *voyez* TIGE.

RUDE; ce qui est âpre au toucher, et dont la superficie est inégale et dure; *voyez* TIGE, FEUILLES.

RUNCINÉ, ÉE; ce qui est découpé latéralement et profondément en lobes profonds et élargis; *voyez* FEUILLES runcinées.

S

SABRE, *voyez* FEUILLES en sabre.

SACHETS, *voyez* l'art. FRUCTIFICATION, pag. 88.

SAGITTÉ, ÉE; ce qui est en forme de fer de flèche; *voyez* FEUILLES.

SARMENT, *sarmentum:* ce mot ne convient proprement qu'aux branches de la vigne, mais on l'emploie assez communément pour signifier les branches souples et pliantes de quelques autres plantes que l'on nomme PLANTES sarmenteuses, *plantæ sarmentosæ* vel *sermentaceæ*.

SAUVAGEONS. Les Cultivateurs appellent ainsi les arbres sauvages qu'ils arrachent des bois pour les mettre en pepinière, et greffer dessus des espèces précieuses; *voyez* GREFFE.

SAVEUR; *sapor*. La saveur est l'objet du goût, comme l'odeur, *odor*, est celui de l'odorat. Nous avons dit à l'art. QUALITÉS des plantes, *voyez* ce mot, que l'on distinguoit dix espèces de *saveur*, comme on distingue six espèces d'*odeur*.

SCARIEUX, SE; ce qui est aride, sec et sonore au tact; *voyez* FEUILLES scarieuses.

SCIE, *voyez* FEUILLES dentées en scie.

SCROTIFORME, qui a la forme du scrotum, ou bien ce qui a quelque ressemblance avec les testicules d'un animal; *voyez* CAPSULE scrotiforme.

SECRÉTION, *secretio:* c'est la filtration proprement dite des différentes liqueurs des plantes. Les vaisseaux séveux sont les organes secrétoires de la sève, &c.

SECTATEURS, *sectatores*. On appelle sectateurs, ceux qui suivent l'opinion de quelques Philosophes, de quelques Savans qui sont du même sentiment qu'eux, et qui en adoptent les systêmes. Un

Botaniste devient le sectateur de Tournefort ou de Linnæus, quand il adopte de préférence la méthode de l'un au systême de l'autre.

SECTIONS, *sectiones:* ce sont les premières divisions des classes d'une méthode botanique; ce sont des classes subalternes, si l'on peut s'exprimer ainsi, qui sont à leur tour divisées en genres, comme les genres le sont en espèces. *Voyez* MÉTHODE botanique.

SEGMENS, *segmenta;* nom que l'on donne aux divisions d'une feuille, d'une corolle, d'un calice d'une seule pièce, &c. Il signifie dans son acception géométrique, l'espace compris entre un arc et sa corde.

SEMENCE ou GRAINE, *semen:* c'est cette partie du fruit qui est destinée à reproduire une nouvelle plante semblable à celle qui lui a donné naissance. On distingue dans les semences, la TUNIQUE PROPRE, les COTYLEDONS, l'EMBRYON, la RADICULE et la PLUMULE.

On sait que la reproduction des plantes par les semences, est le moyen le plus général, et l'on pourroit même dire, le moyen universel; mais, comme il y a encore des plantes dans lesquelles on n'a point apperçu de semences, les sentimens sont très-partagés sur la manière dont quelques-unes se reproduisent. Les semences fournissent des caractères essentiels pour la distinction des espèces; on ne peut les observer avec trop d'attention: on remarque leur nombre, leur disposition, leur attache, leur forme, leur couleur même, &c.

SEMENCE aigrettée, *semen papposum;* on appelle ainsi celle qui porte une espèce de plumet ou d'aigrette. Quand l'aigrette qu'elle porte est simple, c'est-à-dire, que les poils qui la composent sont réunis en un seul faisceau, *pl. V, fig. 13* A, *et fig. 14* B, on la nomme aigrette simple, *pappus simplex;* quand elle se ramifie, que les poils qui la composent ne sont pas simples ni réunis en un seul point, on la nomme aigrette rameuse, *pappus ramosus* vel *plumosus, fig. 16* A.

L'aigrette est ou péciculée ou sessile: lorsqu'elle est portée sur un pédicule particulier, on l'appelle aigrette pédiculée, *pappus pediculatus* vel *stipitatus, pl. V, fig. 14, 16;* quand les poils ou filets partent immédiatement de la graine, on dit que l'aigrette est sessile, *pappus sessilis, fig. 13.*

SEMENCE ailée, *semen alatum, fig. 17 et 18* B, *pl. V;* celle qui porte sur les côtés une membrane saillante plus ou moins ferme.

SEMENCE arrondie, *semen subrotundum, pl. V, fig. 3* B´*;* celle qui se termine en rond sur ses côtés, qui est plus ou moins applatie en dessus et en dessous, et qu'on ne pourroit pas faire rouler sur tous sens: telle est la lentille, la vesce.

SEMENCE couronnée, *semen coronatum, pl. V, fig. 12;* celle qui porte à son extrémité supérieure un calice persistant qui y forme comme une couronne.

SEMENCE couverte, *semen tectum, fig. 30 et 34 B, pl. V;* celle qui, outre sa tunique propre, a encore une seconde enveloppe qui la recouvre, comme le gland, l'amande, la noisette.

SEMENCE cunéiforme, *semen cuneiforme, fig. 3 A, pl. V;* celle qui a la forme d'un coin.

SEMENCE dicotyledone ou bilobe, *semen bilobum* vel *dicotyledone; voyez* SEMENCE monocotyledone.

SEMENCE étoilée ou en forme d'étoile, *semen stellatum, pl. V, fig. 18 A;* celle qui a des pointes disposées comme les rayons d'une étoile.

SEMENCE globuleuse, *semen globosum;* celle qui est ronde comme un pois, et qui, sur un plan incliné, peut rouler sur tous sens.

SEMENCE monocotyledone ou unilobe, *semen monocotyledone, fig. 4, 5, pl. V;* celle qui n'a qu'un lobe ou cotyledon. On nomme dicotyledone ou bilobe, *fig. 6, 7, 8, 9, 10, 11, pl. V, semen dicotyledone,* celle qui a deux lobes ou cotyledons. On appelle semence acotyledone, *semen acotyledone,* celle qui n'a point de cotyledon.

SEMENCE nue, *semen nudum, fig. 1, 2, 3, 7, pl. V;* celle qui n'a d'autre enveloppe que sa tunique propre B, *fig. 7.*

SEMENCE réniforme, *semen reniforme, fig. 3 D, pl. V;* celle qui a la forme d'un rein ou d'un rognon.

SEMENCE triangulaire, *semen triangulare* vel *triquetrum;* celle qui est à trois angles et à trois côtés.

SEMI-CYLINDRIQUE, qui est cylindrique d'un côté et un peu applati de l'autre; *voyez* TIGE.

SEMI-DOUBLE, *voyez* FLEURS semi-doubles.

SEMI-FLOSCULEUSE. On appelle ainsi une fleur composée, quand elle n'est formée que par l'agrégation ou par un assemblage de demi-fleurons. *Voyez* COROLLE semi-flosculeuse.

SÉMINAL, LE, qui a rapport à la semence, qui appartient aux semences ou aux graines; *voyez* FEUILLES séminales.

SÉMINATION, *seminatio;* c'est, à proprement parler, la dispersion des semences ou des graines des plantes. La Nature nous offre dans cette opération un phénomène bien digne de notre attention: nous ne pouvons voir, sans le plus grand étonnement, combien ses ressources sont variées, et jusqu'à quel point tout a été prévu et disposé pour le bien. Nous avons déjà dit qu'il y avoit une sorte d'enchaînement entre tous les êtres, et qu'ils se prêtoient sans cesse des secours mutuels pour leur existence. En effet, les semences ne pouvoient pas se semer d'elles-mêmes; il falloit que quelques agens en favorisassent la dispersion. Le vent, les courans d'eau, les animaux, l'homme même, y contribuent sans en avoir la volonté. Nous voyons des semences pourvues d'aigrettes; nous en voyons d'autres qui ont des ailes membraneuses ; d'autres des espèces de crochets, au moyen desquels elles s'attachent au poil des animaux qui vont les semer au loin ; d'autres qui sont enduites d'une humeur visqueuse ; d'autres qui ont la singulière propriété de ne pas perdre la faculté de germer, malgré qu'elles aient séjourné long-temps dans les intestins d'un animal ; d'autres enfin qui, par un mécanisme des plus simples, sont jetées au loin par le jeu des panneaux élastiques qui les contenoient.

SEMIS. Les Cultivateurs appellent ainsi un terrain dans lequel ils sèment des graines d'arbres ou d'arbustes, pour y former un bois, ou pour en enlever les plants lorsqu'ils auront acquis un certain degré d'accroissement, et les mettre en pepinière.

SENSIBILITÉ ou IRRITABILITÉ des plantes, *plantarum irritabilitas.* Il y a des plantes qui sont douées d'une espèce de sensibilité qui paroît avoir beaucoup d'analogie avec ces mouvemens involontaires que nous éprouvons lorsque quelque chose nous chatouille. Leurs parties se contractent, et cette contraction dure tant que la cause subsiste. *Voyez* MIMEUSE.

SERRE. On appelle ainsi une galerie close de vitrages, et en belle exposition, où l'on renferme avant l'hiver les plantes qui craignent la gelée. On appelle *orangerie*, une serre d'orangers ; et *serre chaude*, celle dans laquelle on cultive des plantes étrangères, à qui l'on donne le degré de température qui leur convient, en y allumant du feu.

SERRÉ, ÉE ; ce qui est très-rapproché, et comme entassé l'un sur l'autre ; *voyez* PÉDUNCULE, RAMEAUX.

SESSILE ; ce qui est sans queue. On appelle AIGRETTE sessile, GLANDES sessiles, celles qui n'ont pas de pédicule ; STYGMATE sessile, celui qui n'a pas de style ; FEUILLES, FOLIOLES, STIPULES sessiles, celles qui n'ont pas de pétioles ; FLEURS, FRUITS sessiles, ceux qui n'ont pas de péduncule ; PLANTE sessile, celle qui n'a pas de tige, &c.

SÉTACÉ, ÉE ; ce qui est alongé et menu comme un cheveu ou comme de la soie de cochon ; *voyez* FEUILLES, STYLE.

SÈVE, *humor plantarum.* On comprend assez ordinairement sous cette dénomination, toutes les liqueurs nécessaires à l'accroissement et à l'entretien des plantes ; mais on ne doit pas confondre la sève avec le suc propre, ni avec cette liqueur huileuse, gommeuse ou résineuse, qui est filtrée par des glandes destinées à cet usage.

La sève, dont les fonctions peuvent être comparées à celles que remplit le sang dans les animaux, est une liqueur limpide sans couleur, sans saveur et sans odeur, qui ne sert uniquement qu'à l'accroissement du végétal, et qui n'influe en rien sur ses qualités. *Voyez* l'art. MOUVEMENT de la sève, et celui SUCS des plantes.

SEXES des végétaux, *plantarum sexus :* la plupart des fleurs sont de deux sexes à-la-fois ; ce qu'on entend par *hermaphrodites*, c'est-à-dire, qu'elles ont, comme la fleur du lys, représentée *pl. IV*, des étamines C D, considérées comme organes mâles, et un ou plusieurs pistils A considérés comme organes femelles; mais il y a aussi des plantes dont les fleurs sont unisexuelles, c'est-à-dire, qui n'ont qu'un seul sexe, et qui ont besoin d'être rapprochées pour que la FÉCONDATION ait lieu. *Voyez* ce mot. Les fleurs unisexuelles sont mâles, quand elles n'ont que des étamines; elles sont femelles, quand elles n'ont que des pistils.

SIFFLET, *voyez* GREFFE en.

SILICULE, *silicula*. La silicule est composée comme la silique, de laquelle elle ne diffère que par sa longueur. La silique est beaucoup plus longue que large, et la silicule est au contraire presque aussi large, et quelquefois même plus large que longue : elles sont l'une et l'autre produites par les FLEURS cruciformes. *Voyez* ce mot. On trouvera plusieurs exemples de silicules, *fig. 26, pl. V*; nous y avons développé celle du *thlaspi bursa pastoris* : on verra comme ces deux panneaux VV se séparent lorsque les graines approchent de leur maturité, et comment les graines sont attachées à la CLOISON L qui leur sert de PLACENTA.

Il y a des silicules arrondies, *siliculæ subrotundæ*; alongées, *elongatæ*; cordiformes, *cordiformes* vel *cordatæ*; réniformes, *reniformes*; bilobées, *bilobæ*; lunulées, *lunulatæ*; échancrées, *emarginatæ*; minces, *tenues*; épaisses, *crassæ*. *Voyez* ces mots chacun à la place qu'il doit occuper dans ce Dictionnaire.

SILIQUE, *siliqua*; c'est la troisième espèce de péricarpe; elle est comme la SILICULE, produite par les FLEURS cruciformes. La silique est ordinairement composée de deux panneaux A B, *fig. 24, pl. V*, et d'une cloison membraneuse *C*. Quelques siliques cependant, comme celle de la chélidoine, n'ont point de cloison intermédiaire. Dans les siliques à cloison, les semences ne sont point attachées aux panneaux A B, mais à la cloison de laquelle on parle; au lieu que dans les siliques qui n'ont pas de cloison, et que l'on pourroit nommer fausses siliques, les semences sont attachées aux deux panneaux. On pourroit bien confondre la silique avec la COQUE, que l'on nomme aussi FOLLICULE, *fig. 23, pl. V*. Ces deux espèces de péricarpes se ressemblent assez; mais le follicule n'est jamais que d'une seule pièce, au lieu que la silique est toujours de plusieurs pièces; il y a aussi beaucoup de différence dans la disposition des graines de l'une et de l'autre. *Voyez* COQUE.

On remarque dans la silique la forme, la longueur comparée à la largeur, la position et la manière dont les panneaux se séparent de la cloison : il y en a, comme on le voit dans les deux siliques supérieures de la *fig. 24, pl. V*, dont les panneaux AB commencent à se détacher par le bas, et d'autres qui se détachent par le haut.

SILIQUE arrondie, *siliqua subrotunda:* celle sur les bords de laquelle on ne remarque ni angles, ni applatissemens, et dont le diamètre de la hauteur égale celui de la largeur; ce qui la rend SILICULE.

SILIQUE articulée, *siliqua articulata;* celle qui est rétrécie et renflée par intervalles, comme sont celles du radis, du raifort. La silique représentée sans être ouverte, *pl. V, fig. 24,* est une silique articulée.

SILIQUE comprimée, *siliqua compressa;* celle dont les panneaux sont applatis.

SILIQUE lancéolée, *siliqua lanceolata;* celle qui est arrondie, alongée et pointue.

SILIQUE tétragone, *siliqua tetragona;* celle qui a quatre faces égales et distinctes d'un bout à l'autre, et qui forme quatre angles saillans.

SILLONNÉ, ÉE, qui est remarquable par des lignes creusées en gouttière suivant la longueur; *voyez* FEUILLES, TIGE.

SIMPLE, ce qui n'est pas composé; *voyez* AIGRETTE, CALICE, ÉPINES, FLEUR, PÉDUNCULE, TIGE, FLEURS, FEUILLES, POILS.

SIMPLES, *plantæ officinales.* On donne ce nom à toutes les plantes qui sont d'un usage plus ou moins fréquent en médecine. On dit que la mauve est un bon simple.

SINUÉ, EE; ce qui est remarquable par des sinus.

SINUS, *sinus;* lorsque l'on considère les bords d'un pétale, d'une feuille, &c. on y rencontre souvent des parties saillantes et des parties rentrantes. Il est de règle assez générale, que les parties saillantes sont appelées angles ou lobes; et les parties rentrantes, sinus ou échancrures. On verra des feuilles échancrées à leur sommet, *folia emarginata, pl. VIII, fig. 46, 47;* et des feuilles sinuées, *folia sinuata, fig. 59, 60, 63.*

Tout ce qui concerne les sinus, les angles et la direction des parties qui composent les plantes, est presque toujours fort mal déterminé; qui voudroit s'occuper à faire la critique des définitions que l'on a données sur ces trois objets dans tous les ouvrages de Botanique, en rencontreroit à chaque pas l'occasion. On ne s'arrête point assez à ne prendre le mot que dans sa juste acception: on emploie comme synonymes, des termes qui ne le sont point, et de-là naît une espèce de confusion qui exigeroit, pour être réformée, un travail absolument nouveau.

SITUATION, *situs.* Il ne suffit pas d'avoir égard au nombre et à la forme des parties qui composent les plantes, il faut encore s'attacher à en saisir la disposition, la situation: c'est l'insertion et la direction d'une partie qui en fait la situation.

SOL, *solum.* C'est le nom que l'on donne à un terroir considéré suivant sa qualité. Les plantes varient beaucoup suivant la nature du sol et leur exposition. Elles éprouvent dans un sol étranger ce qu'elles éprouveroient dans un jardin où elles ne viendroient qu'à force de soins : les unes y perdent leur odeur et leur saveur, les autres au contraire l'acquièrent à un plus haut degré ; ainsi nous voyons la lauréole gentille perdre presque toute son odeur agréable, et les arbres fruitiers donner de bien meilleurs fruits par la culture.

SOLAIRES. Linnæus appelle fleurs solaires, *flores solares*, celles qui s'épanouissent et se ferment pendant que le soleil est sur l'horizon ; il les divise en équinoxiales, *equinoxiales* (celles qui ont une heure fixe pour souvrir) : en tropiques, *tropici* (celles qui s'ouvrent le matin et se ferment le soir) ; et en météoriques, *meteorici* (celles dont le moment de l'épanouissement est dérangé par la température de l'atmosphère, et qui peuvent nous indiquer le temps qu'il fera).

SOLIDE ; ce qui est d'une substance ferme et compacte ; *voyez* BULBE, SUBSTANCE, TIGE.

SOLITAIRE, qui vient seul ; *voyez* FLEUR, PÉDUNCULE, STIPULE, STYLE.

SOMMEIL des plantes. L'état d'une fleur, qui, aux approches de la nuit, se penche, prend un air de langueur, et se resserre, est comparé à celui d'un animal qui dort.

SOMMET, *apex ;* c'est en général le haut, la partie la plus élevée d'une chose. Le sommet de l'étamine, c'est l'ANTHÈRE ; le sommet d'une FEUILLE, c'est l'extrémité opposée au PÉTIOLE ; le sommet d'un PÉTALE, c'est son LIMBE qui est opposé à l'ONGLET.

SOUCHE : on appelle ainsi le bas du tronc d'un arbre coupé.

SOUS-ARBRISSEAUX, *suffrutices*. Les sous-arbrisseaux ou arbustes seroient appelés arbrisseaux s'ils avoient des bourgeons, et porteroient le nom d'herbes, si leurs tiges n'étoient pas des ligneuses, c'est-à-dire, si les parties qui composent leurs tiges, n'avoient la même dureté et la même solidité que ce que nous appelons bois. Ils persistent l'hiver, et nous en avons même quelques-uns, dont la durée égale celle de certains arbres.

SOUS-AXILLAIRES. On donne ce nom à tout ce qui a son point d'insertion au-dessous de ce qui est axillaire ; une tige qui porte des rameaux, au-dessous desquels des feuilles ont leur point d'insertion, les rameaux et tout ce qui naît entre les feuilles et la tige, sont axillaires, et les feuilles sont sous-axillaires, *folia subaxillaria* vel *subalaria*.

SOUS-LIGNEUSES. On appelle ainsi les plantes qui perdent leurs rameaux tous les hivers, et qui conservent leurs tiges. *Voyez* TIGE sous-ligneuse.

SOUS-ORBICULAIRE ; ce qui a plus de largeur que de longueur. On appelle FEUILLE sous-orbiculaire, *folium suborbiculare*, celle qui est presque ronde, mais qui a cependant un peu moins de hauteur que de largeur.

SOUTIENS, *voyez* SUPPORTS.

SPATHE, *spatha, fig. 67* T, *pl. IV*; c'est une espèce de voile, une gaine membraneuse d'une seule pièce, qui renferme une ou plusieurs fleurs, quelquefois même des bouquets entiers, qui s'ouvre de côté, qui se dessèche et périt, dans quelques individus, presque aussi-tôt que les fleurs qu'elle contenoit en sont sorties, et qui persiste long-temps dans d'autres, et survit même aux fleurs. C'étoit la seconde espèce de calice de Tournefort, qu'il nommoit calice improprement dit et propre.

Observ. de M. de la Marck. On trouve sous certaines fleurs des écailles membraneuses, blanchâtres ou colorées, et plus ou moins transparentes, mais qui n'ont jamais contenu ces fleurs; on doit les mettre au rang des bractées, et ne point les confondre avec les spathes, comme ont fait quelques Botanistes, donnant ainsi à cette partie une extension trop vague, et qui ne s'accorde plus avec l'idée qu'on attache communément au mot spathe.

SPATULÉ, ÉE, qui a la forme d'une spatule; *voyez* FEUILLES.

SPÉCIFIQUE; ce qui appartient inclusivement à l'espèce, ce qui la caractérise, et qui la rend distincte: ce que Linnæus appelle *nomen triviale*, est le nom spécifique.

SPHÉRIQUE; ce qui est rond comme un globe, et qui peut rouler sur tous sens. On emploie assez ordinairement les mots sphérique et orbiculaire comme synonymes.

SPIRALES, circonvolutions d'une chose autour d'une autre. Le mot SPIRE ne se prend que pour un tour de la spirale; *voyez* VRILLE.

SPONGIEUX, SE; ce qui est mou, élastique, percé de trous inégaux, croisés, et plus ou moins larges comme une éponge.

SPONTANÉE. On appelle mouvement spontanée, *motus spontaneus,* celui qui s'exécute naturellement, qui ne dépend d'aucunes causes étrangères.

STABLE, ce qui persiste; il est opposé à caduc. Les feuilles du houx sont stables; celles du noyer sont caduques: quelquefois aussi le mot stable est employé comme synonyme de constant; dans ce sens il signifie ce qui est toujours de même.

STIGMATE, *stigma;* c'est la partie supérieure du pistil, *fig. 51* C, *pl. IV*; il est porté par le style B; mais quand le style manque, le stigmate repose immédiatement sur l'ovaire ou le germe, *fig. 47, pl. IV*, ou bien *fig. 64*. On croit que le stigmate d'une fleur remplit exactement les mêmes fonctions que la vulve dans les animaux; que la poussière qu'il reçoit de l'anthère est transmise par le style à l'ovaire, où elle féconde les graines qui y sont en petit. Quand le stigmate repose immédiatement sur le germe, on le nomme stigmate sessile, *stigma sessile, fig. 64, pl. IV*; quand il est porté par un pédicule qu'on nomme style, on le nomme stigmate pédiculé, *stigma pediculatum, fig. 51, pl. IV*. *Voyez* les articles CASTRATION, FRUCTIFICATION, POUSSIÈRE fécondante, MÉTHODE botanique, &c.

Souvent le stigmate est seul, on le nomme solitaire, *stigma solitarium;* quelquefois aussi une fleur a un si grand nombre de stigmates, qu'il n'est pas possible de les compter, on dit pour lors qu'ils sont nombreux, *stigmata numerosa;* d'autres fois ils ressémblent parfaitement à des étamines ou à des pétales, et quelquefois encore on ne sait si ce que l'on voit est un stigmate ou un style: il est essentiel de déterminer le nombre, la forme et la position des stigmates, et souvent il ne l'est pas moins d'avoir égard à leur direction, à leur grandeur respective, ou comparée à celle des étamines, ou à celle des pétales. *Voyez* STYLE, PISTIL et MÉTHODE botanique.

STIGMATE barbu, *stigma barbatum;* celui sur lequel on rencontre des poils durs et très-apparens.

STIGMATE bifide, *stigma bifidum, pl. IV, fig. 45 A, 49 B, 58 B;* celui qui fait la fourche.

STIGMATE caduc, *stigma caducum;* celui qui ne persiste pas avec le fruit.

STIGMATE canaliculé, *stigma canaliculatum, pl. IV, fig. 52;* celui qui est creusé en gouttière sur toute sa longueur.

STIGMATE échancré, *stigma emarginatum;* celui qui paroît comme déchiré ou comme rongé.

STIGMATE en cœur, *stigma cordatum;* celui qui a la forme d'un cœur.

STIGMATE en crochet, *stigma uncinatum* vel *hamosum;* celui qui est crochu comme un hameçon.

STIGMATE en massue, *stigma clavatum;* celui qui est mince à son extrémité inférieure, et qui prend insensiblement la forme d'un battant de cloche.

STIGMATE en plateau, *stigma peltatum, pl. IV, fig. 64;* celui qui est très-élargi à sa superficie, convexe en dessous, et plane ou concave en dessus.

STIGMATE en rondache, *stigma orbiculatum;* celui qui est convexe en dessus et en dessous, anguleux des côtés, et qui a la forme de deux soucoupes qu'on appliqueroit l'une sur l'autre en sens contraire.

STIGMATE en tête, *stigma capitatum, globosum, pl. IV, fig. 51 c;* lorsqu'il a la forme d'une tête sphérique, on dit *stigma capitatum planum*, lorsque sa tête est applatie; *stigma capitatum truncatum*, lorsqu'elle est tronquée, &c.

STIGMATE feuillé, *stigma foliaceum;* celui qui est aminci comme une feuille, mais qui n'est pas coloré comme la fleur; s'il est coloré, on le nomme pétaliforme, *stigma petaliforme, fig. 50, pl. IV.*

STIGMATE pédiculé, *stigma pediculatum, pl. IV, fig. 51 C;* celui qui est porté par un style B.

STIGMATE persistant, *stigma persistens;* celui qui persiste avec le fruit.

STIGMATE pétaliforme, *stigma petaliforme, pl. IV, fig. 50;* celui qui est aminci et coloré comme un pétale.

STIGMATE plumeux, *stigma plumosum, pl. IV, fig. 47;* celui qui est garni de poils disposés comme les barbes d'une plume.

STIGMATE pubescent; *voyez* l'art. POILS.

STIGMATE rayonné, *stigma radiatum, pl. IV, fig. 64;* celui dont la superficie est remarquable par un point central, commun à plusieurs rayons.

STIGMATE réfléchi, *stigma reflexum, pl. IV, fig. 54 O;* celui dont les divisions sont recourbées sur elles-mêmes.

STIGMATE sessile, *stigma sessile, pl. IV, fig. 46, 47, 48, 64;* celui qui repose immédiatement sur l'ovaire.

STIGMATE sphérique, *stigma globosum;* celui qui est très-arrondi, *fig. 44, et fig. 51 C.*

STIGMATE staminifère, *stigma staminiferum;* celui qui porte les étamines.

STIGMATE staminiforme, *stigma staminiforme;* celui qui a la même forme que les étamines.

STIGMATE terminé en pointe aiguë, *stigma acutum* vel *aculeatum, fig. 46;* celui qui finit en pointe, ou qui porte une ou plusieurs pointes aiguës.

STIGMATE triangulaire, *stigma triangulare, pl. IV, fig. 52;* celui qui est à trois angles remarquables, et qui se divise ordinairement en trois parties.

STIGMATE trifide, *stigma trifidum;* celui qui est fendu en trois, *fig. 54 O.*

STIGMATE trilobé, *stigma trilobum,* voyez *pl. IV A;* celui de la fleur du lys.

STIGMATE tronqué, *stigma truncatum;* celui qui sembleroit avoir été rogné à son extrémité supérieure.

STIGMATE velu. *Voyez* à l'art. POILS, les différens noms que l'on doit donner aux diverses parties qu'ils recouvrent.

STIPULE, *stipula, pl. X, fig. 15 A:* c'est une petite production membraneuse et foliacée de la même nature, et souvent de la même couleur que les feuilles de la plante à qui elle appartient, mais qui en diffère toujours par sa forme; quelquefois elle est solitaire, *stipula solitaria;* mais plus souvent on en trouve deux qui accompagnent les pétioles ou les péduncules à leur insertion sur la tige ou sur les rameaux.

Il ne faut pas confondre les STIPULES avec les BRACTÉES, qu'on nomme aussi FEUILLES florales; on trouve toujours les stipules près des feuilles, des rameaux ou des vrilles, et les bractées au-dessus ou au-dessous des fleurs, des fruits et sur les péduncules. Quelques Botanistes appellent bractées deux petites feuilles qui accompagnent le péduncule à son insertion sur la tige ou sur les rameaux: comme elles appartiennent plutôt à la tige qu'au péduncule, je pense qu'il vaudroit mieux les appeler stipules.

Les stipules fournissent un grand nombre de caractères très-saillans, et qui peuvent faciliter beaucoup la distinction des plantes qui en sont pourvues; les principaux se tirent de leur nombre, de leur forme et de leur situation; quelquefois aussi on est obligé d'avoir recours à leur durée, leur couleur, leur grandeur même, comparée à celle des feuilles, &c. On dit qu'une tige est stipulée, *caulis stipulatus,* quand elle porte des stipules.

STIPULES appuyées ou cohérentes, *stipulæ adnatæ* vel *adnexæ;* celles qui sont comme appliquées, comme collées sur la tige, et qui la touchent dans presque toute leur longueur.

STIPULES amplexicaules ou embrassantes, *stipulæ amplexicaules;* celles qui embrassent la tige à leur insertion.

STIPULES axillaires, *stipulæ axillares;* celles qui viennent à l'aisselle ou dans l'angle formé par l'insertion d'un pétiole ou d'un péduncule sur la tige ou les rameaux.

STIPULES caduques, *stipulæ caducæ* vel *deciduæ;* celles qui persistent peu, et qui tombent avant ou avec les feuilles.

STIPULES ciliées, *stipulæ ciliatæ;* celles sur la superficie desquelles on rencontre des poils longs très-apparens, et qui ressemblent à des cils.

STIPULES courtes, *stipulæ breves;* celles qui ne sont guère plus longues que larges. On dit qu'elles sont très-courtes, *brevissimæ,* quand on a de la peine à les voir.

STIPULES crochues, *stipulæ uncinatæ;* celles qui sont recourbées à leur extrémité supérieure, et qui forment le crochet.

STIPULES décurrentes ou courantes, *stipulæ decurrentes;* celles qui se prolongent sur la tige, et qui y laissent une saillie sensible.

STIPULES dentées en scie, *stipulæ serratæ;* celles dont les bords sont remarquables par des dents courbées de bas en haut.

STIPULES droites, *stipulæ erectæ;* celles qui forment avec la tige un angle très-aigu.

STIPULES dures et piquantes, *stipulæ indurescentes, spinescentes et pungentes;* celles qui sont coriaces, dures et piquantes.

STIPULES en dedans des feuilles, *stipulæ intrafoliaceæ;* celles qui sont placées entre les feuilles et la tige ou les rameaux: quand elles sont en dehors ou quand elles sont insérées sur la tige plus bas que l'insertion du pétiole, elles sont *extrafoliaceæ;* quand elles sont placées de chaque côté du pétiole, elles sont latérales, *laterales.*

STIPULES en fer de flèche ou sagittées, *stipulæ sagittatæ;* celles qui sont pointues à l'extrémité supérieure, élargies à leur base, et terminées de chaque côté par un appendice tombant.

STIPULES en fer de lance, *stipulæ lanceolatæ;* celles qui sont élargies à leur base, et qui se terminent en pointe à leur extrémité supérieure.

STIPULES en forme d'alène, *stipulæ subulatæ;* celles qui sont très-étroites, et qui s'amincissent encore depuis leur base jusqu'à leur sommet, où elles se terminent en pointe.

STIPULES en forme de croissant ou lunulées, *stipulæ lunatæ* vel *lunulatæ;* celles qui sont arrondies à leur sommet, et qui ont deux appendices qui, en se réfléchissant du côté du pétiole, représentent un croissant.

STIPULES en gaine, *stipulæ vaginantes;* celles qui sont membraneuses à leur base, et qui embrassent la tige comme dans une gaine.

STIPULES géminées, *stipulæ geminæ, fig. 15 A, pl. X;* celles qui viennent deux à deux à la base des pétioles ou des péduncules, comme celles des feuilles de l'orobe, du pois. Il est indifférent qu'elles soient axillaires, sous-axillaires ou latérales.

STIPULES latérales, *stipulæ laterales;* celles qui sont situées sur les côtés des pétioles ou des péduncules.

STIPULES longues, *stipulæ longæ;* celles qui sont très-apparentes, et qui ont dans leur longueur plus de deux fois leur largeur. On dit qu'elles sont très-longues, *longissimæ,* quand, dans leur longueur, elles ont trois, quatre fois ou davantage leur largeur.

STIPULES multifides, *stipulæ multifidæ* vel *fissæ;* celles qui sont divisées profondément en plusieurs parties.

STIPULES opposées aux feuilles, *stipulæ oppositifoliæ;* celles qui sont insérées sur la tige à l'opposé des feuilles.

STIPULES ouvertes, *stipulæ patentes;* celles qui forment avec la tige un angle très-ouvert et presque droit.

STIPULES persistantes, *stipulæ persistentes;* celles qui subsistent après la chûte des feuilles.

STIPULES qui naissent en dehors des feuilles, *stipulæ extrafoliaceæ;* celles qui ne sont point axillaires, et qui sont insérées sur la tige plus bas que la base des pétioles ou des péduncules; si elles viennent précisément au-dessous de l'aisselle formée par la réunion du pétiole avec la tige, elles sont *extrafoliaceæ et subalares.*

STIPULES réfléchies, *stipulæ reflexæ;* celles qui retombent sur elles-mêmes.

STIPULES sessiles, *stipulæ sessiles;* celles qui n'ont pas de pétiole, ou qui ne sont pas rétrécies en pétiole.

STIPULES sous-axillaires, *stipulæ subalares* vel *subaxillares;* celles qui naissent au-dessous de l'aisselle formée par la réunion du pétiole avec la tige.

STIPULES très-entières, *stipulæ integerrimæ;* celles sur les bords desquelles on ne remarque ni divisions ni découpures, ni aucunes inégalités quelconques. Elles sont entières, *integræ*, quoiqu'elles soient dentées ou fendues; mais elles ne sont pas très-entières.

Comme la conformation des stipules est à-peu-près la même que celle des feuilles, nous renvoyons au mot FEUILLES, pour faciliter l'intelligence de quelques termes que nous pourrions avoir omis dans cet article, ou que nous avons cru pouvoir nous dispenser d'y placer, parce qu'ils sont peu usités.

STOLONIFÈRE, qui porte des drageons; *voyez* RACINE, TIGE.

STRIÉ, ÉE; ce dont la superficie est recouverte de lignes parallèles qui l'élèvent et l'abaissent alternativement, mais qui sont moins profondes que celles qui recouvrent la superficie sillonnée. *Voyez* SUPERFICIE, CHAPEAU, FEUILLES et TIGE.

STYLE, *stylus.* Le style est figurément au PISTIL ce que le filet est à l'ÉTAMINE; c'est cette espèce de pédicule grêle *B*, *fig. 51, pl. IV*, qui surmonte l'ovaire ou le germe *A*, et qui porte le stigmate *C;* quelquefois l'extrémité inférieure du style ne peut être distinguée de l'ovaire, parce qu'il y a continuité de l'un avec l'autre. La même chose arrive à son extrémité supérieure, quand le stigmate n'a pas une forme qui le distingue de manière qu'on ne sait où doit finir justement ce qui doit porter le nom de style, ni où doit commencer ce qu'on appelle stigmate; dans ce cas, l'extrémité supérieure du style se nomme STIGMATE, et l'extrémité inférieure OVAIRE. On regarde le style comme faisant, dans le végétal, les mêmes fonctions que le vagin dans l'animal, et le stigmate, celles de la vulve. Pour peu que l'on observe avec attention les organes de la fructification d'une fleur dont les parties sont distinctes, on trouve en effet beaucoup d'analogie dans leurs fonctions comparées à celles des parties génitales des animaux. *Voyez* ce que nous avons dit là-dessus à l'article POUSSIÈRE séminale, FRUCTIFICATION.

STYLE bifide, bifurqué ou fourchu, *stylus bifidus, bifurcatus* vel *bifurcus, pl. IV, fig.* 45 A, 49 A, 58 B; celui qui, à son extrémité supérieure, est divisé en deux parties égales ou à-peu-près égales.

STYLE court, *stylus brevis, pl. IV, fig. 44;* celui dont l'extrémité supérieure s'éloigne peu de l'ovaire. Lorsqu'il y a bien peu d'espace entre le stigmate et l'ovaire, on dit que le style est très-court, *stylus brevissimus.*

STYLE cylindrique, *stylus cylindricus* vel *teres;* celui qui est arrondi et égal dans toute sa longueur.

STYLE en alêne, *stylus subulatus;* celui qui se termine sensiblement en une pointe aiguë, depuis sa base jusqu'à son extrémité supérieure ou jusqu'à son insertion sur le stigmate.

STYLE flétri, *stylus marcescens:* après une gelée, quand les Cultivateurs regardent l'état du style dans les plantes qu'ils cultivent, s'il est penché, s'il paroît comme fané avant que le fruit soit noué, ils en augurent avec raison que ces fleurs ne produiront pas de fruits.

STYLE filiforme, *stylus filiformis;* celui qui est si grêle, qu'on peut le comparer à un fil.

STYLE long, *stylus longus;* celui dont l'extrémité supérieure surpasse en hauteur les étamines ou les pétales, comme on le voit dans la fleur du lys AB, *pl. IV;* lorsqu'il est beaucoup plus long, on dit qu'il est très-long, *longissimus;* tel est celui de la *pl. III, fig.* D.

STYLE nul, *stylus nullus:* on dit que le style est nul, quand le stigmate repose immédiatement sur l'ovaire.

STYLE plane, *stylus planus;* celui qui est applati de deux côtés sur toute sa longueur.

STYLE quadrifide, *stylus quadrifidus;* celui qui, à son extrémité supérieure, est divisé en quatre parties.

STYLE quinquefide, *stylus quinquefidus;* celui qui, à son extrémité supérieure, est divisé en cinq parties.

STYLE sétacé, *stylus setaceus;* celui qui, par sa ténuité, peut être comparé à un cheveu ou à une soie de cochon.

STYLE solitaire, *stylus solitarius, pl. IV, fig. 51.* Quelques plantes portent, sur le même ovaire, deux, trois, quatre, cinq ou un plus grand nombre de styles; mais quand l'ovaire ne porte qu'un seul style, on dit qu'il est solitaire.

STYLE trifide, *stylus trifidus, pl. IV, fig. 54;* celui qui, à son extrémité supérieure, est divisé en trois parties.

STYLE velu. Remarquez de quelle espèce sont les poils qui le recouvrent ; et *voyez*, pour les différens noms que l'on doit leur donner, l'art. POILS.

SUBDIVISÉ, ÉE, qui est divisé, et dont chaque division est encore divisée une ou plusieurs fois.

SUBÉREUX, SE ; ce qui est composé d'une substance molle et élastique comme du liége, qui a à-peu-près la même consistance que du liége ; *voyez* CHAIR, SUBSTANCE, CHAPEAU.

SUBMERGÉ, ÉE, ce qui vient sous l'eau, qui ne flotte jamais à sa superficie ; *voyez* FEUILLES submergées.

SUBSTANCE, *substantia*. C'est en général la matière dont une chose est composée. Si elle oppose une certaine résistance, on dit qu'elle est solide, *solida ;* si elle n'en oppose que très-peu, on dit qu'elle est molle, *mollis ;* si elle est aqueuse, *aquosa ;* si elle est dure, serrée et compacte, *compacta ;* si elle est cassante, *fragilis ;* si elle est élastique, *elastica ;* spongieuse, *spongiosa ;* subéreuse, *suberosa ;* ligneuse, *lignosa, frutescens ;* filandreuse, *filamentosa ;* gluante, visqueuse, *viscosa, glutinosa*, &c. On la compare encore à mille choses connues, comme à de la terre, du sable, de la viande, de l'herbe, &c.

SUBULÉ, ÉE, qui a la forme d'une alêne ; *voyez* FEUILLES subulées.

SUCS des plantes, *plantarum succi :* sous cette dénomination, l'on comprend en général toutes les liqueurs, dont la circulation est nécessaire pour l'entretien des végétaux. Cependant on en excepte la sève : ces sucs sont composés principalement de parties huileuses et de parties salines, à qui nous devons les propriétés des plantes que nous employons à nos différens usages ; mais comme une culture forcée fait aux propriétes des végétaux, ce qu'elle feroit à leur forme et à leurs couleurs, de-là vient que l'emploi que nous en faisons n'est pas toujours suivi de tout le succès que nous en attendions, parce que les plantes se trouvent altérées par l'art du Cultivateur, ou gâtées par la mal-adresse ou par la mauvaise foi de celui qui en fait commerce.

Outre le suc propre, celui dans lequel résident les qualités de la plante, il se trouve encore quelques autres sucs qui forment, par leur épanchement, les RÉSINES, les GOMMES et les GOMMES-RÉSINES (*voyez* ces mots). On nomme PLANTES lactescentes, celles qui rendent un suc blanc comme du lait, lorsqu'on a fait quelques incisions à leurs tiges, à leurs rameaux, ou à quelques-unes de leurs parties. Autant le suc propre des tithymales, des laitues, des scorsonnères, et de toutes les plantes lactescentes, est remarquable par sa couleur blanche, autant celui de la chélidoine majeure l'est par sa couleur jaune ; celui de la patience sanguine, par sa couleur rouge, &c. *Voyez* VAISSEAUX.

SUCCULENT, TE, qui est rempli de suc. On appelle aussi fruits succulens, ceux dont la chair est fondante, ou dont la pulpe est agréable au goût.

SUJET. Les Cultivateurs appellent ainsi l'arbre qui doit recevoir la GREFFE. *Voyez* ce mot.

SUPERFICIE, *superficies;* c'est, dans l'acception géométrique, la longueur et la largeur sans profondeur; mais, en Botanique, c'est la surface proprement dite, l'extérieur d'un corps quelconque. On dit que la superficie est striée, *superficies striata;* sillonnée, *sulcata;* rude, *aspera;* unie, *lævis;* raboteuse, *rugosa;* visqueuse, *viscosa;* velue, *pilosa,* &c. Les mots SUPERFICIE et SURFACE sont employés en Botanique comme synonymes.

SUPERFLUE, *voyez* POLYGAMIE, pag. 117 et 151.

SUPÉRIEUR, RE, de deux parties insérées l'une au bout de l'autre ou l'une sur l'autre, dans une direction perpendiculaire à l'horizon, l'une est supérieure, et l'autre inférieure; *voyez* CALICE supérieur, COROLLE supérieure, OVAIRE.

SUPPORTS, *fulcra.* On distingue plusieurs espèces de supports ou de soutiens dans les plantes: la hampe, *scapus;* le pédicule, *pediculus* vel *stipes;* le pétiole, *petiolus;* le péduncule, *pedunculus,* &c. On pourroit regarder la vrille, *cirrhus,* comme un support, et cela seroit bien moins ridicule, que de mettre dans la classe des supports des plantes, les stipules, les écailles, les poils, les glandes, &c.

SURCOMPOSÉ, ÉE, qui est composé ou divisé plus de deux fois; *voyez* FEUILLES surcomposées.

SURFACE, *superficies;* c'est en général la partie la plus extérieure d'un corps, celle qui se présente la première. On dit que telle partie d'une plante est raboteuse à sa superficie ou à sa surface; qu'elle est velue, tomenteuse, veloutée, gluante, humide, sèche, colorée, &c. On trouvera les définitions de tous ces termes, en les cherchant chacun dans le lieu qu'ils doivent occuper dans ce Dictionnaire. La surface des feuilles se nomme *pagina.* On distingue dans une feuille et dans un pétale la surface supérieure, *pagina superior,* et la surface inférieure, *pagina inferior* vel *prona pars.* La surface supérieure est toujours le côté de la feuille qui est tourné vers le ciel; le côté opposé est la surface inférieure.

SURGEONS ou REJETTONS. On appelle ainsi de petites branches qui poussent sur le tronc des arbres, et principalement vers le pied.

SUTURE, *sutura;* c'est la jointure de deux parties parallèles; *voyez* SILIQUE.

SUSPENDU, UE; ce qui est soutenu en l'air comme un plomb au bout de sa corde.

SYLVESTRE, qui vient dans les bois, dans les forêts, dont le sol est aride.

SYNGÉNÉSIE, *syngenesia*, de deux mots grecs qui signifient ensemble et génération. La syngénésie est la classe XIXe du Système sexuel de Linnæus; elle renferme les plantes qui ont plusieurs étamines réunies en forme de gaine ou de cylindre, par leurs anthères, et quelquefois, mais rarement, par leurs filets.

SYNONYMES, *nomina synonyma:* ce sont généralement les noms différens, tant génériques que spécifiques, que les plantes ont reçus des différens Auteurs qui les ont décrites. L'art de rassembler ces noms, de les rapprocher de la plante à laquelle ils appartiennent inclusivement, est appelé SYNONYMIE, *synonymia.* Personne n'a fait un travail aussi étendu sur cette partie de la Botanique, que Linnæus dans son *Species plantarum:* il a rapporté tous les noms, toutes les phrases avec citation des figures des plus célèbres Auteurs qui ont écrit sur la Botanique, et nous a rendu par-là son ouvrage d'une grande utilité. Il ne faut pas confondre la synonymie avec la nomenclature; ces deux mots ne signifient point la même chose. La nomenclature est simplement l'art de donner un nom à une plante nouvelle, ou de trouver, à l'aide d'une méthode, celui qu'on lui a donné; au lieu que la synonymie est l'art de rapporter à une plante connue tous les noms que lui ont donnés ceux qui l'ont décrite.

SYSTÊME, *systema.* Le systême proprement dit, est une espèce de méthode artificielle fondée sur certains principes diversement combinés, mais desquels on ne peut jamais s'écarter. La plupart des Auteurs ne font pas de différence entre le systême et la méthode artificielle proprement dite. Le fait est qu'il s'en trouve ordinairement bien peu entre ce que nous regardons en Botanique comme systêmes et comme méthodes, parce que les meilleures méthodes que nous ayons, tiennent à un ordre systématique qui les rapproche du systême, ou bien ce sont des systêmes entés sur des méthodes. Quoi qu'il en soit, il y a une différence essentielle à faire entre l'un et l'autre: c'est que la méthode artificielle peut non-seulement varier ses ressources, mais encore multiplier à volonté ses moyens, et en employer de nouveaux toutes les fois qu'ils semblent nécessaires pour conduire plus sûrement à l'objet; au lieu que le systême ne le peut pas. *Voyez* l'exposition du Systême sexuel de Linnæus, pag. 114.

T

TALON; c'est ce qui soutient la feuille des orangers. On donne aussi ce nom à la partie qu'occupoit un œilleton d'artichaut, avant qu'il fût séparé du pied.

TEIGNE. On donne ce nom à une certaine maladie qui attaque l'écorce des arbres, et qui les fait périr.

TENACE, se dit en général de tout ce qu'on a peine à séparer.

TERGÉMINÉ, ÉE, géminé trois fois; *voyez* FEUILLES tergéminées.

TERMINAL, LE; ce qui se trouve tout à l'extrémité d'une chose, qui termine une chose quelconque; *voyez* ÉPINE, FLEUR terminales, PÉDUNCULE, &c.

TERNÉ, ÉE, qui est disposé trois par trois sur le même point d'insertion; *voyez* FEUILLES ternées.

TERRAIN. M. Duhamel, dans sa préface des arbres fruitiers, dit: Tout Cultivateur doit se borner à savoir si sa terre est sèche ou humide, forte ou légère, meuble ou compacte, sablonneuse, glaiseuse ou argileuse. Les yeux et la main suffisent pour juger de ces qualités; et la fertilité des terres se connoît mieux et plus sûrement par l'expérience que par les analyses les plus recherchées. Le Botaniste doit, aussi bien que le Cultivateur, apprendre à se connoître aux différentes espèces de terrain, afin de pouvoir s'assurer pourquoi les plantes d'une même espèce diffèrent entre elles.

TERRESTRE, qui vient sur la terre ou dans la terre.

TESTICULES des végétaux; *voyez* à l'art. FRUCTIFICATION, page 86, la comparaison que fait le Botaniste suédois, des anthères des fleurs avec les testicules des animaux.

TÊTE, *capitulum;* c'est un assemblage de fleurs aux extrémités des tiges ou des rameaux, remarquable dans beaucoup de plantes, et particulièrement dans les trèfles; tantôt elle est nue, *capitulum nudum,* parce qu'on ne remarque entre les fleurs aucunes feuilles florales; tantôt elle est feuillée, *foliosum,* parce qu'on rencontre des feuilles florales à sa base, ou entre les fleurs qui la composent; tantôt elle est globuleuse ou arrondie, *globosum, subrotundum;* tantôt arrondie d'un côté et plate de l'autre, *dimidiatum;* tantôt régulière, *regulare;* tantôt irrégulière, *irregulare,* &c.

TÉTRADYNAMIE, *tetradynamia,* de deux mots grecs qui signifient quatre puissances. La tétradynamie est la XVe classe du Systême sexuel; elle renferme les plantes qui ont quatre grandes étamines et deux plus courtes et opposées, et dont le fruit est ou une silique ou une silicule.

TETRAGONE, qui a quatre angles et quatre côtés égaux; *voyez* ANTHÈRES, PÉDUNCULE, SILIQUE.

TÉTRAGYNIE, *tetragynia,* de deux mots grecs qui signifient quatre femelles. Les plantes dont on a trouvé la classe au moyen des étamines, en suivant les principes du Systême sexuel de Linnæus, sont de l'ordre IVe, tétragynie, quand elles ont quatre pistils.

TÉTRANDRIE, *tetrandria,* de deux mots grecs qui signifient quatre maris. La tétrandrie est la classe IVe du Systême sexuel; elle comprend toutes les plantes qui ont quatre étamines égales en hauteur: les caractères qui déterminent cette classe sont très-sujets à induire en erreur: les fleurs labiées, si on ne les jugeoit souvent par analogie, au lieu d'être de la didynamie, *didynamia*, se trouveroient rangées dans la tétrandrie, parce que leurs étamines ne sont pas toujours bien sensiblement de grandeur inégale. *Voyez* l'art. MÉTHODE, pag. 115, 116 et 119.

TIGE, *caulis*. La tige est à l'herbe ce que le tronc est à l'arbre: elle est divisée à une de ses extrémités par les rameaux et leurs dépendances, et à l'autre, par les racines. On remarque dans la tige sa présence ou son absence, sa forme, sa direction, sa consistance, sa durée, sa hauteur comparée à celle des rameaux ou des feuilles, et la manière dont elle se partage par le haut en branches, et par le bas en racines.

TIGE aiguillonnée, *caulis aculeatus ;* celle dont la superficie est garnie d'aiguillons ou de piquans qui ne tiennent qu'à l'écorce, comme dans la ronce, le rosier.

TIGE ailée, *caulis alatus ;* celle qui est garnie longitudinalement de membranes qui s'élèvent au-dessus de sa superficie, et qui ne sont ordinairement qu'une prolongation des feuilles, qu'on nomme pour cela FEUILLES décurrentes; *voyez* ce mot.

TIGE à angles aigus, à angles obtus; *voyez* TIGE anguleuse.

TIGE anguleuse, *caulis angularis, angulatus* vel *angulosus;* celle qui a sur toute sa longueur plus de deux angles saillans: elle est triangulaire, *triangularis* vel *trigonus*, quand elle a trois angles saillans; *triqueter,* quand elle a trois faces exactement planes et égales; quadrangulaire, *quadrangularis*, quand elle a quatre angles tranchans; et *tetragonus*, quand elle a quatre faces exactement planes, et par conséquent quatre angles, &c. (Les jeunes branches de plusieurs arbres sont souvent anguleuses; mais elles s'arrondissent la plupart en vieillissant.) Quand les angles d'une tige sont coupans et aigus, on dit *caulis acutangularis;* s'ils sont un peu arrondis ou obtus, on dit *obtuso-angularis*.

TIGE âpre ou rude, *caulis scaber;* celle qui est recouverte de poils courts et épais, ou d'inégalités, qui la rendent rude au toucher.

TIGE arborée, *caulis arboreus* vel *arborescens ;* celle à qui les feuilles et les rameaux rassemblés à l'extrémité supérieure, donnent la forme d'un arbre.

TIGE articulée, *caulis articulatus ;* celle qui a des nœuds de distance à autre, ou qui est remarquable par des gonflemens et des étranglemens alternatifs.

TIGE à supports, *caulis fulcratus ;* celle qui a des SUPPORTS proprement dits, *voyez* ce mot, c'est-à-dire, celle que la Nature a pourvue de vrilles ou de poils rudes et crochus, au moyen desquels elle grimpe sur les corps voisins, et sur lesquels elle étaie sa foiblesse. Les vrilles de la vigne sont les supports des branches de cette plante. Les poils rudes qu'on remarque sur les tiges du houblon, sont aussi ses supports.

TIGE à trois côtés, *caulis triqueter; voyez* TIGE anguleuse.

TIGE bulbifère, *caulis bulbiferus;* celle qui, pour racines, porte des bulbes.

TIGE comprimée, *caulis compressus;* celle qui est applatie dans toute sa longueur de deux côtés opposés.

TIGE cotonneuse; *voyez* TIGE velue.

TIGE couchée, *caulis procumbens;* celle qui est couchée sur la terre, soit qu'elle ne puisse se soutenir par sa foiblesse, soit que ce soit sa direction naturelle, sans que sa foiblesse y ait aucune part.

TIGE courbée ou penchée, *caulis incurvatus* vel *introrsum nutans;* celle dont l'extrémité se courbe en dedans, c'est-à-dire, qui étoit d'abord un peu penchée, mais qui regagne la ligne verticale par son sommet; quand au contraire elle est dans une direction perpendiculaire à l'horizon, et qu'elle s'en éloigne un peu à son sommet, on dit qu'elle est *nutans,* vel *extrorsùm incurvatus, reflexus.*

TIGE creuse, *caulis excavatus;* celle qui étoit originairement pleine, mais qui, en vieillissant, s'est desséchée à son centre, ou dans laquelle quelques insectes se sont creusé une habitation. Il ne faut pas confondre la tige creuse avec la tige fistuleuse; *voyez* l'art. FISTULEUX.

TIGE crevassée, *caulis rimosus;* celle dont l'écorce est remarquable par des fentes et des crevasses profondes.

TIGE cuisante ou brûlante, *caulis urens;* celle dont la superficie est recouverte de poils, qui sont autant d'aiguillons, dont la piqûre cause une démangeaison douloureuse et une chaleur cuisante.

TIGE cylindrique, *caulis teres;* celle qui est parfaitement arrondie sur toute sa longueur, et qui n'a ni angles ni gouttières.

TIGE descendante, *caulis descendens* vel *declinatus;* celle qui, étant plus perpendiculaire qu'horizontale, se courbe beaucoup, et retombe vers la terre en formant l'arc.

TIGE diffuse, *caulis diffusus;* celle dont les rameaux s'écartent en tous sens, s'étalent sans ordre, et forment avec la tige des angles très-ouverts.

TIGE droite, *caulis erectus;* celle qui est plus perpendiculaire à l'horizon qu'oblique; quand elle est non-seulement droite, mais encore qu'elle diminue sensiblement et par gradation d'une extrémité à l'autre, en conservant une certaine roideur, on la nomme *caulis erectus* vel *strictus.*

TIGE écailleuse, *caulis squamosus;* celle qui est recouverte d'écailles, ou de petites feuilles rangées comme des écailles de poissons.

TIGE échinée, *caulis muricatus* vel *echinatus;* celle qui est recouverte de pointes aiguës et piquantes comme celles de la chausse-trappe.

TIGE effilée, *caulis virgatus;* celle qui s'élève comme une baguette, et se soutient bien malgré sa foiblesse apparente. Le mot *virgatus* convient aussi à celle qui ne produit que des rameaux très-alongés et très-grêles.

TIGE engainée, *caulis vaginatus* vel *tunicatus;* celle qui est enveloppée d'une espèce de membrane qui lui sert de gaine.

TIGE entière, *caulis integer;* celle qui n'a ni nœuds, ni articulations, ni divisions quelconques.

TIGE entortillée, *caulis volubilis;* celle qui n'a pas de vrilles, mais qui s'élève en s'entortillant autour des corps qui l'environnent, comme sont les tiges du haricot, du houblon.

Parmi les plantes qui ont des tiges entortillées, on remarque que les unes sont constamment roulées de gauche à droite, *caulis sinostrùm volubilis*, comme [C], et d'autres de droite à gauche, *dextrorsùm volubilis*, comme [Ɔ]; *voyez* VRILLE.

TIGE en zig-zag, *caulis flexuosus;* celle qui se plie de côté et d'autre en la manière du Z. Ces espèces de tiges ont de distance à autre des nœuds qui changent leur direction, et qui leur font former alternativement des angles saillans et rentrans.

TIGE épineuse, *caulis spinosus;* celle sur la superficie de laquelle on rencontre des épines qui tiennent au bois et non à l'écorce, et qu'on ne peut détacher de la tige sans les casser, comme dans l'aubépine, le groseiller épineux.

TIGE étalée, *caulis divaricatus;* celle qui produit des rameaux qui forment avec elle des angles obtus. Le mot *divaricatus* convient aussi aux tiges qui, en partant du collet de la racine, forment entre elles des angles obtus, et s'écartent beaucoup de la perpendiculaire à l'horizon.

TIGE fastigiée, *caulis fastigiatus, fig. 11, pl. X;* celle dont toutes les branches arrivent à la même hauteur, et sont à-peu-près toutes au même niveau, comme si on les avoit coupées.

TIGE feuillée, *caulis foliatus;* celle qui est garnie de feuilles. On n'emploie ce mot que pour établir un caractère distinctif entre une espèce qui auroit beaucoup de feuilles, et une autre du même genre qui en auroit peu, ou qui n'en auroit point du tout. La tige de l'une seroit nommée *caulis foliatus*, et l'autre *caulis nudus*.

TIGE feuilletée, *caulis tunicatus;* celle qui est composée de membranes ou d'espèces de tuniques appliquées les unes sur les autres, ou bien encore celle qui, sans être composée de tuniques, est seulement recouverte d'une ou de deux membranes, qu'on peut aisément détacher.

TIGE fistuleuse, *caulis fistulosus;* celle qui est cylindrique et tubulée, comme la tige de l'oignon, celle de la dent de lion. On ne doit pas confondre la tige fistuleuse avec la TIGE creuse. *Voyez* ce mot; *voyez* aussi ce que nous avons dit à l'art. FISTULEUX.

TIGE fourchue, *caulis dichotomus* vel *furcatus*, seu *bifurcus*; celle qui fait la fourche, qui se divise à son extrémité supérieure ou dès sa racine, en deux parties à-peu-près égales, et dont tous les rameaux se bifurquent également, et n'ont jamais plus de deux rayons divergens.

TIGE genouillée, *caulis geniculatus*; celle qui fait à chaque nœud le bâton rompu, et dont les nœuds sont gonflés.

TIGE glabre, *caulis glaber*; celle qui n'a sur sa superficie ni poils, ni duvet, ni aucunes inégalités sensibles.

TIGE gladiée, *caulis anceps*; lorsqu'elle est applatie, et qu'elle a deux angles opposés et un peu tranchans, comme la lame d'un couteau, qui seroit tranchante des deux côtés.

TIGE grimpante, *caulis scandens*; celle qui ne peut s'élever qu'à l'aide des corps voisins, soit en s'y entortillant, soit seulement en s'appuyant sur eux. Toutes les tiges sarmenteuses sont grimpantes; mais on n'appelle tige sarmenteuse, *caulis sarmentosus*, que la tige grimpante qui persiste l'hiver, et *caulis scandens*, celle qui ne persiste pas.

TIGE haute d'une ligne, d'un pouce, d'une coudée, de six pieds ou environ, &c. Lorsque l'on cherche à savoir la hauteur moyenne d'une tige ou de quelque autre partie d'une plante, on la compare avec celle de quelque chose de connu, comme avec l'ongle, le pouce, le bras; ce qui revient à-peu-près au même que la hauteur géométrique prise comparativement. On appelle *caulis capillaceus*, celle qui n'a pas en hauteur plus du diamètre d'un cheveu; ce qui revient au diamètre d'une ligne tracée avec une pointe. *Caulis linearis*, celle qui n'a pas plus de hauteur que le blanc que l'on trouve à la racine de l'ongle; ce qui fait à-peu-près la ligne géométrique. *Caulis ungularis*, celle qui a à-peu-près en hauteur la largeur de l'ongle; ce qui revient à la moitié du pouce géométrique. *Caulis pollicaris* vel *uncialis*, celle qui a en hauteur le diamètre de la plus grosse phalange du pouce; ce qui fait un pouce de roi ou douze lignes géométriques ou environ. *Caulis palmaris*, celle qui a quatre doigts de hauteur ou environ; ce qui fait près de trois pouces géométriques. *Caulis dodrans* vel *dodrantalis*, celle qui a en hauteur toute l'étendue qui peut être comprise entre l'extrémité du pouce et celle du petit doigt étendus; ce qui peut faire neuf pouces ou environ. *Caulis spithameus*, celle qui égale en hauteur l'étendue comprise entre l'extrémité du pouce et celle du doigt index étendus; ce qui fait à-peu-près sept pouces. *Caulis pedalis*, celle dont la hauteur est égale à celle comprise depuis la saignée jusqu'à la base du pouce; ce qui fait un pied ou environ. *Caulis cubitalis*, celle qui a une coudée de haut, c'est-à-dire, une longueur égale à celle qui se trouve depuis le coude jusqu'à l'extrémité des doigts; ce qui fait dix-sept pouces ou environ. *Caulis brachialis*, celle qui est longue comme le bras d'un homme; ce qui peut revenir à vingt-quatre pouces géométriques. *Caulis orgyalis*, celle qui égale en hauteur un homme d'une bonne taille; ce qui peut aller de cinq pieds et demi à six pieds.

TIGE herbacée, *caulis herbaceus*; celle qui n'a pas plus de consistance que de l'herbe, et qui périt tous les ans, comme celle du seigle, du senevé, celle de la tulipe.

TIGE hérissée et rude, *caulis hirtus* vel *scaber*; celle dont la superficie est couverte de poils rudes plus ou moins longs, et qui la rendent rude au toucher.

TIGE imbriquée, *caulis imbricatus*; celle qui est couverte d'écailles ou de feuilles rangées comme les tuiles le sont sur les toits.

TIGE inclinée, *caulis declinatus*; celle qui est pliée en arc depuis sa base jusqu'à son sommet, sans qu'il y ait de cause de foiblesse ou de surcharge. Si elle s'incline en dedans, on dit *inclinatus*; en dehors, *reclinatus*.

TIGE lâche, *caulis debilis*, *flaccidus* vel *laxus*; celle qui n'a point une force proportionnée à sa hauteur, et qui s'écarte de la perpendiculaire, sans qu'il y ait d'autres causes que sa foiblesse. Les tiges des graminées sont des tiges lâches.

TIGE ligneuse, *caulis fruticosus*; celle qui a la consistance du bois depuis la racine jusqu'aux extrémités de ses rameaux, et qui subsiste plus de trois ans. *Voyez* la différence qu'il y a entre la tige ligneuse et la tige sous-ligneuse.

TIGE lisse, *caulis lævis*; celle dont la superficie est égale, unie, sans poils, ni aspérités.

TIGE linéaire, *caulis linearis* vel *capillaris*; celle qui est très-alongée, et mince comme un fil.

TIGE membraneuse, *caulis membranaceus*; celle qui est comprimée et applatie comme seroit une feuille.

TIGE montante, *caulis ascendens* vel *adscendens*; celle qui étant plus horizontale que perpendiculaire, regagne la ligne verticale en se courbant en arc de bas en haut.

TIGE nue, *caulis nudus*. On appelle ainsi celle qui ne se ramifie point, et sur toute la longueur de laquelle on ne trouve ni feuilles, ni fleurs, ni aucune espèce d'articulation. On appelle aussi *caulis nudus*, vel *ferè nudus*, tige nue ou presque nue, celle sur laquelle on ne rencontre qu'un petit nombre de rameaux, de feuilles ou de fleurs, en comparaison avec la tige d'une autre espèce du même genre, qui seroit très-rameuse, très-feuillée, &c.

TIGE oblique, *caulis obliquus*; celle qui s'élève obliquement, et dont l'extrémité est aussi éloignée de la ligne perpendiculaire à l'horizon, que de l'horizon même.

TIGE ouverte, *caulis patens;* celle avec laquelle les rameaux forment autant d'angles droits. Le mot *patens* convient aussi aux tiges qui divergent entre elles en partant de la racine, et qui forment toujours, avec la perpendiculaire à l'horizon, des angles peu aigus.

TIGE paniculée, *caulis paniculatus;* celle qui produit des rameaux qui, en se divisant et se subdivisant diversement, représentent une panicule.

TIGE penchée, *caulis nutans; voyez* TIGE courbée.

TIGE perpendiculaire, *caulis perpendicularis;* celle dont la direction est verticale, comme une corde qui serviroit à suspendre un poids quelconque.

TIGE prolifère, *caulis prolifer;* celle qui ne se ramifie que vers son extrémité supérieure, et dont les rameaux sont plus nombreux qu'ils ne doivent l'être naturellement.

TIGE pubescente, *caulis pubescens; voyez* TIGE velue.

TIGE quadrangulaire, *caulis quadrangularis; voyez* TIGE anguleuse.

TIGE radicante, *caulis radicans;* celle qui s'attache aux corps qui l'environnent, au moyen de petites racines qu'elle produit latéralement, comme sont les tiges du lierre.

TIGE rameuse, *caulis ramosus;* celle qui produit latéralement des rameaux : lorsqu'elle porte un nombre de branches extraordinaire, on l'appelle *caulis ramosissimus*, par opposition à celle qui n'a qu'un petit nombre de rameaux, et qu'on appelle *caulis subramosus.* Lorsque ses rameaux sont opposés en sautoir, ou représentent une espèce de croix de Saint-André, on la nomme *caulis brachiatus:* dans ce cas ils sont toujours deux à deux de distance en distance, et la direction des premiers croise toujours celle des seconds.

TIGE rampante, *caulis repens, fig. 6, pl. X;* celle qui est couchée sur la terre et qui s'étend au loin: quand ses rameaux prennent racine, et produisent de nouvelles plantes, on la nomme stolonifère ou traçante, *caulis stolonifer.*

TIGE roide, *caulis rigidus;* celle qui est élastique, et qui reprend avec vîtesse la même direction qu'elle avoit avant qu'on la courbât.

TIGE rubantée, *caulis fasciatus;* celle qui est naturellement applatie en forme de ruban, quelquefois aussi cette forme lui est accidentelle, ayant été forcée de passer entre deux corps durs, comme dans une filière, elle a été obligée de changer en une forme applatie sa figure cylindrique, et est devenue rubantée.

TIGE rude, *caulis scaber;* celle dont la superficie est chargée d'aspérités qui la rendent raboteuse et rude au toucher.

TIGE sans feuilles, *caulis aphyllus;* celle qui n'a pas de feuilles, comme sont les tiges de la prêle d'hiver, celles de tous les champignons. On les nomme aussi tiges nues.

TIGES sans nœuds, *caulis enodis* vel *æqualis;* celle sur laquelle on ne remarque ni nœuds, ni articulations.

TIGE sarmenteuse, *caulis sarmentosus;* celle qui produit des rameaux foibles, eu égard à leur longueur, et garnis, pour l'ordinaire, de vrilles, au moyen desquelles ils s'accrochent aux corps qui les environnent, comme sont les sarmens de la vigne: ceux de la clématite sont aussi sarmenteux, ils persistent l'hiver.

TIGE semi-cylindrique, *caulis semi-teres;* celle qui est ronde d'un côté et applatie de l'autre.

TIGE sillonnée, *caulis sulcatus;* celle qui a sur sa superficie des sillons longitudinaux et profonds. Elle diffère de la tige cannelée, en ce qu'elle n'a pas, comme elle, des cannelures aussi fines ni aussi nombreuses.

TIGE simple, *caulis simplex;* celle qui ne se ramifie point, ou qui n'a des divisions que vers son sommet. On appelle *caulis simplicissimus,* celle qui ne se ramifie point du tout.

TIGE solide, *caulis solidus;* celle qui est tout-à-fait pleine, et d'une consistance au centre qui égale celle de la circonférence.

TIGE sous-ligneuse, *caulis suffruticosus* vel *subfrutescens;* celle qui ne subsiste que par sa base, et dont les rameaux périssent tous les ans, comme dans la douce amère, dans l'armoise auronne.

TIGE sous-rameuse, *caulis subramosus;* celle qui porte latéralement un très-petit nombre de branches.

TIGE spongieuse, *caulis spongiosus* vel *inanis;* celle dont l'extérieur est ferme et solide, et dont l'intérieur est rempli d'une substance spongieuse, molle ou élastique. Dans les champignons, il y en a dont le pédicule est spongieux; mais ce caractère n'est pas toujours constant; car on observe que dans plusieurs individus de la même espèce, les uns ont le pédicule spongieux, les autres l'ont solide; et on pourroit même regarder comme une règle générale, que leur pédicule est solide dans leur jeunesse, mais qu'il devient spongieux en vieillissant, au contraire des arbres et arbustes dont la substance est d'autant moins spongieuse, qu'ils acquièrent plus d'âge; et tel arbre dont la tige est très-spongieuse dans l'état de jeunesse, devient très-solide dans l'état de vieillesse.

TIGE stipulée, *caulis stipulatus;* celle qui est remarquable par des stipules, comme sont les tiges du houblon, et celles d'un grand nombre de plantes légumineuses.

TIGE stolonifère ou traçante, *caulis stolonifer*, *fig.* 28, *pl.* *VII*, et *fig.* 1, *pl.* X; celle qui, du collet de sa racine, produit des rameaux qui s'étendent au loin sur la terre, y prennent racine, et produisent de nouvelles plantes A B, comme dans le fraisier, la renoncule rampante.

TIGE striée, *caulis striatus;* celle dont la superficie est remarquable par des cannelures ou des lignes longitudinales, parallèles et peu creusées : telle est la tige de la prêle, *fig.* H, *pl.* *VI*.

TIGE subéreuse, *caulis suberosus;* celle dont la substance est molle, flexible et élastique comme le liége, et qui, après avoir reçu la pression de l'ongle, reprend en peu de temps la forme qu'elle avoit auparavant.

TIGE tombante ou retombante, *caulis reclinatus;* celle qui avoit d'abord une direction droite, mais qui, en avançant en âge, retombe sur la terre. Si son sommet se relève un peu vers le ciel, on dit, *reclinatus apice ascendente;* s'il est comme suspendu vers la terre, on dit, *reclinatus apice pendente;* s'il est couché sur la terre, on dit, *caulis reclinatus apice procumbente.*

TIGE tordue ou torse, *caulis tortus* vel *contortus;* celle qui n'est point ce qu'on appelle communément de droit fil, c'est-à-dire, celle dont les fibres longitudinales qui la composent, sont tournées en spirales comme la mèche d'un tire-bouchon.

TIGE tortue, *caulis flexuosus. Voyez* TIGE en zig-zag.

TIGE traçante, *voyez* TIGE stolonifère.

TIGE triangulaire, *caulis triangularis* vel *trigonus*, *voyez* TIGE anguleuse.

TIGE velue, *caulis pilosus* vel *hirsutus* seu *hirtus;* hérissée, *hispidus;* barbue, *barbatus;* ciliée, *ciliatus;* tomenteuse, *tomentosus;* laineuse, *lanatus;* pubescente, *pubescens;* soyeuse, *sericeus. Voyez*, pour l'intelligence de ces différens termes, l'art. POILS, et les figures qui y correspondent.

TISSU réticulaire ou cellulaire, *reticulare opus;* c'est un assemblage de petites outres ou de vésicules jointes bout à bout, et rangées très-près les unes des autres; elles remplissent exactement les intervalles que laissent les mailles en losange des vaisseaux séveux. On appelle tissu cellulaire, la partie de l'écorce qui est entre l'enveloppe cellulaire et le liber.

TOMBANT, TE; ce qui tombe avant, s'exprime en latin par *caducus;* ce qui tombe avec, par *deciduus;* et ce qui ne tombe qu'après, ou ce qui ne tombe pas, s'exprime par le mot *persistens.* Le mot

TOMBANT se prend aussi quelquefois pour PENDANT, TE, et signifie ce qui est comme suspendu; alors on emploie les mots *pendens, dependens, decumbens, procumbens, reclinatus,* &c. *Voyez* TIGE tombante, FEUILLES, FLEURS, &c.

TORS, SE, ou TORDU, UE, *tortus* vel *contortus; voyez* TIGE tordue.

TORTU, UE, ou TORTUEUX, *flexuosus*, qui est en zig-zag; *voyez* TIGE en zig-zag.

TOURNÉ, ÉE. On dit que le fruit est tourné, que les grains de raisin sont tournés, quand ils sont dans un état de *maturation* parfaite.

TRAÇANT, TE, se prend pour RAMPANT, TE, ou mieux encore pour STOLONIFÈRE; *voyez* TIGE stolonifère et RACINE rampante.

TRACHÉES, *tracheæ:* c'est le nom que l'on donne à des vaisseaux aériens, c'est-à-dire, à des vaisseaux destinés à porter aux différentes parties des plantes, l'air qui doit entretenir la fluidité des sucs nécessaires à leur nourriture, et principalement le mouvement de la sève. Il est aisé de voir ces trachées dans les dernières pousses d'un arbre; elles paroissent sous la forme de vaisseaux assez gros et formés d'une lame roulée en ruban de queue; si l'on alonge cette lame avec précaution, et qu'on la laisse aller ensuite, elle reprend bientôt sa première situation.

L'air est nécessaire aux plantes, c'est ce dont on ne peut douter; mais il y a des plantes à qui il en faut bien peu: on a reconnu, et l'expérience le confirme encore tous les jours, qu'il y avoit des arbres qui, pour être multipliés de boutures, vouloient être privés presque entièrement d'air pendant une ou plusieurs années: on les enferme sous de grands chassis ou sous de vastes cloches; on en arrose les bords, et on ne les découvre que lorsqu'ils sont propres à être transplantés, ayant l'attention de ne leur donner l'air que peu à peu.

TRAINÉES. On dit que les plantes font des traînées, quand elles jettent de côté et d'autres des racines stolonifères, ou bien des jets qui s'implantent dans la terre, qui s'y enracinent, et deviennent autant de nouveaux pieds.

TRANCHANT, TE; ce qui est applati et remarquable par un côté très-aminci et coupant. On nomme *caulis acuto-angularis,* la tige tranchante.

TRANSPIRATION des plantes. Il y a dans le végétal, comme dans l'animal, des conduits excréteurs, destinés à pousser au-dehors un air vicié, ou quelques fluides inutiles ou même nuisibles, sous la forme d'une vapeur connue sous le nom de transpiration sensible et insensible. Ces vaisseaux paroissent au microscope comme autant de petits tuyaux ou de pores de différens calibres, et sont plus abondans et plus élargis sur la surface supérieure des feuilles que sur toutes les autres parties de la plante : la transpiration qui se fait par-là est si nécessaire au végétal, que lorsqu'on l'arrête en couvrant de quelques corps gras sa superficie, on le voit aussi-tôt se faner, et peu de temps après périr.

TRANSVERSAL, LE, se prend ici pour ce qui est posé en travers; *voyez* CLOISON.

TRAPÉZIFORME; ce qui a la forme d'un trapèze, c'est-à-dire, qui a quatre côtes qui ne se ressemblent point, ou dont deux au plus sont parallèles. *Voyez* FEUILLES trapéziformes.

TRIANDRIE, *triandria*, de deux mots grecs qui signifient trois maris. La triandrie est la classe IIIe du Système sexuel; elle renferme les plantes qui ont trois étamines.

TRIANGULAIRE, qui a trois angles saillans; *voyez* FEUILLES, TIGE triangulaires.

TRICAPSULAIRE. On appelle fruit tricapsulaire, celui qui est composé de trois capsules.

TRIFIDE, qui est d'une seule pièce, mais divisée ou fendue en trois, plus ou moins profondément.

TRIGONE, qui a trois angles et trois côtés, ou trois faces distinctes et exactement planes et égales.

TRIGYNIE, *trigynia*, de deux mots grecs qui signifient trois femelles. Lorsque, par le nombre, la forme, l'insertion ou la grandeur respective des étamines, on a déterminé la classe d'une plante selon les principes du Système sexuel, cette même plante est du troisième ordre de sa classe, si elle a trois pistils.

TRIJUGUÉ, ÉE. On appelle feuilles trijuguées, celles qui sont trois fois conjuguées; *voyez* FEUILLES conjuguées.

TRILOBÉ, ÉE, qui est divisé en trois lobes; *voyez* STIGMATE trilobé, FEUILLES lobées.

TRILOCULAIRE, qui est à trois loges; *voyez* CAPSULE uniloculaire.

TRIPHYLLE, qui est composé de trois pièces distinctes, ou de trois feuilles; *voyez* CALICE monophylle.

TRISANNUEL, LE, qui dure trois ans; *voyez* HERBE, PLANTE.

TRITERNÉ, ÉE. On appelle feuilles triternées, *folia triterna* vel *triternata*, celles qui sont insérées trois par trois sur les dernières ramifications d'un pétiole commun, comme dans la *pl. IX, fig. 23*.

TRIVALVE, qui est composé de trois valves ou panneaux; *voyez* CAPSULE univalve.

TRIVIAL. Linnæus appelle *nomen triviale*, le nom par lequel il distingue l'espèce du genre : par exemple, il donne à la pédiculaire des marais, *pl. III*, le nom générique *pedicularis*, et le nom trivial ou spécifique, *palustris ;* mais je crois qu'il vaut mieux traduire l'adjectif *triviale,* par l'adjectif françois (spécifique), et non pas par l'adjectif (trivial), qui, dans notre langue, a quelque chose de bas.

TRONC, *truncus;* c'est la partie d'une tige quelconque qui occupe l'espace compris entre les racines et les branches ; cependant le tronc, dans l'acception la plus commune, est pris pour la tige ligneuse des arbres et des arbrisseaux, considérée sans branches et sans racines. Le lieu où la racine s'unit au tronc, porte le nom de collet, *collum radicale.* On distingue dans le tronc proprement dit, l'ÉPIDERME, l'ÉCORCE, l'AUBIER, le BOIS et la MOELLE. On remarque aussi sa forme, sa grosseur comparée à celle de ses branches, sa direction, et la manière dont il se divise par le bas en racines, et par le haut en branches. Ce que l'on nomme tronc radical, n'est autre chose que la *mère racine,* comme les cultivateurs la nomment, c'est-à-dire, le corps de la racine ou le plus gros brin, d'où partent immédiatement toutes les ramifications principales.

TRONQUÉ, ÉE ; ce qui sembleroit devoir être plus long, qui se termine brusquement comme si on l'eût rogné ou rongé. *Voyez* FEUILLES, RACINES tronquées, PÉDICULE et STIGMATE tronqués.

TRUFFE, *tuber.* Il est malheureux pour le langage de la Botanique que le mot *truffe*, dont la signification est réservée à désigner un genre de plantes qui viennent sous terre, y naissent, y vivent, s'y reproduisent et y meurent sans qu'il en paroisse rien au-dehors ; il est malheureux, dis-je, que ce mot soit devenu si respectable par son ancienneté ; il seroit bien propre à être employé comme substantif de ce que nous appelons (racine tubéreuse), qui, dans notre langue, ne peut être exprimée par un seul mot.

TUBERCULE, *tuberculum :* il se dit en général de toute excroissance en forme de bosse ou de grains de chapelets que l'on rencontre sur les feuilles, les tiges, les racines, et particulièrement sur les racines tubéreuses.

TUNIQUE, *tunica.* On appelle ainsi toute espèce de productions membraneuses, qui servent d'enveloppe aux différentes parties des plantes, et qui sont susceptibles d'être détachées les unes des autres. Il y a des tiges, des racines, qui ne sont composées uniquement que de tuniques appliquées les unes sur les autres ; et d'autres qui sont renfermées dans une tunique comme dans une bourse. *Voyez* ENVELOPPE, BULBE, VOLVA. Ce qu'on appelle TUNIQUE PROPRE, *arillus*, est une membrane particulière qui recouvre les semences, et qui, lorsqu'elles sont dans l'état de germination, est obligée de se déchirer pour livrer passage à la plantule. *Voyez* GERMINATION et EMBRYON. On pourra voir, *pl. V*, un tableau assez curieux sur la *germination.* On verra la tunique propre *A* dans la *fig. 5*, dans la *fig. 7 B*, et dans la *fig. 9 E*.

TUNIQUÉ, ÉE; ce qui est recouvert d'une ou de plusieurs tuniques très-apparentes.

TURBINÉ, ÉE; ce qui est court et d'une forme conique, ou qui a quelque ressemblance avec une toupie ou une poire.

TUYAUX. On emploie assez communément ce mot, comme synonyme de TUBE. Il convient en général à tout ce qui a une forme cylindrique et fistuleuse, et qui est percé à jour aux deux bouts.

U

UMBILIC et mieux OMBILIC, *umbilicus;* c'est le nom que l'on donne tantôt à une petite cavité centrale, tantôt à une petite protubérance, ou à un point seulement, que l'on rencontre à la superficie de quelques fruits, au centre de quelques feuilles, ou sur d'autres parties encore. On appelle baie ombiliquée, *bacca umbilicata,* celle au centre de laquelle on remarque un ombilic : cet ombilic du fruit est toujours formé des débris du style ou de ceux du calice. Sur une feuille, il est l'extrémité du pétiole central, &c.

UNI, IE, *lævis;* ce qui est lisse, égal.

UNICAPSULAIRE, qui n'a qu'une capsule; *voyez* PÉRICARPE.

UNIFLORE, qui ne porte qu'une fleur; *voyez* PÉDUNCULE.

UNILATÉRAL, LE, qui ne vient que d'un seul côté; *voyez* GRAPPE, FLEURS, &c.

UNILOBE, qui n'a qu'un lobe ou cotyledon; *voyez* SEMENCE.

UNILOCULAIRE, qui n'a qu'une loge; *voyez* CAPSULE, GOUSSE.

UNIVALVE, qui n'a qu'une valve, ou qui n'est composé que d'une valve; *voyez* CAPSULE univalve.

UNIVERSEL, LE : il s'emploie ici comme synonyme de GÉNÉRAL, LE; *voyez* COLLERETTE universelle, OMBELLE universelle.

USAGES des plantes, *usus plantarum.* De tous les temps, l'homme a fait jouer tous les ressorts de son imagination, pour tâche rde découvrir dans les productions du règne végétal quelque chose qui pût lui être utile : il s'est approprié toutes les plantes qu'il a pu faire servir à se procurer les douceurs de la vie : on les a rangées sous trois divisions principales; 1°. les plantes alimentaires; 2°. les plantes médicinales; et 3°. celles qui sont d'usage dans les arts, dans lesquelles on comprend toutes les plantes que nous faisons servir à notre agrément, &c.

V

VAISSEAUX, *vasa.* On distingue dans les plantes trois espèces de vaisseaux. Les vaisseaux séveux destinés à porter la sève aux extrémités des rameaux, et à la reporter aux racines; les vaisseaux propres destinés à contenir le suc propre; et les vaisseaux aériens qui ne contiennent que de l'air. Les premiers sont très-fins, très-simples et disposés suivant la longueur des tiges et des rameaux; les seconds, les vaisseaux propres, sont plus gros, moins nombreux que les vaisseaux séveux; ils sont aussi parallèles à la longueur des tiges, mais ne contiennent que ce qu'on appelle le suc propre, c'est-à-dire, une liqueur colorée, et qui a de la saveur et de l'odeur: ce suc propre, comme nous l'avons déjà dit, est blanc dans les tithymales, jaune dans la chélidoine, rouge dans la patience sanguine, doux dans une plante âcre, dans une autre, &c. C'est de ce suc que dépendent les propriétés des plantes. Les troisièmes, les vaisseaux aériens, qu'on nomme trachées, au lieu d'être parallèles à la longueur des tiges ou des rameaux, sont tournés en spirales ou en tire-bourre; ils sont destinés, dit-on, au passage de l'air seulement; ils le transmettent librement aux autres vaisseaux avec lesquels ils s'abouchent, et favorisent par-là le mouvement et la préparation des liqueurs qu'ils contiennent.

On appelle vaisseaux absorbans, *vasa absorbentia*, ceux qui s'abouchent à la surface inférieure des feuilles; c'est autant de suçoirs destinés à pomper l'humidité de l'air; ils sont si nécessaires à l'économie végétale, qu'on auroit beau renverser les feuilles d'une branche saine, de manière que leur surface inférieure fût tournée du côté du ciel, qu'elles se retourneroient toujours. On distingue ceux-ci des vaisseaux excrétoires, *vasa excretoria*, qui, comme les glandes, les poils, les anthères, &c. paroissent destinés à transmettre au-dehors quelques liqueurs superflues.

VALVES, *valvæ.* On distingue plusieurs espèces de valves. Les unes que l'on nomme indifféremment VALVES ou VALVULES, sont des espèces de panneaux qui composent la capsule multivalve. *Voyez* CAPSULE univalve. Les autres sont des espèces de paillettes qui, dans les fleurs graminées, font les fonctions de pétales; celles-ci sont ordinairement transparentes, coriaces, rayées, ovales ou oblongues, pointues et terminées par un filet grêle et plus ou moins alongé, qu'on nomme BARBE; *voyez* ce mot. On dit qu'une bale est à deux, à trois valves, quand elle n'est composée que de deux ou trois paillettes de cette espèce. On distingue trois espèces de valves dans les fleurs des *graminées*, les florales, les calicinales et les communes. Les valves florales sont celles qui embrassent immédiatement les étamines et le pistil. Les valves calicinales sont celles qui se trouvent derrière les valves florales, c'est-à-dire, celles qui sont séparées des parties de la fructification par des valves intermédiaires, et qui ne servent aux parties sexuelles que d'enveloppe secondaire. Les valves communes sont celles qui font les fonctions de calice commun, c'est-à-dire, celles qui réunissent en épilet plusieurs bales qui peuvent avoir chacune leurs valves florales et leurs valves calicinales. *Voyez* ÉPILET.

VALVULES, *valvulæ*. On appelle valvules ou valves les panneaux de la capsule multivalve; *voyez* CAPSULE univalve.

VARIÉTÉS, *varietates*. On distingue en Botanique les variétés d'avec les espèces : la variété n'est qu'un jeu de la nature, et l'art n'y a pas tant de part que l'on pense : l'art entretient la variété, la multiplie par différens procédés ingénieux; mais il ne dépend pas de lui de faire changer les couleurs, les formes, quand il le desire; ce qui lui réussit par hasard une fois, il le répète inutilement cent autres, et il n'y a rien de certain là-dessus.

VÉGÉTAL. Nous avons parlé séparément de toutes les parties qui composent les végétaux. Nous les avons développées le plus clairement qu'il nous a été possible, afin que l'œil du commençant pût saisir sans peine les caractères par lesquels les plantes se ressemblent ou diffèrent essentiellement. A chaque article de ce Dictionnaire, nous avons montré ce qu'il importoit de connoître méthodiquement, pour que l'étude de la Botanique devînt plus facile et plus sûre. La forme, la disposition, la direction, le nombre, la grandeur, soit respective, soit comparée, la consistance, la couleur même sont autant de détails dans lesquels nous avons tâché de ne rien laisser à desirer. Il s'agit maintenant de rassembler toutes ces parties considérées du côté de leur organisation; de les unir par les rapports les plus marqués, et d'en composer un tableau dans lequel on puisse suivre le végétal dans tous ses degrés de développement, depuis le premier instant de son existence jusqu'au dernier, se tracer de soi-même un plan méthodique pour se diriger dans l'étude de la Botanique, et se faire une juste idée de l'économie végétale, et de l'organisation des végétaux en général.

On appelle VÉGÉTAUX ou PLANTES, *vegetabilia* vel *plantæ*, tout ce qui vient d'une graine, qui se développe et vit sans avoir la faculté de se mouvoir volontairement, et qui perpétue son espèce au moyen de ses graines, ou par quelques moyens équivalens, comme par les cayeux, les boutures, &c. Le végétal ressemble au minéral par la privation de sentiment et du mouvement spontanée; mais il en diffère essentiellement par la vie et l'organisation; car la plante vit et s'accroît par *intus-susception*, au lieu que le minéral ne vit point, et ce n'est que par *juxta-position* que son volume augmente. Le végétal ressemble bien plus encore à l'animal, qu'il ne ressemble au minéral; comme lui, il naît, il vit, il s'accroît, se reproduit et meurt; mais il n'a pas ce sentiment, cette faculté de vouloir qui distingue l'animal. Tout ce qui semble approcher le plus de cette faculté dans le végétal, n'est que purement mécanique, et n'est nullement l'effet du sentiment ni de la réflexion.

RÈGNE VÉGÉTAL (1).
BOTANIQUE.
PRINCIPES.
BOTANISTE.
Routine.
CARACTÈRES.

C'est d'après ces différences si marquées, que l'on a cru devoir diviser en trois règnes toutes les productions de la Nature. Les minéraux composent le *règne minéral;* les végétaux, le *règne végétal;* et les animaux, le *règne animal.* L'étude du règne végétal se nomme Botanique; cette science a, comme toutes les autres sciences, ses principes, son langage particulier. Les connoissances acquises d'après ces principes, forment le Botaniste, qu'il ne faut pas confondre avec le routinier, c'est-à-dire, avec celui qui connoît les plantes sans avoir eu de principes, sans le secours de leurs caractères, et sans suivre aucune méthode.

SEMENCE.

Une graine se présente: voilà l'œuf végétal, si l'on peut s'exprimer ainsi; c'est de cet œuf que va sortir la plante que nous allons suivre, à mesure qu'elle prendra successivement différens degrés d'accroissement.

EMBRYON *de la plante.*

Toute semence fécondée renferme l'embryon d'une plante semblable à celle qui l'a produite elle-même. Elle a, comme toutes les autres parties qui composent les plantes, une forme extérieure qui la distingue, et une organisation interne qui lui est propre. Sa forme extérieure fournit rarement quelques caractères; mais il n'en est pas de même de son organisation interne, puisqu'on en fait aujourd'hui la base de la Botanique.

SÉMINATION.
GERMINATION.
Tunique propre.
Cotyledons.

Rien n'est plus fait pour mériter notre attention, que les moyens que la Nature emploie pour la dispersion des graines ou leur sémination. Si l'on examine un peu attentivement ce que devient une graine après qu'elle a été semée, on la voit en peu de temps se gonfler, augmenter considérablement de volume; sa tunique propre se déchire, ses lobes ou cotyledons sortent de leur berceau, s'écartent, livrent passage à la plantule, et l'on dit que la semence est dans l'état de germination.

Radicule.

Le premier degré de germination s'annonce ordinairement par l'apparition d'une espèce de petit bec que l'on appelle la radicule. Ce petit bec se tourne vers la

(1) Pour la facilité du Commençant, on a rappelé dans cet article ce qui constitue essentiellement les principes généraux de la Botanique: ces principes, dont on n'a pu dire ici qu'un mot, se trouvent mieux développés à chaque article de ce DICTIONNAIRE; c'est pourquoi on a mis en marge les termes qui renvoient à chacun de ces articles.

terre, produit de droite et de gauche des fibrilles latérales destinées à former le chevelu ou les ramifications de la racine, dont la radicule est toujours le pivot, quel que soit le degré d'accroissement que prenne la plante.

RACINE.

Plumule.

Immédiatement après le développement de la radicule on voit paroître la plumule : elle tient aux lobes de la semence, jusqu'à ce qu'elle puisse recevoir, par le moyen de ses racines, quelques sucs pour l'entretien de son existence (car on sait que les lobes de la semence servent, pour ainsi dire, de mamelles à la jeune plante). La plumule, dis-je, s'élève, quitte ses cotyledons, ou ne les conserve que sous la forme de feuilles séminales; et l'on voit toutes les parties de la plantule augmenter en hauteur par l'alongement des lames qui les composent, acquérir tous les jours un diamètre plus grand par l'épaississement de ces mêmes lames, et toutes ses parties prendre successivement la forme et la direction qui leur conviennent.

Feuilles séminales.

Plantule.

HERBE.

Port.

Si de la graine que nous avons sous les yeux dans l'état de germination doit naître une herbe, et que cette herbe doive avoir une tige, des branches, &c. la plumule s'élèvera plus ou moins, prendra la direction qui lui est propre, un port, c'est-à-dire, une manière d'être particulière à son espèce; mais sa tige ne portera point de boutons aux aisselles de ses feuilles; elle restera toujours herbeuse, périra tous les ans, ou ne durera que trois ans au plus.

ARBUSTE.

Si de cette graine doit naître un arbuste ou sous-arbrisseau, la plumule deviendra une tige dont la consistance sera ligneuse; elle ne portera pas plus de boutons aux aisselles de ses feuilles que la tige de l'herbe; mais elle sera de plus longue durée, persistera tous les hivers, et donnera, à quelques exceptions près, tous les ans des fleurs et des fruits.

ARBRISSEAU.

Si la plumule est destinée à devenir la tige d'un arbrisseau, elle se divisera à sa base ou dès son collet, en plusieurs rameaux à-peu-près égaux. Ces rameaux seront d'une consistance ligneuse, s'élèveront beaucoup moins que les arbres, mais, comme eux, porteront des boutons.

ARBRE.

Tronc.

Si enfin cette jeune plante est destinée à devenir un arbre, nous la verrons s'élever tout d'un seul jet jusqu'à une certaine hauteur; car c'est le propre de la plupart des arbres. Nous appellerons l'espace compris entre sa racine et ses premières branches, tronc; et branches du

Rameaux. premier ordre, les plus gros rameaux; branches du second, du troisième, du quatrième ordre, leurs divisions et leurs subdivisions.

Si nous examinons l'organisation interne du tronc et de ses divisions, nous trouverons sous une peau mince, que l'on nomme épiderme, l'écorce proprement dite: dessous l'écorce se présentera le livret; nous verrons que des lames déliées, coniques à leur extrémité supérieure, et peu adhérentes entre elles, dont le livret est composé, s'unissent tous les ans aux dernières couches concentriques de l'aubier, lequel n'est qu'un bois imparfait, qui, avec le temps, acquerra une dureté d'autant plus grande, que ses couches concentriques seront plus rapprochées, et lequel deviendra enfin d'une nature parfaitement ligneuse. Au centre du bois, nous trouverons un petit canal rempli d'une substance médullaire, que l'on appelle moëlle. Si nous observons au microscope les différentes parties qui composent les couches concentriques du bois, nous appercevrons qu'elles sont formées de fibres diversement arrangées, d'une multitude de vaisseaux de toute espèce, tant excrétoires que secrétoires, destinés au passage de l'air, de la sève, ces deux fluides qui charrient tous les autres, et qui les déposent dans toutes les parties du végétal où ils sont attendus pour son accroissement et son entretien.

Epiderme. Ecorce. Livret. Aubier. BOIS. *Moëlle.* VAISSEAUX. *Trachées. Liqueurs. Mouvement de la sève.*

Quelquefois il paroît au-dehors des arbres, des espèces de tumeurs causées par l'épanchement, l'extravasation des liqueurs végétales; ce qui nuit à leur accroissement, et qui les rend monstrueux et languissans; quelquefois même ces maladies sont terminées par une mort prochaine de l'individu qui en est attaqué.

Maladies des plantes. Extravasation des sucs des plantes.

Nous avons commencé à examiner la charpente végétale, si l'on peut s'exprimer ainsi: nous avons suivi la plantule dans ses degrés d'accroissement, et nous l'avons vu passer d'une consistance herbeuse à une consistance ligneuse, former le tronc, et se diviser par le bas en racines, et par le haut en rameaux; mais ce que nous n'avons pas vu encore et que nous ne verrons qu'avec le plus grand étonnement, c'est que les dernières ramifications de la tige d'un arbre, mises en terre, ou insérées entre l'écorce et l'aubier d'un autre arbre vivant, peuvent devenir autant de plantes aussi parfaites que celle à laquelle elles appartenoient. Si l'expérience journalière ne nous offroit sans cesse ce phénomène dans l'art de multiplier

Multiplication artificielle. Greffe.

Boutures. par la greffe, par les boutures, je ne sais pas si le croire ne passeroit pas pour un excès d'extravagance; c'est cependant un fait qu'il n'est plus possible de révoquer en doute. Combien donc n'éprouveroit-on pas plus de répugnance encore à croire que, dans chaque bouton, que l'on trouve placé d'espace en espace sur un rameau, il y a une plante pourvue de tous les organes qui composent la plante la plus parfaite? c'est encore ce que l'expérience confirme tous les jours, et ce qu'elle nous montre dans

Écussons. BOUTONS. l'art de multiplier par le moyen des écussons. Ces boutons dont nous parlons, sont destinés à servir d'abri pendant l'hiver aux parties délicates qu'ils renferment : ils ne contiennent pas tous des rameaux; les uns ne doivent produire que des feuilles; d'autres que des fleurs; mais il y en a qui produisent la même année des feuilles, des fleurs et du bois. Pour avoir occasion d'observer successivement les feuilles, les fleurs, les fruits et les différentes parties qui les composent, nous allons suivre dans ses développemens successifs, le bouton à bois et à fleurs, le bouton mixte proprement dit.

Au renouvellement du printemps, nous le voyons se gonfler; les écailles qui le composent, s'écartent, laissent un passage libre aux parties qu'elles renferment; voilà cette nouvelle pousse que le cultivateur appelle bourgeon.

Bourgeon. FEUILLES. Ce bourgeon est à peine développé, que l'on remarque déjà, sur toute sa superficie, des feuilles placées d'espace en espace, et portées chacune par une queue que l'on nomme pétiole; entre chaque pétiole et le rameau, on pourroit déjà voir un nouveau bouton semblable à celui d'où cette nouvelle tige vient de sortir; ce bouton, l'année d'ensuite, remplira les mêmes fonctions.

FOLIATION. On nomme foliation, l'instant où commencent à paroître les feuilles : on les voit prendre la forme et la direction qui leur est propre, et rester attachées aux ra-

EFFEUILLAISON. meaux jusqu'aux approches de l'hiver; c'est à cet instant, à moins qu'elles ne soient vivaces, qu'elles quittent les rameaux et vont couvrir la terre, à laquelle elles rendent avec usure ce qu'elles en avoient reçu.

Pétiole. C'est de l'épanouissement du pétiole que sont formées les nervures que l'on rencontre sur la surface des feuilles, et ces ramifications d'une finesse extrême, dont une subs-

Parenchime. tance pulpeuse que l'on nomme parenchime, remplit les intervalles. On remarque dans la feuille l'extrémité op-

Sommet. posée au pétiole, que l'on nomme le sommet, et ce même bord qui, à l'extrémité supérieure de la feuille, se nomme sommet, porte sur les parties latérales le nom de côtés. Une feuille est communément applatie : on distingue sa surface supérieure d'avec sa surface inférieure, et si elle n'a pas de pétiole, on remarque la manière dont elle est insérée sur la tige ou les rameaux.

Côtés.

Surface supérieure.

Surface inférieure.

Quelquefois on trouve de chaque côté du pétiole deux petites feuilles que l'on nomme stipules; leur forme est tout-à-fait différente de celle des autres feuilles de la plante. Ces mêmes feuilles, si on les rencontre sur un péduncule, ou à la base d'une fleur, changent de nom; on les appelle bractées; d'autres fois on trouve sur les côtés du pétiole, ou à son extrémité, une production filamenteuse et diversement contournée, que l'on nomme vrille; ou bien quelquefois encore on y rencontre des poils, des glandes, des rugosités, &c.

Stipules.

Bractées.

Vrille.

Poils.

Glandes.

Si l'observateur attentif veut porter ses regards du côté de l'utilité des feuilles relativement à la plante qui en est pourvue, il trouvera qu'elles sont si nécessaires au végétal, que, lorsqu'il en est privé, il devient languissant, et quelquefois même périt; si on les observe au microscope, on voit leur surface ou plutôt leur épiderme, percé d'une infinité de trous d'une finesse extrême, destinés les uns à pomper l'air et l'eau qui doivent servir à entretenir la fluidité de la sève, et les autres à la transpiration sensible et insensible de la plante.

Pores.

Transpiration.

Après avoir examiné les feuilles dont le développement précède presque toujours l'instant de l'apparition des fleurs que l'on nomme floraison, nous allons entrer dans quelques détails sur la structure de la fleur proprement dite, sur son organisation, et sur ses fonctions tant générales que particulières.

FLORAISON.

On remarque dans les fleurs quatre parties principales; 1°. le calice; 2°. la corolle; 3°. les étamines; et 4°. les pistils. Une fleur est complète, quand elle a ces quatre parties bien distinctes; elle est incomplète, si elle est privée d'une seule de ces parties.

FLEUR.

Complète.

Incomplète.

Dans une fleur complète, mais dont toutes les parties sont simples, les pistils occupent le centre, les étamines les entourent, la corolle occupe le second rang, et le calice le troisième. Quelquefois entre les étamines et la corolle, on trouve des espèces de productions minces et colorées, qui ne ressemblent ni aux pétales, ni aux étamines, ni aux pistils, ni au calice, et que l'on nomme

Nectaire. nectaires, mais que quelques Botanistes, dans l'intention de fixer d'une manière déterminée ce que l'on doit entendre par corolle et calice, ont appelées pétales, quand ces petits corps se sont trouvés placés immédiatement derrière les étamines.

CALICE. Selon l'acception la plus commune, le calice est cette enveloppe extérieure, et communément verte, que l'on regarde comme une production de l'écorce de la plante.

COROLLE. *Pétales.* La corolle est cette enveloppe colorée, composée d'une ou de plusieurs pièces, que l'on nomme pétales; elle fait l'ornement de la plante, et l'on croit qu'elle est produite par une extension du liber; mais ce qu'il y a de malheureux, c'est qu'on n'est encore guère d'accord sur le nom que l'on doit donner à ces deux parties essentielles; souvent l'un nomme corolle ce que l'autre appelle calice ou nectaire, et de-là naissent des difficultés sans nombre, qui ne manqueroient pas d'embarrasser considérablement celui qui fait les premiers pas dans la carrière de la Botanique, s'il ne savoit se tenir en garde contre ces changemens arbitraires.

FRUCTIFICATION. FÉCONDATION. La corolle ne s'ouvre que lorsque les organes de la fructification, c'est-à-dire, lorsque les étamines et les pistils approchent de l'instant où doit s'opérer la fécondation. A la base du pistil, on trouve assez ordinairement une petite protubérance, une petite boule, que l'on *Ovaire.* *Embryons des semences.* nomme ovaire. C'est dans cette petite boule que sont contenus les rudimens ou les embryons des semences, et c'est-là qu'ils sont fécondés par la poussière séminale des étamines. Cette poussière est reçue par le stigmate (c'est ainsi que l'on nomme la partie supérieure du pistil) et y CASTRATION. est si nécessaire, que si l'on coupe les anthères avant l'émission de cette poussière fécondante, ou que l'on s'oppose à ce qu'elle soit répandue sur les stigmates, toutes les graines sont stériles.

PISTILS. *Style.* *Stigmate.* Les pistils reposent sur l'ovaire; ils sont composés du style et du stigmate. On remarque leur nombre, leur forme, et leur grandeur même, soit entre eux, soit comparée à celle des étamines ou des pétales.

ETAMINES. Les étamines sont insérées, ou sur le germe ou sur le placenta, ou sur la corolle ou sur le calice; elles sont *Filet.* *Anthère.* composées du filet et de l'anthère. On remarque le nombre des étamines, leur insertion, leur grandeur respective ou comparée avec celle des pistils ou des pétales, et leur réunion, soit par leurs anthères, soit par leurs filets.

SEXES. *Hermaphrodite.* La plupart des fleurs sont hermaphrodites, c'est-à-dire, qu'elles ont étamines considérées comme organes mâles, et pistils comme organes femelles; lorsqu'une fleur n'a *Unisexuelle. Mâle.* que des étamines, elle est unisexuelle mâle; si elle n'a *Femelle.* que des pistils sans étamines, elle est unisexuelle femelle.

C'est ordinairement peu de temps après la fécondation EFFLORAISON. des fleurs qu'arrive l'effloraison; les pétales quittent le *Péduncule.* péduncule; l'ovaire se grossit, présente même quelquefois plus de surface lui seul que toute la plante à laquelle FRUIT. il appartient; voilà le fruit proprement dit, dans lequel sont contenues les semences. On distingue dans le fruit *Péricarpe.* le péricarpe, le placenta, la graine, et, comme dans toutes *Placenta.* les autres parties des plantes, la forme, la situation, la consistance, &c. Mais ces graines, comment se semeront-elles? Qui est-ce qui ira porter chaque graine précisément dans le lieu qui sera le plus propre à favoriser son développement? La Nature qui a tout prévu, a disposé tout SÉMINATION. pour que rien ne s'opposât à la sémination des graines; elle a donné en outre à chaque plante la faculté de produire un bien plus grand nombre de semences qu'il n'en auroit fallu, si elles eussent dû être employées toutes à la reproduction; mais elle a compté sur ce qu'il en falloit pour la pâture des animaux, pour la nourriture de l'homme même, sur ce qui seroit porté par les vents sur des terrains peu convenables, sur ce qui seroit étouffé par d'autres plantes, submergé ou foulé aux pieds, &c. de manière qu'il n'en vient guère à bien que le nombre nécessaire. REPRODUCTION *ou multiplication par les semences.* Leur dispersion ou sémination est presque toujours assez bien favorisée par les circonstances; et cet équilibre si nécessaire entre le dépérissement des végétaux et leur reproduction, se trouve on ne peut pas plus justement entretenu.

L'herbe, lorsqu'elle a donné des graines une ou deux fois, périt assez ordinairement: il est bien rare que sa AGE. durée aille au-delà de trois ans; mais il n'en est pas de même de l'arbre; il vit presque toujours un grand nombre d'années, et il y en a même qui vivent pendant plusieurs siècles; si l'on en excepte un très-petit nombre, ils donnent tous les ans et des fleurs et des fruits, jusqu'au mo- DÉPÉRISSEMENT. MORT. ment où les sucs nourriciers, cessant d'être en juste proportion avec les solides, la réparation n'équivaut plus à la déperdition, et l'arbre, comme l'herbe, prend un air de langueur, se dessèche, dépérit et meurt.

Nombre des plantes. Il s'en faut bien que l'on sache au juste le nombre des plantes qui recouvrent la surface de notre globe : on porte déjà le nombre des espèces connues, à vingt mille ou environ, et tous les jours nous en découvrons encore qui n'ont point été comprises dans cette énumération.

Utilité de la Botanique.

Il est nécessaire de reculer les limites de ses connoissances, tant que cela peut tourner au profit de l'humanité; mais je crois qu'il seroit fou d'essayer à étudier cette immense quantité d'objets, dont l'idée seule effraie: peut-on attendre quelque utilité de ce dont on ne peut avoir qu'une connoissance aussi superficielle?

Ce qui força l'homme à s'adonner à l'étude des plantes.

L'homme, obligé de veiller à sa conservation, fut de tout temps forcé au besoin d'une attention suivie, dans l'usage qu'il fit des productions des trois règnes. Cette attention, et un peu d'expérience, lui suffirent sans doute tant qu'il ne porta pas ses regards au-delà de ce qui lui étoit purement nécessaire, de ce qui lui étoit prescrit par la Nature; mais sa curiosité ne tarda pas à l'entraîner plus loin; en même temps qu'il vit ses connoissances se multiplier, il sentit ses ressources s'épuiser, et se trouva plus que jamais exposé à l'erreur. Obligé de chercher quelques moyens de s'en garantir, il commença par se faire un plan méthodique; ce plan le guida quelque temps; mais bientôt encore il lui devint absolument inutile; la première méthode ne fut pas plutôt créée, que de nouvelles découvertes la rendirent insuffisante: une seconde, une troisième méthode eurent à-peu-près le même sort, parce que l'entreprise se trouva toujours au-dessus des moyens de l'exécuter. On crut mieux réussir en rassemblant des plantes de tous les coins du monde, en les cultivant dans des jardins botaniques; et de celles qu'on ne put transporter ni cultiver, on en fit des herbiers; mais qu'est-il arrivé? Il semble qu'on ait pris soin de cultiver le champ des autres, pendant qu'on a laissé son propre champ en friche; car il s'en faut bien (il est humiliant d'en faire l'aveu) que ce qui vient sous nos pas soit connu. Est-il donc encore un moyen de réparer tout ce temps perdu? La perte du temps est irréparable; mais si l'homme se contentoit d'étudier ce qui environne le point qu'il occupe sur la terre; s'il apprenoit à connoître, et ce qui peut lui servir, et ce qui peut lui nuire, il auroit de bien plus fréquentes occasions d'adoucir les rigueurs de son sort. Au milieu de ses possessions, il vivroit tranquille, une méthode simple le mettroit à l'abri de toute erreur; il pourroit se livrer à des recherches utiles, et

Invention des méthodes.

JARDINS botaniques. HERBIERS.

MÉTHODES; *leur nécessité.*

s'appercevroit bientôt qu'on ne connoît encore que l'écorce de la Botanique, déguisée sous un appareil scientifique et imposant.

VÉGÉTATION, *vegetatio :* c'est le développement successif des parties qui concourent à la perfection du végétal. On distingue dans la végétation en général, la GERMINATION ou la GERMINAISON, et l'ACCROISSEMENT.

VÉHICULE. On regarde l'air et la chaleur comme les véhicules des sucs nourriciers des plantes. *Voyez* ces mots.

VEINÉ, ÉE, *venosus :* il se dit des parties dans le tissu desquelles on apperçoit distinctement un grand nombre de ramifications, que l'on compare aux divisions et aux subdivisions des artères et des veines des animaux; il s'emploie aussi pour signifier ce qui est recouvert de nervures fines et superficielles. *Voyez* FEUILLES veinées.

VELU, UE, se dit en général de tout ce qui est recouvert de poils. *Voyez* à l'art. POILS, quels sont les différens noms que l'on doit donner aux plantes ou aux parties qui les composent, lorsque l'on considère les poils qui les recouvrent.

VÉNÉNEUX, SE, *venenosus;* il se prend ici pour tout ce qui, dans le règne végétal, peut, quoiqu'à petite dose, devenir nuisible; *voyez* PLANTES vénéneuses, et l'art. PROPRIÉTÉS des plantes.

VENTRU, UE, *gibbus* vel *ventricosus;* cela ne se dit guère qu'en parlant du calice, lorsqu'il est renflé comme celui de la *fig. 21, pl. II.* On le nomme *calix ventricosus.*

VERTICAL, LE, qui a une direction perpendiculaire à l'horizon, c'est-à-dire, qui est dans la même direction qu'une corde à laquelle un plomb seroit suspendu.

VERTICILLE, *verticillus, pl. X, fig. 5 et fig. 19;* c'est un assemblage de feuilles ou de fleurs disposées autour d'une tige ou autour de ses rameaux, comme sur un axe commun; *voyez* FEUILLES verticillées, FLEURS verticillées. Le verticille est ou sessile, ou pédunculé, ou colleté, ou feuillé, ou nu, ou ramassé.

VERTICILLE colleté, *verticillus involucratus;* celui qui est garni en dessous d'une espèce de collerette.

VERTICILLE complet, *verticillus completus,* quand il entoure également toute la tige, c'est-à-dire, quand les fleurs ou les feuilles forment, autour de la tige ou des rameaux, une couronne ou un anneau sans interruption: s'il se trouve un intervalle sensible qui partage les fleurs qui le composent, on dit qu'il est incomplet, *verticillus incompletus* vel *secundus.*

VERTICILLE feuillé, *verticillus foliatus* vel *bracteatus;* celui qui porte à sa base des bractées ou des feuilles qui ne ressemblent point à celles du reste de la tige.

VERTICILLE pédunculé, *verticillus pedunculatus;* celui qui est composé de fleurs pédunculées.

VERTICILLE nu, *verticillus nudus;* celui qui ne porte à sa base ni bractées, ni collet. On dit cependant encore que le verticille est nu, lorsqu'il n'est accompagné que de feuilles parfaitement semblables à celles qui se trouvent sur la plante.

VERTICILLE ramassé, *verticillus confertus;* celui qui est composé d'un grand nombre de petites fleurs très-serrées les unes contre les autres, et, pour ainsi dire, entassées.

VERTICILLE sessile, *verticillus sessilis;* celui qui est composé de fleurs qui n'ont pas de pédunculе.

VERTICILLÉ, ÉE, qui est disposé en verticille, ou bien qui porte des verticilles; *voyez* FEUILLES verticillées, PÉDUNCULES, RAMEAUX verticillés.

VÉSICULAIRE, qui est en forme de petite vessie; *voyez* GLANDES vésiculaires.

VIE des végétaux, *vita vegetabilium.* La plante, comme l'animal, naît, vit et meurt. A peine l'embryon est-il animé et sorti de la graine, qu'on voit cette jeune plante faire jouer tous les ressorts de son organisation, chercher autour d'elle le lieu le plus propre à faire les frais de son existence. Elle s'accroît en longueur, en largeur, se vêtit, prend la direction qui lui est propre, devient adulte, travaille, comme l'animal, à la reproduction de son espèce; devient mère, vieillit, et, comme tout ce qui est animé, dépérit enfin et meurt. *Voyez* AGE.

VISQUEUX, SE; ce qui est recouvert d'une espèce de mucilage, qui en rend la superficie gluante. *Voyez* CHAPEAU, FRUIT, FEUILLES.

VIVACE. Une plante est vivace, *planta perennis,* quand la durée de sa vie va au-delà de trois ans. Parmi les plantes vivaces, il y en a qui perdent leurs tiges tous les hivers, mais dont la racine reproduit tous les ans une tige nouvelle, et d'autres qui conservent leurs tiges en hiver. *Voyez* PLANTE, HERBE vivace.

VOLVA, bourse ou chemise, *volva;* c'est le nom que l'on donne à l'enveloppe radicale de toutes les espèces de champignons; c'est une membrane plus ou moins épaisse, qui n'est qu'une continuation de l'extrémité inférieure du pédicule à qui elle appartient, et qui recouvre entièrement ou en partie seulement, le chapeau dans l'état de jeunesse; il y a même une espèce de volva, dans lequel le champignon se trouve renfermé comme dans une bourse: cette bourse se déchire par le haut, et le champignon en sort, comme la plantule sortiroit d'une graine quelconque dans l'état de germination.

Je distingue deux espèces de volva, le complet et l'incomplet. J'appelle VOLVA COMPLET, *volva completa, pl. VI, fig. 2,* celui qui renferme le champignon dans son entier, et qui fait exactement l'office de *tunique propre.* Ce volva est obligé de se fendre, *fig. 3 A,* comme celui de l'agaric oronge (vraie), pour faciliter le développement du champignon qu'il renferme; et lorsque le champignon en est sorti, ce volva reste ordinairement attaché au pédicule, sous la forme d'une membrane diversement plissée. J'appelle VOLVA INCOMPLET au contraire, *volva incompleta, fig. 4 B*, celui qui ne recouvre point le champignon dans son entier, qui n'est point obligé de se fendre pour lui livrer passage. Il est essentiel d'observer le champignon dans l'état de jeunesse, pour s'assurer de la forme de son volva. L'œil exercé pourroit cependant s'en assurer encore, après même que le champignon seroit développé; car la membrane qui compose le volva complet, duquel le champignon est sorti, est presque toujours persistante, et a ses bords très-élevés, au lieu que le volva incomplet n'est composé que d'un petit rebord *N, fig. 5*, qui disparoît ordinairement peu de temps après que le champignon est développé.

On dit que le VOLVA est épais, *volva crassa,* quand il est composé d'une membrane charnue et épaisse, comme celui de l'agaric oronge (vraie); qu'il est mince, *volva tenuis*, quand il est composé d'une membrane qui a peu d'épaisseur; qu'il est caduc, *volva caduca*, quand il ne persiste que peu de temps après que le chapeau en est sorti; qu'il est persistant, *volva persistens,* quand il persiste autant que le champignon même, ou qu'il dure long-temps.

Il ne faut pas confondre le VOLVA *d'un champignon avec son* COLLET; *ces deux parties ont des fonctions très-différentes, et n'ont même aucun rapport entre elles.*

VRILLES ou MAINS, *cirrhi, capreoli* vel *claviculæ:* ce sont ces productions filamenteuses et en forme de tire-bouchon, au moyen desquelles les plantes grimpantes et sarmenteuses s'attachent aux corps qui les environnent. Dans quelques plantes, les vrilles partent immédiatement de la tige, comme dans la vigne, la bryone: mais on observe que dans le plus grand nombre des plantes vrillées ou cirrhifères, les vrilles ne sont que d'un prolongement des pétioles, et elles portent alors le nom de vrilles pétiolaires, *cirrhi petiolares.* On remarque dans la vrille, sa situation, son insertion, la manière dont ses spires sont tournées, et si elle est simple ou divisée.

VRILLE axillaire, *cirrhus axillaris, pl. X, fig. 14;* celle qui croît à l'aisselle d'un péduncule, d'un pétiole ou d'un rameau. Elle est sous-axillaire, *subaxillaris,* quand elle est au contraire comme celle de la *fig. 16.*

VRILLE bifide ou bifurquée, *cirrhus bifidus* vel *bifurcatus;* celle qui se divise en deux parties, *pl. X, fig. 16 c.*

VRILLE entière, *cirrhus integer* vel *indivisus;* celle qui ne se divise point, *fig. 15 D.*

VRILLE foliaire, *cirrhus foliaris;* celle qui vient immédiatement sur la feuille.

VRILLE multifide, *cirrhus multifidus* vel *multoties divisus*, *fig. 15 E;* celle qui se divise en un nombre indéterminé de parties, ou du moins toujours au-dessus de trois.

VRILLE opposée aux feuilles, *cirrhus oppositifolius;* celle qui a son point d'insertion du côté de la tige, opposé à celui où le pétiole d'une feuille a le sien. Si l'on prend pour exemple la vigne où les vrilles sont souvent opposées aux feuilles, on trouve, d'un côté de la tige, une feuille, et de l'autre, une vrille qui ont toutes deux leur point d'insertion sur le même nœud, mais sur deux côtés opposés.

VRILLE pédunculaire, *cirrhus peduncularis;* celle qui vient immédiatement sur les péduncules des fleurs ou des fruits.

VRILLE pétiolaire, *cirrhus petiolaris.* On appelle ainsi la vrille qui est portée par un pétiole, *fig. 13 et 14, pl. IX.*

VRILLE raccourcie, *cirrhus abbreviatus.* Une vrille s'étend en longueur jusqu'à ce qu'elle puisse s'accrocher à un corps quelconque; si-tôt qu'elle a trouvé un point d'appui, elle s'entortille, se contracte, tire à elle la branche sur laquelle elle a son point d'insertion; et, au bout de quelque temps, on croiroit que cette vrille s'est raccourcie, parce que l'espace compris entre la branche et le point d'appui de la vrille, se trouve beaucoup plus court.

VRILLE radicante, *cirrhus radicans;* celle qui s'implante en forme de racine sur les murs et sur l'écorce des arbres; telles sont celles du lierre, de la vigne-vierge, &c. Elles sont douées d'une forte succion, au moyen de laquelle elles pompent des sucs propres à la nourriture de la plante à qui elles appartiennent: si c'est sur un individu vivant qu'elles ont prise, elles ne tardent pas à le faire périr: c'est ce qu'on remarque dans les forêts, sur différens arbres garnis de lierre, dont l'état de dépérissement et de maigreur annonce une mort prochaine.

VRILLE roulée de gauche à droite, *cirrhus convolutus* vel *sinistrorsùm volubilis;* celle qui se roule toujours comme la vrille représentée *fig. 14 N, pl. X.* Il est bon de faire observer que sur la même plante, les vrilles se trouvent souvent roulées de gauche à droite et de droite à gauche : on en trouve même qui sont roulées moitié d'un côté et moitié de l'autre; mais il y a aussi des plantes dont les vrilles, ainsi que les tiges, sont constamment roulées du même côté.

VRILLE roulée de droite à gauche, *cirrhus revolutus* vel *dextrorsùm volubilis;* celle dont les spires se roulent toujours dans un sens opposé au cours du soleil, comme celles de la *fig. 15 M, pl. X.*

VRILLE trifide, *cirrhus trifidus* vel *trifurcatus, fig. 14 F, pl. X;* celle qui se divise en trois parties.

VRILLÉ, ÉE ou CIRRHIFÈRE, qui porte une ou plusieurs vrilles.

Z

ZESTE; c'est cette espèce de placenta membraneux et coriace que l'on trouve dans une noix, et qui en sépare l'amande en quatre parties égales: on nomme aussi zeste une partie mince que l'on coupe sur le dessus de l'écorce d'une orange, d'un citron.

ZIG-ZAG, *voyez* TIGE en zig-zag; il s'exprime en latin par l'adjectif *flexuosus*.

FIN.

DICTIONNAIRE

DES TERMES LATINS

CONSACRÉS A L'ÉTUDE DE LA BOTANIQUE.

Dans les articles où il se trouve plusieurs n^os^, le premier indique la page dans laquelle on a donné la définition du terme. Tous les autres n^os^ renvoient aux pages dans lesquelles on trouvera des exemples de l'application de ce même terme dans différens cas.

A

Abbreviatus, a, um, RACCOURCI, IE. — *Abbreviatus cirrhus*, vrille raccourcie, pag. 211

Abortiens, entis, AVORTÉ, ÉE. — Le mot *abortiens* s'emploie quelquefois pour *sterilis*. — *Voyez* l'art. fleur stérile. 84

Abortus, ûs, AVORTEMENT, 8

Abruptè, brusquement, tout d'un coup. — *Abruptè pinnata folia*, feuilles ailées et terminées brusquement sans avoir d'impaire, 55

Absorbens, entis, ABSORBANT, TE. — *Absorbentia vasa*, vaisseaux absorbans, 198

Acalicinus, a, um, qui n'a point de calice.

Acaulis vel *sessilis, le*, seu *acaulos*, ACAULE, qui n'a pas de tige. — *Acaules plantæ*, plantes acaules, 144

Acerbus, a, um, ACERBE, âpre au goût comme un fruit qui n'est pas mûr.

Acerosus, a, um, qui a la forme d'une épingle. — *Acerosa folia*, feuilles en forme d'épingle, 61

Acidus, a, um, ACIDE. — *Sapor acidus*, saveur acide. *Voyez* l'art. qualités des plantes, 158

Acinaciformis, e, qui est en forme de sabre. — *Acinaciformia folia*, feuilles en sabre, 61

Acinus vel *acinum, i*, GRAIN ou petite baie que l'on nomme vulgairement grain, 94

Acotyledon, is, ACOTYLEDONE, qui n'a point de cotyledon. — *Acotyledon semen*, semence acotyledone, 170. — *Acotyledones plantæ*, plantes acotyledones, 39-144

Acris, e, ACRE. On trouve dans plusieurs auteurs, l'adjectif *acerbus, a, um*, employé comme synonyme d'*acris*. — *Acris sapor*, saveur âcre, 168, et qualités des plantes, 158

Aculeatus, a, um, AIGUILLONNÉ, ÉE, armé de pointes ou d'aiguillons. — *Aculeatus caulis*, tige aiguillonnée, 186. — *Aculeata folia*, feuilles piquantes, 67. — *Aculeatus pedunculus*, péduncule armé de pointes, 132. — *Aculeatus petiolus*, pétiole aiguillonné, 139

Aculei, orum, AIGUILLONS, 3. — piquans, 142

Acuminatus, a, um, terminé par une pointe alongée.

Acutangularis, e, vel *acutangulus, a, um*, ce qui est anguleux et coupant, qui a des angles tranchans, ou bien seulement ce qui est terminé par un angle aigu. — *Acutangularis caulis*, tige anguleuse, 186

Acutè dentatus, a, um, DENTÉ, ÉE, à dents aiguës. — *Acutè dentatum folium*, feuilles à dents aiguës, 60. — *Acutè emarginatus, a, um*, ÉCHANCRÉ, ÉE, à divisions aiguës, 60

Acutiusculus, a, um, qui est un peu anguleux, un peu coupant.

Acutus, a, um, AIGU, UE, terminé par un angle aigu; il s'emploie aussi quelquefois pour désigner ce qui est tranchant. — *Acuta folia*, feuilles aiguës, 54. — pointues, 67

Adnatum, i, vel *bulbulus, i*, CAYEU, 26

Adnatus, a, um, ATTACHÉ le long de; — quelquefois on le fait synonyme d'*adnexus*, qui signifie ATTACHÉ à, COHÉRENT, qui tient après. — *Adnata corollæ filamenta*, filets insérés sur la corolle ou le long de la corolle, 75. — *Adnatæ* vel *adnexæ stipulæ*, stipules appuyées et cohérentes, 178

Adpressus, a, um; il se prend pour signifier qu'une chose est rapprochée d'une autre chose, ou qu'elle est même pressée contre une autre chose. — *Adpressa folia*, feuilles appliquées, ou pressées contre, 55

Adscendens vel *ascendens, entis*, REDRESSÉ, RELEVÉ, ÉE; il s'emploie aussi pour désigner ce qui s'élève en formant l'arc, et qui regagne la ligne verticale par son extrémité supérieure. — *Ascendens caulis*, tige montante, 190

Adversus, a, um, (selon Linnæus), est ce qui présente le côté au midi.

Æqualis, e, ÉGAL, LE, 46. — *Æqualis margo*, bords égaux, 13. — *Æqualia filamenta*, filets

égaux, 75. — *Æquales pedunculi*, péduncules égaux, 136
Æquivalvis, e, qui est composé de valves égales entre elles.
Æquor, ris, RASE CAMPAGNE.
Æstivalis, le, vel *æstivus, a, um*, ESTIVAL, LE, qui vient en été. — *Æstivales* vel *æstivi flores*, fleurs estivales, 80
Æstivatio, nis, l'action de l'été, ou son influence sur la végétation.
Affinis, e, qui a des rapports avec quelque chose de connu.
Ager, ri; il se prend pour les champs en valeur, les moissons.
Aggregatus, a, um, AGRÉGÉ, ÉE; il se prend tantôt pour rapproché, tantôt pour rassemblé, ramassé, &c. — *Aggregati bulbi*, bulbes rapprochées, 20. — *Aggregati flores*, fleurs agrégées, 77, — ramassées, 83
Agrestis, e, AGRESTE. — *Agrestes plantæ*, plantes agrestes, 114
Agricultor, ris, AGRICULTEUR, 2
Agricultura, æ, AGRICULTURE, 2
Ala, æ, AILE. — *Alæ corollæ*, ailes d'une corolle papilionnacée, 3
Alatus, a, um, AILÉ, ÉE. — *Alatus petiolus*, pétiole ailé, 139. — *Alatum semen*, semence ailée, 169
Albicans, antis, qui tire sur le blanc. — *Albicans flos*, 78
Alburnum, i, AUBIER, 8
Albus vel *candidus, a, um*, BLANC, CHE. — *Albus flos*, 78
Alimentarius, a, um, ALIMENTAIRE. — *Alimentariæ plantæ*, plantes alimentaires, 144-156
Alliaceus, a, um, qui sent l'ail. — *Alliaceus odor*, odeur d'ail, 158
Alternatim, ALTERNATIVEMENT.
Alternè pinnata folia, feuilles ailées, folioles alternes, 55
Alternus, a, um, ALTERNE. *Alterni flores*, fleurs alternes, 77. — *Alterna folia*, feuilles alternes, 55. — *Alterni rami*, rameaux alternes, 163
Amarus, a, um, AMER, RE. — *Amarus sapor*, saveur amère, 158
Ambrosiacus, a, um, qui sent l'ambre. — *Ambrosiacus odor*, odeur d'ambre, 158
Amentaceus, a, um, AMENTACÉ, ÉE, fait en chaton ou qui porte des chatons. — *Amentacei arbores*, arbres amentacés, 7. — *Amentacea spica*, épi faux, épi chatonnier, 48
Amentum, i, vel *julus, i*, CHATON, 31
Amplexicaulis, e, AMPLEXICAULE. — *Amplexicaulis petiolus*, pétiole amplexicaule, 140. — *Amplexicaules bracteæ*, bractées amplexicaules, 17. — *Amplexicaulia folia*, feuilles amplexicaules, 55. — *Amplexicaules stipulæ*, stipules amplexicaules, 178
Ampliatus, a, um, ÉLARGI, IE, ÉTENDU, UE.
Amplius, oris, PLUS GRAND, PLUS GRANDE.
Analogia, æ, ANALOGIE, 4
Analysis plantarum, ANALYSE des plantes, 4
Anatome, es, vel *dissectio, nis plantarum*, ANATOMIE végétale, 4
Anceps, itis, GLADIÉ, ÉE; ce dont les deux côtés opposés sont anguleux. — *Anceps caulis*, tige gladiée, 189
Androgynus, a, um, ANDROGYNE ou MONOIQUE. — *Flores androgini* vel *monoici*, fleurs monoïques, 82. — *Androgynæ plantæ*, plantes androgynes ou monoïques, 144
Angulatus vel *angulosus, a, um*, ANGULEUX, SE. — *Angulatus caulis*, tige anguleuse, 186. — *Angulatus*, vel *angulosus calix*, calice anguleux, 21. — *Angulata capsula*, capsule anguleuse, 24. — *Angulosa folia*, feuilles anguleuses, 55
Angulus, i, ANGLE. *Voyez* l'art. sinus, 173
Angustifolius, a, um, qui porte des feuilles étroites.
Angyospermia, æ, ANGYOSPERMIE, 116
Annulatus, a, um, ANNULÉ, ÉE. — *Annulatus stipes*, pédicule annulé, 131
Annuus, a, um, ANNUEL, LE, qui ne dure qu'un an. — *Annua radix*, racine annuelle. — *Annua herba*, herbe annuelle, 97-98-144
Annulus, i, COLLET, 33
Anomalus, a, um, ANOMAL, LE. — *Anomali flores*, fleurs anomales, 77
Anthera, ANTHÈRE, 5; *voyez* l'art. étamines, 49
Antherifer, a, um, qui porte des anthères, c'est-à-dire, des étamines sans filets.
Apertio, nis corollæ, ÉPANOUISSEMENT d'une corolle, 48
Apetalus, a, um, APÉTAL, LE, qui n'a pas de pétale (il est opposé à *petalodes*).
Apertura, æ corollæ, OUVERTURE, ENTRÉE d'une corolle.
Apex, SOMMET, extrémité supérieure, 174. — Sommet d'une feuille, 54
Aphyllus, a, um, qui est sans feuilles. — *Aphyllus caulis*, tige sans feuilles, 191
Apophysis, APOPHYSE; excroissance plus ou moins alongée, qui vient sur une partie quelconque.
Appendiculatus, a, um, APPENDICULÉ, ÉE. — *Appendiculatus petiolus*, pétiole appendiculé, 140
Approximatus, a, um, RAPPROCHÉ, ÉE. — *Approximata folia*, feuilles rapprochées, 68. — *Approximati petioli*, pétioles rapprochés, 142
Aqueus, a, um, qui est limpide et sans couleur comme de l'eau.
Aquosus, a, um, AQUEUX, SE, qui n'a pas plus de goût ni de consistance que de l'eau. — *Sapor aquosus*, 158. — *Aquosa substantia*, 182
Araneosus, a, um, ARANÉEUX, SE, ou rétiforme, qui ressemble à une toile d'araignée. — *Araneosus annulus*, collet aranéeux, 33
Arbor, ris, ARBRE, *arbores*, arbres, 7. *Voyez* aussi l'art. plante, 144
Arboreus, a, um, vel *arborescens, tis*, qui a la

forme d'un arbre. — *Arboreus caulis*, tige arborée, 186

Arbuscula, *æ*, synonyme de *suffrutex*, 8

Arbustivus, *a*, *um*, qui a la forme d'un arbuste.

Arcens, *entis*, qui écarte, qui empêche d'approcher.

Arcuatim, en arc.

Arenosus, *a*, *um*, qui vient dans les terrains sablonneux. — *Arenosæ plantæ*, 145

Argenteus, *a*, *um*, ARGENTÉ, ÉE.

Argila, *æ*, ARGILE, terrain argileux.

Argyrocomus, *a*, *um*, qui est d'un blanc argenté et comme satiné. — *Flos argyrocomus*, 78

Aridus, *a*, *um*, ARIDE, SCARIEUX, SE. — *Arida folia*, feuilles scarieuses, 70

Arillus, *li*, TUNIQUE propre, 196

Arista, *æ*, BARBE, 10

Arma plantarum, ARMES des plantes; *voyez* AIGUILLONS, 3, POILS, 149

Aromaticus, *a*, *um*, AROMATIQUE, qui sent les aromates. — *Aromaticus odor*, odeur aromatique, 158

Arrectus, *a*, *um*, s'emploie quelquefois pour *erectus*, *a*, *um*; il signifie ce qui est droit et roide.

Articulatio, *nis*, ARTICULATION, 8

Articulatus, *a*, *um*, ARTICULÉ, ÉE. — *Articulatus bulbus*, bulbe articulée, 19. — *Articulata radix*, racine articulée, 159. — *Articulata folia*, feuilles articulées, 55. — *Articulatum legumen*, légume articulé, 93. — *Articulatus caulis*, tige articulée, 186

Articulus, *i*; c'est le coude que fait à chacun de ses nœuds une tige en zig-zag, 188

Artificialis, *e*, ARTIFICIEL, LE, qui n'a rien de naturel, qui ne dépend que de l'art. — *Artificialis methodus*, méthode artificielle, 109

Arvensis, *e*, qui vient dans les terres labourables qu'on laisse reposer. — *Arvenses plantæ*, 145

Arvum, *i*, terre labourable qui n'est point ensemencée.

Arundinaceus, *a*, *um*, ARUNDINACÉ, ÉE, qui a quelque ressemblance avec les tiges du roseau.

Ascendens vel *adscendens*, *tis*, ASCENDANT, TE, qui va en montant. Il se prend aussi souvent pour *rectus*, *a*, *um*. — *Ascendentia folia*, 56. — *Ascendens pedunculus*, péduncule montant, 134. — *Ascendens caulis*, tige montante, 190

Asper, *a*, *um*, RUDE, RABOTEUX, SE. — *Aspera folia*, feuilles rudes, 69. — *Aspera superficies*, superficie rude, 183

Asperifolius, *a*, *um*, qui a les feuilles rudes au toucher.

Assimilans, *antis*, qui a quelque ressemblance avec une chose connue.

Assurgens, *entis*, RELEVÉ, ÉE, MONTANT, TE, qui s'élève en formant un peu l'arc, 166. — *Assurgentia folia*, 68. — *Assurgens petiolus*, pétiole montant, 141

Ater vel *niger*, *ra*, *rum*, NOIR, RE. — *Niger flos*, 78

Atropurpureus, *a*, *um*, qui est d'un pourpre noirâtre, 78

Attenuatus, *a*, *um*, ATTÉNUÉ, ÉE, AMINCI, IE. *Attenuatus pedunculus*, péduncule aminci, 132

Attingens, *entis*, qui égale en hauteur, ou bien qui touche à une chose quelconque.

Auctus, *ûs*, ALONGEMENT, AUGMENTATION.

Aulæum, *i floris*; c'est la corolle considérée comme lit nuptial.

Aurantiacus, *a*, *um*, ORANGÉ, ÉE, qui est de couleur orangée. *Aurantiacus flos*, 78

Aureus, *a*, *um*, DORÉ, ÉE.

Auritus, *a*, *um*, OREILLÉ, ÉE. — *Aurita folia*, feuilles oreillées, 65. — *Auritum petalum*, pétale oreillé, 139

Autumnatio, *nis*, se prend pour le temps de la maturité des graines, pour le temps de l'EFFEUILLAISON, et pour toute influence sensible de l'automne sur la végétation.

Autumnalis, *le*, qui vient en automne. — *Autumnales flores*, fleurs automnales, 77

Avenius, *a*, *um*, sans aucuns vaisseaux ni nervures.

Axillaris, *e*, AXILLAIRE, qui vient dans l'aisselle, 9. — *Axillares flores*, fleurs axillaires, 77. — *Axillares bracteæ*, bractées axillaires, 17. — *Axillares spinæ*, épines axillaires, 49. — *Axillaria folia*, feuilles axillaires, 56. — *Axillaris pedunculus*, péduncule axillaire, 132

Axis, *is*, axe, 9

B

Bacca, *æ*, BAIE, 9

Baccifer, *a*, *um*, BACCIFÈRE, qui porte des baies. — *Bacciferæ plantæ*, plantes baccifères, 145

Barbatus, *a*, *um*, BARBU, UE. — *Barbatus* vel *barbata margo*, bord barbu, 14. — *Barbata superficies*, superficie barbue, 149

Basis, *is*, BASE, 10. — Base d'une feuille, 54

Bicapsularis, *e*, BICAPSULAIRE. — *Bicapsulare pericarpium*, péricarpe bicapsulaire, 138

Bicornis, *e*, qui a deux cornes qui font la fourche.

Bicuspidatus, *a*, *um*, vel *bicuspes*, *idis*, BICUSPIDÉ, ÉE, qui se termine par deux pointes. — *Bicuspida* vel *bicuspidata folia*, 67

Bibulus, *a*, *um*, qui attire, qui pompe l'eau.

Bidens, *entis*, vel *bidentatus*, *a*, *um*, qui a deux dents.

Biennis, *e*, qui ne dure que deux ans.

Bifariàm, en deux façons, de deux manières différentes.

Bifer, a, um, BIFÈRE, qui donne deux fois chaque année des fleurs et des fruits. — *Biferæ plantæ*, plantes bifères, 145

Bifidus, a, um, BIFIDE, qui est d'une seule pièce, mais fendue en deux. — *Bifida corolla*, corolle bifide. *Voyez* l'art. COROLLE monopétale, 37. *Bifida folia*, feuilles bifides, 62

Biflorus, a, um, BIFLORE, qui a deux fleurs. — *Biflorus pedunculus*, péduncule biflore, 132. — Péduncule uniflore, 136

Biforus, a, um, qui a deux trous, deux cavités.

Bifurcatio, nis, BIFURCATION, 10

Bifurcatus, bifurcus, vel *dichotomus, a, um*, BIFURQUÉ, ÉE, FOURCHU, UE, ou DICHOTOME, qui fait la fourche. — *Bifurca radix*, racine dichotome ou bifurquée, 160

Bigeminatus vel *bigeminus, a, um*, BIGÉMINÉ, ÉE. — *Bigemina folia*, feuilles bigéminées, 56

Bijugus vel *bijugatus, a, um*, BIJUGUÉ, ÉE. — *Bijuga folia*, feuilles bijuguées, 56-58

Bilabiatus, a, um, qui est à deux lèvres.

Bilamellatus, a, um, qui est à deux lames, qui est composé de deux lames, ou qui est doublement lamellé.

Bilobus, a, um, BILOBÉ, ÉE, qui a deux lobes. — *Bilobæ siliculæ*, silicules bilobées, 172. — Quelquefois il s'emploie comme synonyme de DICOTYLEDONE. — *Bilobum* vel *dicotyledon semen*, semence dicotyledone ou bilobe, 170

Bilocularis, e, BILOCULAIRE, qui a deux loges. — *Bilocularis capsula*, capsule biloculaire, 24. — *Legumen biloculare*, légume ou gousse biloculaire, 93

Binatus vel *binus, a, um*, BINÉ, ÉE, ou deux à deux à chaque articulation. — *Binata folia*, feuilles binées ou géminées, 56

Binervius, a, um, qui a deux nervures très-apparentes. — *Binervia folia*, 65

Bipartitus, a, um, qui est divisé ou partagé en deux jusqu'à la base; il s'emploie souvent, mais très improprement, comme synonyme de *bifidus*. — *Bipartitus calix*, calice de deux pièces, ou divisé en deux parties jusqu'à sa base, 25. *Bipartita folia*, 66

Bipinnatus, a, um, BIPINNÉ, ÉE, ou deux fois ailé, ée. — *Bipinnata folia*, feuilles bipinnées, 56

Bisannuus, a, um, BISANNUEL, LE. — *Bisannua herba*, herbe bisannuelle, 11-97-98-144

Biternatus, a, um, BITERNÉ, ÉE. — *Biternata folia*, feuilles biternées, 56

Bivalvis, e, BIVALVE. — *Bivalvis capsula*, capsule bivalve, 24-25

Bivascularis, e, BIVASCULAIRE, qui est à deux loges en forme de cornet ou de godet.

Botanica, æ, BOTANIQUE, 14

Botanicus, i, BOTANISTE, 15-16

Brachialis, le, qui égale en hauteur le bras d'un homme, ou bien qui a vingt-quatre pouces de hauteur ou environ. — *Brachialis caulis*, 189

Brachiatus, a, um, qui est disposé comme les bras d'un homme. — *Decussatim brachiati rami*, rameaux disposés en croix. — *Brachiatus caulis*, 191

Bractea, æ, BRACTÉE ou FEUILLE FLORALE, 17

Bracteatus, a, um, BRACTÉIFÈRE, qui porte des bractées, 18. — *Bracteatus pedunculus*, péduncule bractéifère, 132

Bracteiformis, e, BRACTÉIFORME. — *Bracteiformia folia*, feuilles bractéiformes, 56

Brevis, e, COURT, TE, 40. — *Brevis pedunculus*, péduncule court, 133. — *Brevis stylus*, 181

Brevissimus, TRÈS-COURT, TE. *Brevissima folia*, feuilles très-courtes, 71. — *Brevissima filamenta*, filets très-courts, 76. — *Brevissimus pedunculus*, péduncule très-court, 136. — *Brevissimus petiolus*, pétiole très-court, 141

Brumalis vel *hyemalis, le*, qui a quelques rapports à l'hiver, au solstice d'hiver.

Bulbiferus, a, um, BULBIFÈRE, qui porte une bulbe. — *Bulbiferus caulis*, tige bulbifère, 187

Bulbosus, a, um, BULBEUX, SE. — *Bulbosus stipes*, pédicule bulbeux, 131. — *Bulbosa radix*, racine bulbeuse, 159-160

Bulbulus, i, CAYEU, ou petite bulbe, 26

Bulbus, bi, BULBE, 18-19-20

Bullatus, a, um, BULLÉ, ÉE, qui est relevé en bossettes. — *Bullata folia*, feuilles bullées, 57

C

Caducus, a, um, CADUC, QUE, qui tombe avant, 20-193. — *Caducus calix*, calice caduc, 20. — *Caduca corolla*, corolle caduque, 36. — *Caducum stigma*, stigmate caduc, 176

Cæruleo-purpureus, a, um, qui est de couleur violette.

Cæruleus vel *cyalinus, a, um*, qui est de couleur bleue. — *Cyalinus flos*, 78

Cæsius, a, um, qui est d'un vert pâle et bleuâtre : on le fait quelquefois synonyme de *glaucus*. — *Cæsius flos*, 78

Cæspitosus vel *cespitosus, a, um*, TOUFFU, UE, ramassé en touffe. — *Cæspitosæ plantæ*, plantes touffues, 148

Calamus, i, CHALUMEAU, tige fistuleuse des roseaux, des graminées, d'où l'on a formé la *calamarius*, et l'on appelle *calamariæ plantæ* les plantes arundinacées qui ont quelques rapports avec les roseaux, les joncs, &c.

Calcar, *is*, espèce de nectaire creux d'une forme alongée et conique, et qui se recourbe assez souvent comme un ergot de coq.

Calcaratus, *a*, *um*, qui est en forme d'ergot ou d'éperon. — *Calcarata corolla*, corolle à éperon, 36

Calendarium, *ii Floræ*, CALENDRIER DE FLORE, 20

Calicinus, vel *calycinus*, *a*, *um*, seu *calicinalis*, *e*, CALICINAL, LE, qui vient sur le calice, ou qui en fait partie, 23. — *Calicinales spinæ*, épines calicinales, 49

Caliculatus, *a*, *um*, CALICULÉ, qui est garni d'un second petit calice extérieur. — *Caliculatus calix*, calice caliculé, 22

Caliculus, *i*, espèce de petit calice extérieur qui accompagne un autre calice.

Calidus, *a*, *um*, CHAUD, DE; on appelle aussi les plantes des pays chauds, *plantæ calidæ*.

Calix vel *calyx*, *cis*, CALICE, 20

Calycinus, *a*, *um*; voyez *calicinus*.

Calyptra, *æ*, COIFFE, 32

Calyptratus, *a*, *um*, qui porte une coiffe.

Campaniformis, *e*, vel *campanaceus*, seu *campanulatus*, *a*, *um*, CAMPANULÉ, ÉE, ou CAMPANIFORME, 23. — *Campaniforme pileum*, chapeau campaniforme, 28. — *Campaniformis corolla*, corolle campaniforme, 36. — *Campanulati flores*, fleurs campanulées, 77

Campestris, *e*, CHAMPÊTRE, qui vient dans les champs incultes, *plantæ campestres*, 145

Campus, *i*, TERRAIN inculte et découvert.

Canaliculatus, *a*, *um*, CANALICULÉ, ÉE, 23. — *Canaliculata folia*, feuilles canaliculées, 57-93. — *Canaliculatus petiolus*, pétiole canaliculé, 140

Cancellatus, *a*, *um*, qui est disposé comme un treillage, qui a la forme d'une grille.

Candelaris, *re*, qui est en forme de lustre.

Capillaceus, *a*, *um*, CHEVELU, UE, qui a beaucoup de fibres qui ressemblent à des cheveux.

Capillaris, *e*, CAPILLAIRE, 23—189. *Capillaria folia*, feuilles capillaires, 57. *Capillaria filamenta*, filets capillaires, 74

Capitatus, *a*, *um*, qui est terminé en tête ou qui est ramassé en tête. — *Capitati flores*, 83. *Capitatum stigma*, stigmate en tête, 176

Capitulum, *i*, TÊTE, 185

Capitulum, *i*, vel *pileum*, *ei*, se prend aussi pour le CHAPEAU d'un champignon, 27

Capreolus vel *cirrhus*, *i*, VRILLE ou MAIN, 210

Capsula, *æ*, CAPSULE, 23

Carina, *æ*, CARÈNE, 26

Carinatus, *a*, *um*, CARINÉ, ÉE, 26. — *Carinata folia*, feuilles carinées, 57

Carinulatus, *a*, *um*, qui est fait en forme de carêne.

Carneus, *a*, *um*, qui est de couleur de chair. — *Carneus flos*, 78

Carnosus, *a*, *um*, CHARNU, UE, 31. — *Carnosa folia*, feuilles charnues, 57

Caro, *nis*, CHAIR, 27

Cartilagineus, *a*, *um*, CARTILAGINEUX, SE, qui a de la ressemblance avec un cartilage. — *Cartilaginea folia*, feuilles cartilagineuses, 57

Caryophylleus vel *caryophyllatus*, *a*, *um*, CARIOPHYLLÉ, ÉE, qui a quelques rapports avec un œillet. — *Caryophyllati flores*, fleurs cariophyllées, 78

Catalepticus, *a*, *um*, CATALEPTIQUE, 26. — *Catalepticæ plantæ*, plantes cataleptiques, 145

Catharticus, *a*, *um*, PURGATIF, VE.

Cauda, *æ*, QUEUE, *voyez* PÉTIOLE, 139, PÉDUNCULE, 132

Caudex, *icis*, TRONC d'arbre. Il se prend aussi pour l'extrémité inférieure d'une tige quelconque, laquelle sert à former le tronc de la racine.

Caulescens, *entis*, CAULESCENT, TE, qui a une tige bien distincte. — *Caulescentes plantæ*, plantes caulescentes, 145

Caulinus, *a*, *um*, CAULINAIRE, qui appartient à la tige. — *Caulina folia*, feuilles caulinaires, 57. — *Caulinus pedunculus*, péduncule caulinaire, 132

Caulis, TIGE, 186

Cellulæ, *arum*, CELLULES, 27

Centralis, *le*, CENTRALE, qui occupe le centre. *Centralis stipes*, pédicule central, 131

Cera, *æ*, CIRE, 31

Cerealis, *e*, qui sert à faire du pain. — *Cerealia semina*, semences avec lesquelles on fait du pain.

Cernuus, *a*, *um*, vel *nutans*, *tis*, PENCHÉ, ÉE, 137. — *Cernui flores*, fleurs penchées, 82. — *Cernuus pedunculus*, péduncule penché, 134

Cespitosus, *a*, *um*; voyez *cæspitosus*.

Character, *is*, CARACTÈRE. — *Characteres plantarum*, caractères des plantes, 25

Chrysocomus, *a*, *um*, qui est d'un jaune orangé. — *Chrysocomus* vel *aurantiacus flos*, 78

Cichoraceus, *a*, *um*, CHICORACÉ, ÉE. Il se dit de toutes les plantes qui ont quelque affinité avec les chicorées.

Ciliatus, *a*, *um*, CILIÉ, ÉE, 31. — *Ciliata superficies*, superficie ciliée. — *Ciliata margo*, bords ciliés, 14. — *Ciliata folia*, feuilles ciliées, 57

Cinereus, *a*, *um*, CENDRÉ, ÉE, qui est de couleur cendrée. — *Flos cinereus*, 78

Cingens, *tis*, qui entoure, qui environne.

Circinalis, *e*, ROULÉ transversalement comme une boucle de cheveux sur un compas.

Circinatus, *a*, *um*, ARRONDI, IE.

Circumferentia, *æ*, CIRCONFÉRENCE, 31

Circumnascens, *tis*, qui naît autour.

Circumpositio, *nis*, MARCOTTE, 108

Circumscissus, *a*, *um*, PARTAGÉ, ÉE, horizontalement en deux valves ou deux hémisphères comme une boîte à savonnette.

Circumscriptio, *nis*, se prend pour la circonférence d'une feuille, 54

Circumsepiens, *tis*, qui environne, qui entoure.

Cirrhifer vel *cirrhiferus*, seu *cirrhosus*, *a*, *um*,

CIRRHIFÈRE, qui porte une ou plusieurs vrilles, 31. — *Cirrhiferus pedunculus*, péduncule cirrhifère, 132; cependant on emploie aussi le mot *cirrhosus* pour signifier ce qui est en forme de vrille. — — *Cirrhosa folia*, feuilles vrillées, 55-73. — *Cirrhosi rami*, rameaux cirrhifères, 163

Cirrhus vel *cirrus*, VRILLE, 210-183

Classis, is, CLASSE. — *Classes botanicæ*, classes botaniques, 31

Clausus, a, um, CLOS, SE, FERMÉ, ÉE.

Clavatus, a, um, qui a la forme d'une massue. — *Clavatus pedunculus*, péduncule en massue, 133. — *Clavatum stigma*, stigmate en massue, 176

Clavicula, æ, pour *cirrhus; voyez* ce mot.

Clima, tis, CLIMAT; partie de la terre où règne le même degré de température.

Clypeatus, a, um, qui est en forme de bouclier.

Coadnatus, coadunatus, coalitus vel *connatus, a, um*, CONNÉ, ÉE; plusieurs choses réunies en tout ou en partie, et qui semblent avoir été collées; cependant on fait quelquefois servir *coadnatus*, pour signifier ce qui est rapproché, mais qui ne se touche point. — *Coadnata folia*, feuilles coadnées, 57

Coarctatus vel *coarctus, a, um*, SERRÉ, ÉE, RESSERRÉ, RAPPROCHÉ, RAMASSÉ. — *Coarctata panicula*, panicule serrée, 130. — *Coarcti pedunculi*, péduncules serrés, 137. — *Coarcti rami*, rameaux serrés, 164

Coherens, tis, qui fait partie de; il est opposé à *adherens, tis*, qui signifie ce qui est comme collé sur.

Coccineus, a, um, qui est d'un rouge écarlate. — *Coccineus flos*, 78

Collinus, a, um, qui vient sur les collines.

Collum, i, COL. — *Collum tubi*, le col, la partie supérieure du tube d'une fleur.

Color, is, COULEUR, 39

Coloratus, a, um, COLORÉ, ÉE, 134. — *Colorati flores*, fleurs colorées, 77-78. — *Colorata margo*, bords colorés, 13. — *Coloratæ bracteæ*, bractées colorées, 17. — *Coloratus calix*, calice coloré, 22. — *Colorata folia*, feuilles colorées, 57

Columella, æ, petite COLONNE; quelquefois on emploie ce mot pour signifier, dans une capsule, ce qui forme une communication des semences avec les cloisons, ou réunit les valves.

Columnaris, e, qui est en colonne, qui forme une colonne.

Columnifer, a, um, COLUMNIFÈRE. On appelle *plantæ columniferæ*, les plantes dont les organes de la fructification sont disposés en colonne.

Communis, e, COMMUN, NE à plusieurs, 34. — *Communis pedunculus*, péduncule commun, 133. — *Communis calix*, calice commun, 22. — *Communis petiolus*, pétiole commun, 140. — *Commune receptaculum*, réceptacle commun, 165

Comosus, a, um, CHEVELU, UE, qui a la forme d'une chevelure. — *Comosæ bracteæ*, bractées chevelues, 17. — *Comosa radix*, racine chevelue, 160

Compactus, a, um, COMPACTE, qui est composé de parties très-serrées, très-rapprochées.

Completus, a, um, COMPLET, TE. — *Completus verticillus*, verticille complet, 208. — *Completi flores*, fleurs complètes, 79. — *Completum pistillum*, pistil complet, 143. — *Completa volva*, volva complet, 209

Compositus, a, um, COMPOSÉ, ÉE, qui est formé de plusieurs. — *Compositus bulbus*, bulbe composée, 19. — *Racemus compositus*, grappe composée, 94. — *Compositæ spinæ*, épines composées, 48. — *Composita folia*, feuilles composées, 58

Compressus, a, um, COMPRIMÉ, ÉE de deux côtés opposés. — *Compressa folia*, feuilles comprimées, 58. — *Compressum* vel *planum germen*, ovaire applati ou comprimé, 129

Concavus, a, um, CONCAVE, CREUX, SE, 34. — *Concavum pileum*, chapeau concave, 27. — *Concava folia*, feuilles concaves, 58

Conceptaculum, i, COQUE ou FOLLICULE, 35

Concisus, a, um, COUPÉ, DÉCHIRÉ, ÉE.

Concolores, plusieurs choses qui sont de même couleur.

Conduplicatus, a, um, qui est plié en double de deux côtés opposés, ou qui est en double seulement.

Confertus, a, um, RAMASSÉ, ÉE, RASSEMBLÉ ou RAPPROCHÉ en touffe ou par pelotons, 163. — *Conferta folia*, feuilles ramassées, 68. — *Conferti flores*, fleurs rassemblées. *Voyez* fleurs glomérulées, 81. — *Conferti rami*, 164

Confluens, entis, CONFLUENT, TE, réuni par la base, ou ce qui paroît réuni. — *Folia confluentia*, feuilles confluentes, 58

Conformis, e, CONFORME à une chose quelconque soit dans le port, soit dans la direction.

Congeneres plantæ, plantes CONGÉNÈRES, 35

Congestus, a, um, s'emploie pour *aggregatus*, RASSEMBLÉ, RAMASSÉ en paquets. — *Flores congesti* vel *aggregati*, 83

Conglobatus, a, um, CONGLOBÉ, ÉE, 35

Conglomeratus vel *glomeratus, a, um*, CONGLOMÉRÉ, ÉE, ou GLOMÉRÉ, qui est rassemblé en tête, à l'extrémité d'une tige ou d'un péduncule.

Congregatus, a, um; voyez aggregatus.

Congruens, tis, qui s'unit à une chose quelconque.

Conicus, a, um, CONIQUE, qui a la forme d'un pain de sucre. — *Conicum pileum*, chapeau conique, 28

Conifer, a, um, CONIFÈRE, qui porte des cônes, 35

Conjugatus, a, um, CONJUGUÉ, ÉE. — *Conjugata folia*, feuilles conjuguées, 58

Connatus, coadnatus, coadunatus vel *coalitus, a, um*, CONNÉ, ÉE, RÉUNI, IE. — *Connatæ* vel *coalitæ antheræ*, anthères connées, 7.

— *Connata folia*, feuilles connées, 58. — *Connata filamenta*, filets réunis, 75

Connivens, entis, CONNIVENT, TE, ou RAPPROCHÉ, ÉE, 35-164. — *Conniventes laminæ*, feuillets connivens, 73. — *Conniventes antheræ*, anthères conniventes, 6. — *Conniventia filamenta*, filets connivens, 74

Consimilis, e, qui ressemble à telle ou telle chose.

Contingens, tis, qui se touche. On le fait quelquefois synonyme de *connivens*. — *Antheræ contingentes*, anthères conniventes ou rapprochées, 6

Contiguitas, tis, CONTIGUITÉ, 35

Contiguus, a, um, CONTIGU, UE avec, 35. — *Laminæ pileo* vel *pediculo contiguæ*, feuillets contigus, 73. — *Contiguum pileum*, chapeau contigu, 28. — *Contiguus stipes*, pédicule contigu, 131

Continuitas, tis, CONTINUITÉ, 35

Continuus, a, um, CONTINU, UE avec, 35. — *Laminæ pileo* vel *pediculo continuæ*, feuillets continus, 73. — *Continuum pileum*, chapeau continu, 28. — *Continuus stipes*, pédicule continu, 131

Contortus, a, um, TORS, SE, CONTOURNÉ, ÉE. — *Contorta capsula*, capsule torse, 24. — *Contortum legumen*. *Voyez* l'art. gousse, 93

Contrarius, a, um, CONTRAIRE, qui vient dans un sens opposé.

Contractus, a, um, s'emploie pour signifier ce qui s'est raccourci ou rétréci.

Convexus, a, um, CONVEXE, qui est bombé. — *Convexum pileum*, chapeau convexe, 28. — *Convexa folia*, feuilles convexes.

Convolutus, a, um, ROULÉ, ÉE en spirale et en dedans d'un bord à l'autre, en forme de cornet de papier.

Conus, i, vel *strobilus*, CÔNE, 34

Corculum, i, EMBRYON, 46-126-148

Cordato-ovatus, a, um, qui est cordiforme et ovale en même temps.

Cordatus, a, um vel *cordiformis, e*, CORDIFORME, qui est en forme de cœur. — *Cordata* vel *cordiformia folia*, feuilles cordiformes, 58

Corolla, æ, COROLLE, 35

Corolliferus vel *corollifer, a, um*, COROLLIFÈRE, 38. — *Corollifer calix*, calice corollifère, 22

Corollinus, a, um, qui ressemble à une corolle.

Corollula, æ, petite COROLLE. — *Corollula ligulata*, demi-fleuron, 42

Corona, æ, COURONNE.

Coronarius, a, um, qui forme la couronne.

Coronatus, a, um, COURONNÉ, ÉE, 40. — *Coronatum semen*, semence couronnée, 169

Coronula, æ, petite COURONNE de certaines semences; on l'emploie quelquefois comme synonyme d'aigrette.

Cortex, icis, ÉCORCE, 45

Corticalis, e, CORTICAL, LE, qui a rapport à l'écorce.

Corymbifer, a, um, CORYMBIFÈRE, qui porte ses fleurs en corymbes.

Corymbosus, a, um, qui est disposé en corymbe. — *Corymbosi flores*, fleurs en corymbe, 38

Corymbus, i, CORYMBE, 38

Cotyledon, nis, COTYLEDON. — *Cotyledones*, cotyledons ou lobes de la semence, 39

Crassus, a, um, ÉPAIS, SE. — *Crassa margo*, bords épais, 13. — *Crassa folia*, feuilles épaisses, 61

Crenatus, a, um, CRENÉ, CRENELÉ, ÉE; ce qui est denté, mais dont les dents sont arrondies en forme de petits creneaux.

Creta, æ, CRAIE. *Cretaceus, a, um*, qui a du rapport avec la craie, ou qui vient dans les terrains crayeux.

Crispus, a, um, CRÉPU, UE; il se prend aussi pour FRISÉ, ÉE. — *Crispa margo*, bords frisés, 13. — *Crispa folia*, feuilles crépues ou frisées, 62

Cristatus, a, um, qui a la forme d'une crête de coq.

Croceus, a, um, qui a la couleur du safran, qui est d'un jaune foncé. — *Croceus flos*, 78

Cruciatim oppositus vel *brachiatus*, OPPOSÉ, ÉE en croix. — *Cruciatim opposita folia*, feuilles croisées, 59

Cruciatus, a, um, CROISÉ, ÉE, mis en croix. On emploie quelquefois, mais à tort, *cruciformis* comme synonyme. Ce mot est réservé pour la corolle.

Crucifer, a, um, CRUCIFÈRE, 40

Cruciformis, e, CRUCIÉ, ÉE, ou CRUCIFORME, qui a la forme d'une croix. — *Cruciformis corolla* corolle cruciforme, 36

Cryptogamia, æ, CRYPTOGAMIE, 40-116

Cryptogamus, a, um, CRYPTOGAME. — *Cryptogamæ plantæ*, 145

Cubitalis, e; ce qui a une coudée de haut, ou dix-sept à dix-huit pouces environ. — *Cubitalis caulis*, 189

Cucullatus, a, um, qui a la forme d'un capuchon. — *Cucullata folia*, feuilles en capuchon, 61. — *Cucullatum petalum*, pétale en forme de capuchon, 139. — Quelquefois on le fait synonyme de *calcaratus*. *Voyez* ce mot.

Cucullus, i, espèce de nectaire qui ressemble à un capuchon ou à un cornet de papier.

Cucurbitaceus, a, um, CUCURBITACÉ, ÉE, qui a quelques rapports avec les courges, les melons.

Culinaris, e, qui est d'usage dans la cuisine.

Culmifer, a, um, qui a pour tige un chaume.

Culmineus, a, um, qui a du rapport avec les graminées.

Culmus, i, CHAUME, tige des graminées, 31

Cultivator, is, CULTIVATEUR, 40

Cultura, æ, CULTURE, 40

Cultus, a, um, CULTIVÉ, ÉE. — *Cultæ plantæ*, plantes cultivées, ou, selon quelques-uns, plantes qui croissent naturellement dans les terrains cultivés, 145

Cuneiformis, e, CUNÉIFORME, 41. — *Cuneiforme semen*, semence cunéiforme, 170. — *Cuneiformia folia*, feuilles cunéiformes, 59

Cupulæ, arum, CUPULES, 41

Cupularis, *e*, CUPULAIRE, qui a la forme d'un godet ou d'une petite coupe. — *Cupulares glandulæ*, 92

Curvatio, *nis*, COURBURE.

Cuspidatus, le même qu'*acuminatus*, *a*, *um*, CUSPIDÉ, ÉE, terminé par une pointe sétacée et un peu roide. Ses composés sont *bicuspidatus*, *tricuspidatus*, &c. — *Cuspidata folia*, feuilles cuspidées, 59-67

Cuticula, *æ*, ÉPIDERME OU SURPEAU, 48

Cyalinus vel *cæruleus* vel *cyaneus*, *a*, *um*, BLEU. *Cyalinus flos*, 78

Cyathiformis, *e*, qui a la forme d'un gobelet ou d'un ciboire.

Cylindricus, *a*, *um* vel *teres*, *tis*, CYLINDRIQUE, 41. — *Cylindrica capsula*, capsule cylindrique, 24. — *Cylindrica folia*, feuilles cylindriques, 59

Cyma, *æ*, CIME, le sommet d'une plante.

Cymosus, *a*, *um*, qui a plusieurs cimes. On appelle aussi *flores cymosi*, les fleurs qui sont portées par des péduncules multiflores qui partent d'un même point, se ramifient, et arrivent à-peu-près à la même hauteur.

Cynarocephalus, *a*, *um*, CYNAROCÉPHAL, LE. — *Cynarocephalæ plantæ*, plantes qui ont quelque ressemblance avec l'artichaut.

D

Debilis, *e* vel *flaccidus*, *laxus*, *a*, *um*, LACHE, FOIBLE. — *Debilis caulis*, tige lâche, 190

Decandria, *æ*, DÉCANDRIE, 41-115

Decaphyllus, *a*, *um*, qui est composé de dix pièces.

Decemfidus, *a*, *um*; ce qui est d'une seule pièce, mais fendue en dix parties.

Decemlocularis, *e*, qui a dix loges.

Deciduus, *a*, *um*, qui tombe avec, 20-193. — *Deciduus calix*, calice tombant avec la corolle, 20

Declinatus vel *deflexus*, *a*, *um*, INCLINÉ, ÉE, qui retombe en formant l'arc. — *Declinatus pedunculus*, péduncule incliné, 134. — *Declinatus caulis*, tige inclinée, 190. On l'emploie aussi quelquefois pour signifier ce qui est plié en nacelle. — *Folia declinata*, feuilles pliées en dessous en forme de nacelle renversée.

Decompositus, *a*, *um*, RECOMPOSÉ, ÉE, 165

Decorticans, *tis*, susceptible d'être pelé. — *Decorticans stipes*, 132. — *Decorticans pileum*, chapeau susceptible d'être pelé, 30

Decumbens, *tis*, qui retombe.

Decurrens, *tis*, DÉCURRENT, TE, 41. — *Decurrens pedunculus*, péduncule décurrent, 133. — *Decurrentia folia*, feuilles décurrentes, 59. — *Decurrens petiolus*, pétiole décurrent, 140. — *Decurrentes stipulæ*, stipules décurrentes, 178

Decursivè pinnatus, *a*, *um*, AILÉ, ÉE, avec décurrence. — *Decursivè pinnata folia*, feuilles ailées, folioles décurrentes, 55

Decussatim, en sautoir, par paires croisées.

Decussatus, *a*, *um*, qui est disposé par paires croisées d'un bout de la tige à l'autre. — *Decussata folia*, feuilles croisées, 59

Deflexus, *a*, *um*, qui retombe en formant un peu l'arc vers la terre. — *Deflexi rami*, rameaux courbés en dehors, 163

Defloratus, *a*, *um* vel *deflorescens*, *tis*, DÉFLEURI, IE.

Defoliatio, *nis*, EFFEUILLAISON OU DÉFOLIATION, 46

Dehiscens, *tis*, qui se sépare, s'entr'ouvre.

Deltoideus, *a*, *um*, DELTOÏDE. La figure vraiment deltoïde est celle qui approche du *delta* des Grecs, et qui constitue la forme triangulaire; mais, en Botanique, c'est une espèce de losange, dont les deux angles latéraux sont abaissés. — *Deltoidea folia*, feuilles deltoïdes, 59

Demersus vel *submersus*, *a*, *um*, SUBMERGÉ, ÉE. — *Demersa folia*, feuilles submergées, 71

Demonstrationes botanicæ, DÉMONSTRATIONS botaniques, 42

Denominatio vel *nomenclatura*; *voyez* ce mot.

Densus, *a*, *um*, ÉPAIS, SE; ce qui est fourré, mis en touffe.

Dentatus, *a*, *um*, DENTÉ, ÉE: ce sont les angles saillans qui forment les dents. — *Dentata folia*, feuilles dentées, 59. — *Dentatæ bracteæ*, bractées dentées, 17

Denticulatus, *a*, *um*, DENTÉ, ÉE finement.

Denudatus, *a*, *um*, qui est dépouillé, découvert.

Deorsùm, vers le bas.

Dependens, *tis*, PENDANT, TE, qui est comme suspendu. *Dependentia folia*, feuilles pendantes, 66

Depressus, *a*, *um*, COMPRIMÉ, ÉE, ou DÉPRIMÉ, ÉE. — *Depressa folia*, feuilles déprimées, 60

Descendens, *tis*; il se prend pour signifier ce qui descend en terre selon telle ou telle direction. — *Caudex descendens horizontaliter*, tronc de la racine qui s'enfonce en terre horizontalement, *verticaliter*, verticalement.

Descriptio, *nis*. *Descriptiones botanicæ*, DESCRIPTIONS botaniques, 42

Dessiccatio, *nis*, DESSICCATION, 42

Dessicuus, *a*, *um*, qui se dessèche, qui est susceptible d'être desséché. — *Dessicuum pileum*, chapeau susceptible d'être desséché, 30

Destitutus, *a*, *um*, qui manque d'une chose quelconque. — *Villis destitutus caulis*, tige sans poils.

Dextrorsùm, de droite à gauche. — *Caulis dextrorsùm volubilis*, tige roulée de droite à gauche, 188: on se suppose pour cela au centre de la spirale. — *Cirrhus dextrorsùm volubilis*, 211

Diadelphia, *æ*, DIADELPHIE, 43-115

Diandria, *æ*, DIANDRIE, 43-115

Dichotomus, *bifidus* vel *bifurcatus*, *a*, *um*, DICHOTOME, FOURCHU. — *Dichotomus caulis*, tige fourchue, qui fait la fourche, 189. — *Dichotoma* vel *bifurca radix*, racine dichotome, 160

E

Eburneus, a, um, qui est blanc comme de l'ivoire.

Echinatus, a, um, ÉCHINÉ, ÉE, hérissé, armé de pointes ou de piquans, 45

Effoliatio, nis, EFFEUILLAISON, 46

Efflorescentia, æ, FLEURAISON ou FLORAISON, 85

Elasticus, a, um, ÉLASTIQUE, qui a du ressort, qui se remet dans son premier état, lorsque la compression cesse. — *Elastica substantia*, substance élastique, 182

Elementa Botanicæ, ÉLÉMENS ou PRINCIPES de Botanique, 46-153

Ellipticò-ovatus, a, um, OVALE elliptique.

Ellipticus, a, um, ELLIPTIQUE. — *Elliptica folia*, feuilles elliptiques, 60

Emarginatus, a, um, ÉCHANCRÉ, ÉE, 45. — *Emarginata folia*, feuilles échancrées, 60. *Voyez* l'art. SINUS, 173

Enervis, e, qui est sans nervures. — *Enervia folia*, feuilles sans nervures, 70

Enneandria, æ, ENNÉANDRIE, 47-115

Enneaphyllus, a, um, qui est composé de neuf pièces.

Enodis, e, qui n'a pas de nœuds. — *Enodis caulis*, tige sans nœuds, 192

Ensatus, a, um vel *ensiformis, e*, ENSIFORME, 47. — *Ensiformia folia*, feuilles ensiformes, 61

Ephemerus, a, um, ÉPHÉMÈRE, qui est de courte durée. — *Ephemeri flores*, fleurs éphémères, 80. — *Ephemeræ plantæ*, plantes éphémères, 146

Epicrocus, a, um, JAUNE, qui a la couleur du safran.

Epidermis, is, ÉPIDERME, 48

Equitans, tis, se dit d'une feuille extérieure qui embrasse entièrement une feuille intérieure.

Equinoxialis, e, ÉQUINOXIAL, LE. — *Equinoxiales flores*, fleurs équinoxiales, 80-174

Erectus, a, um, qui se tient droit, qui est redressé, 166. — *Erectus petiolus*, pétiole redressé, 141. — *Erecta folia*, feuilles droites, 60. — *Erecti flores*, fleurs droites, 79

Ericetus, a, um, qui vient dans les bruyères.

Erinaceus, a, um, ÉRINACÉ, ÉE, qui a la forme d'un hérisson. — *Erinaceum pileum*, chapeau doublé de pointes, 29

Erosus, a, um, RONGÉ, ÉE. — *Erosa folia*, feuilles rongées, 69

Esculentus, a, um, qui est bon à manger.

Essentialis, e, ESSENTIEL, LE, qui ne peut varier, qui constitue invariablement la manière d'être d'une chose, et qui la distingue de tout.

Eunuchus, a, um, qui n'est pas propre à la fécondation. — *Eunuchi flores*, fleurs neutres, 82

Exasperatus, a, um, RUDE au toucher.

Excavatus, a, um, CREUX, SE. — *Excavatus caulis*, tige creuse, 187

Excussus, a, um, SECOUÉ, ÉE. — *Excussi fructus*, fruits dispersés.

Exercitatio quotidiana, ROUTINE, 167

Exherens, tis, qui montre, qui fait paroître au-dehors.

Exfoliatio, EXFOLIATION, 51

Exoticus, a, um, EXOTIQUE, qui n'est point naturel au climat. — *Exoticæ plantæ*, plantes exotiques, 52-146

Exsertus, a, um, qui paroît au-dehors, qui se montre.

Externus, a, um, EXTERNE, qui est en dehors.

Extimus, a, um, ce qui se trouve aux extrémités, ce qui est le plus haut.

Extrafoliaceus, a, um, qui vient plus haut ou plus bas que les feuilles, ou en dehors des feuilles. — *Extrafoliaceus pedunculus*, 135. — *Extrafoliaceæ stipulæ*, stipules en dehors des feuilles, 179-180

Extravasatio, nis, EXTRAVASATION, 52. *Voyez* aussi l'art. GALE, 90

F

Facies, ei plantæ, vel *facies exterior plantæ*, PORT d'une plante, 152

Factitus, a, um, FACTICE, qui n'est point naturel.

Falcatus, a, um, qui est tourné comme un fer de faux.

Falsus, a, um, FAUX, SE.

Familiæ plantarum, FAMILLES des plantes, 52

Farctus, a, um, FOURRÉ, ÉE, qui forme une touffe, ou qui est garni de.

Farinosus, a, um, FARINEUX, SE, qui est comme poudré, 53. — *Farinosum pileum*, chapeau farineux, 29

Fascicularis, e, *fasciatus* vel *fasciculatus, a, um*, FASCICULÉ, ÉE, qui est rassemblé en faisceau, 53. — *Fasciculati flores*, fleurs fasciculées, 80. — *Fasciculata folia*, feuilles fasciculées, 62. — *Fasciculata radix*, racine fasciculée, 160. — Quelquefois, mais assez improprement, on emploie le mot *fasciatus* pour le mot *tœniatus*; dans ce sens, il signifie ce qui est rubanté. — *Fasciatus caulis*, tige rubantée, 191

Fasciculus, i, FAISCEAU, 52

Fastigiatus, a, um, FASTIGIÉ, ÉE; ce qui est terminé par des rameaux égaux en hauteur, et au même niveau. — *Fastigiatus caulis*, tige fastigiée, 188. — *Fastigiati flores*, fleurs en niveau, 38

Faux, cis, GORGE d'une corolle, 93

Favosus, a, um, ALVÉOLÉ, ÉE. — *Favosum receptaculum*, réceptacle alvéolé, 165

Fecondatio, nis, FÉCONDATION, 53

Fecundus, a, um, FÉCOND, DE, ou FERTIL, LE. — *Fecundi flores*, fleurs fertiles, 81

Fructifer, a, um, qui rapporte du fruit, ou qui est destiné à en produire. — *Fructifera gemma*, bouton à fruits, 17. — *Fructiferi rami*, branches à fruits, 18

Fructificatio, nis, FRUCTIFICATION, 86

Fructus, ûs, FRUIT, 89

Frumentaceus, a, um, FRUMENTACÉ, ÉE, qui a du rapport avec les bleds.

Frustraneus, a, um; ce qui peut tromper; il signifie aussi FAUX, SE. — *Polygamia frustranea*, polygamie fausse.

Frutescens, tis vel *suffruticosus, a, um*, SOUS-LIGNEUX, SE, 174

Frutex, cis, vel *planta fruticosa*, ARBRISSEAU, 144. — *Frutices*, arbrisseaux, 8

Fruticosus, a, um, LIGNEUX, SE. — *Fruticosus caulis*, tige ligneuse, 190. —*Fruticosa radix*, racine ligneuse, 161. —*Fruticosa planta*, 144

Fulcra, orum, SUPPORTS, 183

Fulcratus, a, um, qui a des supports. — *Fulcrati rami*, rameaux à supports; quand ils ont pour supports des vrilles, on les appelle *rami cirrhosi*, 163. — *Fulcratus caulis*, tige à supports, 186

Fulvus, a, um, qui est de couleur fauve. — *Fulvus color*, 78

Furcatus vel *furcus, a, um*, FOURCHU, UE. On fait *bifurcus*, synonyme de *furcatus*.

Fuscus, a, um vel *nigricans, tis*, BRUN, NE, bistré ou plombé, qui est d'une couleur mêlée de noir et de jaune, ou qui a quelque ressemblance avec la suie. — *Fuscus flos*, 78

Fusiformis, e, FUSIFORME, 90. — *Fusiformis stipes*, pédicule fusiforme, 132. —*Fusiformis radix*, racine fusiforme, 160

G

Galea, æ, CASQUE, 26

Galeatus, a, um, qui est en forme de casque. On nomme *flores galeati*, les fleurs en masque.

Geminus vel *gemineus*, seu *geminatus, a, um*, GÉMINÉ, ÉE, deux par deux, 90. — *Geminæ bracteæ*, bractées géminées, 17. — *Geminæ stipulæ*, stipules géminées, 179. — *Gemina folia*, feuilles binées ou géminées, 56-62. — *Geminati pedunculi*, pédoncules géminés, 136

Gemma, æ, BOUTON OU BOURGEON, 17

Gemmatio, seu *gemnatio, nis*, CONSTRUCTION des boutons.

Gemmiparæ plantæ. On appelle plantes gemmipares, toutes celles qui portent des boutons aux aisselles de leurs feuilles.

Generatio, nis, GÉNÉRATION, 91

Genericus, a, um, GÉNÉRIQUE, qui appartient au genre, ou qui détermine le genre, 91

Geniculatus, a, um, GENOUILLÉ OU GÉNICULÉ, ÉE. — *Geniculata filamenta*, filets géniculés, 75. — *Geniculatus caulis*, tige genouillée, 189

Genitalis, e, GÉNITAL, LE, destiné à la génération.

Genitura, æ. Quelquefois il s'emploie comme synonyme de *generatio*; mais le plus souvent il désigne une nouvelle production.

Gens, tis, RACE. — *Gens plantarum*, se prend pour une famille de plantes.

Genus, ris, GENRE. — *Genus plantarum*, genre des plantes, 91

Germen, nis, OVAIRE, 47-129. Il se prend aussi quelquefois pour le rudiment de la graine contenu dans l'ovaire, ou pour l'embryon de la plante contenu dans la graine.

Germinatio, nis, GERMINATION, 92

Gibbus, a, um, RENFLÉ, ÉE. — *Folia gibba*, feuilles renflées, 68

Gilvus, a, um, CENDRÉ, ÉE, qui est de couleur grise, et comme cendrée. — *Flos gilvus*, 78

Glaber, ra, rum, GLABRE, qui n'a ni duvets, ni poils. — *Glaber petiolus*, pétiole glabre, 140. — *Glabra margo*, bords glabres, 13. — *Glabra folia*, feuilles glabres, 63

Glabretus, a, um, qui vient dans les terrains arides et découverts.

Gladiatus, a, um, GLADIÉ, ÉE OU ENSIFORME, 92. — *Gladiata folia*, feuilles gladiées, 61-63

Glandula, æ, GLANDE.—*Glandulæ*, glandes, 92

Glandulatio, nis, DISPOSITION des glandes.

Glandulosus vel *glandulifer, a, um*, GLANDULEUX, SE, 92. — *Glandulosa folia*, feuilles glanduleuses, 63

Glaucus vel *glaucinus, a, um*, GLAUQUE, qui est d'un vert blanchâtre, d'un vert de mer. — *Glauca folia*, feuilles glauques, 63. — *Glaucus flos*, fleur glauque, 78

Globosus vel *globulosus, a, um*, seu *globularis, e*, GLOBÉ, ÉE, OU GLOBULEUX, SE, qui est en forme de globule, ou qui est chargé de globules. — *Globosa capsula*, capsule globuleuse, 24. — *Globosa radix*, racine globuleuse, 160. — *Globosum semen*, semence globuleuse, 170

Glochides pili, POILS doubles et courbés en hameçon, 150

Glomeratus, *glomerulatus* vel *conglomerulatus*, *a, um*, GLOMÉRÉ, GLOMÉRULÉ OU CONGLOMÉRÉ, ÉE, qui est ramassé en tête. — *Glomerulati flores*, fleurs glomérulées, 81-83-92

Gluma, æ, BALE, 10

Glumosus vel *glumaceus flos*, fleur glumacée, assemblage de plusieurs fleurs réunies dans une bale commune.

Gluten, nis, HUMEUR tenace comme de la glu.

Glutinositas, tis, qualité résultante de la présence du *gluten*.

Glutinosus vel *viscidus*, seu *visquosus, a, um*, GLUANT, TE, VISQUEUX, SE, 92. — *Folia glutinosa*, feuilles visqueuses, gluantes, 73

Gracilis, *e*, GRÊLE, 96

Gramina, *num*, se prend pour les semences de toutes les plantes graminées, comme le froment, le seigle, l'orge, qui composent la famille naturelle des graminées, *gramineæ*.

Graminifolius, *a*, *um*, qui porte des feuilles qui ressemblent à celles des plantes graminées.

Grandiflorus, *a*, *um*, qui a de grandes fleurs.

Granulatus, *a*, *um*, GRANULÉ, ÉE, qui est composé de parties qui ressemblent à des grains.

Graveolens, *tis*, qui a une odeur forte.

Grumosus, *a*, *um*, GRUMELEUX, SE, 96. — *Grumosa radix*, racine grumeleuse, 161

Gullioca, *æ*, BROU, mais il est vieux, 18

Gummi vel *gummis*, *is*, GOMME, 92

Gummi-resina, *æ*, GOMME-RÉSINE, 93

Gymnospermia, *æ*, GYMNOSPERMIE, 96

Gynandria, *æ*, GYNANDRIE, 96-116

H

Habitatio, *nis plantarum*, s'emploie pour signifier le lieu où croît naturellement une plante.

Habitualis, *e*, HABITUEL, LE, qui dépend de la forme, du port considéré en général.

Habitus, *ûs plantæ*, PORT d'une plante, 151

Hamiplantæ, *arum*, HAMIPLANTES, 97

Hamosus, *a*, *um*, COURBÉ, ÉE en hameçon. — *Pili hamosi*. *Voyez* AGRAFFES et POILS crochus, 2-150

Hamulosus, *a*, *um*, qui a la forme d'un petit hameçon.

Hamus, *i*, HAMEÇON, crochet, agraffe. *Hami*, agraffes, 2-40

Hastatus, *a*, *um*, HASTÉ, ÉE, qui a la forme d'un fer de pique, 97. — *Hastata folia*, feuilles hastées, 63

Hemisphericus, *a*, *um*, qui n'est convexe que d'un côté.

Heptandria, *æ*, HEPTANDRIE, 97-115

Herba, *æ*, HERBE, 97

Herbaceus vel *herbosus*, *a*, *um*, HERBACÉ, ÉE, ou HERBEUX, SE. *Herbaceus caulis*, tige herbacée, 190

Herbarium, *ii*, HERBIER, 98

Herborarius, *ii*, HERBORISTE, 101

Herborisatio, *nis*, HERBORISATION, 101

Hermaphroditus, *a*, *um*, HERMAPHRODITE, qui est de deux sexes, 102. — *Hermaphroditi flores*, fleurs hermaphrodites, 81

Hexagynia, *æ*, HEXAGYNIE, 102

Hexandria, *æ*, HEXANDRIE, 102-115

Hexapetalus, *a*, *um*, HEXAPÉTALE, qui a six pétales. — *Hexapetala corolla*, corolle hexapétale, 38

Hexaphyllus, *a*, *um*, HEXAPHYLLE, qui est composé de six pièces bien distinctes. — *Hexaphyllum involucrum*, collerette hexaphylle, 33

Hians, *tis*, BAILLANT, TE, qui est entr'ouvert.

Hilum, *i*, c'est en général l'ombilic des graines.

Hircinus vel *hircosus*, *a*, *um*, qui a quelque rapport avec la forme ou l'odeur du bouc. — *Hircinus odor*, odeur de bouc.

Hirtus, *hirsutus*, *a*, *um*, VELU, UE, qui est couvert de poils distincts, mais qui ne sont ni durs, ni mous. *Voyez* l'art. POILS, 149

Hispidus, *a*, *um*, HÉRISSÉ, ÉE, qui est recouvert de poils rudes et fragiles. Quelquefois, mais à tort, on le fait synonyme d'*hirtus*. *Voyez* l'art. POILS, 149

Hiulcans, *tis*, qui fait entr'ouvrir, qui fait bâiller.

Hiulcus, *a*, *um*, qui est entr'ouvert.

Holeraceus, *a*, *um*. Voyez *oleraceus*.

Horarius, *a*, *um*, qui ne dure qu'une heure.

Horæus, *a*, *um*, qui vient en été. — *Horæi fructus*, fruits d'été.

Horizontalis, *e*, HORIZONTAL, LE. — *Horizontalis radix*, racine horizontale, 161. — *Horizontalia folia*, feuilles horizontales, 63

Horologium, *ii Floræ*, HORLOGE de Flore, 102

Horsum versum, de côté et d'autre.

Hortus, *i*, JARDIN, 104

Humidus, *a*, *um* vel *humens*, *tis*, HUMIDE, ce dont la superficie est mouillée. — *Humidum pileum*, chapeau humide, 29

Humifusus, *a*, *um*, COUCHÉ, ÉE par terre.

Humilis, *e*, qui s'élève peu.

Humor, *ris plantarum*, se prend pour la sève, 171

Humus, *i*; c'est la partie de la terre la plus propre à fournir aux plantes les premiers sucs nécessaires à leur développement.

Hyalinus, *a*, *um*, qui est sans couleur, et qui a la transparence du verre ou de l'eau. — *Flos hyalinus*, 78

Hybernaculum, *i*, ABRI pour l'hiver. Linnæus comprend en général sous cette dénomination, ce qui sert d'abri aux parties délicates des plantes, comme les boutons, les cayeux. *Voyez* l'art. BOUTONS, 17

Hybernalis, *e*, HIVERNAL, LE, qui vient en hiver. — *Hybernales flores*, 81

Hybridus, *a*, *um*, HYBRIDE ou POLYGAME. — *Hybridæ plantæ*, plantes hybrides ou polygames, 146

Hypocrateriformis, *e*, HYPOCRATÉRIFORME, qui est en forme de bassin ou de soucoupe.

I

Icones plantarum, FIGURES des plantes, 74

Icosandria, *æ*, ICOSANDRIE, 102-115

Imberbis, *e*, qui est sans barbe, sans poils.

Imbibitio, *nis*, IMBIBITION, 103

Imbricans, *tis*; ce qui recouvre une partie quelconque, à-peu-près dans le même ordre que des tuiles recouvrent un toit.

Imbricatus, *a*, *um*, IMBRIQUÉ ou TUILÉ, ÉE, qui

est recouvert de parties disposées à-peu-près comme des tuiles sur un toit. — *Imbricatus calix*, calice imbriqué, 22. —*Imbricata folia*, feuilles imbriquées ou tuilées, 60. — *Imbricatus caulis*, tige imbriquée, 190

Immutabilis, *e*, qui ne change point de forme.

Impari vel *cum impari pinnatus, a, um*, AILÉ, ÉE avec une impaire. — *Impari pinnata folia*, feuilles ailées avec une impaire, 55

Imperfectus, *a*, *um*, IMPARFAIT, TE, 103

Improprius, *a*, *um*, IMPROPRE. — *Improprius annulus*, collet impropre, 33

Inapertus, *a*, *um*, qui n'est pas couvert, qui est creux, mais sans ouverture.

Inæqualis, *e*, INÉGAL, LE, 103. — *Inæqualis margo*, bords inégaux, 13. — *Inæqualia filamenta*, filets inégaux, 75. — *Inæquales pedunculi*, péduncules inégaux, 136

Inæquivalvatus, *a*, *um*, et mieux *inæquivalvis*, *e*, qui est composé de valves inégales; il est opposé à *æquivalvis*.

Inanis, *e*, qui est vide, qui n'est pas exactement rempli, ou qui n'est rempli que d'une substance molle. —*Inanis caulis*, tige spongieuse, 192

Incanus, *a*, *um*, qui est recouvert de poils blanchâtres qui donnent un aspect argenté. —*Incanus flos*, 78

Incarcerans, *tis*, qui renferme, qui tient caché.

Incarnatus, *a*, *um*, qui est de couleur de chair. — *Incarnatus flos*, 78

Incisus, *a*, *um*, INCISÉ, ÉE, qui est découpé peu profondément. Quelquefois cependant on le fait synonyme de *laciniatus*.

Inclinatus vel *inflexus*, *a*, *um*, qui s'élève obliquement, et se rapproche de la tige par son extrémité supérieure. Voyez *inflexa folia*, feuilles obliques, 65

Includens, *tis*, qui renferme.

Incompletus, *a*, *um*, INCOMPLET, TE. — *Incompletus* vel *secundus verticillus*, verticille incomplet, 208. — *Incompleti flores*, fleurs incomplètes, 79. — *Incompletum pistillum*, pistil incomplet, 143. — *Incompleta volva*, volva incomplet, 209

Inconspicuus, *a*, *um*, qui n'est pas bien apparent.

Incrassatus, *a*, *um*, ÉPAISSI, IE, qui augmente sensiblement depuis une extrémité jusqu'à l'autre. — *Incrassatus pedunculus*, péduncule épaissi, 133

Incrementum, *i*, ACCROISSEMENT, AUGMENTATION. — *Plantarum incrementum*, accroissement des plantes, 1

Incumbens, *tis*, ce qui est comme suspendu. Linnæus appelle *anthera incumbens* vel *versatilis*, une anthère qui est vacillante, parce qu'elle est attachée par le côté au filet, comme celles des *fig.* 12, 14, 17, *pl. IV*. Il appelle *anthera erecta*, celle qui est attachée par sa base au filet, comme celles que les *fig.* 5, 6, 7 représentent.

Incurvatus vel *incurvus*, *a*, *um*, qui se recourbe en dedans, mais qui a peu d'ouverture.—*Incurvi aculei*, aiguillons courbés en dedans, 3. — *Incurvata capsula*, capsule courbée en dedans, 24.—*Incurvata folia*, feuilles courbées en dedans, 59

Indigenus, *a*, *um*, INDIGÈNE, 103. — *Indigenæ plantæ*, plantes indigènes, 52-146

Individuum, *i*, INDIVIDU, 103

Indivisus, *a*, *um*, qui n'est point divisé, qui n'a aucunes divisions sensibles.

Indurescens, *tis*, qui se durcit et devient coriace. — *Indurescentes stipulæ*, stipules dures, 179

Inermis, *e*, vel *muticus*, *a*, *um*, qui est sans épines ou sans arêtes.

Inferus, *a*, *um*, INFÉRIEUR, RE. — *Inferus calix*, calice inférieur, 22. — *Infera corolla*, corolle inférieure, 37. — *Inferum germen*, ovaire inférieur, 129

Infernè, en bas, par le bas; *supernè*, vers le haut.

Infimus, *a*, *um*; ce qui est le plus bas, ce qui est le plus près de la terre. Il est opposé à *extimus*.

Inflatus, *a*, *um*, RENFLÉ, ÉE, VÉSICULEUX ou VÉSICULAIRE. — *Inflatum legumen*, légume renflé et vésiculaire, 93

Inflexus, *a*, *um*, qui s'élève obliquement en formant l'arc à son sommet, et en se rapprochant de la tige.—*Inflexa folia*, feuilles courbées en dedans, 59-65-68

Inflorescentia, *æ*, FLORAISON, 85

Infundibuliformis, *e*, INFUNDIBULIFORME, qui a la forme d'un entonnoir. — *Infundibuliforme pileum*, chapeau infundibuliforme, 29. —*Infundibuliformis corolla*, corolle infundibuliforme, 37

Inodorus, *a*, *um*, INODORE, qui n'a pas d'odeur, 103

Inserere vel *inoculare*, se prend ici pour greffer ou enter. *Voyez* les procédés les plus usités dans l'art de la greffe, p. 94 et suiv.

Insertio, *nis*, INSERTION, 103. Il se prend aussi pour l'opération de la greffe.

Insertus, *a*, *um*, INSÉRÉ, ÉE sur. Lorsque la partie insérée n'est que comme collée sur la partie qui la reçoit, on se sert du mot *insertus* vel *adhærens*. Lorsque cette partie fait corps avec celle sur laquelle elle a son point d'insertion, on emploie le mot *cohærens* vel *adnatus*. *Voyez* pétiole adhérent, 139, pétiole cohérent, 140

Insidens, *tis*, qui repose sur une chose quelconque.

Insignitus, *a*, *um*, REMARQUABLE par...

Instructus, *a*, *um*, qui est garni, pourvu d'une chose quelconque. — *Villis instructus caulis*, tige garnie de poils.

Integer, *ra*, *rum*, ENTIER, RE. — *Integra folia*, feuilles entières, 61

Integerrimus, *a*, *um*, TRÈS-ENTIER, RE. — *Integerrima folia*, feuilles très-entières, 72. — *Integerrimæ bracteæ*, bractées très-entières, 17. — *Integerrimum petalum*, pétale très-entier, 139

L

côté, 105. — *Lateralis stipes*, pédicule latéral, 131. — *Lateralis spica*, épi latéral, 48. — *Laterales bracteæ*, bractées latérales, 17

Laxus, a, um, LACHE, qui n'est pas serré, 104. On en a composé les mots *laxè-ramosus, a, um, laxè-spicatus, laxè-imbricatus*, &c.

Legumen, is, LÉGUME OU GOUSSE, 93

Leguminosus, a, um, LÉGUMINEUX, SE, 105. — *Leguminosi flores*, fleurs légumineuses, 82

Lenticularis, e, LENTICULAIRE, 105. — *Lenticulares glandulæ*, glandes lenticulaires, 92

Liber, ri, LIBER OU LIVRET, 105-106

Liber, ra, rum, LIBRE, 105. —*Libera filamenta*, filets libres, 75

Lignifer, a, um, qui rapporte du bois, ou qui est destiné à en produire. — *Ligniferi rami*, branches qui ne donnent que du bois, 18

Lignosus, a, um, qui a la consistance du bois, LIGNEUX, SE, 106. — *Lignosa substantia*, substance ligneuse, 183

Lignum, i, BOIS, 12

Ligulatus, a, um, LIGULÉ, ÉE, qui est en languette, 106. — *Ligulati flores*, fleurs ligulées, 106. — *Ligulata corollula*, demi-fleuron, 42. —*Ligulata folia*, feuilles ligulées, 63

Liliaceus, a, um, LILIACÉ, ÉE. —*Liliacei flores*, fleurs liliacées ou fleurs en lys, 82

Limbus, i, LIMBE, 106

Linea alba, LIGNE blanche qu'on remarque sur toute la longueur de quelques feuilles. —*Folium lineâ albâ notatum.*

Linearis, e, LINÉAIRE, étroit comme un fil, 106. — *Linearis pedunculus*, péduncule linéaire, 134. — *Linearia folia*, feuilles linéaires, 63. — *Linearis petiolus*, pétiole linéaire, 141. Quelquefois aussi on emploie le mot *linearis*, pour signifier ce qui n'a qu'une ligne de hauteur, 189

Lineatus, a, um; ce qui est marqué de lignes qui ne sont ni creusées, ni relevées en bosse. — *Lineata folia*, feuilles marquées de lignes, 64

Linguiformis, e vel *ligulatus* seu *lingulatus, a, um*, LIGULÉ, ÉE, qui a la forme d'une langue. — *Linguiformia folia*, feuilles ligulées, 63

Litoralis, e, qui vient sur les bords des rivières, des fleuves. Il s'emploie plus souvent pour désigner ce qui vient sur les bords de la mer.

Lividus, a, um, LIVIDE, PLOMBÉ, ÉE. —*Lividus color*, couleur plombée.

Lobatus, a, um, LOBÉ, DIVISÉ, ÉE profondément en plusieurs parties distantes. On en a composé *bilobus, trilobus, quadrilobus, quinquelobus, multilobus.* —*Lobata folia*, feuilles lobées, 64

Lobus, i, LOBE. On distingue ceux des semences d'avec ceux des pétales, des feuilles, &c. 106

Loculamentum, i, BOÎTE, étui, trou, loge.

Loculus, i, BOURSE, étui.

Locus, i, insertionis, se prend pour le lieu de l'insertion, la place qu'occupe une chose qui s'insère sur une autre.

Locusta, æ, vel *spicula, æ*, ÉPILET, petit épi, 49

Longifolius, a, um, qui porte de longues feuilles.

Longissimus, a, um, TRÈS-LONG, UE. — *Longissimus petiolus*, pétiole très-long, 141. —*Longissimus pedunculus*, péduncule très-long, 136. — *Longissima folia*, feuilles très-longues, 72. —*Longissima filamenta*, filets très-longs, 76

Longus, a, um, LONG, UE, 107. — *Longus pedunculus*, péduncule long, 134. — *Longus petiolus*, pétiole long, 141. —*Longus stylus*, style long, 181

Lucidus, a, um, BRILLANT, LUISANT, TE. —*Lucida folia*, feuilles luisantes, 64

Lumen, nis, LUMIÈRE, 107

Lunatus vel *lunulatus, a, um*, LUNULÉ, ÉE, 107. — *Lunata folia*, feuilles lunulées, 64. —*Lunulatæ siliculæ*, silicules lunulées, 172

Luridus, a, um, qui est d'un jaune pâle. —*Luridus flos*, 78

Lutescens, tis, qui tire sur le jaune. — *Lutescens flos*, 78

Luteus vel *flavus, a, um*, JAUNE, qui est de couleur jaune. — *Luteus flos*, 78

Luxurians, tis. On appelle *flos luxurians*, une fleur dont les organes de la fructification sont changés en pétales. *Voyez* FLEURS pleines, 82

Lyratus, a, um, LYRÉ, ÉE, 107. — *Lyrata folia*, feuilles lyrées, 64. — Ses composés sont *lyratò-dentatus, a, um*, denté en lyre. — *Lyratò-pinnatus*, ailé en forme de lyre.

M

MACERATIO, nis, MACÉRATION, 107

Maculatus, a, um, TACHÉ, ÉE. —*Albo-maculatus*, taché de blanc. — *Nigro-maculatus*, taché de noir.

Mammosus, a, um, MAMELONNÉ, ÉE, 108. — *Mammosum pileum*, chapeau mamelonné, 29

Manifestus, a, um, qui est en évidence, qui est très-apparent.

Marescens vel *marcescens, tis*, qui se flétrit ou qui est flétri. — *Marcescentes flores*, fleurs flétries, 81. — *Stylus marcescens*, style flétri, 181

Margo, inis, BORDS, BORDURE, 12. On le fait masculin ou féminin *ad libitum.*

Marginatus, a, um, qui a un rebord saillant.

Marinus, a, um, qui vient en pleine mer.

Maritimus, a, um, qui vient sur les bords de la mer. — *Maritimæ plantæ*, 145

Mas, ris, MALE, 108. — *Flores mares* vel *masculi*, fleurs mâles, 82-147

Masculus, a, um, MALE, qui est du sexe masculin. — *Masculi flores*, fleurs mâles, 82

Maturus, a, um, MUR, RE, 123

Muricatus vel *echinatus*, *a*, *um*, HÉRISSÉ, ÉE, garni de pointes.

Muscariiformis, *e*, qui a la forme d'un émouchoir, d'un petit balai.

Muticus, *a*, *um*, qui n'a point de piquans. — *Mutica folia*. *Voyez* l'art. FEUILLES épineuses, 62

Mutilatus vel *mutilus*, *a*, *um*, MUTILÉ, ÉE, 123. — *Mutilati flores*, fleurs mutilées, 82

N

Nanus, *a*, *um*, NAIN, NAINE. — *Arbores nani*, arbres nains, 8

Napiformis, *e*, NAPIFORME, 123. — *Napiformis radix*, racine napiforme, 161

Natans, *tis*, qui surnage, qui flotte sur l'eau. — *Natantia folia*, feuilles flottantes, 62

Naturalis, *e*, NATUREL, LE, 123. — *Naturalis methodus*, méthode naturelle, 109. — *Naturalis ordo*, ordre naturel, 127

Nauseosus, *nauseus* vel *nauseabundus*, *a*, *um*, NAUSÉEUX, SE. — *Nauseus odor*, odeur nauséeuse, 158

Navicularis, *e*, NAVICULAIRE, 123

Nectarifer, *a*, *um*, qui porte des nectaires.

Nectarium, *ii*, NECTAIRE OU NECTAR, 123

Nemorosus, *a*, *um*, qui vient dans les bois, dont le sol et l'exposition sont favorables à la végétation. — *Nemorosæ plantæ*, 145

Nervosus, *a*, *um*, NERVEUX, SE, qui a des nervures, 124. Ses composés sont *binervius*, *trinervius*, *quadrinervius*, *quinquenervius*, &c. — *Nervosa folia*, feuilles nerveuses, 65

Neuter, *ra*, *rum*, NEUTRE. — *Neutri flores*, fleurs neutres, 82

Nidorus vel *nidorosus*, *a*, *um*, qui sent le brûlé.

Nidulans, *tis*, qui est disposé comme des œufs dans un nid. — *Semina per pulpam baccæ nidulantia*, semences éparses dans la pulpe molle d'une baie.

Niger, *ra*, *rum*, NOIR, RE. — *Niger flos*, fleur noire, 78

Nigricans, *tis*, vel *fuscus*, *a*, *um*, qui a une couleur plombée, bistrée, comme enfumée ou noirâtre. — *Nigricans flos*, 78

Nigro-cæruleus, *a*, *um*, qui est d'un bleu noirâtre, 78

Nigro-maculatus, *a*, *um*, qui est taché de noir.

Nitidus, *a*, *um*, LUISANT, BRILLANT, TE. — *Nitida folia*, feuilles luisantes, 64

Niveus, *a*, *um*, qui est blanc comme de la neige.

Nodosus, *a*, *um*, NOUEUX, SE, 125. — *Nodosa radix*, racine noueuse, 161

Nodus, *i*, NŒUD. Il se prend aussi quelquefois pour ARTICULATION, 124

Nomenclatura, *æ*, NOMENCLATURE, 124

Nomina synonyma, SYNONYMES, 184

Nostras, *tis*, NOSTRATE. — *Nostrates plantæ*, plantes nostrates, 147

Notabilis, *e*, vel *notatus*, *a*, *um*, REMARQUABLE par une chose quelconque.

Nucamentum, *i*, vel *julus*, CHATON, 31

Nucleus, *ei*, NOYAU. Il se prend aussi pour l'amande contenue dans une coque osseuse.

Nudus, *a*, *um*, NU, E, 125. — *Nudus pedunculus*, péduncule nu, 134. — *Nudus caulis*, tige nue, 190. — *Nuda folia*, feuilles nues, 65. — *Nudum receptaculum*, réceptacle nu, 165. — *Nudum semen*, semence nue, 170. — *Nudus verticillus*, verticille nu, 209

Nullus, *a*, *um*, qui n'existe pas. — *Calix nullus*. — *Pericarpium nullum*, 125

Numerosi, *æ*, *a*, NOMBREUX, SES, 124. — *Numerosa stigmata*, stigmates nombreux, 176. — *Numerosæ spicæ*, épis nombreux, 48

Numerosissimi, *æ*, *a*, TRÈS-NOMBREUX, SES. — *Numerosissima folia floralia*, 62. — *Numerosissimæ laminæ*, feuillets très-nombreux, 73

Numerus, *i*, NOMBRE. — *Numerus determinatus*, c'est le nombre fixe, comme quatre, six, huit, &c. — *Numerus indeterminatus*, c'est un grand nombre, plusieurs, beaucoup, &c.

Nummularius, *a*, *um*, NUMMULAIRE, qui a la forme d'une pièce de monnoie. — *Nummularia folia*, feuilles rondes, 69

Nutans, *tis*, qui se penche. — *Nutans introrsùm*, qui se penche en dedans, *extrorsùm* en dehors. — *Nutantes flores*, fleurs penchées, 82. — *Nutans caulis*, tige courbée ou penchée, 187

Nutatio, *nis*, NUTATION, 125

Nutritio, *nis*, NUTRITION, 125

Nux, *cis*, NOIX ou coque osseuse, 124

O

Obcordatus vel *obversè-cordatus*, *a*, *um*, qui est en cœur renversé.

Obliquus, *a*, *um*, OBLIQUE, qui n'est ni horizontal ni vertical, mais dont la direction approche autant de l'un que de l'autre, 125. — *Obliqua folia*, feuilles obliques, 65

Oblongus, *a*, *um*, OBLONG, UE, ALONGÉ, ÉE, 125. — *Oblongum pileum*, chapeau alongé, 27. — *Oblonga folia*, feuilles oblongues, 65

Oblongo-ovatus, *a*, *um*, qui a une forme ovale alongée.

Obovatus, *a*, *um*; ce qui a une forme ovale, plus large par le haut.

Obscurè, OBSCURÉMENT. *Obscurè-virentia folia*, feuilles d'un vert obscur.

Obsoletè, joint à un mot quelconque, diminue

de sa signification. — *Obsoletè-angulatus*, qui est anguleux, mais dont les angles sont peu saillans. — *Obsoletè-lobatus*, qui est lobé, mais dont les lobes sont peu marqués. — *Obsoletè-serratus*, denté en scie, mais dont les dents sont émoussées, &c.

Obtusè-dentatus, a, um, DENTÉ, ÉE, et dont les dents sont obtuses. — *Obtusè-dentatum folium*, 59. — *Obtusè-emarginatus, a, um*, échancré, et dont les divisions sont obtuses, 60

Obtuso-angularis, e, qui a des angles obtus. — *Caulis obtuso-angularis*, 186

Obtusus, a, um, OBTUS, SE, ou ÉMOUSSÉ, ÉE, 47-126. — *Obtusa folia*, feuilles obtuses, 65

Obtusus, a, um, cum acumine; ce qui est obtus, mais surmonté d'une pointe. — *Obtusa cum acumine folia*, 65. — *Obtusus strobilus*, CÔNE obtus, 34

Obversè-cordatus vel *obcordatus, a, um*; ce qui a la forme d'un cœur renversé, c'est-à-dire, dont la pointe est en bas. Il en est de même d'*obversè-ovatus* vel *obovatus*, qui désigne une figure ovale dont la pointe est en bas.

Obvolutus, a, um; c'est lorsque deux parties s'enveloppent, s'embrassent alternativement.

Occlusus, a, um, RENFERMÉ, ÉE dans une partie quelconque.

Octandria, æ, OCTANDRIE, 115-126

Octofidus, a, um, qui est d'une seule pièce, mais fendue en huit parties.

Octolocularis, e, qui a huit loges.

Octopetalus, a, um, OCTOPÉTALE, qui a huit pétales.

Octophyllus, a, um, qui est composé de huit pièces.

Oculus, i, BOUTON, 17

Odor, ris, ODEUR, 126-158-168

Odoratus, a, um, ODORANT, TE, 126

Officinalis, e, OFFICINAL, LE. — *Officinales plantæ*, plantes officinales (les SIMPLES), 173

Oleraceus, a, um, qui s'emploie comme herbes potagères. — *Oleraceæ herbæ*, herbes potagères.

Operculatus, a, um, COUVERT d'une opercule.

Operculum, i, OPERCULE, 127

Oppositè-pinnatus, a, um, AILÉ, ÉE avec opposition. — *Oppositè-pinnata folia*, feuilles ailées et opposées, 55

Oppositifolius, a, um, qui est opposé aux feuilles. — *Oppositifolius cirrhus*, vrille opposée aux feuilles, 210

Oppositus, a, um, OPPOSÉ, ÉE, 127. — *Opposita filamenta*, filets opposés, 75. — *Opposita folia*, feuilles opposées, 65-127. — *Oppositi pedunculi*, pédoncules opposés, 136

Oppositus, a, um, *decussatim* vel *cruciatim*, seu *brachiatus*, OPPOSÉ, ÉE en croix. — *Decussatim* vel *cruciatim opposita folia*, 127

Orbicularis, e, vel *orbiculatus, a, um*, ORBICULAIRE ou ARRONDI, 127. — *Orbiculare pileum*, chapeau orbiculaire, 30. — *Orbiculatus strobilus*, cône sphérique ou orbiculaire, 34. — *Orbiculata folia*, feuilles orbiculaires, 65

Ordo, nis, ORDRE, 157

Orgyalis, e; ce qui égale en hauteur un homme d'une bonne taille. — *Orgyalis caulis*, 189

Os, ris corollæ, ENTRÉE d'une corolle.

Ossiculus vel *ossiculum, i*, se prend ici pour un petit noyau. — *Fructus mollis cum ossiculo*, 157

Ovalis, e, vel *ovatus, a, um*, OVALE, qui a la forme d'un œuf, 129. — *Ovatus strobilus*, cône ovale, 34. — *Ovata folia*, feuilles ovales, 66

Ovarium, ii, OVAIRE ou GERME, 129

Ovum, i, vegetabile, ŒUF végétal, la GRAINE proprement dite.

P

PAGINA, Æ (*pagina superior folii*) se prend pour le dessus d'une feuille, (*pagina inferior*) pour le dessous, 54. — *Pagina superior, pagina inferior* vel *prona pars folii*, surface supérieure et inférieure d'une feuille, 183. — *Paginæ folii concolores*, feuille colorée également des deux côtés. — *Discolores*, d'une couleur d'un côté, et d'une autre couleur de l'autre.

Palatum, i, PALAIS. — *Palatum corollæ*, palais de la corolle, 130

Palea, æ, PAILLE, 129

Paleaceus, a, um, garni de paillettes.

Palmaris, e, qui a à-peu-près trois pouces de hauteur. — *Palmaris caulis*, 189

Palmatus, a, um, PALMÉ, ÉE. — *Palmata radix*, racine palmée, 161. — *Palmata folia*, feuilles palmées, 60-66. — Linnæus appelle *folium palmatum*, la feuille simple fendue presque jusqu'à sa base, en plusieurs parties presque égales, comme celles des *fig.* 21, 23, 24, *pl. VIII.* Celles qu'il nomme *folia digitata*, sont celles que l'on appelle feuilles quaternées, quinées, ou qui portent sur le même point plus de cinq folioles étalées.

Palustris, e, vel *paludosus, a, um*, qui vient dans les marais. — *Palustres plantæ*, 145

Panduriformis, e, PANDURIFORME, qui a la forme d'un violon. — *Panduriformia folia*, feuilles panduriformes, 66

Panicula, æ, PANICULE, 130

Paniculatus, a, um, PANICULÉ, ÉE, disposé en panicule. — *Paniculatus caulis*, tige paniculée 191. — *Paniculati flores*, fleurs en panicule, 80

Papilionaceus, a, um, PAPILIONNACÉ, ÉE, 130. — *Papilionacei flores*, fleurs papilionnacées, 82. — *Papilionacea corolla*, corolle papilionnacée, 37

Papillosus, a, um, MAMELONNÉ, ÉE, garni de mamelons. — *Papillosa folia*, feuilles mamelonnées, 64

Papposus, a, um, AIGRETTÉ, ÉE. — *Papposum semen*, semence aigrettée, 169

Pappulosus, a, um, GARNI de points vésiculaires, de tubercules, de boutons.

Pappus, i, AIGRETTE, 2-169

Parabolicus, a, um, PARABOLIQUE. — *Apice parabolicus*, qui se rétrécit depuis le sommet jusqu'à la base. — *Basi parabolicus*, en parabole renversée qui se rétrécit depuis la base jusqu'au sommet, à-peu-près comme dans la *fig. 6, pl. VIII*. — *Parabolica folia*, feuilles en parabole, 61

Parallelus, a, um, PARALLÈLE, 130. — *Caulis æquori parallelus*, tige parallèle à l'horizon, ou horizontale. — *Parallelum dissepimentum*, cloison parallèle, 32

Parasiticus, a, um, PARASITE, 130. *Parasiticæ plantæ*, plantes parasites, 147. — *Parasitica radix*, racine parasite, 161

Partialis, e, PARTIEL, IE. — *Partialis umbella*, ombelle partielle, 126. — *Partiale involucrum*, collerette partielle, 32. — *Partialis pedunculus*, péduncule partiel, 134

Partibilis, e, qui est susceptible d'être détaché, séparé en plusieurs parties.

Partitus, a, um, PARTAGÉ ou DIVISÉ en plusieurs parties presque jusqu'à la base. Ses composés sont *bipartitus*, *tripartitus*, *quadripartitus*, *quinquepartitus*, *multipartitus*. — *Partitæ spinæ*, épines divisées, 48. — *Partita folia*, feuilles partagées, 66

Pascuus, a, um, qui concerne les pâturages, la nourriture du bétail en général.

Passim, çà et là, de côté et d'autre. — *Passim rubiginosus*, taché de rouille par places.

Patens, tis, OUVERT, TE, mais qui fait encore un angle aigu à son insertion. — *Patens pedunculus*, péduncule ouvert, 134. — *Patens caulis*, tige ouverte, 190. — *Patentia folia*, feuilles ouvertes, 66. — *Patens petiolus*, pétiole montant, 141

Patentissimus, a, um, TRÈS-OUVERT, qui est ouvert à angle droit, ou presque à angle droit.

Patulus, a, um, ÉTALÉ, ÉE sans ordre. On le fait quelquefois synonyme de *divergens*.

Pauci, æ, a, qui sont en petit nombre. — *Pauca folia floralia*, feuilles florales en petit nombre, 62

Pauci-florus, a, um, qui a peu de fleurs.

Peculiaris, e, s'emploie comme synonyme de *proprius*. *Voyez* ce mot.

Pedalis, e; ce qui a un pied de haut ou environ. — *Pedalis caulis*, 189

Pedatus, a, um, PÉDIAIRE. — *Pedata folia*, feuilles pédiaires, 66

Pedicellatus, a, um, qui a un petit péduncule particulier, outre un péduncule commun. — *Germen pedicellatum*, ovaire porté par un petit péduncule particulier.

Pedicellus, i; c'est un petit péduncule propre aux fleurs qui ont en outre un péduncule commun.

Pediculatus seu *stipitatus, a, um*, PÉDICULÉ, ÉE. — *Pediculatæ glandulæ*, glandes pédiculées, 192. — *Pediculatum pileum*, chapeau pédiculé, 30. — *Pediculatum stigma*, stigmate pédiculé, 176

Pediculus, i, vel *stipes, itis*, PÉDICULE, 131-183

Peduncularis, e, PÉDUNCULAIRE, qui vient sur le péduncule.

Pedunculatus, a, um, PÉDUNCULÉ, ÉE, 137. — *Pedunculati flores*, fleurs pédunculées, 82

Pedunculus, i, PÉDUNCULE, 132-183

Peltatus vel *clypeatus, a, um*; ce qui est arrondi comme un plateau ou comme une espèce de bouclier, que l'on nomme rondache. — *Peltata folia*, feuilles en rondache et ombiliquées, 65. — *Peltatum stigma*, stigmate en plateau, 176

Pendulus, a, um, vel *pendens, tis*, PENDANT, TE, 137. — *Pendulus bulbus*, bulbe suspendue, 19. — *Pendulus pedunculus*, péduncule pendant, 135. — *Penduli rami*, 164

Penicilliformis, e, qui est en forme de pinceau.

Pentagonus, a, um, qui a cinq côtés remarquables ou cinq faces, et par conséquent cinq angles.

Pentagynia, æ, PENTAGYNIE, 116-137

Pentandria, æ, PENTANDRIE, 115-137

Pentangularis, e, qui a cinq angles.

Pentapetalus, a, um, PENTAPÉTALE, qui a cinq pétales. — *Pentapetala corolla*, corolle pentapétale, 38-139

Pentaphyllus, a, um, PENTAPHYLLE, qui est de cinq feuilles ou de cinq pièces. — *Pentaphyllus calix*, calice pentaphylle, 23. — *Pentaphyllum involucrum*, collerette pentaphylle, 33. — *Pentaphyllum perianthium*, périanthe pentaphylle, 138

Peregrinus, a, um, qui est étranger.

Perennis, e, VIVACE, PERSISTANT, TE, 209. — *Perennis planta*, plante vivace, 144. — *Perennis radix*, racine vivace, 162

Perexilis, e, qui est fort mince, fort délié: il s'emploie comme synonyme de *gracilis*.

Perfectus, a, um, PARFAIT ou COMPLET, TE.

Perfoliatus, a, um, PERFOLIÉ, ÉE, 137. — *Perfoliata folia*, feuilles perfoliées, 66

Perforatus, a, um, TROUÉ, ÉE, ou seulement qui est creusé, percé à jour.

Perianthium, ii, PÉRIANTHE, 137

Pericarpium, ii, PÉRICARPE, 138

Perpendicularis, e, vel *strictus, a, um*, PERPENDICULAIRE, ou qui est très-droit, 138. — *Perpendicularis pedunculus*, péduncule perpendiculaire, 135. — *Perpendicularis radix*, racine pivotante et perpendiculaire, 161

Perpusillus, a, um, qui s'élève très-peu.

Persistens, tis, STABLE, qui persiste, qui dure long-temps, 175-20-138. — *Persistentes bracteæ*, bractées persistantes, 17. — *Persistens*

Procerus, a, um, qui s'élève beaucoup.
Proboscides, is, qui est en forme de trompe.
Procumbens, entis, qui retombe.
Profundè laciniatus vel *dissectus*, qui est profondément découpé.
Prolifer, a, um, PROLIFÈRE. — *Prolifer caulis*, tige prolifère, 191. — *Proliferi flores*, fleurs prolifères, 83
Prolificatio, nis, PROLIFICATION, 155
Prominens, tis, qui domine, qui surpasse en hauteur.
Prominulus, qui domine un peu.
Propago, nis, se prend communément pour le provin de la vigne; mais Linnæus donne ce nom aux semences qui n'ont pas de tunique propre : il cite pour exemple celles des mousses.
Propendens, tis, qui penche, qui semble être prêt à tomber.
Proprietates plantarum, PROPRIÉTÉS des plantes, 156
Proprius, a, um, vel *peculiaris, e*, PROPRE, 155. — *Proprius pedunculus*, péduncule propre, 135.—*Proprius petiolus*, pétiole propre, 141. *Proprius calix*, calice propre, 23. — *Proprium involucrum*, enveloppe propre, et mieux, tunique propre, 47
Proximus, a, um; il se prend ici pour IMMÉDIAT, TE. — *Proximus petiolus*, pétiole immédiat, 140
Prunus, i, vel *drupa, æ*, se prend pour toute espèce de fruit à noyau.
Pruriens, entis, qui donne des démangeaisons : il y a des poils qui ont cette propriété.
Pubes, is, DUVET.
Pubescens, tis, PUBESCENT, TE, couvert de duvet. — *Pubescens superficies*; voyez l'art. POILS, 150. — *Pubescens margo*, bords pubescens, 14
Pullus, a, um, qui est d'une couleur terne et brunâtre.
Pulpa, æ, PULPE, 157
Pulposus, a, um, PULPEUX, SE, 157. — *Pulposa folia*, feuilles pulpeuses, 67
Pulverulentus, a, um, POUDREUX, SE, couvert de poussière.
Pulvis seminalis vel *pollen, nis*, POUSSIÈRE fécondante ou séminale, 152
Pumilus, a, um, synonyme de *nanus, a, um*, NAIN, NAINE, 123-8
Punctatus, a, um, PONCTUÉ, ÉE, garni de points planes ou creusés, ou seulement colorés, 151. — *Punctata folia*, feuilles ponctuées, 67
Pungens, entis, qui est piquant comme une aiguille.
Puniceus vel *coccineus, a, um*, qui est d'un rouge écarlate. — *Puniceus flos*, 78
Purpurascens, tis, qui tire sur le pourpre.
Purpureus, a, um, POURPRÉ, ÉE, qui est de couleur pourpre. — *Purpureus flos*, 78
Pusillus, a, um, qui s'élève peu.
Putamen, inis, se prend pour la coquille de la noix, ou d'un noyau en général.
Putrescibilis, e, qui se corrompt en peu de temps, que l'on ne peut garder. — *Pileum putrescibile*, 30
Pyramidalis, e, PYRAMIDAL, LE, 157

Q

Quadrangularis, e, vel *quadrangulus, a, um*, QUADRANGULAIRE, 157. — *Quadrangularia folia*, feuilles quadrangulaires, 67
Quadricapsularis, e, QUADRICAPSULAIRE, 157
Quadrifidus, a, um, QUADRIFIDE, qui est d'une seule pièce, mais fendue en quatre. — *Quadrifida corolla*, corolle quadrifide, 37.—*Quadrifida folia*, feuilles quadrifides, 62
Quadriflorus, a, um, QUADRIFLORE. — *Quadriflorus pedunculus*, péduncule quadriflore, 135
Quadrijugus, a, um, QUADRIJUGUÉ, ÉE, 157. — *Quadrijuga folia*, feuilles quadrijuguées, 58-67
Quadrilobus, a, um, QUADRILOBÉ, ÉE. — *Quadriloba folia*, feuilles quadrilobées, 64
Quadrilocularis, e, QUADRILOCULAIRE, qui a quatre loges. — *Quadrilocularis capsula*, capsule quadriloculaire, 24
Quadrinervius, a, um, qui a quatre nervures très-apparentes. — *Quadrinervia folia*, 65
Quadripartitus, a, um, PARTAGÉ, ÉE en quatre parties jusqu'à la base.—*Quadripartita folia*, 66. — *Quadripartitus calix*, calice divisé en quatre parties, 23
Quadriphyllus vel *tetraphyllus, a, um*, QUADRIPHYLLE OU TÉTRAPHYLLE, qui est de quatre pièces distinctes, 157. —*Quadriphyllum involucrum*, collerette quadriphylle, 33. — *Quadriphyllum perianthium*, périanthe quadriphylle ou tétraphylle, 137
Quadriqueter, a, um, qui a quatre faces ou quatre côtés planes.
Quadrispermus vel *tetraspermus, a, um*, qui a quatre semences.
Quadrivalvis, e, QUADRIVALVE, qui a quatre valves ou panneaux, 158. — *Quadrivalvis capsula*, capsule quadrivalve, 25
Quadrivascularis, e, qui a quatre loges en forme de cornets ou de godets.
Qualitates plantarum, QUALITÉS des plantes, 158
Quaternatus vel *quaternus, a, um*, QUATERNÉ, ÉE, 158. — *Quaternata folia*, feuilles quaternées, 60-67
Quinatus vel *quinus, a, um*, QUINÉ, ÉE, disposé cinq par cinq à chaque articulation, ou sur

R

de *persistens*. — *Pedunculi restantes*, pédun-cules qui restent attachés à la plante après la chûte des organes de la fructification.

Resupinatio, *nis floris*, se prend pour l'etat d'une fleur dont la lèvre ou le pétale supérieur devient l'inférieur.

Resupinatus, *a*, *um*, RETOURNÉ, ÉE. — *Resupinata folia*, feuilles retournées, 69. — *Resupinatus pedunculus*, péduncule retourné, 135

Reticularis, *e*, RÉTICULAIRE, qui ressemble à un rets. — *Reticulare opus*, tissu réticulaire, 193

Retiformis, *e*, RÉTIFORME, 167. — *Retiformis radix*, racine rétiforme, 162. — *Retiformis annulus*, collet rétiforme, 33. — *Retiformia folia*, feuilles rétiformes, 69

Retroflexus, *a*, *um*; il se prend pour signifier ce qui est replié sur lui-même.

Retrorso-dentatus, *a*, *um*, DENTÉ, ÉE, et dont les dents sont tournées à rebours. — *Retrorso-dentatum folium*, feuille dentée à rebours, 60

Retusus, *a*, *um*, ÉMOUSSÉ, ÉE, et terminé par un sinus obtus et peu profond. — *Retusa folia*, feuilles émoussées, 61

Revolutus, *a*, *um*, ROULÉ, ÉE en dessous, 167. *Revoluta folia*, feuilles roulées en dessous, 69

Rhombeus, *a*, *um*, vel *rhomboidalis*, *e*, RHOMBOÏDE, RHOMBOÏDAL, LE, 167. — *Rhombea folia*, feuilles rhomboïdes, 59-69

Rictus, *ûs*, GUEULE ouverte: il se prend pour l'écartement des deux lèvres d'une corolle labiée, et pour l'espace compris entre les bords ou le limbe des pétales des autres espèces de corolle.

Rigidus, *a*, *um*, ROIDE. — *Rigidus caulis*, tige roide, 191. — *Folia rigida*, feuilles roides, 69

Rimosus, *a*, *um*, CREVASSÉ, ÉE. — *Rimosus caulis*, tige crevassée, 187

Ringens, *entis*, qui est à deux lèvres ouvertes. — *Ringens corolla*, corolle en masque, 36

Roridus, *a*, *um*, qui est remarquable par une humidité qui sembleroit avoir été produite par la rosée.

Rosaceus, *a*, *um*, ROSACÉ, ÉE, qui a la forme d'une rose. — *Rosacea corolla*, corolle rosacée, 38. — *Rosacei flores*, 84

Roseus, *a*, *um*, qui est de couleur de rose. — *Roseus flos*, 78

Rostellum, *li*, RADICULE, 162

Rostratus, *a*, *um*, qui est en forme de bec.

Rotatus, *a*, *um*, qui est fait en roue, qui fait la roue. — *Rotata corolla*, corolle en roue, 37

Rotundus vel *rotundatus*, *a*, *um*, ROND, ARRONDI, SPHÉRIQUE, ORBICULAIRE.

Ruber, *ra*, *rum*, ROUGE. *Voyez* l'article COULEUR, 39

Rubiginosus, *a*, *um*, qui est de couleur de rouille.

Rubro-maculatus, *a*, *um*, TACHÉ, ÉE de noir.

Rugosus, *a*, *um*, RIDÉ, ÉE, RABOTEUX, SE, 167. — *Rugosum pileum*, chapeau ridé, 30. — *Rugosa superficies*, superficie raboteuse, 183

Ruderalis, *e*, vel *ruderatus*, *a*, *um*, qui vient autour des maisons et parmi les gravois. — *Ruderales plantæ*, 145

Runcinatus, *a*, *um*, RUNCINÉ, ÉE, 168. — *Folia runcinata*, feuilles runcinées, 69

Rupestris, *e*, qui vient sur les rochers.

S

SAGITTATUS, *a*, *um*, SAGITTÉ, ÉE, 168. — *Sagittata folia*, feuilles sagittées, 69. — *Sagittatæ stipulæ*, stipules en fer de flèche, 179

Salsus, *a*, *um*, SALÉ, ÉE. — *Salsus sapor*, saveur salée, 158

Sanguineus, *a*, *um*, qui est d'un rouge de sang.

Sapidus, *a*, *um*, qui a une saveur quelconque.

Sapor, *ris*, SAVEUR, 158-168

Sarmentosus vel *sarmentaceus*, *a*, *um*, SARMENTEUX, SE. — *Sarmentosus caulis*, tige sarmenteuse, 192. — *Sarmentosæ plantæ*, plantes sarmenteuses, 168

Sarmentum, *i*, SARMENT, 168

Scaber, *ra*, *rum*, RABOTEUX, SE, 159-168. — *Folia scabra*, feuilles rudes ou raboteuses, 69. — *Scaber pedunculus*, péduncule rude, 135. — *Scabri pili*, poils rudes, 150

Scabrities, *ei*, et mieux, *scabritia*, *æ*, se prend pour la rudesse d'une chose quelconque.

Scandens, *entis*, GRIMPANT, TE. — *Scandens caulis*, tige grimpante, 189

Scapus, *i*, HAMPE, 97-183

Scariosus, *a*, *um*, SCARIEUX, SE, 168. — *Folia scariosa*, feuilles scarieuses, 70

Scissilis, *e*, qui se rompt facilement.

Scrotiformis, *e*, SCROTIFORME, qui ressemble au scrotum, 168. — *Scrotiformis capsula*, capsule scrotiforme, 24

Scutellatus, *a*, *um*, qui a la forme d'une écuelle.

Sectator, *ris*, SECTATEUR, 168

Secretio, *nis*, SÉCRÉTION, 168

Sectio, *nis*, SECTION, *sectiones botanicæ*, 169

Secundus, *a*, *um*, qui est composé de parties penchées ou tournées d'un seul côté. On emploie quelquefois les mots *secundus* et *unilateralis*, comme synonymes, quoiqu'à la rigueur ils aient une signification très-différente. — *Secundi* vel *unilaterales flores*, fleurs unilatérales, 85

Segmentum, *i*, SEGMENT. *Segmenta*, 169

Segregatus, *a*, *um*, SÉPARÉ, ÉE. — *Polygamia segregata*, polygamie séparée (*Phil. B.*).

Semen, *nis*, SEMENCE ou GRAINE, 169

Semi-amplexicaulis, *e*, SEMI-AMPLEXICAULE, qui n'embrasse la tige qu'à moitié.

Semi-cylindraceus, *a*, *um*, vel *semi-teres*, *tis*, semi-cylindrique, 170

Semi-duplex, *cis*, SEMI-DOUBLE. — *Semi-duplices flores*, fleurs semi-doubles, 84

Semi-flosculosus, a, um, SEMI-FLOSCULEUX, SE, 170. — *Semi-flosculosi flores*, fleurs semi-flosculeuses, 84

Semi-flosculus, i, DEMI-FLEURON, 42

Semi-inferus, a, um, DEMI-INFÉRIEUR, RE. — *Semi-inferum germen*, ovaire demi-inférieur, 129

Seminalis, e, SÉMINAL, LE, 170, qui a quelque rapport avec la semence. — *Seminalia folia*, feuilles séminales, 70. — *Seminale receptaculum*, placenta, 143

Seminatio, nis, SÉMINATION, dispersion des semences, 170

Seminifer, a, um, qui porte des semences.

Semi-teres, tis, DEMI-CYLINDRIQUE ou SEMI-CYLINDRIQUE, 42, 170. — *Semi-teres pedunculus*, péduncule semi-cylindrique, 133

Semi-uncialis, e, qui n'a que six lignes de hauteur.

Sempervirens, entis, qui est toujours vert. — *Sempervirentes arbores*, arbres toujours verts, 8. — *Sempervirentia folia*, 66

Sensilis vel *sensibilis, e*, qu'on apperçoit aisément.

Senus, a, um, SIX par SIX. — *Sena folia*; c'est selon Linnæus, une feuille composée, qui porte six folioles sur le même point d'insertion.

Sericeus, a, um, SOYEUX, SE, SATINÉ, ÉE, qui ressemble à du satin, ou qui est comme argenté. — *Sericeus flos*, 78. — *Sericea margo*, bords soyeux, 14. — *Sericea superficies*, superficie soyeuse, 150

Serotinus, a, um, TARDIF, VE; il est opposé à *præcox*.

Serrato-serratus, a, um, DENTÉ, ÉE en scie, et dont chaque dent est encore dentée en scie.

Serratus vel *serrato-dentatus, a, um*, DENTÉ, ÉE en scie. — *Serratæ bracteæ*, bractées dentées en scie, 17. — *Serratum folium*, feuille dentée en scie, 60

Sessilis, e, qui n'a pas de pied, de tige ou de pédicule, &c. 171. — *Sessilis bulbus*, bulbe adhérente à la tige, 19. — *Sessile pileum*, chapeau sessile, 30. — *Sessilia folia*, feuilles sessiles, 70. — *Sessiles flores*, fleurs sessiles, 84. — *Sessile germen*, ovaire sessile, 129. — *Sessilis pappus*, aigrette sessile, 169. — *Sessile stigma*, stigmate sessile, 176

Setaceus, a, um, SÉTACÉ, ÉE, qui ressemble à de la soie de porc, 171. — *Setacea folia*, feuilles sétacées, 70. — *Setaceus stylus*, style sétacé, 181

Setæ, arum; on donne ce nom à certains poils rudes comme de la soie de porc.

Setosus, a, um, qui est garni de poils rudes.

Sexangularis, e, qui a six angles.

Sexfidus, a, um, qui est d'une seule pièce, mais fendue en six.

Sexflorus, a, um, qui porte six fleurs. — *Sexflorus pedunculus*, 135

Sexjugus, a, um. *Voyez* FEUILLES conjuguées, 58

Sexlocularis, e, SEXLOCULAIRE, qui a six loges. *Sexlocularis capsula*, capsule sexloculaire, 24

Sexus, ûs plantarum, SEXE des végétaux, 171

Sexvalvis, e, qui est composé de six valves ou panneaux.

Siccus, a, um, SEC, SÈCHE, qui n'est ni humide, ni pulpeux. — *Siccum pileum*, chapeau sec, 30

Silicula, æ, SILICULE, 172

Siliqua, æ, SILIQUE, 172

Siliquosæ plantæ, plantes qui ont des siliques pour fruits.

Simplex, cis, SIMPLE, 173. — *Simplex bulbus*, bulbe simple, 19. — *Simplex calix*, calice simple, 23. — *Simplex spica*, épi simple, 48. — *Simplices spinæ*, épines simples, 48. — *Simplicia folia*, feuilles simples, 70. — *Simplices flores*, fleurs simples, 84. — *Simplex pedunculus*, péduncule simple, 135. — *Simplex pappus*, aigrette simple, 169

Simplicissimus, a, um, TRÈS-SIMPLE.

Sinistrorsùm, de gauche à droite. — *Caulis sinistrorsùm volubilis*, 188. — *Cirrhus sinistrorsùm volubilis*, 211

Sinuatus, a, um, SINUÉ, ÉE, 173; il se prend aussi quelquefois pour FESTONNÉ, ÉE. — *Sinuata folia*, feuilles sinuées, 70. — *Sinuata margo*, bords festonnés, 13. *Voyez* l'article SINUS, 173

Sinus, ûs, SINUS ou ÉCHANCRURE, 54-173

Situs, ûs, SITUATION, 173

Solares plantæ, PLANTES SOLAIRES, 174

Solidus, a, um, SOLIDE, qui a de la consistance. *Solidus caulis*, tige solide, 192. — *Solidus bulbus*, bulbe solide, 19. — *Solida substantia*, substance solide, 182

Solitarius, a, um, SOLITAIRE, qui est seul. — *Solitarius pedunculus*, péduncule solitaire, 135. — *Solitaria bractea*, bractée solitaire, 17. — *Solitarii flores*, fleurs solitaires, 84. — *Solitaria spica*, épi solitaire, 48. — *Solitarium stigma*, stigmate solitaire, 176. — *Solitarius stylus*, style solitaire, 181

Solum, i, SOL, 173

Somnus, i plantarum, SOMMEIL des plantes, 174

Sordidè-albicans, tis, qui est d'un blanc sale. — *Sordidè-lutescens*, d'un jaune sale. — *Sordidè-purpureus, a, um*, d'un pourpre sale. — *Sordidè-virescens*, d'un vert sale, 78

Spadiceus, a, um, SPADICÉ, ÉE. — *Spadicei flores*, fleurs spadicées. On nomme ainsi les fleurs qui sont portées sur une colonne que l'on nomme *poinçon*, lequel étoit renfermé en entier dans un ou plusieurs spathes, comme cela se remarque dans les *arum*, les *palmiers*.

Spadix, cis, POINÇON, 150

Sparsus, a, um, ÉPARS, SE, 48. — *Sparsi flores*, fleurs éparses, 80. — *Sparsi pedunculi*, péduncules épars, 136. — *Sparsa folia*, feuilles éparses, 62. — *Sparsi rami*, rameaux épars, 163

Spatha, æ, SPATHE, 175

Spathaceus, a, um, qui est pourvu d'un spathe, ou qui a la forme d'un spathe.

Spathulatus, a, um, SPATULÉ, ÉE. — *Spathulata folia,* feuilles spatulées, 71
Species, ei, ESPÈCE, 49
Specificus, a, um, SPÉCIFIQUE, qui caractérise l'espèce, 175
Spica, æ, ÉPI, 48
Spicatus, a, um, qui est en épi, qui forme l'épi. — *Spicati flores,* fleurs en épi, 79
Spicula vel *locusta, æ,* ÉPILET, petit épi, 49
Spinæ, arum, ÉPINES, 48-142
Spinescens, entis, qui pique comme une épine. — *Spinescentes stipulæ,* stipules dures et piquantes, 179
Spinosus vel *spinifer, a, um,* ÉPINEUX, SE. — *Spinosus pedunculus,* péduncule épineux, 133. — *Spinosa folia,* feuilles épineuses, 62
Spiralis, e, qui est contourné en forme de limaçon ou de tire-bourre.
Spithamalis, e, vel *spithameus, a, um;* ce qui a sept à neuf pouces de hauteur ou environ. — *Caulis spithameus,* 189
Splendens, tis, BRILLANT, RELUISANT, TE.
Spongiosus, a, um, SPONGIEUX, SE, qui a quelque ressemblance avec une éponge. — *Spongiosa substantia,* substance spongieuse, 182
Sponsalia plantarum, se prend pour la réunion des sexes des plantes.
Spontaneus, a, um, SPONTANÉE, 175
Spurius, a, um, BATARD, DE, OU FAUX, SE. — *Polygamia spuria,* polygamie fausse. — *Spuriæ plantæ,* plantes bâtardes, 145
Squamæ, ÉCAILLES, 45
Squamosus, a, um, ÉCAILLEUX, SE, qui est garni d'écailles, ou bien qui est disposé comme des écailles sur le dos d'un poisson: on l'emploie aussi pour signifier ce qui est en forme d'écailles. *Squamosus bulbus,* bulbe écailleuse, 19.— *Squamosum pileum,* chapeau écailleux, 29.— *Squamosa folia,* feuilles embriquées, 60-61
Squarrosus, a, um, RUDE, RABOTEUX, SE; il s'emploie aussi quelquefois pour signifier ce qui est recouvert d'écailles disposées sans ordre. — *Squarrosus calix,* calice raboteux, 23
Stabilis, e, STABLE. — *Stabilia folia,* feuilles stables, 71
Stamen, nis, ÉTAMINE. *Stamina,* étamines, 49
Stamineus, a, um, se prend tantôt pour STAMINIFÈRE, tantôt pour STAMINIFORME. — *Staminei flores,* fleurs à étamines, 77
Staminifer, a, um, STAMINIFÈRE, qui porte des étamines. — *Staminifer calix,* calice staminifère, 23.—*Staminiferum petalum,* pétale staminifère, 139. — *Staminiferum stigma,* stigmate staminifère, 177
Staminiformis, e, STAMINIFORME, qui ressemble à une étamine. — *Staminiforme stigma,* stigmate staminiforme, 177
Stellatus, a, um, ÉTOILÉ, ÉE. — *Stellati pili,* poils étoilés, 150. — *Stellatum semen,* semence étoilée, 170
Sterilis, e, STÉRILE. — *Steriles flores,* fleurs stériles, 84
Stigma, tis, STIGMATE, 175
Stimuli, orum, POINTES extrêmement fines, dont la piqûre cause des démangeaisons ou une cuisson qui approche de la brûlure.
Stipes, itis, vel *pediculus, i,* PÉDICULE des champignons; il se prend aussi pour la tige des fougères, des palmiers, 131
Stipitatus, a, um, PÉDICULÉ, ÉE, porté sur un pied.—*Stipitatus pappus,* aigrette pédiculée, 3. — *Stipitatæ glandulæ,* glandes pédiculées, 92
Stipticus, voyez *stypticus, a, um.*
Stipula, æ, STIPULE, 177
Stipulaceus, a, um, qui renferme des stipules.
Stipularis, e, qui vient sur les stipules.
Stipulatio, nis, se prend pour la disposition des stipules.
Stipulatus, a, um, qui a des stipules, qui porte des stipules. — *Stipulatus caulis,* tige qui porte des stipules, 178
Stolones, um, vel *taleæ, arum,* DRAGEONS ou REJETS, 44-166
Stolonifer, a, um, STOLONIFÈRE, 180. — *Stolonifer caulis,* tige stolonifère, 193. — *Stolonifera radix,* racine stolonifère, 162
Striatus, a, um, STRIÉ, CANNELÉ, OU RAYÉ, ÉE. —*Striata folia,* feuilles cannelées ou striées, 57. — *Striata superficies,* superficie striée, 183
Strictus, a, um, vel *perpendicularis, e,* DROIT, TE, ou parfaitement PERPENDICULAIRE. — *Strictus pedunculus,* péduncule droit, 135. — *Stricta folia,* feuilles droites, 60
Strigosus, a, um, PIQUANT, TE, ou bien qui est couvert de poils secs et piquans. — *Strigosa folia,* feuilles piquantes, 67
Strobilaceus, a, um, qui est en forme de cône.
Strobilus, i, CÔNE, 34
Stylus, i, STYLE, 180
Stypticus vel *stipticus, a, um,* STIPTIQUE ou STYPTIQUE. — *Stipticus sapor,* saveur stiptique, 158
Suavè, AGRÉABLEMENT. — *Suavè olens,* qui a une odeur agréable.
Subalaris, e, AXILLAIRE. Linnæus le fait synonyme d'*axillaris;* il appelle indifféremment *subalaris* vel *axillaris,* tout ce qui vient dans l'angle ou au-dehors de l'angle que forme une partie quelconque à l'endroit de son insertion sur la tige ou sur les rameaux. — Je pense qu'il faudroit appeler *axillaris,* ce qui vient dans l'angle intérieur, et *subaxillaris* vel *subalaris,* ce qui vient dans l'angle extérieur.
Sub, SOUS. Lorsque la préposition *sub* se trouve jointe à un adjectif, elle sert, à quelques exceptions près, à en diminuer la signification: c'est ainsi que *sub-cæruleus* signifie ce qui est d'un bleu clair; *sub cordatus,* ce qui approche de la forme d'un cœur; *sub-corymbosus,* ce qui est presque en corymbe; *sub-frutescens,* ce qui est presque ligneux; *sub nudus,* ce qui est presque nu; *sub-sessilis,* ce qui est presque sessile.

Suberosus, a, um, SUBÉREUX, SE, qui ressemble à du liége, 182. — *Suberosus caulis*, tige subéreuse, 193. — *Suberosum pileum*, chapeau subéreux, 30. — *Suberosus stipes*, pédicule subéreux, 132

Submersus vel *demersus, a, um*, SUBMERGÉ, ÉE. — *Demersa folia*, feuilles submergées, 71

Suborbicularis, e, vel *subrotundus, a, um*, SOUS-ORBICULAIRE; ce qui approche de la figure ronde, 174. — *Suborbiculare folium*, feuille sous-orbiculaire, 174

Substantia, æ, SUBSTANCE, 182

Subterraneus, a, um, SUBTERRANÉ, ÉE. — *Subterraneæ plantæ*, plantes subterranées, 148

Subtùs, en dessous, au-dessous, par-dessous. — *Subtùs lanatus*, laineux en dessous.

Subulatus, a, um, SUBULÉ, ÉE, 182. — *Subulata folia*, feuilles subulées, 71. — *Subulatæ stipulæ*, stipules en forme d'alêne, 179

Succi plantarum, SUCS des plantes, fluides nécessaires à la végétation, 162-85

Succosus vel *succulentus, a, um*, SUCCULENT, TE, OU PULPEUX, SE, 182

Suffrutex, cis, SOUS-ARBRISSEAU OU ARBUSTE. — *Suffrutices*, sous-arbrisseaux, 144-174

Suffruticosus, a, um, vel *frutescens, tis*, SOUS-LIGNEUX, SE, 174. — *Suffruticosus caulis*, tige sous-ligneuse, 192

Suffugium, ii, ABRI. — *Plantarum suffugium*, abri des plantes, 1

Sulcatus, a, um, SILLONNÉ, ÉE, 173. — *Sulcatus caulis*, tige sillonnée, 192. — *Sulcata folia*, feuilles sillonnées, 70. — *Sulcata superficies*, superficie sillonnée, 183

Sulphureus, a, um, qui a la couleur du soufre.

Superá parte, se prend pour en DESSUS, comme *proná parte* pour en DESSOUS.

Superans, tis, qui surpasse en hauteur.

Superficies, ei, SUPERFICIE, 54-183

Superfluus, a, um, SUPERFLU, UE. — *Polygamia superflua*, polygamie superflue (SYST. VEG. LIN.)

Superus, a, um, SUPÉRIEUR, [illegible]. — *Superus calix*, calice supérieur, 23. — *Supera corolla*, corolle supérieure, 38. — *Superum germen*, ovaire supérieur, 129

Suprà-decompositus, a, um, SURCOMPOSÉ, ÉE, composé plus de deux fois, 183. — *Suprà-decomposita folia*, feuilles surcomposées, 71

Suprà-foliaceus, a, um, qui vient plus haut que les feuilles. — *Suprà-foliaceus pedunculus*, 135

Surculus, i, BOURGEON, JET, ou jeune pousse, 104

Sutura, æ, SUTURE, 183

Sylvestris, e, vel *sylvaticus, a, um*, qui vient dans les bois peu élevés, dont le terrain est aride. — *Sylvaticæ plantæ*, 145

Syngenesia, æ, SYNGÉNÉSIE, 116-183

Synonymia, æ, SYNONYMIE, 184. — *Synonyma nomina*, synonymes, *ibid.*

Synopsis, is. Il s'emploie quelquefois comme synonyme de *figura*, d'*icon*, et signifie dessin, peinture, gravure même; d'autres fois on l'emploie pour signifier une description considérée comme peinture verbale d'un sujet quelconque.

Systema, tis, SYSTÈME, 109-184. — *Systema sexuale*, système sexuel, 114

Systematicus, a, um, qui tient, qui a rapport, ou qui est conforme à un système.

T

TÆNIANUS, a, um, RUBANTÉ, ÉE, qui a la forme d'un ruban, 168

Talea, æ, BOUTURE, 17. — Il se prend aussi pour le rejet, avant d'être détaché du corps de l'arbre qui l'a produit. — *Taleæ* vel *stolones*, rejetons, 166

Tectus, a, um, COUVERT, TE. — *Tectum semen*, semence couverte, 170

Tegens, tis, qui recouvre.

Tenellus, a, um, DÉLICAT, TE, qui est fort tendre, fort fragile.

Tenuifolius, a, um, qui est à feuilles étroites.

Tenuis, e, AMINCI, IE, MINCE. — *Tenuis margo*, bords amincis, 12. — *Tenue pileum*, chapeau mince, 30

Teretiusculus, a, um, qui est un peu cylindrique.

Teres, etis, CYLINDRIQUE. — *Teres pedunculus*, péduncule cylindrique, 133. — *Teretia folia*, feuilles cylindriques, 59

Tergeminus vel *triplicato-geminus, a, um*, TERGÉMINÉ, ÉE. — *Tergemina folia*, feuilles tergéminées, 71

Terminalis, e, TERMINAL, LE, qui termine, qui se trouve aux extrémités. — *Terminalis spica*, épi terminal, 48. — *Terminales flores*, fleurs terminales, 84. — *Terminales spinæ*, épines terminales. — *Terminalis pedunculus*, péduncule terminal, 136

Ternatus, ternus vel *trinus, a, um*, TRINÉ ou TERNÉ, ÉE, 185. — *Ternata folia*, feuilles ternées, 71

Terraneus, a, um, qui appartient à la terre.

Terreus, a, um, qui est composé de terre. — Il s'emploie aussi pour signifier ce qui est de couleur de terre. — *Terreus flos*, 78

Tessellatus, a, um, qui est disposé par carreau, ou qui est coloré par petits carreaux, comme un habit d'arlequin.

Teter, ra, rum, qui a une odeur puante et vireuse.

Tetradynamia, æ, TÉTRADYNAMIE, 115-185

Tetragonus, a, um, TÉTRAGONE, qui a quatre faces égales. — *Tetragona siliqua*, silique tétragone, 173

Tetragynia, æ, TÉTRAGYNIE, 185

Tetrandria, æ, TÉTRANDRIE, 185
Tetrapetalus, a, um, TÉTRAPÉTALE, qui a quatre pétales. — *Tetrapetala corolla*, corolle tétrapétale, 38-139
Tetraphyllus vel *quadriphyllus, a, um*, TÉTRAPHYLLE, qui est de quatre pièces. — *Tetraphyllus caulis*, calice tétraphylle, 23. — *Tetraphyllum* vel *quadriphyllum involucrum*, collerette quadriphylle, 33. —*Tetraphyllum* vel *quadriphyllum perianthium*, périanthe quadriphylle ou tétraphylle, 137
Tetraspermus, a, um, TÉTRASPERME, qui a quatre semences. — *Tetrasperma bacca*, baie tétrasperme, 9
Thalamus, i; c'est le calice considéré comme lit nuptial des plantes.
Thyrsoideus, a, um, DISPOSÉ en bouquet. — *Thyrsoidei flores*, fleurs en bouquet, 79
Thyrsus, i, BOUQUET, 16-94
Tinctorius, a, um, qui sert à faire de la teinture.
Tomentosus, a, um, TOMENTEUX, SE, ou COTONNEUX, SE. —*Tomentosa margo*, bords tomenteux, 14. — *Tomentosa superficies*, superficie tomenteuse, 150
Tomentum, i, DUVET.
Torosus vel *torulosus, a, um*, qui est relevé en bosse.
Torsio, nis, se prend pour la direction d'une plante, soit d'un côté, soit d'un autre, lorsqu'elle s'écarte de la ligne verticale.
Tortilis, e, qui se tortille, qui se contourne.
Tortus vel *contortus, a, um*, TORDU, UE. —*Tortus caulis*, tige tordue ou torse, 193
Tracheæ, arum, TRACHÉES, 194
Transversus, a, um, TRANSVERSAL, LE, 195. — *Transversum dissepimentum*, cloison transversale, 32
Trapeziformis, e, TRAPÉZIFORME. — *Trapeziformia folia*, feuilles trapéziformes, 71
Triandria, æ, TRIANDRIE, 115-195
Triangularis, e, TRIANGULAIRE, 195. — *Triangularia folia*, feuilles triangulaires, 72
Trianthera filamenta, FILETS qui portent trois anthères.
Tricapsularis, e, TRICAPSULAIRE, 195. — *Tricapsulare pericarpium*, péricarpe tricapsulaire, 138
Tricoccus, a, um, qui est à trois coques.
Tricuspidatus, a, um, vel *tricuspes, dis*, TRICUSPIDÉ, ÉE, qui porte trois pointes. —*Tricuspida* vel *tricuspidata folia*, feuilles tricuspidées, 67-72
Triduus vel *triduanus, a, um*, qui dure trois jours.
Trifidus, a, um, TRIFIDE, qui est d'une seule pièce, mais fendue en trois, 195. — *Trifida corolla*, corolle trifide, 37. — *Trifida folia*, feuilles trifides, 62. —*Trifidum stigma*, stigmate trifide, 177
Triflorus, a, um, TRIFLORE, qui porte trois fleurs. — *Triflorus pedunculus*, péduncule triflore, 136
Triglochides pili, poils divisés en trois parties qui font le crochet, 150
Trigonus, a, um, TRIGONE, qui a trois angles bien saillans, 195
Trigynia, æ, TRIGYNIE, 165
Trijugus, a, um, TRIJUGUÉ, ÉE. — *Trijugata* vel *trijuga folia*, feuilles trijuguées, 58-72
Trilobus, a, um, TRILOBÉ, ÉE, 195. — *Triloba folia*, feuilles trilobées, 64
Trilocularis, e, TRILOCULAIRE, qui a trois loges, 195. — *Trilocularis capsula*, capsule triloculaire, 24. — *Triloculare pericarpium*, péricarpe triloculaire, 138
Trinervius, a, um, qui a trois nervures principales et très-apparentes. — *Trinervia folia*, 65
Trinus, a, um, TRINÉ, ÉE.—*Trina folia*, feuilles trinées, 72
Tripartitus, a, um, PARTAGÉ, ÉE, en trois, divisé ou fendu en trois jusqu'à la base. —*Tripartitus calix*, calice de trois pièces, ou partagé en trois, 23. — *Tripartita folia*, 66
Tripetalus, a, um, TRIPÉTALE, qui a trois pétales. — *Tripetala corolla*, corolle tripétale, 38-139
Triphyllus, a, um, TRIPHYLLE, qui est de trois pièces, 159. — *Triphyllus calix*, calice triphylle, 23. —*Triphyllum involucrum*, collerette triphylle, 33. — *Triphyllum perianthium*, périanthe triphylle, 137
Tripinnatus, a, um, TRIPINNÉ, ÉE. — *Tripinnata* vel *triplicato-pinnata folia*, feuilles tripinnées, 72
Triplicato-geminus, a, um, pour *tergeminus*. *Voyez* ce mot.
Triplicato-ternatus vel *triternatus, a, um*, TRITERNÉ, ÉE.—*Triplicato-ternata folia*, feuilles triternées, 72
Triplinervius, a, um, qui a trois nervures qui se divisent chacune en trois autres nervures.
Triqueter vel *prismaticus, a, um*, qui a trois angles et trois faces planes. — *Triquetra folia*, feuilles à trois côtés, 56. — *Triqueter petiolus*, 140
Trisannuus, a, um, TRISANNUEL, LE, qui dure trois ans. — *Herba trisannua*, herbe trisannuelle, 37-98-144
Trispermus, a, um, TRISPERME, qui a trois semences. — *Trisperma bacca*, baie trisperme.
Tristis, e, qui est d'une couleur sale, ou qui n'a rien qui flatte dans l'ensemble.
Triternatus, voyez *triplicato-ternatus*.
Trivalvis, e, TRIVALVE, qui a trois valves ou panneaux. — *Trivalvis capsula*, capsule trivalve, 25
Trivascularis, e, qui est à trois loges en forme de cornets ou de godets.
Triviale nomen, nom spécifique. *Voyez* l'article TRIVIAL, 195
Tropiceus, a, um, TROPIQUE. — *Tropicei flores*, fleurs tropiques, 84-174

pédicule vaginé, 131. — *Vaginatus caulis*, tige engainée, 188

Valva vel *valvula*, *æ*, VALVE ou VALVULE, *valvæ*, valves et leurs différentes espèces, 198

Valvatus, *a*, *um*, qui est entouré de, ou composé de valves.

Valvula, *æ*, voyez *valva*.

Variatio, *nis*, CHANGEMENT produit par un accident quelconque.

Variegatus, *a*, *um*, PANACHÉ, ÉE, qui est de couleurs variées. — *Variegatus flos*, 78

Varietas, *tis*, VARIÉTÉ. — *Varietates*, 199

Vasa, *orum*, se prend en général pour les vaisseaux des plantes destinés au passage des liqueurs, 198

Vegetabilia, *um*, VÉGÉTAUX ; *voyez* l'art. végétal, 199

Vegetatio, *nis*, VÉGÉTATION, 208

Venenosus, *a*, *um*, VÉNÉNEUX, SE, 208. — *Venenosæ plantæ*, plantes vénéneuses, 148-156

Venosus, *a*, *um*, VEINÉ, ÉE, 208. — *Venosa folia*, feuilles veinées, 72

Ventricosus vel *gibbus*, *a*, *um*, VENTRU, UE, 208

Vernatio, *nis*, se prend pour la disposition des feuilles dans les boutons.

Vernalis, *e*, vel *vernus*, *a*, *um*, PRINTANIER, RE. — *Flores verni*, fleurs printanières, 83

Verrucosus, *a*, *um*, VERRUQUEUX, SE, garni de verrues.

Versatilis, *e*, vel *incumbens*, *tis*, VACILLANT, TE.

Versatiles antheræ : on appelle ainsi les anthères, lorsqu'elles sont portées par un filet, comme celles des fleurs 5-7, *pl. II*.

Vertex, *icis*, CIME, SOMMET, 31

Verticalis, *e*, VERTICAL, LE, 208. — *Verticalia folia*, feuilles verticales, 73. — *Verticales flores*, fleurs verticales, 85

Verticillatus, *a*, *um*, VERTICILLÉ, ÉE, 209. — *Verticillata* vel *radiata folia*, feuilles verticillées, 73. — *Verticillati flores*, fleurs verticillées, 85. — *Verticillati pedunculi*, pédoncules verticillés, 137. — *Verticillati rami*, 164

Verticillus, *i*, VERTICILLE, 208

Vesicularis, *e*, VÉSICULAIRE, qui a la forme d'une vessie. — *Glandulæ vesiculares*, 92

Vexillum, *i*, ÉTENDARD, 51

Vigiliæ plantarum, veilles des plantes.

Villosus, *a*, *um* ; selon sa véritable acception, c'est ce qui est couvert de poils mous et très-distincts ; mais on le fait quelquefois synonyme de *pilosus*. — *Villosum receptaculum*, réceptacle velu, 165

Violaceus, *a*, *um*, VIOLET, TE, qui est de couleur violette. — *Violaceus flos*, 78

Vires plantarum, se prend pour les propriétés des plantes.

Virescens, *tis*, qui tire sur le vert.

Virgatus, *a*, *um*, qui a des rameaux très-foibles et inégaux. On l'emploie aussi pour signifier ce qui est grêle et effilé. — *Virgatus caulis*, tige effilée, 187

Viridis, *e*, VERT, TE. *Viridis flos*, fleur verte, 78

Virosus, *a*, *um*, PUANT, TE, VIREUX, SE. — *Odor virosus*, odeur puante, 158

Viscositas, *tis*, HUMEUR gluante et épaisse, qui recouvre quelques plantes, et qui poisse les doigts.

Viscidus, *viscosus* vel *glutinosus*, *a*, *um*, GLUANT, TE, VISQUEUX, SE, 209. — *Viscida* vel *glutinosa folia*, feuilles visqueuses, 73. — *Viscosum pileum*, chapeau visqueux, 30. — *Viscosus sapor*, saveur gluante et visqueuse, 158. — *Viscosa* vel *glutinosa substantia*, 182

Vita vegetabilium, VIE des végétaux, 209

Vitreus, *a*, *um*, qui est transparent et sans couleur comme du verre.

Vivipar, *a*, *um*, VIVIPARE. On appelle *vivipara semina*, les semences qui germent sur la plante qui les a produites.

Vivi radices, PLANTS enracinés, 148

Volubilis, *e*, qui se roule en spirales. — *Volubilis pedunculus*, 136. — *Volubilis caulis*, tige entortillée, 188. — *Volubilis dextrorsùm*, qui se roule de droite à gauche ; *sinistrorsùm*, de gauche à droite.

Volva, *æ*, VOLVA, enveloppe radicale des champignons, 16-209

Vulgaris, *e*, VULGAIRE ; ce qui est le plus connu : on l'emploie aussi comme synonyme de *frequens* ; il signifie en ce sens ce que l'on trouve communément.

FIN DU DICTIONNAIRE DES TERMES LATINS.

Quelques Lecteurs auroient peut-être desiré qu'on eût mis au rang des termes latins consacrés à l'étude de la Botanique, les *oliganthereæ*, les *cryptantheræ* de ROYE ; les *diplostemones*, les *mejostemones* de HALL ; les *palloplostemonopetalæ*, les *tetramacrostemones* de WACH, &c. &c. mais nous les prions de vouloir bien observer que ces termes n'ayant été employés que par ceux qui les ont créés, il auroit fallu, avant de pouvoir se flatter d'en rendre l'intelligence facile, donner l'exposition des méthodes botaniques dans lesquelles ils désignent des familles particulières ; ce qui nous auroit beaucoup éloignés de notre objet. On seroit plus fondé à nous faire ce reproche au sujet des familles naturelles de M. de Jussieu ; mais, nous proposant de donner par la suite une liste de ces familles pour la distribution des plantes de l'HERBIER DE LA FRANCE, on entendra mieux chacun de ces termes, parce qu'il sera représenté dans l'ordre qui lui est assigné, suivant les principes de cette savante méthode.

EXPLICATION DES FIGURES DE LA PLANCHE IV.

FLEUR du lys mordoré... Fleur incomplète parce qu'elle n'a pas de calice... Stigmate trilobé *A*... Style alongé *B*... six Étamines vacillantes *C D*... Six pétales réfléchis *E F G H I K*.

FIG. 1. Plan d'une fleur simple et complète... Rang que doit occuper le calice *A*... Rang que doit occuper la corolle *B*... Rang qu'occupent les étamines *C*... Centre de la fleur destiné au pistil *D*.

2. Fleur hermaphrodite... Étamines alternes avec les pétales... Ovaire ou germe supérieur.

3. Étamine dont l'anthère est alongée et continue.

4. Étamine dont l'anthère est filiforme et continue.

5. Étamine dont l'anthère est arrondie.

6. Étamine dont l'anthère est arrondie, sillonnée, et le filet velu.

7. Etamine chargée de poussière prolifique *A B*... Anthère alongée droite *C*... Filet un peu élargi à sa base *D*.

8. Étamine dont l'anthère est cordiforme.

9. Étamine dont l'anthère est réniforme.

10. Etamine dont l'anthère est cordiforme, horizontale, vacillante et solitaire... Filet applati et ailé.

11. Étamine dont le filet porte deux anthères, une de chaque côté... Anthères latérales s'ouvrant longitudinalement.

12. Étamine dont l'anthère est vacillante.

13. Étamine dont les anthères sont binées, didymes ou géminées.

14. Étamine dont l'anthère est vacillante.

15. Étamine dont le filet porte une anthère trinée.

16. Étamine dont le filet géniculé porte une anthère binée ou didyme.

17. Étamine dont l'anthère est anguleuse.

18. Étamine dont l'anthère cornue ou fourchue représente un chevron brisé.

19. Étamine dont l'anthère fourchue représente une accolade.

20. Etamine dont l'anthère est sagittée.

21. Anthères sessiles insérées immédiatement sur la corolle... Corolle anthérifère.

22. Étamine à deux panneaux qui s'ouvrent de bas en haut.

23. Étamine dont l'anthère est plissée en zig-zag.

24. Étamine dont l'anthère simple est contournée.

25. Étamine dont le filet porte deux anthères didymes, plissées en zig-zag et horizontales.

26. Étamine dont le filet ne porte qu'une anthère simple. Cette étamine se trouve dans les fleurs cucurbitacées, avec quatre autres, comme celle de la *fig. 25*.

27. Etamines réunies par une appendice particulière; elles sont remarquables dans les fleurs de

28. sauge. Cinq étamines réunies en gaine par leurs anthères.

29. Cinq étamines réunies en un corps par leurs anthères.

30. Etamines sessiles *L*... réunies à leur base, et insérées sur l'ovaire... Ovaire inférieur *M*.

31. Étamines réunies en un corps par la base de leurs filets.

32. Étamines réunies en un corps par leurs filets, et formant une gaine.

33. Étamines ayant leurs anthères portées sur une colonne.

34. Étamines libres distinctes, insérées sur le style *B*... Poinçon *C*... Ovaires ramassés en tête *A*.

35. Étamines libres distinctes, insérées sur le réceptacle... Stigmate applati *M*.

36. Étamines libres distinctes, insérées sur le réceptacle *C*... (pour qu'un calice soit polyphylle, il faut que plusieurs pièces, comme celle *B*, soient insérées au lieu *A*). Fruit tricapsulaire *D*.

FIG. 37. Corolle monopétale divisée peu profondément en quatre parties, portant huit étamines alternes entre elles, et disposées sur deux rangs. Elle est inférieure au germe, puisqu'elle le renferme en entier.

38. Corolle monopétale... staminifère, ou mieux anthérifère... régulière.

39. Corolle monopétale... staminifère... irrégulière... Quatre étamines, dont deux grandes et deux petites.

40. Quatre étamines; deux petites et deux grandes insérées le long de la corolle, *adnatæ*.

41. Étamines réunies par leurs filets en trois corps.

42. Anthères conniventes qui semblent réunies, mais qui ne sont que rapprochées.

43. Calice staminifère, monophylle, quinquefide.

44. Ovaire sphérique, surmonté d'un style court... Stigmate orbiculaire.

45. Ovaire alongé... Style court... Stigmate bifurqué *A*.

46. Ovaire surmonté de trois stigmates sessiles, terminés en pointe.

47. Ovaire surmonté de deux stigmates sessiles et plumeux.

48. Ovaire scrotiforme et chagriné.

49. Quatre graines nues au fond d'un calice... Calice monophylle à cinq divisions... Stigmate bifide *H*.

50. Stigmates foliacés, feuillés, ou mieux pétaliformes, bifides et dentés.

51. Ovaire ou germe *A*... Style solitaire *B*... Stigmate sphérique et pédiculé *C*.

52. Stigmate sessile... canaliculé... triangulaire... fendu peu profondément en trois parties à son sommet.

53. Calice monophylle supérieur... Corolle supérieure *N*... Ovaire inférieur *A*.

54. Ovaire inférieur. Stigmates trifides, staminiformes, réfléchis *O*.

55. Demi-fleuron neutre.

56. Demi-fleuron hermaphrodite.

57. Anthères réunies en gaine, comme dans la *fig. 58 A*, et *fig. 28*.

58. Fleuron hermaphrodite... Anthères réunies en gaine ou connées *A*... Stigmate bifide *B* (la réunion de plusieurs fleurons de cette espece, forme les fleurs composées *flosculeuses*).

59. Style et stigmate du fleuron, *fig. 58*: il repose sur son ovaire qui devient une semence couronnée... Aigrette simple.

60. Demi-fleuron femelle (la réunion de plusieurs demi-fleurons de cette espèce, forme les fleurs composées *semi flosculeuses*).

61. Demi-fleuron mâle.

62. Faux-fleuron (ce sont des fleurons de cette espèce qui composent les fleurs agrégées).

63. Faux demi-fleuron... ou faux-fleuron ligulé.

64. Ovaire ou germe portant un stigmate en plateau, rayonné et sessile.

65. Calice proprement dit *propre ou particulier* et monophylle.

66. Calice proprement dit *commun*, doublé et polyphylle.

67. Fleur liliacée ayant un nectaire qui entoure les étamines... Calice improprement dit: cette espèce de calice porte le nom de spathe *T*.

68. Partie d'un tronc d'arbre, coupé verticalement et horizontalement. Aubier *A*... Écorce *B*... Au centre on apperçoit la moelle.

69. Pétale supérieur de la fleur papilionnacée, représentée *fig. 70*. On le nomme *étendard*.

70. Corolle papilionnacée. Ailes *A*... Calice monophylle *B*... Étendard *C*... Carène *D*.

71. Un des pétales latéraux de la fleur papilionnacée, représentée *fig. 70*. On les nomme *ailes*.

72. Calice monophylle *R*. Carène *S*; c'est le pétale inférieur de la fleur papilionnacée, *fig. 70*. Il contient dix étamines réunies en deux corps.

EXPLICATION DE LA PLANCHE V.

FIG. 1. SEMENCE nue.... Les semences de cette *espèce*, lorsqu'elles sont produites par une plante graminée, comme le *froment*, le *seigle*, l'*orge*, se nomment grains, &c.

2. Sorte de semences que l'on nomme *pepin*, lorsqu'elle a été produite par un fruit pulpeux. Il faut encore que sa tunique propre soit coriace, et qu'elle soit susceptible d'être enlevée en entier.

3. Semence cunéiforme A... arrondie B... cordiforme C... réniforme et ponctuée D.

4. Germination de l'orge... Semence monocotyledone... Plumule A... Radicule B... La tunique propre a été enlevée.

5. Germination de la même graine que celle qui est représentée *fig. 4*, mais plus avancée... Tunique propre A.

6. Germination du pois... Graine dicotyledone... La radicule commence à paroître.

7. Germination du haricot.... Graine dicotyledone... La tunique propre B est déchirée, et l'on voit la radicule et la plumule.

8. Germination du cerisier... Graine dicotyledone. On voit un cotyledon C, qui porte encore la tunique propre... Plumule I.

9. Germination d'une graine dicotyledone, la même que celle de la *fig. 6*, mais plus avancée. On voit sa tunique propre E... Sa plumule F... Sa radicule D.

10. Germination d'une graine dicotyledone, dont la tunique propre a été enlevée. Plumule C... Les deux lobes ou cotyledons H.

11. Germination du chanvre... Graine dicotyledone. Lobes changés en feuilles séminales A B... Plumule L... Radicule M.

12. Deux semences réunies... striées... crenelées... couronnées par les débris du calice, et surmontées de deux styles persistans.

13. Semence aigrettée... Aigrette simple sessile A.

14. Semence aigrettée... Aigrette simple pédiculée B.

15. Semence échinée ou hérissée.

16. Semence aigrettée... Aigrette pédiculée et plumeuse A.

17. Semence ailée d'un seul côté.

18. Semence membraneuse ailée de deux côtés opposés B... Semence étoilée A.

19. Capsule uniloculaire,.. s'ouvrant en travers.

FIG. 20. Capsule quinqueloculaire.

21. Capsule couronnée.

22. Capsule triloculaire.

23. Coque ou follicule.

24. Différentes espèces de silique... Dans la première on voit les panneaux A B qui se détachent de dessus la cloison de bas en haut... Dans la seconde ces mêmes panneaux se détachent de haut en bas... La silique qui est au-dessous, n'a pas de cloison, mais seulement deux panneaux... La quatrième est une silique articulée.

25. Silique applatie; elle a deux panneaux et une cloison.

26. Différentes espèces de silicules. On voit dans la silicule du *thlaspi bursa*, les deux panneaux VV, détachés de la cloison L.

27. Gousses ou légumes... Gousses gonflées.

28. Gousses contournées, roulées en dedans, striées, échinées, articulées. Calice simple monophylle L.

29. Gousses articulées.

30. Noyau: on nomme semence couverte la graine qu'il renferme.

31. Fruit à noyau coupé en travers... Noyau R.

32. Fruit à noyau dans son entier... sillonné d'un côté... Péduncule très-long inséré dans un enfoncement.

33. Fruit à noyau... Superficie égale, ayant cependant un enfoncement pour l'insertion du péduncule.

34. Le même fruit que celui représenté *fig. 33*; il est coupé en travers : on voit son noyau A, et le même noyau dessiné séparément B.

35. Espèce de fruit à noyau que l'on nomme *noix* : on n'en voit que la moitié.

36. Fruit à pepin, la *pomme* proprement dite: elle a un ombilic formé par les débris du calice persistant.

37. Le même fruit que celui représenté *fig. 36*, coupé horizontalement et en travers: on voit à son centre les loges qui contiennent les pepins.

38. Baies disposées en grappe BB... Baie coupée en travers (elle est polysperme A).

39. Baie portant ses graines C éparses sur la superficie de sa pulpe, et non pas attachées à un péricarpe.

40. Baies ayant un péricarpe continu avec le calice D. Les semences sont attachées sur ce péricarpe.

41. Cône.

EXPLICATION DES FIGURES DE LA PLANCHE VI.

Organes de la fructification des fougères.

FIG. A. CAPSULE bivalve, observée au microscope sur une feuille de fougère. Les capsules de cette espèce, lorsqu'elles s'ouvrent, laissent échapper un grand nombre de petites graines.
B. Plusieurs capsules réunies en un petit paquet arrondi, vu à la loupe.
C. Plusieurs paquets, comme celui de la *fig. B*, disposés sur le dos d'une feuille.
D. Ces mêmes capsules disposées par tas informes.
E. Plusieurs petites capsules disposées par lignes.
F. Disposition de ces lignes sur le dos d'une feuille de *scolopendre*.
G. Ces mêmes capsules disposées en ourlet sur le bord d'une feuille.
H. Plusieurs capsules disposées en une tête terminale... Tige cannelée et colletée.
I. Un grand nombre de petites capsules disposées en épi terminal.

Organes de la fructification des mousses.

FIG. K. Pédicule surmonté d'une urne.
L. Plusieurs pédicules surmontés chacun d'une petite urne recouverte d'une coiffe.
M. Coiffe qui sert à recouvrir l'urne : les coiffes des mousses sont de formes très-variées.
N. Urne ayant un opercule *o*.
O. Opercule ; différence qu'on en doit faire avec la coiffe *P*.
P. Si l'urne, *fig. N*, a un opercule *O* sans coiffe *P*, cette urne est celle d'un *lycopode*. Si cette même urne a un opercule *O*, et que cet opercule soit encore recouvert d'une coiffe, l'urne *N* est celle d'une *mnie* ou d'un *polytrice*.
Q.R. Bouton en rosette, que quelques Botanistes regardent comme les fleurs femelles des mousses.
S. Coiffe courbée en crochet, et prête à se détacher de l'urne.
T. t. Poussière séminale qui soit des urnes.

Organes de la fructification des algues.

FIG. U. Cupules arrondies et concaves.
V. Plateau pédiculé, rayé à sa superficie ; il surpasse en hauteur des espèces de godets, qui sont probablement nécessaires à la fécondation.
X. Cupule cruciée.
Y. Cupules en trompes ou en cornets.

Organes de la fructification des champignons.

FIG. 1. Agaric dont le chapeau est continu avec le pédicule... Bords roulés en dessous *A B*... Pédicule creux.
2. Agaric renfermé dans un volva complet. Il commence à se développer dans la *fig. 3*.
3. Agaric renfermé dans un volva complet. On voit le volva *A* qui commence à se déchirer... Pédicule continu avec le chapeau. On voit son collet détaché des feuillets et des bords du chapeau.
4. Agaric à volva incomplet *B* ; il ne recouvre point le champignon en entier.
5. Agaric à volva incomplet *N*... à collet impropre *M*... Pédicule bulbeux... continu avec le chapeau.
6. Agaric ayant un collet propre *R* sans volva. Chapeau lamellé... membraneux à ses bords... contigu avec le pédicule... Pédicule fistuleux *C*... Collet impropre *A*... Collet propre *B*.
7. Feuillets papilionnacés.
8. Feuillets décurrens.
9. Feuillets composés de deux lames.
10. Feuillets composés d'une seule membrane plissée en zig-zag... Ils sont représentés vus au microscope. On voit la poussière qui tombe d'entre les feuillets.
11. Les mêmes feuillets que ceux de la *fig. 10*, dessinés de grandeur naturelle.
12. Poussière prolifique des agarics, vue au microscope. On en voit de deux espèces sur les deux lentilles *A*... Bords roulés en dessus *H*.
13. Feuillets élargis et dentés.
14. Feuillets bifides.
15. Feuillets ondés ou ondulés.
16. Tubes très-fins, alongés, égaux, contigus entre eux, et contigus avec la chair du chapeau.
17. Tubes ou pores très-fins, égaux, continus avec la chair du chapeau, et continus entre eux.
18. Chapeau doublé de pores, de tuyaux ou de tubes très-fins et réguliers.
19. Chapeau doublé de pores courts, inégaux en largeur et en profondeur.
20. Chapeau doublé de fentes tortueuses et labyrinthiformes.
21. Chapeau doublé de pores ou de tuyaux extrêmement fins, disposés sur deux ou plusieurs rangs, et en partie contigus, en partie continus entre eux et avec la chair.
22. Chapeau doublé de tubes alvéolés et inégaux en largeur et en profondeur.
23. Chapeau doublé de pointes.
24. Vesse-loup représentée dans son développement parfait. On regarde la poussière qui s'en échappe, comme la poussière séminale de cette plante.
25. Vesse-loup coupée verticalement. Il y en a qui n'ont point d'épaisseur à leur base, lorsque toute la poussière qu'elles renfermoient en est sortie, et d'autres qui restent très-épaisses.
26. Cette plante singulière, que l'on met au rang des pezizes, et que l'on croit être une variété de la *pezize à lentilles*, mériteroit de former un genre nouveau ; son organisation singulière semble même l'exiger. Chaque godet *A B* est plein d'un mucilage limpide, et recouvert d'une membrane qui ne disparoissent l'un et l'autre que lorsque les graines *W* sont parvenues à leur degré de maturité... Je me propose d'observer cette plante, et d'en parler plus amplement dans le DISCOURS SUR LES CHAMPIGNONS.
27. Clavaier. Sous son écorce, on trouve dans de petites loges verruqueuses, une poussière assez semblable à celle des vesse-loups.
28. Agaric comestible... Espèces de bourgeons ou de cayeux *S S*, par lesquels il semble que ce champignon se reproduit.

EXPLICATION DES FIGURES DE LA PLANCHE VII.

Fig. 1. Bouton à bois ou à feuilles.

2. Bouton à fleurs et à fruits.

3. Bouton mixte, c'est-à-dire, qui doit produire un rameau avec feuilles et fleurs.

4. Sujet préparé pour différentes espèces de greffe... Greffe en fente *A B*... Greffe en fente en la manière de la greffe en écusson *C*... Greffe en coin *E*.

5. Greffe préparée comme il convient pour pratiquer la greffe en fente, comme on le voit *fig.* 4 *A B*.

6. Écusson prêt à être inséré sous l'écorce du sujet, *fig.* 7.

7. Sujet préparé pour recevoir la greffe en écusson *D* et la greffe en coin *E*.

8. 9. Écussons de différentes formes *F G*, enlevés à l'emporte-pièce.

10. Greffes préparées pour greffer en sifflet.... Celle *fig. I*, a deux yeux... celle *fig. K*, n'a qu'un œil ; c'est ainsi qu'on les fend quand elles se trouvent trop larges pour le sujet.

11. Greffe préparée à son extrémité inférieure *H*, pour pratiquer la greffe en coin, comme on le voit *fig.* 7 *E*.

12. Greffe taillée comme il convient pour pratiquer la greffe en couronne *L*.... Différentes greffes insérées sur le sujet *M N O P*.

13. Greffe par approche.

14. Greffe par entaille.

15. Greffe en flûte ou en sifflet... La greffe *Q* est préparée comme il convient pour être insérée sur le sujet *R* dépouillé de son écorce.

Fig. 16. Racine bulbeuse.... La bulbe simple proprement dite... Excroissance charnue *A*, de laquelle partent les fibrilles radicales.

17. Bulbe composée.... Excroissance charnue *B*, de laquelle partent les fibrilles radicales.

18. Racine tubéreuse tronquée.

19. Racine tubéreuse tronquée et articulée.

20. Racine bulbeuse coupée horizontalement : elle est entièrement composée de tuniques concentriques... Excroissance charnue d'où partent toutes les fibrilles radicales *B I*.

21. Racine tubéreuse coupée.

22. Racine palmée.

23. Racine fasciculée, et en partie grumeleuse.

24. Racine entièrement grumeleuse.

25. Racine rameuse.

26. Racine noueuse.

27. Racine chevelue.

28. Racine horizontale... rampante... stolonifère.

29. Racine fusiforme.... Collet radical *B*.

30. Racine horizontale... rampante.

31. Racine articulée... horizontale, garnie de tuniques.

32. Bulbe double et scrotiforme.

EXPLICATION DES FIGURES DE LA PLANCHE VIII.

Fig. 1. Feuille alongée.... étroite.... linéaire.

2. Feuilles ligulées... épaisses... charnues.

3. Feuille étroite et lancéolée.

4. Feuille subulée.

5. Feuille oblongue alongée.

6. Feuille ovale renversée.

7. Feuille ovale ou ovoïde.

8. Feuille elliptique tronquée, très-entière : (*si le sommet étoit comme celui de la fig. 7, elle seroit elliptique ovale.*)

9. Feuille ronde ou orbiculaire... entière.

10. Feuille arrondie ou orbiculaire... échancrée à sa base.

11. Feuille réniforme.

12. Feuille lunulée.

13. Feuille triangulaire ou deltoïde... tricuspidée.

14. Feuille sagittée et comme mucronée.

15. Feuille sagittée en cœur.

16. Feuille hastée ou en fer de pique.

17. Feuille cordiforme fendue peu profondément à son sommet.

18. Feuille trilobée... Les lobes peuvent être plus ou moins profondément échancrés, et plus ou moins marqués.

19. Feuille quadrilobée, ou si l'on veut trilobée, mais ayant son lobe supérieur fendu ou échancré profondément.

20. Feuille quinquelobée... quinquefide.

21. Feuille digitée... ou palmée.

22. Feuille échancrée et comme rongée.

23. Feuille quinquelobée... quinquefide... digitée... Lobes supér. parallèles.

24. Feuille multilobée... multifide... palmée ou presque pinnatifide.

25. Feuille sinuée, multilobée... Lobes dentés : (*si les lobes, au lieu d'être divisés par des sinus égaux, étoient déchiquetés ou découpés sans ordre, cette feuille seroit laciniée.*)

26. Feuille lyrée... dentée à rebours .. Appendices A B.

27. Feuille sinuée et dentée ou crenelée.

28. Feuille quinquelobée .... lisse en dessus... ridée en dessous.

29. Feuille sinuée profondément... partagée en cinq lobes, dont les trois A B C sont émoussés et même un peu échancrés.

30. Feuille plissée... fendue... multilobée... dentée en scie.

31. Feuille crépue en ses bords.

32. Feuille ovale alongée... elliptique... crenelée ou dentée... bullée... Dents obtuses.

Fig. 33. Feuille arrondie, crenelée ou dentée. Dents obtuses.

34. Feuille arrondie, crenelée ou dentée... Dents aiguës, mais sans être courbées.

35. Feuille obtuse... dentée en scie et surdentée en scie.

36. Partie d'une feuille cylindrique... fistuleuse ou tubulée.

37. Extrémité supérieure de la feuille cylindrique représentée *fig. 36*; elle est terminée en pointe insensiblement.

38. Feuille ovale dentée finement et régulièrement en scie.

39. Feuille alongée, étroite, dentée en scie... Dents rares et élargies.

40. Partie d'une feuille godronnée A... ondée ou ondulée B.

41. Feuille cordiforme, dentée en scie très-finement.

42. Feuille ovale alongée, dentée en scie... mucronée.

43. Feuille en rondache... ombiliquée... entière... un peu godronnée.

44. Feuille en rondache... ombiliquée... très-entière.

45. Feuille rhomboïde... Quatre angles à-peu-près égaux. *Abaissez les deux angles A B, et vous aurez une feuille deltoïde.*

46. Feuille cunéiforme, échancrée ou fendue peu profondément à son sommet... Divisions obtuses.

47. Feuille ovale alongée ou cunéiforme renversée, échancrée à son sommet... Divisions aiguës.

48. Feuille en doloire.

49. Feuille ponctuée... pétiolée... cordiforme... Sommet obtus.

50. Feuille elliptique, aiguë à son sommet et maculée.

51. Feuille ovale pointue et trinervée.

52. Feuille ovale et mucronée.

53. Feuille ovale arrondie ayant cinq nervures principales.

54. Feuille elliptique pointue... rétrécie en un pétiole amplexicaule.

55. Feuille ligulée... Échinée.

56. Feuille spatulée... mamelonnée.

57. Feuille charnue... épaisse... grasse... La partie supérieure A est trigone, et deltoïde sur toutes ses faces, et l'inférieure B est triangulaire, et non pas trigone, parce que ses trois faces, au lieu d'être planes, sont creusées. *Cette figure est idéale.*

58. Feuille panduriforme... échancrée

ou sinuée sur ses *côtés*... Sinus obtus.

FIG. 59. Feuille partagée en cinq lobes... runcinée... sinuée.

60. Feuille sinuée... Sinus inégaux.

61. Feuille ovale alongée... obtuse... crenelée ou dentée à dents obtuses.

62. Feuille laciniée découpée profondément... Découpures inégales.

63. Feuille runcinée sinuée... Lobes horizontaux.

64. Feuille pinnatifide... Appendices *L M*.

FIG. 65. Feuille triangulaire, rongée en ses bords... veinée.

66. Feuilles connées... réunies... opposées... sessiles.

67. Feuille spatulée... oreillée ayant deux appendices *L M*.

68. Feuille perfeuillée... ovale... sessile.

69. Feuilles amplexicaules ou embrassantes... alternes... sessiles.

70. Feuille gladiée *B*, terminée par une gaine amplexicaule *A*.

EXPLICATION DES FIGURES DE LA PLANCHE IX.

Feuilles composées.

FIG. 1. FEUILLE géminée.... Deux folioles insérées à l'extrémité d'un pétiole commun.

2. Feuille ternée ou trinée... Trois folioles insérées à l'extrémité d'un pétiole commun.

3. Feuille quaternée... Quatre folioles insérées à l'extrémité d'un pétiole commun.

4. Feuille quinée... Cinq folioles *A B C D E*, rétrécies en pétioles comme celle *A*, et insérées à l'extrémité d'un pétiole commun.

5. 6. Feuille palmée ou digitée... Ce sont les feuilles de cette espèce, que Linnæus appelle *folia digitata*, dans son *Phil. Bot.*; mais souvent il s'écarte de cette règle... Plus de cinq folioles insérées à l'extrémité supérieure d'un pétiole commun, et disposées comme les branches d'un éventail. *Il ne faut pas confondre la feuille digitée ou palmée composée, avec la feuille digitée ou palmée simple.*

7. Feuille pédiaire. Pétiole commun bifurqué dans le haut, et élargi à sa base.

8. Feuille ailée avec une impaire... Folioles opposées.

9. Feuille ailée avec interruption et une impaire... Folioles opposées.

10. Feuille ailée avec une impaire... Folioles alternes.

11. Feuille quadrijuguée ailée sans impaire... Folioles opposées.

12. Feuille ailée sans impaire... Folioles alternes.

13. Feuille vrillée... quinquejuguée... ailée... Folioles opposées... Pétiole vrillé.

14. Feuille vrillée... ailée... conjuguée... Pétiole vrillé... *Si, au lieu de deux folioles A, il y en avoit encore deux autres disposées selon la ligne B, la feuille se nommeroit bijuguée. S'il y en avoit encore deux de plus disposées selon la ligne C, la feuille se nommeroit feuille trijuguée*, &c.

15. Feuille articulée.

16. Feuille ailée... trijuguée... Folioles décurrentes sur le pétiole commun.

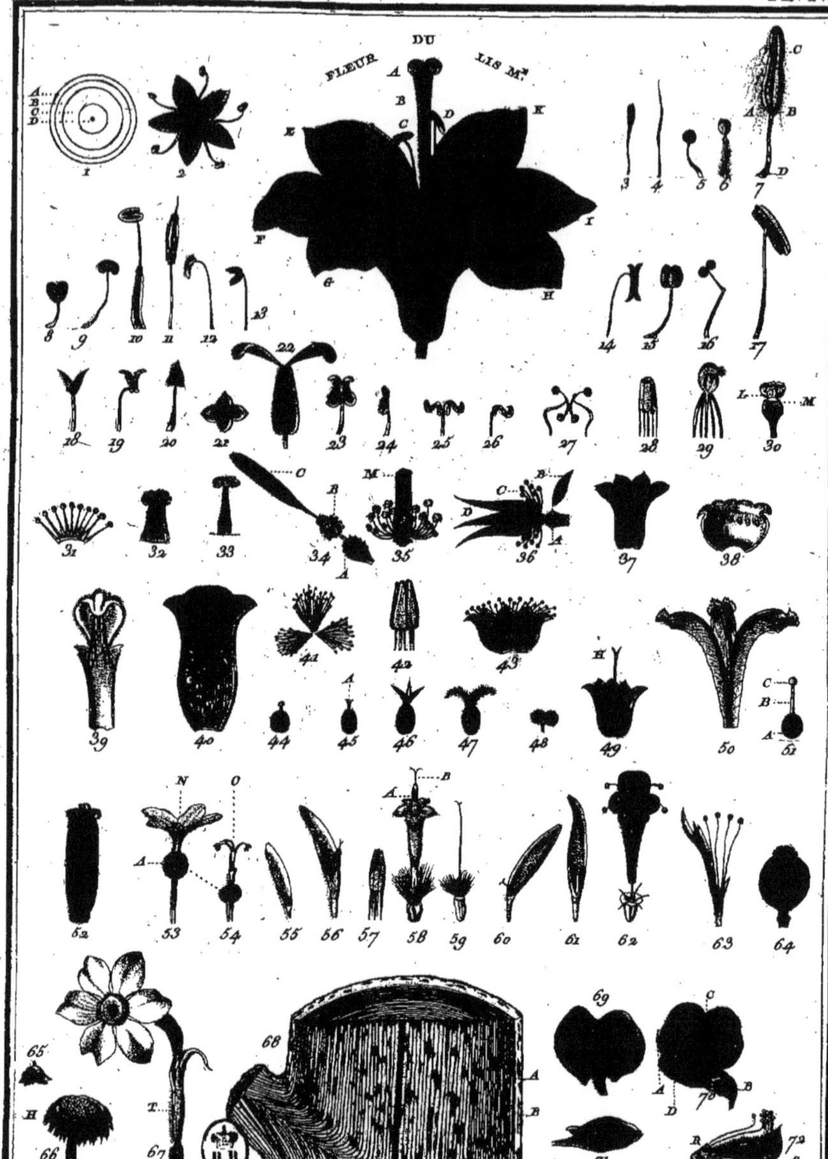
FLEUR DU LIS M.e
B.R

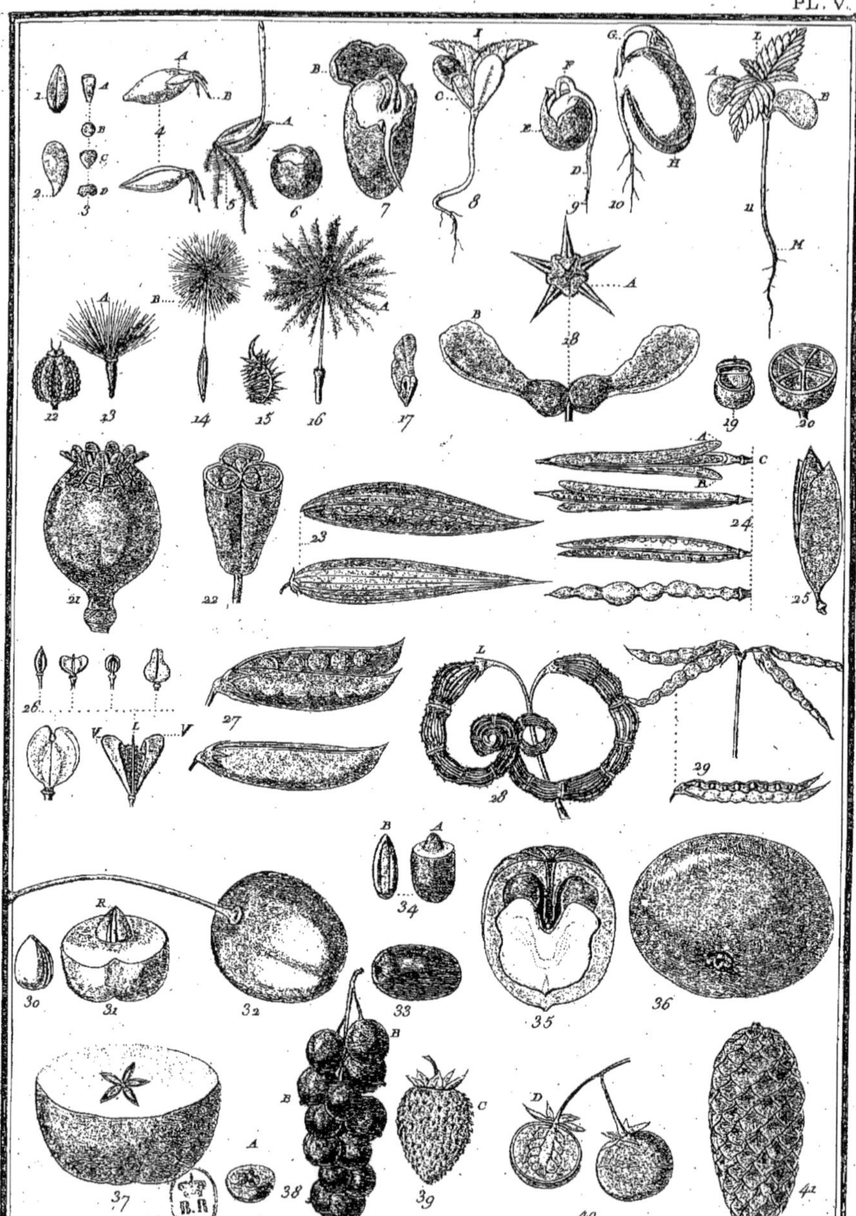

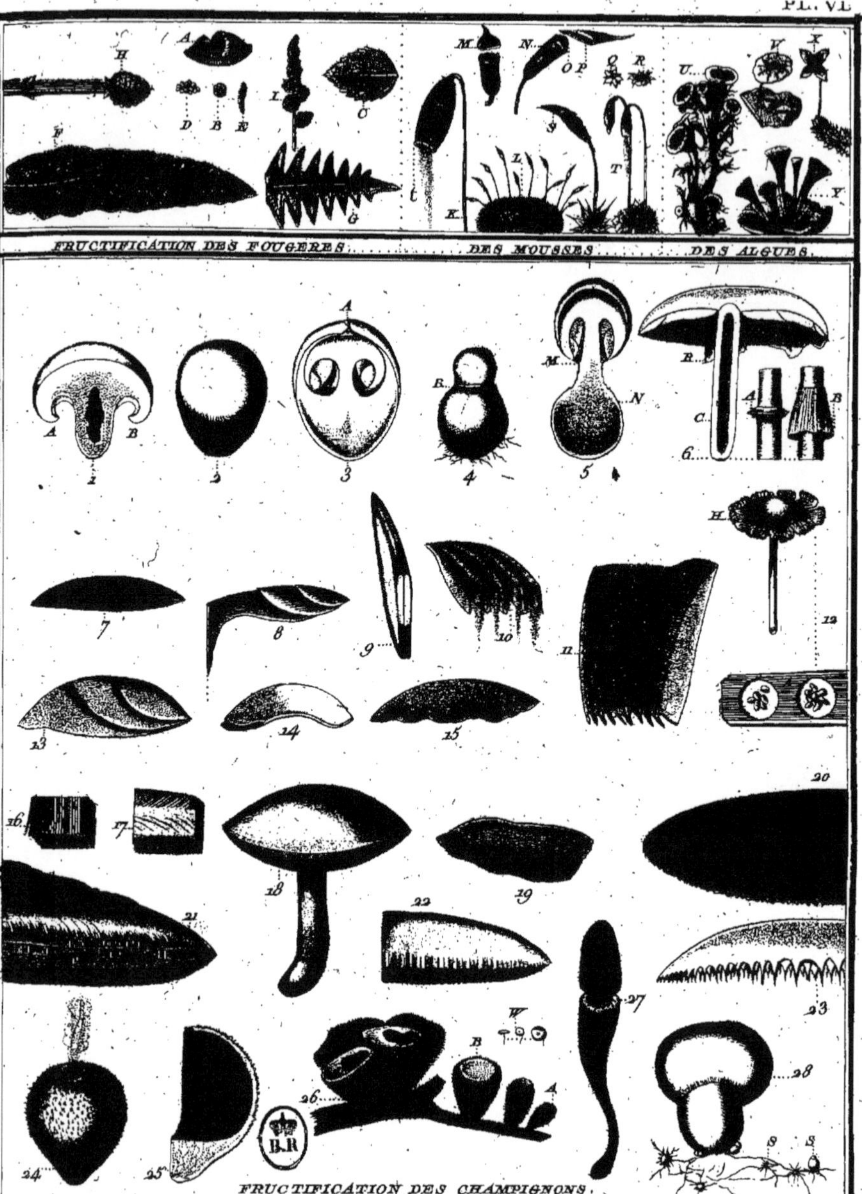
FRUCTIFICATION DES FOUGERES
DES MOUSSES
DES ALGUES
FRUCTIFICATION DES CHAMPIGNONS

PL. VII.

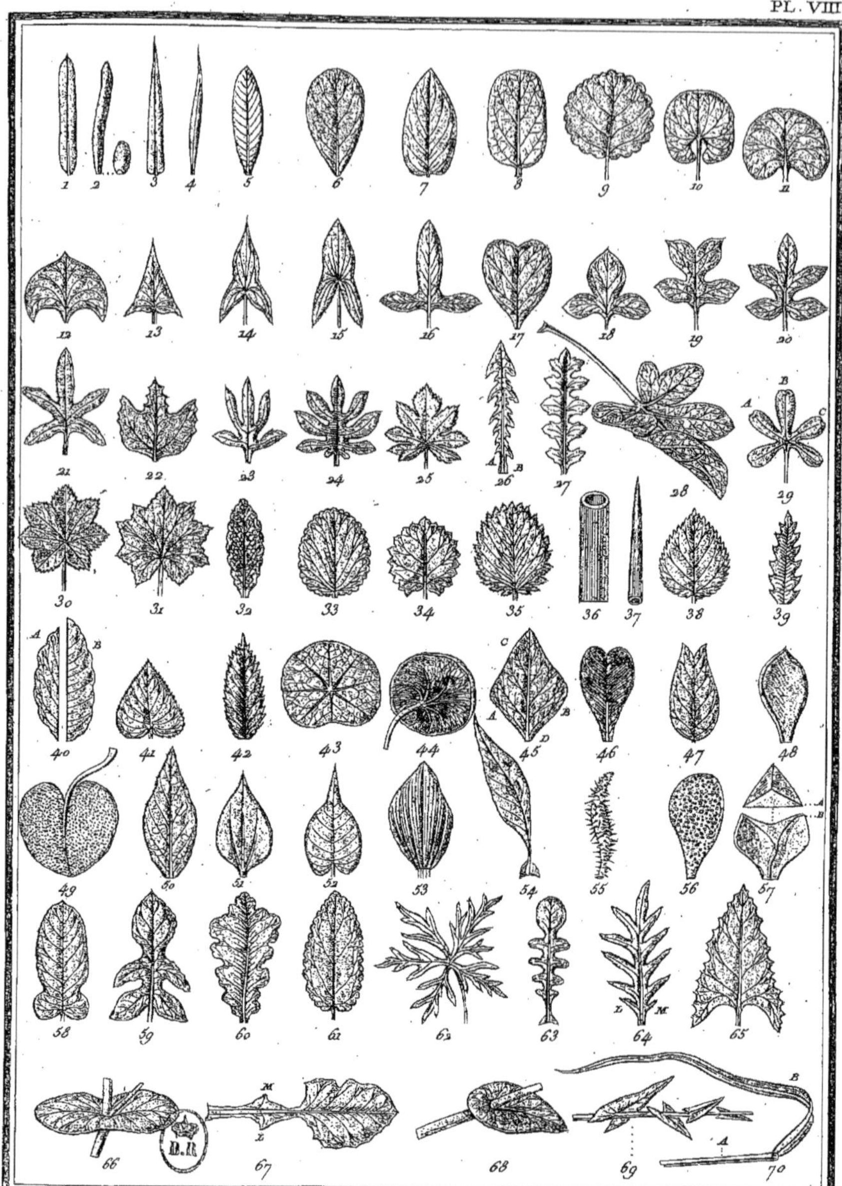
1 2 3 4 5 6 7 8 9 10 11
12 13 14 15 16 17 18 19 20
21 22 23 24 25 A 26 B 27 28 B A C 29
30 31 32 33 34 35 36 37 38 39
A 40 B 41 42 43 44 C A 45 B D 46 47 48
49 50 51 52 53 54 55 56 A B 57
58 59 60 61 62 63 L 64 M 65
66 M L 67 68 69 B A 70

PL. IX.

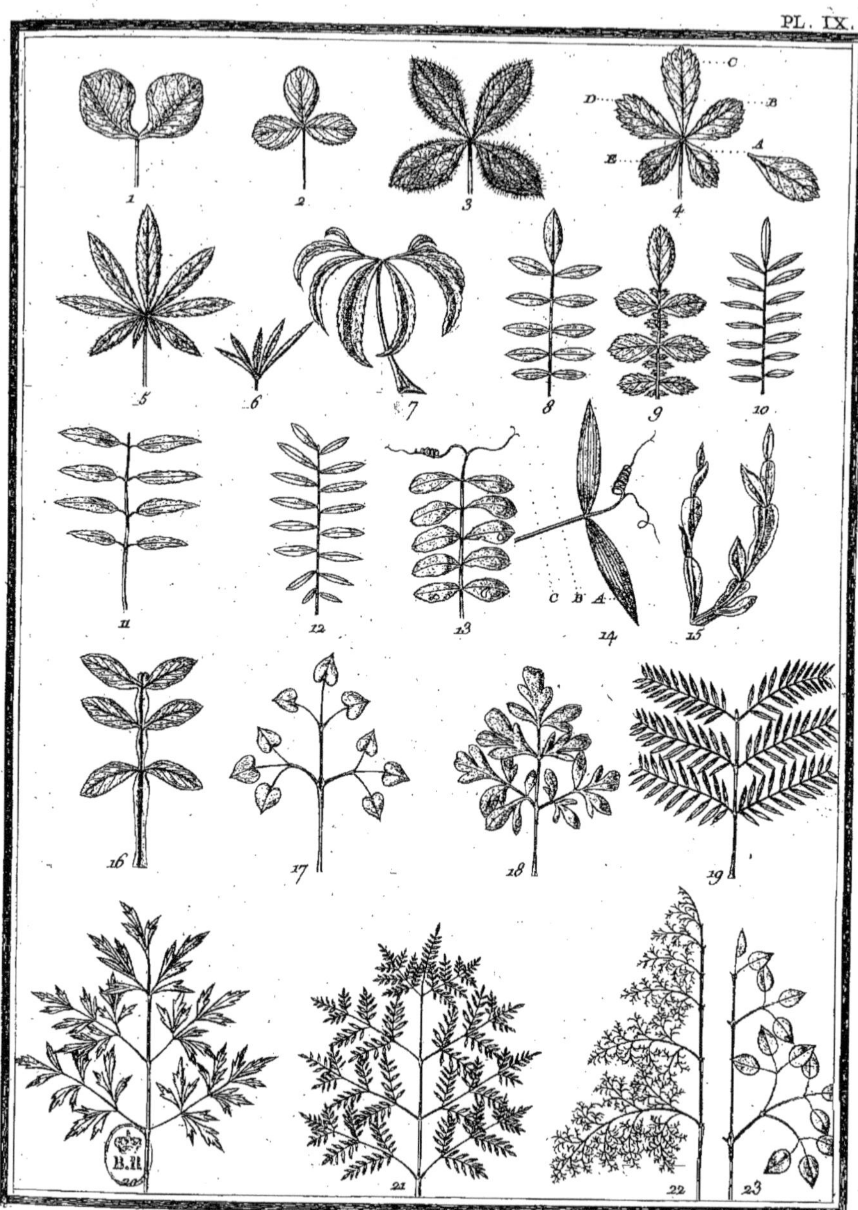

PL. X.

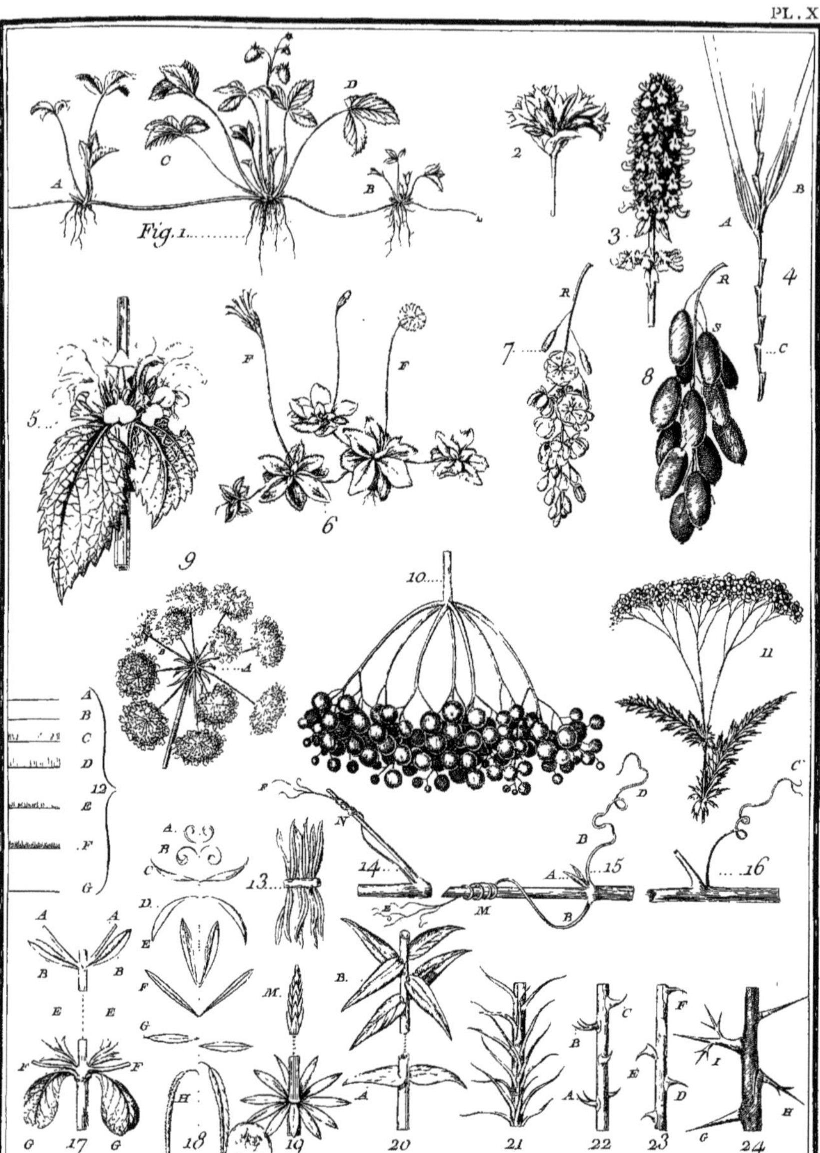

Feuilles recomposées.

Fig. 17. Feuille biternée.

18. Feuille deux fois ailée irrégulièrement.

19. Feuille bipinnée ou deux fois ailée régulièrement... deux fois ailée sans impaire. Folioles opposées... *On remarque toujours dans les feuilles de cette espèce, si les folioles sont alternes, ou si elles sont opposées, et s'il y a une impaire ou si elles sont ailées sans impaire.*

20. Feuille bipinnée ou deux fois ailée... Folioles finement découpées.

21. Feuille tripinnée ou trois fois ailée... trois fois ailée avec une impaire... Folioles opposées. *On remarque dans les feuilles de cette espèce, si les folioles sont alternes, ou si elles sont opposées, et s'il y a une impaire ou si elles sont ailées sans impaire.*

22. Feuille quadripinnée ou plus de trois fois ailée... Folioles capillaires.

23. Feuille triternée... Folioles ovoïdes disposées trois par trois sur les troisièmes divisions d'un pétiole commun.

EXPLICATION DES FIGURES DE LA PLANCHE X.

Fig. 1. Tige stolonifère... Drageons A B... Feuilles trifoliées ou en trèfle, et pétiolées C D.

2. Fleurs glomérulées... ramassées en une tête terminale.

3. Épi proprement dit... Fleurs disposées en épi... Épi interrompu.

4. Épi faux, ou épi chatonnier... Épilets A B insérés sur la rape C.

5. Fleurs verticillées.

6. Tige rampante... Hampes F F... Fleurs terminales.

7. Fleurs en grappe... Péduncule commun et pendant R.

8. Fruits en grappe... Péduncule commun et pendant R... Péduncule partiel S.

9. Ombelle vraie... Ombelle et collerette universelle A... Ombelle et collerette partielle B.

10. Ombelle fausse.

11. Fleurs en corymbe ou fastigiées.

12. (A) Poils distincts, qui ne rendent la superficie qu'ils recouvrent, ni rude, ni douce au toucher... (B) Poils distincts, durs et fragiles, qui rendent hérissée la superficie qu'ils recouvrent... (C) Poils durs, courts, parallèles, distincts, qui rendent barbue la superficie qui en est recouverte... (D) Poils longs, distincts, terminés insensiblement en une pointe alongée et un peu courbée, qui rendent la superficie ciliée.... (E) Poils doux, nombreux, rapprochés, peu distincts, qui rendent la superficie tomenteuse... (F) Poils moins doux, moins nombreux et plus entrelacés que ceux de la *fig.* E, ce sont eux qui rendent la superficie laineuse ou drapée... (G) Poils extrêmement doux, qui rendent la superficie pubescente ou duvetée.

13. Tige ailée... Feuilles distiques.

14. Vrille trifide F, axillaire, roulée de gauche à droite N (*sinistrorsùm volubilis*).

15. Vrilles opposées B B... Stipules géminées axillaires A... Vrille entière D... multifide E... roulée de droite à gauche M (*dextrorsùm volubilis*).

16. Vrille sous-axillaire, bifide C.

17. Rameaux axillaires A A... Feuilles axillaires E E... Rameaux sous-axillaires F F... Feuilles sous-axillaires B B et G G.

FIG. 18. Direction et situation des feuilles... Feuilles opposées *ABCDEF*... alternes *GH*... roulées en dessus *A*... roulées en dessous *B*... courbées en dedans *C*... courbées en dehors ou renversées *D*... droites ou ascendantes *E*... ouvertes *F*... horizontales *G*... pendantes *H*.

19. Feuilles verticillées... Feuilles imbriquées *M*.

20. Feuilles opposées *A*... opposées en croix ou brachiées *B*.

21. Feuilles éparses.

22. Aiguillons courbés en dedans *ABC*.

23. Aiguillons courbés en dehors *DEF*. La *fig.* *E* en représente un détaché de la tige.

24. Épines... Épine simple *G*... Épine divisée *H*... Épine composée *I*.

AVIS AU RELIEUR.

LE Relieur aura l'attention de mettre du papier propre entre les épreuves coloriées, avant de les battre. S'il s'étoit fait quelques plis aux épreuves, il pourroit les mouiller à grande eau, et les mettre sécher ensuite entre deux cartons sous presse.

Il placera la *PLANCHE I* en face de la page 112; la *Pl. II* en face de la page 116; la *Pl. III* en face de la page 118. Pour ce qui est des *Pl. IV, V, VI, VII, VIII, IX, X*, il les placera à la fin de l'ouvrage.

www.ingramcontent.com/pod-product-compliance
Ingram Content Group UK Ltd.
Pitfield, Milton Keynes, MK11 3LW, UK
UKHW020439200726
13857UKWH00002B/493

9 782012 86610